L'AVENIR DE LA GRANDE DISTRIBUTION

PHILIPPE MOATI

L'AVENIR DE LA GRANDE DISTRIBUTION

EDITIONS ODILE JACOB

15, RUE SOUFFLOT, 75005 PARIS

www.odilejacob.fr

ISBN : 2-7381-0959-4

À Valérie,

Introduction

« Guerre d'usure entre les boutiques et les "usines à vendre" » (*Le Monde,* 7 janvier 1999), « Champion veut se faire Géant » (*L'Humanité,* 3 septembre 1997), « Commerce : 35 heures = 35 fois plus flexible » (*Libération,* 26 janvier 1999), « Auchan propose un PC à 2 990 francs » (*La Tribune,* 15 mars 1999), « La distribution au cœur des grandes fortunes » (*L'Humanité,* 3 septembre 1997), « Les producteurs de fruits et légumes se plaignent de la grande distribution » (*Le Monde,* 11 août 1999), « Carrefour et Promodès fusionnent : un mariage très épicier » (*Libération,* 30 août 1999), « Internet est sur le point de devenir le plus grand supermarché du monde » (*Le Monde,* 8 juin 1999)... Le caractère « turbulent » de la grande distribution[1] lui vaut régulièrement les gros titres de l'actualité économique. Le public, semble-t-il, en redemande : les chaînes de télévision ont bien compris que la diffusion (ou la rediffusion) de reportages

1. Il n'existe pas de définition officielle de la grande distribution. Dans son acception la plus étroite, le terme de grande distribution désigne les formes de commerce alimentaire en grande surface discompte, c'est-à-dire les hypermarchés et les supermarchés. Une définition plus large englobe le commerce non alimentaire en grandes ou moyennes surfaces discompte. Enfin, l'approche la plus extensive de la grande distribution se confond avec la notion de « grand commerce » ou de commerce organisé, qui se définit en opposition au petit commerce indépendant isolé, et englobe donc tous les réseaux de points de vente (les « chaînes »), quels que soient leur statut (intégré, groupement d'indépendants, franchise), et la taille des points de vente (boutiques ou grandes surfaces). Dans le cadre de cet ouvrage, je privilégierai la définition la plus large de la grande distribution, même si un certain nombre des mutations qui sont analysées trouvent leurs manifestations les plus éclatantes dans la grande distribution alimentaire.

sur le monde fascinant de la grande distribution peut leur faire gagner des points d'audimat aux heures de grande écoute.

Il est vrai que la grande distribution est devenue l'un des secteurs clés de l'économie. Elle réalise en France un chiffre d'affaires de près de 1 000 milliards de francs, soit l'équivalent de 60 % du budget de l'État. On compte cinq distributeurs parmi les 15 premières entreprises françaises. Près d'un salarié sur dix travaille dans le commerce de détail. Aux États-Unis, Wal-Mart, le leader mondial de la grande distribution, est le premier employeur du pays (910 000 salariés !). Mais le poids de la grande distribution excède de beaucoup ces chiffres : incontournable canal d'accès aux consommateurs, elle exerce une influence profonde sur les industries de biens de consommation et, par effets en chaîne, sur l'ensemble de l'économie.

Si la grande distribution fascine, c'est aussi parce que son histoire est celle d'hommes exceptionnels dont les itinéraires, souvent racontés, viennent conforter le mythe libéral des « self-made-men » qui, partis de rien, ont construit des empires. Ne compte-t-on pas deux distributeurs sur le podium des plus grosses fortunes françaises[1] ?

Et puis, la grande distribution constitue pour la plupart d'entre nous une composante importante de notre quotidien. Le commerce est une formidable fenêtre ouverte sur la vie économique. C'est souvent d'ailleurs à travers elle que les enfants prennent conscience des mécanismes de base de l'économie de marché. Le commerce est associé à l'accès aux biens de consommation, qui semble constituer, dans nos sociétés occidentales, l'une des finalités premières de l'existence. Nous dépensons, en moyenne, 17 000 francs par an dans les hypermarchés. Nous faisons nos courses 3,2 fois par semaine[2]. Le commerce se trouve impliqué (comme point de départ ou point d'arrivée) dans 20 % en moyenne de nos déplacements en semaine et dans 25 % de ceux du samedi[3]. Véritable corvée pour les uns, source de plaisir pour les autres, nous passons une part importante de notre temps non contraint par le travail à fréquenter les magasins[4]... En dépit d'une réglementation qui encadre sévèrement son accès à la publicité télévisée, la grande distribution est omniprésente sur les panneaux d'affichage, sur les ondes, dans la presse et, bien sûr, dans nos boîtes aux lettres... au

---

1. La famille Mulliez (Auchan, Décathlon, Norauto, Kiaby, Boulanger, Pimkie...) avec 59 milliards de francs, et François Pinault (Le Printemps, La Redoute, la Fnac, Conforama, Orcanta, Vert Baudet...) avec 38,5 milliards de francs. Helen Walton, l'épouse du défunt Sam Walton, célèbre fondateur de la chaîne américaine Wal-Mart, est la femme la plus riche du monde, avec une fortune estimée à 46 milliards... d'euros !

2. Source : Enquête sur les comportements alimentaires, 1995, CRÉDOC.

3. Source : Enquête Transport, 1994, INSEE.

4. L'enquête Emploi du temps de l'INSEE nous apprend que chaque jour, 41 % d'entre nous pratiquons l'achat de biens ou de services, en y consacrant en moyenne 77 minutes.

point de représenter, avec un budget de communication estimé à plus de 12 milliards de francs, l'un des tout premiers secteurs annonceurs. Les grandes surfaces font partie du paysage des villes et des banlieues, pour le meilleur, mais plus souvent pour le pire. On les gratifie pourtant d'être parmi les derniers lieux de sociabilité, alors qu'avec Internet jaillit le spectre d'un commerce totalement déshumanisé.

Il n'est pas étonnant, dans ces conditions, que les mutations du secteur de la distribution soient ressenties par tout un chacun avec beaucoup plus d'intensité que les forces telluriques qui ébranlent les secteurs de la banque ou de la pharmacie... Nous sommes tous concernés par ce qui se passe dans le commerce, en tant que consommateurs bien sûr, mais aussi en tant que salariés et en tant que citoyens.

Or, au-delà des vitrines et des linéaires, le monde de la grande distribution se présente à l'honnête homme comme un univers complexe en incessante recomposition. Les années que nous vivons sont pour les entreprises de ce secteur des années charnières : la grande distribution est en train de prendre ses distances avec le modèle des origines et engage une nouvelle « révolution commerciale ». L'issue de cette révolution est incertaine, mais d'ores et déjà les bases du secteur sont ébranlées par d'intenses restructurations et la succession d'initiatives innovantes. Et c'est précisément à ce moment clé de l'histoire de la grande distribution que se produit l'irruption du commerce électronique. Porteur d'une approche radicalement nouvelle de la mise en relation des produits et des clients, le commerce électronique fait peser une menace sur l'avenir du commerce « physique ». Il constitue à coup sûr un élément supplémentaire de complexité et d'incertitude sur l'évolution du monde du commerce.

Cet ouvrage a pour ambition de rendre intelligibles les turbulences du monde de la grande distribution, de tenter de donner un sens aux évolutions en cours afin de dessiner les grands traits de ce que pourrait être le commerce du début du XXIe siècle.

La grande distribution vit actuellement la première « crise » de son histoire, une mutation structurelle sans précédent : le passage d'un « régime de croissance extensive » à un « régime de croissance intensive »[1]. C'est autour de cette idée-force qu'est construit ce livre. Pendant

---

1. J'emprunte ici une terminologie agricole. Une culture est dite extensive lorsqu'elle est pratiquée sur de vastes superficies mais avec des rendements assez faibles. Une culture est intensive lorsque, grâce à l'emploi de techniques sophistiquées, elle fournit un important rendement à l'hectare. Cette terminologie agricole a déjà été transposée à l'analyse économique pour la périodisation des stratégies de croissance en vigueur en Union soviétique (voir Lavigne [1983]). Par extension, un régime de croissance extensive désigne un mode de fonctionnement d'ensemble dans lequel un pays, un secteur, ou une firme, tire sa croissance de l'expansion de son champ d'activité. Dans un régime de croissance intensive, la croissance est principalement obtenue de l'amélioration des rendements, c'est-à-dire d'une meilleure adaptation de l'offre aux besoins et de la réalisation de gains de productivité.

trente ans — les « trente glorieuses de la grande distribution » —, la croissance de la grande distribution s'est nourrie pour l'essentiel de l'éviction du commerce traditionnel. Une ère nouvelle a commencé dans laquelle les résultats des entreprises de ce secteur dépendront avant tout de leur capacité à « travailler les marchés en profondeur » en vue de mieux satisfaire les clients, et de leur promptitude à découvrir de nouvelles technologies de production du service commercial permettant de concilier qualité, flexibilité et productivité. La raison fondamentale de ce basculement de régime de croissance réside dans la nécessité de rétablir une cohérence qui s'est progressivement perdue entre les modalités de la production et de la consommation des biens et des services et la manière de les distribuer. La grande distribution est née du besoin d'industrialiser l'écoulement des produits dans le cadre d'une économie fordienne fondée sur l'articulation entre production de masse et consommation de masse. Or, le fordisme est en crise. Un système économique postfordien est en voie d'émergence. Il est notamment caractérisé par le renouvellement en profondeur des normes de consommation et par la diffusion de nouvelles manières de produire dans l'industrie, qui rendent nécessaire l'adaptation des modes de distribution des produits. Nous vivons depuis une dizaine d'années une période charnière ; les entreprises de la grande distribution, tout en restant attachées au modèle des origines fondé sur le discompte[1], expérimentent de nouvelles manières de répondre à la demande des consommateurs ; elles mettent en place de nouvelles pratiques organisationnelles, exploitent de nouvelles technologies, étendent leur activité vers de nouveaux horizons. De ce foisonnement d'initiatives est en train de naître une nouvelle distribution, adaptée à l'économie postfordienne émergeante. Cette nouvelle distribution redéfinit en profondeur la fonction du commerce dans l'économie et conduit à une remise en question de la répartition des rôles entre les différents acteurs qui, de l'amont à l'aval, concourent à la satisfaction des besoins des consommateurs.

Carrefour, Leclerc et les autres : de l'épicerie au groupe multimilliardaire

Le commerce en grandes surfaces discompte est apparu en France au tournant des années 1950 et 1960. Cinq dates clés marquent

1. Le discompte (en anglais « discount ») consiste dans la vente à faible marge afin d'offrir les prix les plus bas aux clients. Il constitue l'un des principes fondateurs de la grande distribution.

les premières étapes d'un processus qui devait conduire à une véritable « révolution commerciale[1] » :

— 1949 : Édouard Leclerc ouvre son premier « centre distributeur » dans son Landerneau natal. C'est l'introduction du discompte dans le commerce français.

— 1957 : Henri Bardou crée le premier supermarché de France (750 m^2) dans le XVIIe arrondissement de Paris sous l'enseigne Bardou.

— 1960 : Marcel Fournier et Denis Defforey combinent le discompte et la vente en libre-service et ouvrent un supermarché à l'enseigne Carrefour à Annecy.

— 1963 : le premier hypermarché (2 300 m^2) ouvre ses portes à Sainte-Geneviève-des-Bois, sous l'enseigne Carrefour.

— 1969 : ouverture du premier centre commercial régional, Parly 2.

La formule du supermarché est née aux États-Unis en 1930. L'innovation consistait à réunir sous un même toit les articles alimentaires vendus initialement par des spécialistes différents, et à les vendre moins cher. Lorsque le premier supermarché s'est ouvert en France, les États-Unis en comptaient déjà près de vingt mille.

La formule du libre-service discompte n'est pas non plus une nouveauté lorsqu'elle apparaît en France. La première expérience de magasin en libre-service revient à Clarence Saunders aux États-Unis en 1916 dans l'alimentaire avec l'enseigne Piggly Wiggly[2]. Le succès est immédiat : dès 1923, l'enseigne compte 2 660 points de vente. Il faudra pourtant attendre 1948 pour voir s'ouvrir dans l'Hexagone le premier commerce en libre-service[3]. Les premiers supermarchés américains ont fait de la vente en libre-service un élément essentiel de leur stratégie de compression des coûts d'exploitation, avec la simplicité de l'aménagement et une localisation éloignée des grandes artères commerçantes. Mais le discompte consiste également à comprimer la marge nette[4] réalisée dans la vente de chaque produit afin d'augmenter le volume des ventes. Étienne Thil [1966] nous apprend que, victimes de leur succès, les premières enseignes américaines de supermarchés se sont progressivement éloignées du concept initial par une élévation du niveau des marges brutes. Cet « embourgeoisement » aurait favorisé au début des années 1960 l'apparition aux États-Unis, puis la rapide diffusion, des « discount supermarkets » caractérisés par un assortiment réduit, un service spartiate, un aménagement minimaliste... mais des prix très bas ! Les créateurs de Carrefour devaient immédiatement repérer le potentiel de cette formule de vente et la France allait être au rendez-vous de ce « discompte du deuxième type ».

1. Voir Thil [1963].
2. Voir Thil [1966].
3. Un point de vente alimentaire de 40 m^2 dans le XVIIIe arrondissement de Paris.
4. Un index des termes techniques se trouve en Annexe.

L'hypermarché est, quant à lui, une innovation française. Le caractère inédit du concept ne tenait ni à la surface de vente, ni à la politique de prix discompte, ni même à la localisation périphérique (qui est alors déjà courante aux États-Unis). L'innovation résidait dans l'association des assortiments du supermarché et du « discount store » américain[1], autrement dit dans la réunion sous un même toit de l'alimentaire et du non alimentaire. L'hypermarché fut longtemps une spécificité française. Ce n'est qu'au début des années 1990 que la formule réussit enfin une percée significative aux États-Unis, à l'initiative du géant américain Wal-Mart.

La grande distribution française a bénéficié d'une expansion extrêmement rapide ; la succession d'années à taux de croissance « à deux chiffres » accompagnait le rythme soutenu de la conquête de parts de marché. Les formules commerciales et les modèles organisationnels qui ont fait son succès ont rapidement été appliqués aux marchés non alimentaires, aux meubles et à l'électroménager d'abord, puis au bricolage et aux produits culturels, pour atteindre à peu près tous les marchés représentant un volume d'affaires suffisant (jusqu'aux animaleries !). Certains des pionniers, qui se sont lancés seuls et qui ont souvent dû affronter incrédulité et mépris, ont bâti des empires en moins d'une génération. Qui aurait parié que cette enseigne « Carrefour », posée par un duo d'entrepreneurs sur un entrepôt excentré, devait une trentaine d'années plus tard, en 1999, constituer l'étendard d'un groupe de 250 milliards de francs, se classant n° 5 par son chiffre d'affaires dans le palmarès des groupes français, tous secteurs confondus (hors banque-assurance), devant des groupes aussi prestigieux que Suez-Lyonnaise des eaux, Saint-Gobain, France Télécom, Danone, la SNCF ou Bouygues ? Que ce groupe réaliserait près de 50 % de son activité à l'étranger ? Qu'il couvrirait chaque année une part croissante de l'univers de consommation des Français et qu'il serait capable de tenir la dragée haute aux producteurs multinationaux de biens de grande consommation ? Qui aurait parié, alors qu'Édouard Leclerc ouvrait son premier « centre distributeur » au fin fond de sa Bretagne natale[2], qu'il parviendrait à fédérer autour de lui des centaines de commerçants indépendants prêts à jouer le pari du commerce moderne, portant la première enseigne d'hypermarchés de France et réalisant un chiffre d'affaires cumulé de près de 140 milliards de francs ? Et l'on pourrait évoquer de la même façon la réussite spectaculaire de Max Théret et d'André Essel, militants trotskistes qui,

1. Grande surface non alimentaire en libre-service discompte.

2. « ... Leclerc n'avait rien, pas un sou vaillant. Son premier magasin, c'était une pièce en rez-de-chaussée d'une grande maison bourgeoise en périphérie de Landerneau que lui avait donnée son père. Son deuxième magasin, toujours à Landerneau, était une sorte de hangar de cent mètres carrés, construit de ses mains en parpaings » (Thil [1997, p. 504]).

en 1954, dans un appartement au deuxième étage sans ascenseur d'un immeuble du boulevard Sébastopol, créaient la Fnac, ou celle des frères Darty, ou bien encore de la famille Mulliez qui a bâti la nébuleuse Auchan[1]... Des entreprises de commerce établies de longue date ont eu la clairvoyance d'emboîter rapidement le pas des pionniers et de se diversifier ou se reconvertir dans la grande distribution : le succursaliste stéphanois Casino, le grossiste normand Promodès... Elles comptent aujourd'hui parmi les leaders de la distribution européenne...

La grande distribution constitue le volet commercial du fordisme

Pourquoi la grande distribution a-t-elle en France fait son apparition au début des années 1960 ? Comment rendre compte de la vitesse extraordinaire avec laquelle ce concept de vente s'est imposé et étendu à la commercialisation de la plupart des familles de produits ? La réponse à ces questions se trouve fondamentalement dans la cohérence qui unit la grande distribution aux caractéristiques du système économique et social qui se met en place en France à l'issue de la reconstruction : le fordisme.

Au cours des grandes étapes de l'histoire économique, les mutations du commerce ont toujours été concomitantes aux transformations intervenues dans la manière de produire et de consommer les richesses (chapitre I). Ainsi, la grande distribution a-t-elle été la distribution de masse nécessaire à l'établissement du lien entre la production et la consommation de masse qui sont au cœur du fordisme. Par la compression sans précédent des coûts de distribution, la grande distribution a apporté une contribution décisive à l'accès du plus grand nombre à la « société de consommation » ; en achevant le processus de dépersonnalisation de la relation commerçant-consommateur, elle a favorisé l'instauration d'un face-à-face consommateurs-produits orchestré par le marketing des industriels ; en se localisant à la périphérie des villes, la grande distribution a épousé les formes de la géographie associée au fordisme... C'est cette symbiose entre les principes de base de la grande distribution et le mode de fonctionnement du système économique et social d'alors qui explique la vitesse à laquelle la grande distribution a réussi à s'imposer face au commerce traditionnel. Ce secteur a pu ainsi bénéficier de trente ans de « croissance extensive »

---

1. Laquelle, outre les hypermarchés Auchan, est composée des supers Atac, des grandes surfaces de bricolage Leroy Merlin, de Décathlon, des centres auto Norauto, des grandes surfaces d'habillement Kiabi, de l'enseigne d'électroménager Boulanger...

qui resteront inscrits dans l'histoire économique comme l'âge d'or de la grande distribution. C'est précisément l'affaiblissement de cette cohérence systémique provoqué par l'épuisement du fordisme qui est la cause majeure de la « crise » de la grande distribution et de son basculement vers un nouveau régime de croissance.

La grande distribution confrontée à la première crise de son histoire

La « crise » de la grande distribution ne prend pas les formes classiques d'effondrement des résultats des entreprises, de faillites spectaculaires, de licenciements massifs... Le terme « crise » est employé dans cet ouvrage pour désigner la nécessité dans laquelle se trouvent aujourd'hui les entreprises de la grande distribution de modifier leurs modes de fonctionnement, la manière dont elles abordent leurs clients, et plus généralement leur position et leur fonction dans le système économique.

La crise se manifeste d'abord, aux yeux des entreprises du secteur, par une saturation du potentiel de croissance (chapitre II). L'ère de la croissance extensive touche à sa fin : Tendantiellement, la consommation des ménages ne croît plus qu'à un rythme ralenti ; la grande distribution a acquis des positions telles, que les parts de marché qu'il lui reste à conquérir sur le commerce traditionnel sont devenues bien minces ; la densité de sa couverture du territoire national ne lui laisse plus guère d'opportunités de création de nouveaux points de vente... En outre, les pouvoirs publics, sous la pression notamment des producteurs, surveillent de manière plus sévère certains effets pervers de cette forme de commerce.

Mais plus fondamentalement, cette crise de la grande distribution est la conséquence de celle du fordisme. Face au dérèglement du mode de régulation fordien[1], un système économique et social doté d'une nouvelle cohérence se met progressivement en place. Les comportements de consommation s'éloignent du modèle de la consommation de masse de produits standardisés ; ils témoignent de l'importance croissante d'une volonté de personnalisation et d'une demande de consommation immatérielle ou symbolique. Les modes d'organisation de la production industrielle sont en profonde mutation et tendent vers une plus grande flexibilité et une meilleure capacité à générer les innovations nécessaires

1. Perte d'efficacité des mécanismes d'obtention de la productivité, affaiblissement de la portée des politiques macro-économiques nationales, crise de l'État-providence, mutations du travail...

à la stimulation des marchés. Confortée par son succès dans son entreprise d'éviction du commerce traditionnel, la grande distribution s'est pendant longtemps tenue à l'écart de ces mutations et a pérennisé ses modes de fonctionnement originels, pourtant de plus en plus en décalage avec l'état de son environnement économique et social. L'épuisement du potentiel de croissance favorise depuis quelques années la prise de conscience de la nécessité pour la grande distribution de s'inscrire à son tour dans le postfordisme. Les distributeurs doivent rechercher de nouvelles sources de croissance et de rentabilité par la découverte de nouvelles voies de rencontre des attentes des consommateurs et la mise en œuvre de nouveaux modes d'organisation.

La grande distribution découvre un nouveau régime de croissance

Les distributeurs ont progressivement pris conscience de la nécessité d'amender le modèle des origines et développent depuis une dizaine d'années de nouvelles stratégies (chapitres III, IV et V). Il est cependant difficile de se résigner à tourner la page alors que c'est à l'application sans faille des principes de base du discompte que les entreprises du secteur doivent leur succès spectaculaire. Une part importante de l'énergie stratégique des distributeurs est ainsi consacrée à tenter de prolonger le règne de la croissance extensive : la diversification incessante vers la vente de nouveaux produits, l'internationalisation au pas de charge, la surenchère en matière de fusions-acquisitions... peuvent ainsi s'interpréter comme les manifestations d'une volonté de poursuivre une expansion rapide sans remise en cause fondamentale des modes de fonctionnement associés au régime de croissance extensive (chapitre III).

Pourtant, les initiatives innovantes en matière de marketing ou d'organisation de la production du service commercial se multiplient. Elles révèlent une certaine prise de conscience de la nécessité d'obtenir aujourd'hui croissance et rentabilité par d'autres leviers que l'extension continue du champ d'action et de l'exploitation des économies de dimension. Un régime de croissance intensive est en train de se mettre en place. Sur le plan de l'organisation interne, il est associé à la révision des structures et à l'expérimentation de nouvelles pratiques génératrices de gains de productivité par la compression des foyers de coûts non créateurs de valeur pour les clients. Sur le plan commercial, le nouveau régime de croissance se caractérise par l'exploitation en profondeur des marchés en tentant de répondre à la diversité des attentes des consommateurs par le développement de formules commerciales spécifiques et souvent nouvelles (chapitre IV). Il découle de ces nouvelles stratégies une diversité croissante des concepts commerciaux proposés aux clients, qui sont associés à des positionnements marketing de plus en plus précisément élaborés. Chaque enseigne, qui cible des segments de marché de mieux en mieux définis, tente de cultiver sa spécificité de manière à maximiser la rentabilisation de sa clientèle et à se différencier de ses concurrents. Cette différenciation croissante des positionnements marketing contraste avec une certaine convergence des pratiques organisationnelles des entreprises (chapitre V). Cette convergence s'opère autour, d'une part, du recours intensif aux nouvelles technologies de l'information et de la communication et, d'autre part, d'une plus grande centralisation de la gestion afin de permettre au personnel des points de vente de se concentrer sur leurs missions premières.

Un appareil commercial remodelé par le basculement dans le nouveau régime de croissance

Les nouvelles stratégies des distributeurs modifient sensiblement la physionomie de l'appareil commercial (chapitre VI). Le processus de différenciation des positionnements marketing d'enseigne s'accompagne d'une plus grande complémentarité entre les différents types d'urbanisme commercial. Si la mise en œuvre des nouvelles stratégies exige souvent des magasins plus grands, le souci d'exploiter chaque poche de marché avec les moyens adaptés conduit les groupes de la grande distribution à adopter des politiques de « déclinaison des formats ». Ces politiques consistent à entretenir simultanément plusieurs enseignes ou formats de magasin permettant de toucher des catégories différentes de consommateurs. Pour chaque formule commerciale en portefeuille, les distributeurs recherchent une cohérence entre le positionnement marketing de l'enseigne, l'aménagement du point de vente, son architecture et son environnement extérieur. Chaque pôle commercial — centre-ville, centre de quartier, parc commercial périphérique, galerie marchande… — tend ainsi à affirmer une vocation de plus en plus spécialisée dans la distribution de certaines catégories de produits, dans la satisfaction de types de clientèles ciblés, dans la réponse à des motifs d'achats spécifiques, dans l'évocation d'immatériels de consommation particuliers… Un mouvement de spécification des pôles commerciaux s'ajoute donc à celui de différenciation des positionnements marketing d'enseigne pour conduire à une fragmentation de l'appareil commercial caractéristique du nouveau régime de croissance. Cette fragmentation de l'appareil commercial constitue aujourd'hui une chance réelle de redynamisation des centres-villes.

La mise en œuvre des nouvelles stratégies marketing et organisationnelles exige de la part des distributeurs des moyens de plus en plus importants et des compétences de plus en plus spécifiques. Les barrières à l'entrée s'élèvent en même temps que le niveau de la « taille critique » des entreprises de distribution. La concentration du secteur progresse régulièrement et l'appareil commercial est entre les mains d'un nombre de plus en plus réduit de groupes en train d'acquérir une dimension mondiale. Le commerce indépendant isolé semble de plus en plus condamné à la marginalisation : les grands groupes s'intéressent désormais de près aux créneaux sur lesquels le petit commerce s'était réfugié. Ils les abordent avec la redoutable efficacité que leur confère leurs compétences dans le marketing et la logistique. Grands gagnants du régime de croissance extensive, le commerce indépendant organisé (les groupements de type Leclerc ou Intermarché, mais aussi les réseaux de franchise) paraît souffrir de lourds handicaps face aux modalités de la concurrence associées au régime de croissance intensive. Si la mutation de la grande distribution se traduit aux yeux des consommateurs par la multiplication de concepts commerciaux de plus en plus différenciés, elle s'accompagne, sur le plan des structures économiques du secteur, d'une réduction de la diversité des acteurs en présence.

Une profonde redéfinition de la position du commerce dans l'économie postfordienne

L'entrée de la grande distribution dans un régime de croissance intensive s'accompagne de la redéfinition des fonctions du commerce dans l'économie (chapitre VII).

Dans l'économie fordienne, la fonction de la grande distribution s'était concentrée sur la compression des coûts de commercialisation. Afin de répondre aux nouveaux modèles de consommation, elle est en train d'élargir considérablement son champ d'intervention. Alors qu'elle tentait jusque-là de minimiser ses marges afin de ne pas grever le prix des produits, elle revendique avec de plus en plus de virulence sa participation à la création de valeur pour ses clients. Cette création de « valeur ajoutée commerciale » emprunte différentes voies : offre de services, affirmation d'une capacité à assurer l'ajustement entre une offre pléthorique et une demande individualisée, contribution à la création de valeur immatérielle ou symbolique en apportant un « supplément d'âme » aux produits vendus.

L'enrichissement des fonctions de la distribution appelle une redéfinition des bases de son « métier ». Ces bases résidaient initialement dans l'exploitation d'effets de dimension ; elles se fondent désormais de plus en plus sur des compétences spécifiques : connaissance très fine des besoins des clients, expertise des produits, maîtrise des flux d'information... À son tour, la grande distribution est en train de basculer dans une économie de la connaissance qui est l'un des traits majeurs du système postfordien en formation.

Cette modification du métier et des fonctions de la grande distribution remet radicalement en question la répartition des rôles héritée du fordisme entre les sphères de la production et de la distribution. Le combat fait rage pour savoir qui, de l'industriel ou du distributeur, doit avoir la maîtrise de la marque et de la conception des produits. Derrière ce combat, c'est la pertinence même de la distinction producteur/distributeur qui est en cause. Les mutations de la grande distribution s'inscrivent dans un contexte plus large dans lequel les structures économiques tendent à se segmenter entre deux grandes catégories d'acteurs. D'un côté, les « producteurs de valeurs d'usage » sont orientés vers la maîtrise des technologies de produits et de procédés et sont organisés de manière à maximiser leur capacité d'innovation ; de l'autre côté, les « intégrateurs », engagés dans une logique de marché, composent, par la combinaison de produits et de services complémentaires, des bouquets aptes à apporter des solutions globales aux besoins des clients. La grande distribution semble vouée à occuper une place de premier rang dans la catégorie des intégrateurs. Cette évolution conforterait son pouvoir par la capacité des distributeurs de décider de l'accès au marché des produits et plus encore des conditions de l'incorporation de ces derniers à leurs bouquets. Ce pouvoir pourrait néanmoins se trouver tempéré par la concurrence d'autres catégories d'acteurs économiques candidats à ce statut d'intégrateur. Le principal atout des distributeurs réside dans la maîtrise de l'appareil commercial qui conditionne aujourd'hui l'accès des produits aux consommateurs. Mais voilà que le commerce électronique rend possible cet accès sans exiger l'exploitation d'un parc de points de vente...

Une dynamique susceptible d'être remise en cause par l'apparition du commerce électronique

La mutation structurelle de la grande distribution vers un régime de croissance intensive a démarré avant que le développement d'Internet ne rende envisageable l'invention du « cybercommerce ». La question est donc de savoir dans quelle mesure la naissance et le développement rapide du commerce électronique est de nature à infléchir les trajectoires de transformation en cours.

Répondre à cette question, alors que le commerce électronique n'est encore qu'embryonnaire et que ses formes sont appelées à évoluer rapidement, est une entreprise ardue. J'ai choisi de l'aborder au moyen d'une analyse minutieuse de la spécificité de cette forme de commerce eu égard à chacune des grandes étapes qui conduit le consommateur de l'expression d'un besoin à l'acte d'achat. Cette analyse est menée dans le chapitre VIII. Je montre que si le commerce « physique » et le commerce électronique se présentent comme des formes plus complémentaires que concurrentes, le cybercommerce n'en constitue pas moins une menace pour une grande distribution déjà en proie à la saturation de son potentiel de croissance. La capacité du commerce électronique à détourner des flux de clientèle importants paraît crédible dès qu'un certain nombre de conditions sont réunies. Ainsi, avant même de savoir si le commerce électronique sera à l'origine d'une « révolution commerciale » aussi importante que celle qu'avait provoquée en son temps l'apparition des grandes surfaces, les entreprises de la grande distribution se doivent de réagir. Avec leurs propres armes bien sûr (le commerce en magasin), mais aussi en s'engageant sur ces terres inconnues du commerce virtuel. Loin de contrarier le basculement de la grande distribution dans le régime de croissance intensive, le commerce électronique risque de favoriser l'accélération des mutations en cours. La principale interrogation qui subsiste est alors de savoir si, devant les nouvelles compétences qui définiront le métier de commerçant (sur le Web ou en magasin), les entreprises de la grande distribution auront la capacité de conserver leur position dominante face aux offensives de « nouveaux barbares », venus d'horizons divers, lesquels, libres de toute inertie mentale, pourraient se montrer plus prompts à inventer le commerce de demain. Ces empires, qui se sont construits sur les décombres de formes de commerce archaïques, ne seraient-ils pas condamnés à s'effacer à leur tour faute d'une capacité à comprendre que le commerce — tout-puissant qu'il puisse paraître aujourd'hui — doit s'ajuster aux mutations structurelles du monde dans lequel il vit ?

Les analyses livrées dans cet ouvrage se sont nourries d'une dizaine d'années d'observation du monde de commerce menées pour l'essentiel dans le cadre de mes fonctions de directeur de recherche au CRÉDOC. Ce livre doit donc beaucoup aux différentes études que j'ai réalisées ou dirigées sur divers aspects du commerce. Elles m'ont permis de collecter une quantité importante d'informations[1], de traiter

1. Cette information est issue pour une part importante de la presse spécialisée sur la grande distribution (*LSA*, bien sûr, mais aussi *Points de vente*, *Linéaire*...) qui est d'un niveau de qualité rarement atteint dans la presse professionnelle française.

des données d'enquête et de réaliser de nombreux entretiens semi-directifs auprès d'acteurs de ce secteur. Je tiens donc à remercier chaleureusement les commanditaires de ces études qui ont constitué autant d'étapes dans la construction de ma réflexion : la Caisse nationale de crédit agricole, le Jetro, la Fédération des fabricants d'articles de sport, la Fédération nationale du commerce d'articles de sport et de loisir, la Caisse des dépôts et consignation, le Prédit, la délégation à la formation professionnelle et l'ensemble des partenaires des « contrats d'étude prospective » Commerce de gros et Commerce non alimentaire, le ministère de l'Économie, la Datar... J'ai également été aidé dans la formalisation de mes idées par les multiples conférences sur les mutations de la distribution que j'ai prononcées ces dernières années, dans le cadre des séminaires de « CRÉDOC-Formation » ou à l'invitation d'organismes professionnels ou d'entreprises. Je remercie les participants à ces conférences, de leurs réactions à mes propos qui m'ont permis de tester mes hypothèses et de m'avoir finalement donné suffisamment confiance dans l'intérêt que pouvait présenter mon analyse pour me résoudre à entreprendre la rédaction de cet ouvrage. Enfin, je dois bien sûr remercier mes collaborateurs du CRÉDOC, en commençant par son directeur, Robert Rochefort, pour la richesse des échanges que nous avons régulièrement sur le commerce et la consommation, mais aussi les membres du département « Dynamique des marchés », complices de nombreuses études, Marie-Hélène Charruel pour sa connaissance du fonds documentaire du centre et, plus généralement, l'ensemble des chargés d'études et de recherche du CRÉDOC dont la richesse des travaux sur l'évolution de la consommation et de la société a abondamment contribué à nourrir ma réflexion.

CHAPITRE PREMIER

L'ère de la croissance extensive : « les trente glorieuses de la grande distribution »

La naissance de la grande distribution n'est pas seulement le fruit de l'inventivité et du dynamisme des pionniers. En arrière-plan de la formidable aventure des Leclerc, Fournier et autre Halley, se met en place un nouveau système économique et social qui engendre des transformations à la fois très rapides et très profondes de la manière de produire et de consommer les richesses. La naissance de la grande distribution correspond à une étape de l'histoire du capitalisme — le fordisme — qui, à la fois, exige et rend possible une autre manière d'assurer l'écoulement de la production vers les consommateurs. Ce chapitre est consacré à montrer en quoi la grande distribution peut être considérée comme l'avatar commercial du fordisme. L'étroite adéquation de la formule du commerce en grandes surfaces aux caractéristiques économiques et sociales de l'économie française des années 1960 et 1970 est à la base de l'extraordinaire croissance dont a bénéficié ce secteur. Elle a aussi profondément marqué les modes d'organisation et de fonctionnement de la grande distribution durant cette ère de croissance extensive.

Le contexte économique et social de la naissance de la grande distribution : la diffusion du fordisme et de la société de consommation

Un bref détour par l'histoire économique témoigne de ce que cette symbiose entre la grande distribution et le système économique fordien n'est pas un phénomène isolé. Les modes de distribution ont toujours été étroitement associés à la manière dont les produits étaient fabriqués et consommés. C'est ce principe général qui nous guidera, au cours des prochains chapitres, dans l'interprétation des transformations que vit actuellement la grande distribution.

La nécessaire symbiose du commerce et des structures économiques et sociales

Jusqu'à la fin de l'Ancien Régime, les modalités de fonctionnement de l'économie n'appellent pas l'intervention d'un secteur du commerce de détail étoffé. L'autoconsommation prédomine au sein d'une population encore profondément agricole. La concentration de l'activité économique sur la production de valeurs d'usage (et non, comme en économie capitalistique, sur celle de valeurs d'échange) réduit le commerce à une fonction périphérique. L'essentiel de la production marchande est artisanal, et seules les couches privilégiées de la population ont accès à la consommation d'articles manufacturés. Le faible volume de chaque production et le coût élevé des transports (notamment en raison des péages[1] !) conduit à organiser la rencontre entre l'offre et la demande, pour l'essentiel, sur une base locale et dans le cadre d'une relation directe et individualisée entre l'artisan et son client. La fabrication du produit est alors souvent ajustée au besoin spécifique de chaque acheteur. Les fonctions de production et de distribution se trouvent très communément confondues. L'activité des négociants (ou « marchands ») est concentrée sur le commerce lointain et consiste à rendre localement disponibles des matières premières ou des produits issus d'autres régions ou d'autres pays ; elle porte principalement sur des marchandises « haut de gamme » dont les coûts de transport ne constitueront qu'une faible part du prix final. Les foires et les marchés sont les lieux par excellence du commerce.

1. « Des négociants de Nantes rappellent, en 1783, que la Loire connaît de Saint-Rambert à leur ville quatre-vingts sortes de droits » (Woronoff [1994, p. 32]).

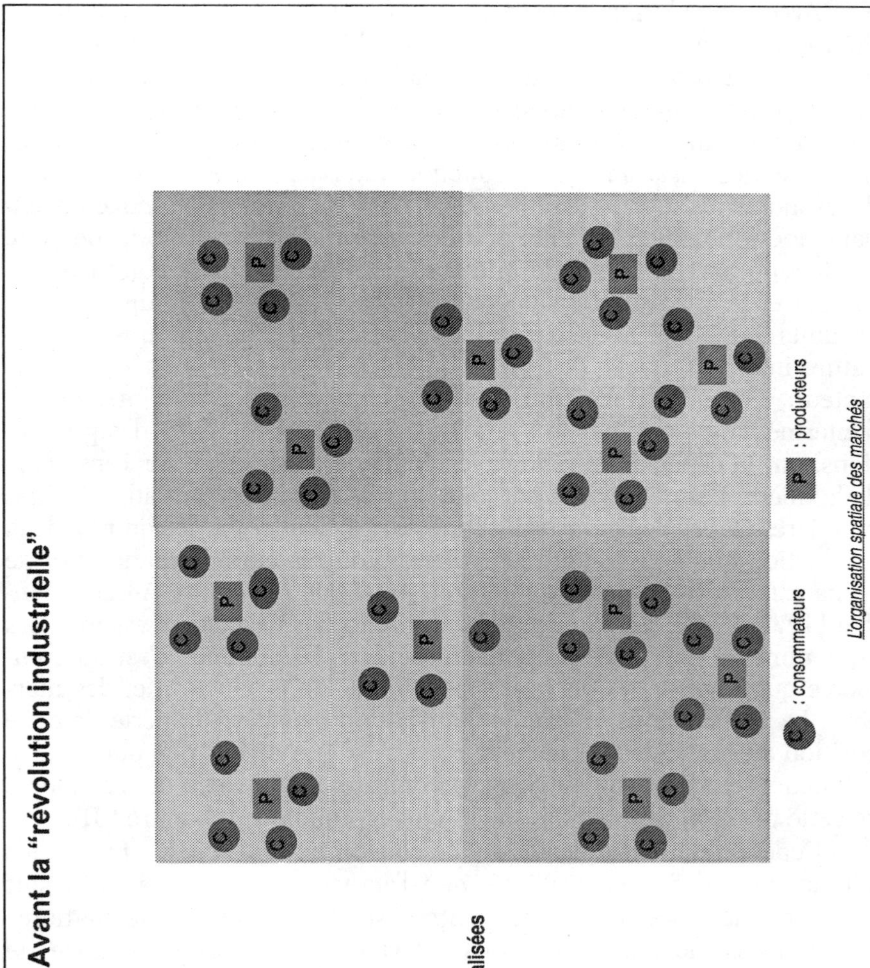
Avant la "révolution industrielle"
Reste du monde
matières premières
Producteur
Négociant
Colporteur
Consommateur
Produits personnalisés
Relations personnalisées
autoconsommation
La filière de distribution
C
P
C : consommateurs
P : producteurs
L'organisation spatiale des marchés

Avec la révolution industrielle, à la fin du XVIIIe siècle, et la diffusion du capitalisme, la création de valeurs d'échange devient le premier mobile de la production. L'intermédiation du commerce, qui assure la circulation des marchandises, devient dès lors organiquement articulée au fonctionnement d'ensemble du système économique[1]. L'industrialisation et la mécanisation de la production autorisent la réalisation de gains de productivité. L'amortissement de l'outil de production exige cependant une fabrication en plus grandes quantités. L'écoulement de cette production accrue demande que soit organisée l'activité commerciale. En outre, la mécanisation engendre une certaine standardisation des produits qui rompt avec le travail sur mesure de l'artisan et estompe la nature interpersonnelle de la relation entre le producteur et le consommateur. Cette nouvelle situation est compatible avec l'intervention d'intermédiaires qui, par le « groupage » et l'« éclatement » des productions, ont la capacité de réduire les coûts de transaction sur l'ensemble de la filière. Les négociants ont joué un rôle très important au cours des premières étapes de l'industrialisation, en particulier par le contrôle de la production que leur confère leur rôle de fournisseurs de matières et de « financeurs » du cycle d'exploitation. Ainsi que l'a montré Alfred Chandler [1977, 1988], cette multiplicité des rôles des négociants assure alors au commerce une place prépondérante dans l'économie : c'est au commerce que revient le « pilotage » des filières de production et des marchés. La naissance de la grande distribution marquera la perte de cette position au profit des industriels, et ce n'est que depuis peu que les distributeurs semblent vouloir s'engager dans un mouvement de reconquête de cette position centrale dans le circuit économique (chapitre VII).

Cependant, la faiblesse de la consommation finale durant les débuts du capitalisme explique que l'activité des « négociants » soit restée pendant longtemps concentrée sur la fourniture de matières premières et de consommations intermédiaires à une industrie de transformation en rapide expansion. Par ailleurs, comme le décrit Karl Marx, ces négociants ont, dans leur ensemble, préféré tirer un profit confortable de l'exploitation du travail de petites unités de production indépendantes plutôt que de s'engager activement dans l'élaboration et la mise en œuvre de nouvelles méthodes de production. Lorsque la mécanisation exigera des immobilisations en capital considérables et le regroupement des machines et de la main-d'œuvre au sein des fabriques, les producteurs reprendront le contrôle de l'activité. Ce développement de l'industrie moderne, dans le cadre d'entreprises de plus en plus grandes, pose avec toujours plus d'acuité la question de l'écoulement de la production.

---

1. « Dès que l'industrie citadine se sépare de l'industrie agricole, il est dans la nature des choses que ses produits soient d'emblée des marchandises dont la vente a besoin du chaînon intermédiaire du commerce » (K. Marx, *Le Capital*, Livre 3, tome 1, Éditions Sociales, 1969, p. 340).

Dès 1776, Adam Smith, le père fondateur de l'économie politique, reconnaissait dans la division du travail la source essentielle de la « richesse des nations ». Il avait également perçu que l'intensité de la division du travail se trouve limitée par l'étendue des marchés[1]. Le développement industriel s'accompagne effectivement d'un approfondissement de la division du travail, entre des entreprises qui deviennent de plus en plus spécialisées, ainsi qu'entre les travailleurs au sein de chaque entreprise. Le taylorisme, qui se met progressivement en place au début du XXe siècle, va systématiser l'exploitation des gisements de productivité issus de la division du travail. La fragmentation très fine des processus de fabrication autorise la spécialisation des facteurs de production ; il devient possible de faire un usage intensif de machines capables d'effectuer avec une très grande efficacité des mouvements simples, et d'analyser « scientifiquement » les gestes élémentaires de l'ouvrier afin d'en rationaliser l'exécution. La mise en œuvre de cette division taylorienne du travail s'est effectuée dans le cadre de grandes unités de production (coût des machines, nécessaire contrôle de la main-d'œuvre, puis, plus tard, interdépendances techniques provoquées par l'usage de convoyeurs automatiques…). Le mouvement de concentration industrielle qui en a logiquement résulté a conduit à un écart croissant entre la géographie de la production et celle de la consommation, soulevant le problème des modalités de la rencontre de l'offre et de la demande.

L'extension des débouchés devenait une condition de la diffusion de ce modèle productif. Le fondement de ce qu'il est convenu aujourd'hui d'appeler le « fordisme » a consisté dans l'articulation d'une consommation de masse à la production de masse issue du taylorisme. Cette articulation a d'abord été rendue possible par la solvabilisation de la demande des salariés, mais la diminution des coûts de distribution des produits y a aussi largement contribué. Examinons successivement ces deux points.

Jusqu'à la fin du XIXe siècle, la révolution industrielle ne s'était accompagnée que d'une progression lente de la consommation des ménages. Hormis l'industrie textile, l'essentiel de l'activité industrielle était alors consacré à la production de biens d'équipement et de biens intermédiaires. L'extension des débouchés, nécessaire à l'absorption d'une production stimulée par les gains de productivité, reposait alors principalement sur la croissance de la population et sur l'exportation. L'activité du commerce de détail sera cependant stimulée par l'expansion des villes qui accompagne le progrès de l'industrialisation ; l'urbanisation réduit le poids de l'autoconsommation dans les classes populaires

1. « Il n'y a pas de place pour un cloutier dans ces endroits reculés de l'intérieur des montagnes d'Écosse ? À raison d'un millier de clous par jour, et en comptant trois cents jours de travail par année, cet ouvrier pourrait en fournir par an trois cents milliers. Or, dans une pareille localité, il lui serait impossible de trouver le débit d'un seul millier, c'est-à-dire le travail d'une seule journée, dans le cours d'un an » (A. Smith [1776], p. 53).

et encourage le développement d'une société d'échange. C'est donc principalement le commerce alimentaire (épicerie) qui profite dans un premier temps de la croissance urbaine. Il s'appuie sur l'amorce de la diversification de l'alimentation (fort accroissement de la consommation de sucre, de vin, décollage de la consommation de chocolat, de biscuits...) et sur l'émergence d'une timide industrie de transformation des produits agricoles qui commence à exploiter les progrès réalisés dans les techniques de conservation et de transport des aliments[1]. Dans les campagnes, le commerce de détail se concentre dans les bourgs, autour d'artisans et de quelques bazars ou « boutiques universelles » où « l'on vend de tout en petites quantités »[2].

L'intensité de l'exploitation à laquelle est soumise la main-d'œuvre ouvrière — exploitation d'autant plus aisée que les actions revendicatrices sont interdites et réprimées — entrave l'élévation rapide du niveau de la consommation par tête. L'intervention de l'État est limitée au strict minimum et sa « politique de revenu » ou sa « politique sociale » se borne à garantir l'accès de tous au pain à bon marché. L'élévation du niveau de vie est cependant suffisamment marquée pour que le statisticien allemand E. Engel observe vers le milieu du siècle ce qui devait devenir la « loi d'Engel » : une tendance à la diminution de la part de l'alimentation dans les budgets ouvriers à mesure que le revenu augmente. C'est alors principalement le budget consacré au logement (de plus en plus coûteux dans des villes en croissance rapide) qui s'élève... « Aussi bien, les classes ouvrières n'ont pas pu donner à la demande de produits manufacturés l'élan dont elle aurait eu besoin[3]. » La croissance économique profite alors principalement à la bourgeoisie triomphante. Une classe moyenne, composée de techniciens et d'employés de bureau, est en voie de formation et accède à la consommation. Cette clientèle aisée fournit la base du développement d'un commerce de détail non alimentaire, dans les domaines du meuble, des ustensiles ménagers, et surtout du textile et de l'habillement, avec l'expansion rapide, à partir de la Restauration, d'un « commerce de nouveauté » apparu à Paris peu avant la Révolution[4]. C'est principalement au sein de ces catégories sociales, très urbaines, que les premiers grands magasins[5] vont recruter leur clientèle. Les couches populaires, elles, se procurent des vêtements d'occasion auprès des « fripiers ».

---

1. Nicolas Appert invente la stérilisation en boîte en 1809 (cette innovation radicale ne connaîtra cependant qu'une diffusion lente). La « pasteurisation » est découverte vers 1880. C'est à peu près à la même époque qu'apparaissent les premiers transports frigorifiques.
2. Martin [1992, p. 155].
3. Woronoff [1994, p. 326].
4. Bouveret-Gauer [1997].
5. La Belle Jardinière ouvre en 1837, le Bon Marché (qui servira de modèle au *Bonheur des dames* de Zola) en 1852...

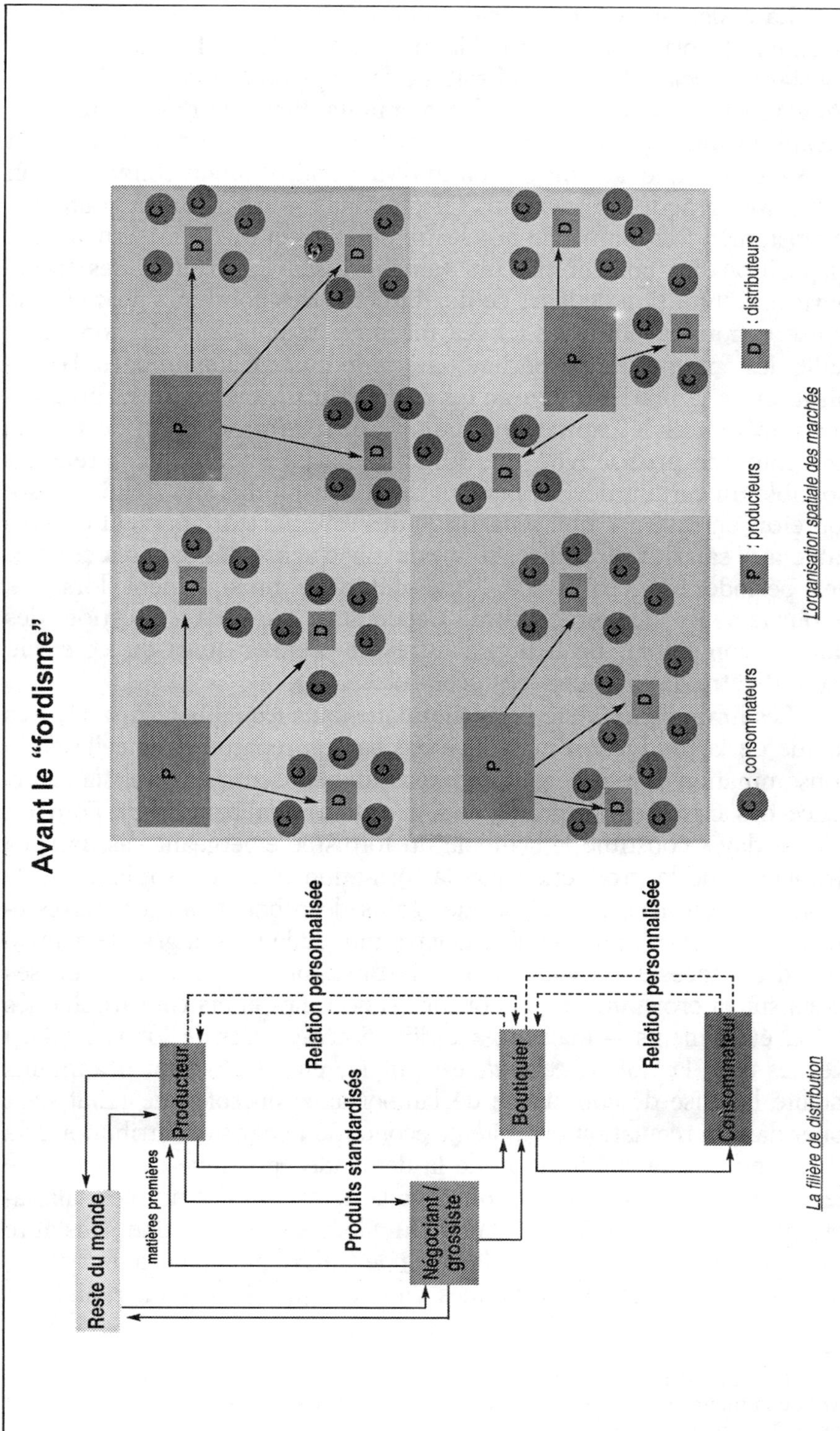
Avant le "fordisme"
Reste du monde
matières premières
Producteur
Négociant / grossiste
Produits standardisés
Relation personnalisée
Boutiquier
Relation personnalisée
Consommateur
La filière de distribution
P
D
C
C : consommateurs
P : producteurs
D : distributeurs
L'organisation spatiale des marchés

La résistance et l'organisation de la classe ouvrière ont progressivement favorisé, à partir de la fin du XIXe siècle, l'adoption d'une législation sociale fixant des limites à la pression exercée sur la main-d'œuvre (interdiction du travail des enfants, limitation de la durée du travail, instauration de retraites ouvrières...) et c'est à partir du début du XXe siècle que la consommation va véritablement connaître son envol. Les grandes innovations (électricité, métaux, chimie, moteur à explosion...) font naître de nouveaux produits et facilitent leur mise à disposition des consommateurs (amélioration très rapide des transports et diminution de leurs coûts, diffusion des nouveaux procédés de conservation des aliments...). La mécanisation, l'augmentation de la taille des entreprises, l'expérimentation de nouvelles méthodes d'organisation de la production avec les débuts du taylorisme, font progressivement entrer le capitalisme dans l'ère de la production de masse. Les gains de productivité très importants qui en découlent rendent possible un certain développement de la consommation. Celui-ci reste toutefois entravé par une répartition des revenus extrêmement défavorable aux salariés. En outre, si le pouvoir d'achat des salaires connaît des périodes de croissance, il se détériore brusquement lors des retournements de conjoncture. Cependant, sur cette question des salaires comme sur beaucoup d'autres, le premier quart du XXe siècle est le théâtre d'évolutions très profondes.

Les limites d'un système économique dans lequel la croissance très rapide de la production ne trouve pas sa contrepartie dans celle de la consommation se font de plus en plus durement sentir à travers la récurrence des crises de surproduction. L'instauration par Henry Ford du « 5 $ a day » constitue le symbole du fordisme émergeant : assurer les débouchés de la production par la formation d'une consommation de masse en consacrant une part des gains de productivité à l'accroissement des salaires[1]. La Première Guerre mondiale puis la grande dépression des années 1930 vont ralentir la diffusion du fordisme et de ses effets sur la croissance de la consommation. Les effets catastrophiques de ces événements — mais aussi la diffusion des idées de John Maynard Keynes dont la *Théorie générale* est publiée en 1936 — ont néanmoins facilité la prise de conscience de l'importance du rôle que l'État peut jouer dans la régulation du système économique par sa contribution à la formation et à la stabilisation de la demande : politique de couverture des risques sociaux, intervention dans la définition des normes salariales, politique de régulation conjoncturelle... C'est ainsi que s'instaure progressivement, à la sortie de la Seconde Guerre mondiale, à un rythme et selon des modalités spécifiques dans chaque pays industrialisé, un

1. Les motivations initiales de H. Ford étaient plus prosaïques : enrayer le turnover de la main-d'œuvre provoqué par les dures conditions de travail imposées par le travail à la chaîne.

système économique dont la régulation repose sur une articulation cohérente entre production et consommation de masse : la division du travail et l'automatisation produisent des gains de productivité qui autorisent la progression des salaires réels ; cette progression accroît les débouchés de la production de masse, ce qui permet de pousser plus loin la division du travail et l'automatisation des processus de production et de générer de nouveaux gains de productivité qui favorisent une nouvelle progression des salaires réels, source d'un nouvel élargissement des débouchés... Ce cercle vertueux est l'un des moteurs essentiels de la croissance économique des « trente glorieuses ».

LE BESOIN D'UNE DISTRIBUTION ADAPTÉE À L'ÉCONOMIE FORDIENNE

Alfred Sauvy pouvait encore écrire en 1964 : « Trop souvent, à la production en grande série fait suite une paradoxale vente au compte-gouttes[1]. » Une articulation efficace entre production et consommation de masse, conforme à la logique productiviste du fordisme, exigeait la réduction des coûts de distribution. Cette réduction a tout d'abord largement bénéficié de l'amélioration continue des conditions de transport des marchandises.

Après les chemins de fer, la diffusion de l'automobile et l'amélioration du réseau routier ont apporté une contribution essentielle à la réduction des coûts de transport. La réduction des coûts de distribution a également bénéficié de l'adoption de nouvelles méthodes d'écoulement des produits. Le système de distribution fondé sur la démultiplication fournie par le couple commerce de gros/commerce de détail autorisait l'écoulement des produits sur une échelle géographique élargie à un coût raisonnable ; mais les structures de l'appareil commercial et les modes d'organisation adoptés par les entreprises de commerce n'étaient pas, jusqu'à la naissance de la grande distribution, de nature à permettre la minimisation des coûts associés à l'écoulement de la production de masse. L'effet des efforts de productivité réalisés dans l'industrie sur le niveau des prix se trouvait alors limité par les marges très importantes du commerce.

La naissance des grands magasins au cours de la seconde moitié du XIXe siècle marque une étape décisive dans l'avènement d'une distribution de masse. Avec les grands magasins, le commerce valorise à son tour les effets de dimension. Mais l'innovation réside tout autant dans l'affirmation d'une politique de prix bas, qui repose sur les principes que la grande distribution systématisera plus tard sous le terme de « discompte » : la rentabilité est issue, non de la marge unitaire, mais

1. Préface à Thil [1964, p. 8].

de la rotation de l'actif. Qui mieux que Zola a réussi à rendre limpide la manière dont des marges modestes pouvaient produire des profits (et même un taux de profit) immenses, lorsqu'il fait dire à Mouret (incarnation romanesque de Boucicaut) : « C'est bien simple, mais il fallait le trouver. Nous n'avons pas besoin d'un gros roulement de fonds. Notre effort unique est de nous débarrasser très vite de la marchandise achetée, pour la remplacer par d'autres, ce qui fait rendre au capital autant de fois son intérêt. De cette manière, nous pouvons nous contenter d'un petit bénéfice ; comme nos frais généraux s'élèvent au chiffre énorme de 16 % et que nous ne prélevons guère sur les objets que 20 % de gains, c'est donc un bénéfice de 4 % au plus ; seulement cela finira par faire des millions, lorsqu'on opérera sur des quantités de marchandises considérables et sans cesse renouvelées[1]... » En réalité, en 1860, le Bon Marché d'Aristide Boucicaud ne pratiquait qu'un taux de marge brute de 13,5 % pour un taux de marge nette de l'ordre de 3,5 %[2]... soit des ordres de grandeurs similaires à ceux que l'on observe aujourd'hui dans les supers et les hypermarchés... et sans commune mesure avec les taux pratiqués par les « boutiquiers » de l'époque. Incontestablement, cette politique de faible marge, couplée à la capacité de s'approvisionner à meilleur compte (déjà l'effet du volume des achats sur le rapport de forces vis-à-vis des fournisseurs !) et à la pratique des « soldes », favorise une certaine démocratisation de la consommation des biens manufacturés. Mais la contribution des grands magasins à l'émergence d'une distribution de masse a sans doute tout autant résidé dans son engagement dans une logique de « dépersonnalisation » de la relation commerciale. En effet, avec les formules du prix fixe et affiché[3], de l'entrée libre, le recours systématique à la publicité, l'aménagement des vitrines, la diffusion de catalogues de ventes à distance, l'abolition de la vente à crédit... et, bien sûr, la vente en grande surface assistée par un personnel de vente à la fois nombreux et très instable[4], les grands magasins vont remplacer le traditionnel face-à-face client/commerçant par un face-à-face client/marchandise. Dans cette nouvelle relation, l'identité de celui qui achète et de celui qui vend influent peu sur les modalités de la transaction. Le processus de dépersonnalisation de la relation commerciale franchira encore deux étapes décisives avec, d'une part, l'apparition du commerce succursaliste à la fin du XIXe siècle,

1. Émile Zola, *Au Bonheur des dames*, Paris, Pocket, p. 80.

2. Thil [1966].

3. Jusque-là, la règle dans le commerce consistait à n'afficher aucun prix (tout au plus un code à l'usage du vendeur) afin de pouvoir ajuster celui-ci à la spécificité de chaque client (solvabilité, fidélité, crédulité...). Félix Potin sera parmi les premiers à appliquer la règle du prix fixe et affiché dans l'épicerie, au milieu du XIXe siècle (Camborde [1997]).

4. Voir l'épisode de *Au Bonheur des dames* dans lequel Zola décrit comment s'opère le « dégraissage » des effectifs de vendeurs chaque année à l'arrivée de la saison creuse...

dans lequel la « tête » (la maison mère qui exploite les succursales) perd le contact direct avec les clients, et d'autre part, avec la pratique de la vente en libre-service qui subitement élimine toute intermédiation du vendeur dans la relation entre le client et le produit. Cette dépersonnalisation restera l'un des fondements majeurs de la distribution de masse mise en œuvre par la grande distribution.

Lorsque les conditions d'une production et d'une consommation de masse furent enfin réunies, les principes découverts par les pionniers du commerce moderne durant la seconde partie du XIXe siècle purent être appliqués, sur une échelle beaucoup plus importante et au moyen de techniques modernes, par les entreprises de la grande distribution. Une distribution de masse était née, qui relayait les efforts de productivité de l'industrie et répondait à l'aspiration du plus grand nombre à entrer dans la « société de consommation ». Ainsi, *la grande distribution peut être analysée comme l'avatar commercial du fordisme,* et la grande surface comme le pendant, dans la sphère de la circulation des richesses, de ce que fut la chaîne de production dans le domaine industriel.

Les bases du fordisme s'établissent aux États-Unis dès l'entre-deux-guerres. C'est sans doute là que réside l'explication de la naissance de la plupart des innovations commerciales constitutives de la grande distribution dans ce pays et à cette époque. En France, la diffusion du fordisme est plus tardive. L'histoire de la production de masse ne commence pas, bien sûr, à l'aube des années 1960 au moment où la grande distribution apparaît. Toutefois, ce n'est qu'à partir de la fin de la Reconstruction que le couple production-consommation de masse, soutenu par un ensemble d'institutions (gestion du rapport salarial, modalités de l'intervention de l'État...), débouche sur une régulation cohérente de l'ensemble du système économique et social.

La société française à la naissance de la grande distribution

La grande distribution naît en France précisément au moment où la transformation des structures industrielles et l'évolution des modes de vie[1] ont atteint un degré de maturité suffisant pour rendre son déve-

1. Ces transformations, en France, ont été fortement stimulées par l'action de l'État. En effet, « si l'on devait caractériser d'un mot le fordisme à la française, le plus éclairant est sans doute de le qualifier d'étatique puisque par contraste avec les États-Unis, par exemple, la dynamique industrielle n'est pas portée par la seule logique du marché, mais plutôt par le projet développementiste d'un bloc hégémonique qui utilise tous les leviers de l'État pour piloter une transformation que ni les entrepreneurs, ni les salariés, pas plus que les banquiers, n'auraient spontanément impulsée » (Boyer [1998, p. 11]).

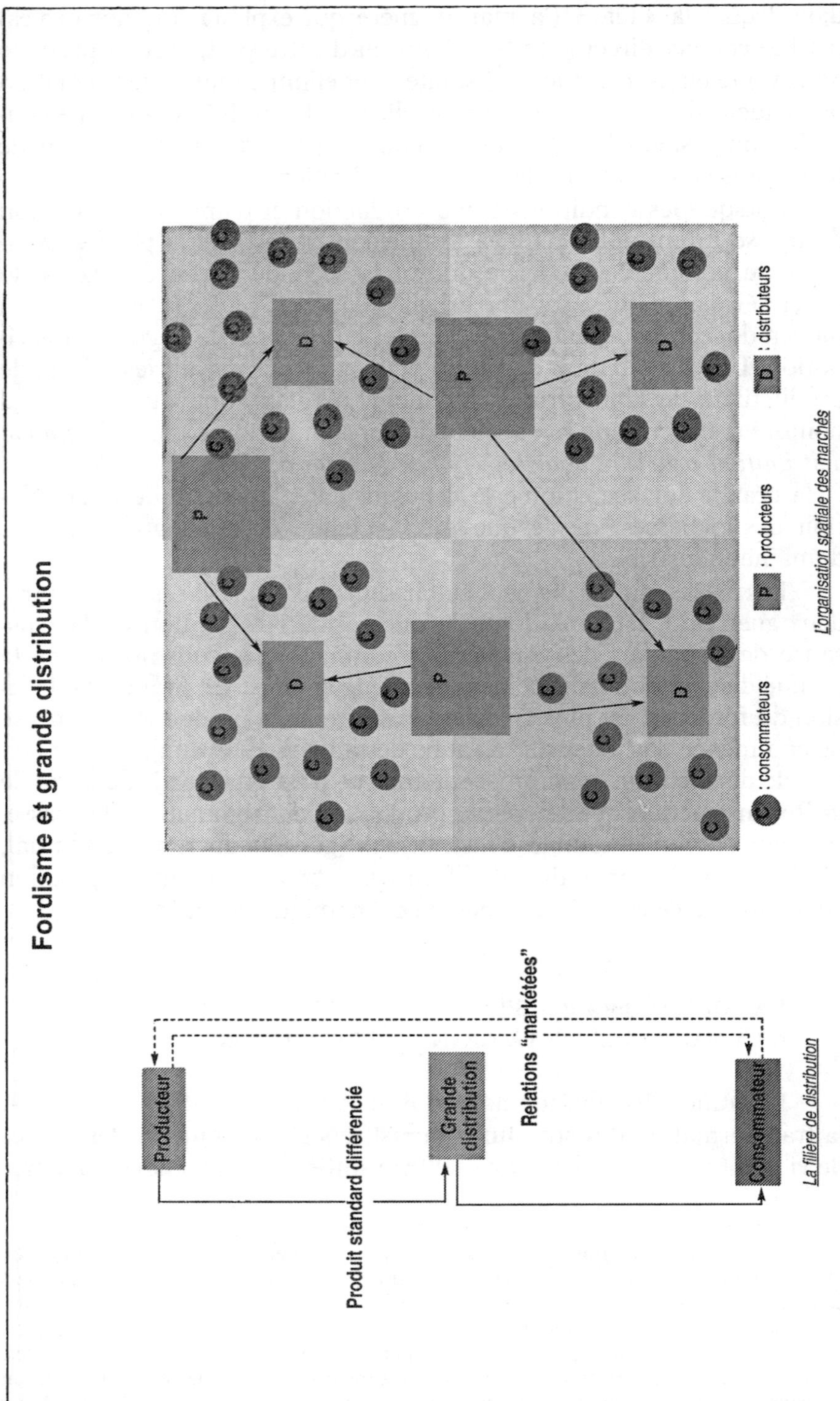

Fordisme et grande distribution

loppement à la fois possible et nécessaire. Les pages qui suivent sont consacrées à repérer quelques signes de l'émergence d'un système économique fordien dans la société française du début des années 1960.

Le basculement des systèmes techniques vers la production de masse

Le besoin de fournir les armées — et d'assurer la production minimum pour l'arrière — alors que la mobilisation générale avait asséché le marché du travail, a favorisé la diffusion de la culture de la « rationalisation » en France au cours de la Première Guerre mondiale. On relève quelques expériences précoces de travail à la chaîne dans les années 1920 dans l'industrie automobile française (Citroën, Renault, Berliet...) et dans quelques entreprises du secteur des biens de consommation (André dans la chaussure, Géo et Olida dans l'agroalimentaire, la Manufacture française des armes et des cycles de Saint-Étienne (la future Manufrance)...). Mais, en définitive, les principes tayloriens-fordiens vont connaître d'importantes difficultés à se diffuser au sein de l'industrie française alors qu'ils se posent en « modèle productif » aux États-Unis. Au sein même de l'industrie automobile, les constructeurs français ne parviendront que tardivement à entrer dans une logique de production de masse. Alors que la Ford T[1] était lancée en 1909, il faudra attendre la Libération pour assister au lancement de la 2 CV de Citroën et de la 4 CV de Renault. Ce retard français dans la diffusion du modèle taylorien-fordien d'organisation de la production tient sans doute tout autant à la spécificité du capitalisme français qu'à l'inadaptation de ce modèle productif au niveau et au mode de vie des Français de l'époque[2].

La Reconstruction achevée, et alors que les industries de base sont reconstituées, les industries françaises de biens de consommation apparaissent dans l'ensemble comme archaïques. Ceci, en dépit du plan Marshall, lequel, notamment par l'importation de biens d'équipement américains et par l'organisation de « missions de productivité » aux États-Unis, avait contribué à la diffusion des méthodes d'organisation de la production prévalant aux États-Unis. L'économiste américain E. Denison a montré que les produits dont le prix était en France inférieur de plus de 50 % à celui observé aux États-Unis étaient principalement des produits répondant à des besoins primaires (céréales, alcools...) ; à l'inverse, l'ensemble des biens — plus nombreux — dont le prix en France excédait d'au moins 50 % le niveau américain comprenait notamment les chaussures, les tissus, les biens d'équipement

1. La Ford T est la première voiture sortie des chaînes de montage et qui avait été conçue pour toucher une large clientèle populaire.
2. Woronoff [1994], Caron [1997].

ménagers... La France souffrait ainsi d'un important retard sur le plan de la productivité des filières d'offre des biens de consommation.

Le processus de modernisation industrielle s'accélère à partir de la fin des années 1950, précisément au moment où émergent les premières grandes surfaces. L'engagement de ce processus de modernisation doit beaucoup à l'ouverture internationale de l'économie française et à l'action de l'État.

Les colonies ont pendant longtemps constitué un débouché facile pour la production industrielle française. En 1948 — année record en la matière —, la zone franc absorbait 44 % des exportations de la métropole[1]. Cette part a commencé à décliner au cours des années 1950 (elle ne sera plus que de 9 % en 1972). La création du Marché commun en 1957 — qui devait aboutir au démantèlement complet des droits de douanes et contingents entre les pays membres dès 1968 — a accéléré le processus d'extraversion de l'économie française et la réorientation des flux de commerce extérieur au profit de l'Europe. L'ouverture internationale accélérée qui s'engage à partir des années 1950 va beaucoup contribuer à la restructuration et à la modernisation de l'industrie française. La concurrence s'intensifie sur le marché intérieur du fait de la pénétration croissante des importations. Simultanément, l'ouverture des marchés étrangers aux exportations françaises réduit le handicap que constitue l'étroitesse du marché domestique pour la mise en œuvre de productions en grandes séries.

L'ouverture internationale de l'économie française se traduit également par l'implantation d'un nombre croissant de firmes multinationales, en particulier américaines, sur le territoire national. Les industries agroalimentaires, rendues particulièrement vulnérables par des structures extrêmement atomisées, constituent une cible privilégiée pour les firmes multinationales étrangères en quête de débouchés sur le marché français. En 1966, le contrôle étranger atteignait jusqu'à 44 % dans la branche des glaces, 75 % dans celle du lait concentré, et même 85 % dans la branche des bouillons et potages[2]... Des entreprises aussi prestigieuses que Belin, Brossard, ou LU passent dans le giron de multinationales américaines. Ces grandes entreprises, qui disposent d'une avance incontestable sur le plan de la technologie, du marketing, mais aussi du management et de l'organisation, vont servir à la fois d'aiguillon et de modèle pour les entreprises françaises.

L'État a joué un rôle très actif dans la modernisation des structures industrielles, notamment au moyen d'une politique d'incitation à la concentration, de nationalisation, d'aide à l'investissement, de financement des infrastructures... Il a exercé également une action déterminante dans la formation d'institutions permettant l'établissement du

1. Woronoff [1994, p. 516].
2. Stoléru [1969].

rapport salarial fordien (les conventions collectives de branche, la planification indicative à moyen terme...).

L'investissement demeure très élevé après la Reconstruction : sur la période 1959-1968, il place la France au troisième rang mondial selon le critère du dynamisme de l'investissement, derrière le Japon et l'Allemagne[1]. Entre 1959 et 1964 — ces années clés dans l'histoire de la grande distribution — la croissance de la valeur ajoutée industrielle atteint le rythme exceptionnel de 7,4 % par an... Au total, comme l'écrit R. Boyer [1998], « [...] la France subit une catharsis à l'issue de laquelle émerge une nouvelle architecture des formes institutionnelles, particulièrement favorable à l'épanouissement d'une croissance intensive, c'est-à-dire centrée sur l'obtention des gains de productivité, stimulée par la synchronisation d'une consommation de masse tournée vers le salariat et d'une production de masse de produits standardisés » (p. 9).

À ce mouvement de modernisation industrielle, qui engage l'industrie française dans le modèle de la production de masse, répond une évolution de la distribution des revenus favorable à l'essor de la société de consommation.

L'essor de la société de consommation

L'importance des gains de productivité générés par la diffusion de l'automatisation et des principes du taylorisme rend possible la croissance des salaires. Celle-ci est par ailleurs favorisée par la pression sociale, la banalisation des politiques de stabilisation keynésiennes et la tension provoquée sur le marché du travail par la relative rareté de la main-d'œuvre. Les industries de base reconstruites, l'État peut désormais mettre l'accent sur la satisfaction des consommateurs (IIe plan, 1954-1957). Il joue un rôle actif dans le dialogue social et contribue à l'instauration d'un nouveau « compromis salarial » : les syndicats acceptent les conséquences sur les conditions de travail de la généralisation des principes tayloriens-fordiens en contrepartie d'une progression des salaires réels (et de l'instauration d'une couverture sociale) leur ouvrant les portes de la société de consommation.

En 1950 est créé le SMIG (salaire minimum interprofessionnel garanti). En 1952 est instituée une échelle mobile des salaires[2] visant à protéger le pouvoir d'achat des salariés du risque d'érosion par l'inflation. Les prestations sociales connaissent une rapide augmentation. Elles représentent près de 20 % du revenu brut global (avant

1. *Histoire économique et sociale de la France,* sous la direction de Fernand Braudel et Ernest Labrousse, tome IV : « L'ère industrielle et la société d'aujourd'hui », vol. 3, Paris, Presses universitaires de France, 1982, p. 1052.

2. Déclenchement automatique de l'augmentation des salaires dès que la hausse des prix dépasse un certain seuil.

impôt) en 1960, contre 15 % en 1949 et seulement 5 % en 1938[1]. L'« État-providence » instaure ainsi un revenu social indépendant des résultats des entreprises. Combiné à la généralisation de la mensualisation et aux interventions de régulation macroéconomique, il assure une stabilisation de la demande des ménages qui s'oppose aux fluctuations de grande ampleur des phases antérieures du capitalisme ; les entreprises bénéficient désormais d'une meilleure visibilité quant à leur capacité à écouler leur production.

La croissance des revenus est évidemment favorable au développement de la consommation. En France, l'accélération de la croissance de la consommation des ménages intervient dans le courant des années 1950. Entre 1950 et 1960, la consommation progresse au rythme moyen de 4,6 % en volume par an, soit une vitesse de croissance jamais atteinte jusque-là sur l'ensemble d'une décennie. Entre 1950 et 1968, le budget annuel moyen du consommateur est doublé[2]. Et c'est en 1953 que le CRÉDOC est créé pour mesurer et étudier l'évolution de la consommation...

Estimation des taux de croissance annuels
de la consommation des ménages en France
(en francs constants)

1800-1850	1 %
1850-1900	2,5 %
1900-1913	2,5 %
1923-1929	4,5 %
1929-1939	- 11,1 %
1950-1960	4,6 %

Source : CRÉDOC, Consommation, 1961, n°3-4. Repris de Rochefort [1995].

Avec l'élévation des revenus et le développement de la consommation, les ménages sont désormais en mesure d'aller au-delà de la simple couverture de leurs besoins physiologiques. La demande de biens manufacturés se diversifie : produits agroalimentaires transformés, équipements électroménagers réduisant la pénibilité des tâches domestiques, dépenses de loisirs... Cette diversification — dont la grande distribution profitera pleinement — se nourrit du basculement dans la sphère marchande d'activités qui avaient été pendant longtemps exercées dans le cadre d'une autoproduction domestique (transformation des aliments, travaux ménagers « à la main »...).

1. 36 % en 1990...
2. Rochefort [1995, p. 48].

Évolution de la consommation par tête de 1949 à 1961

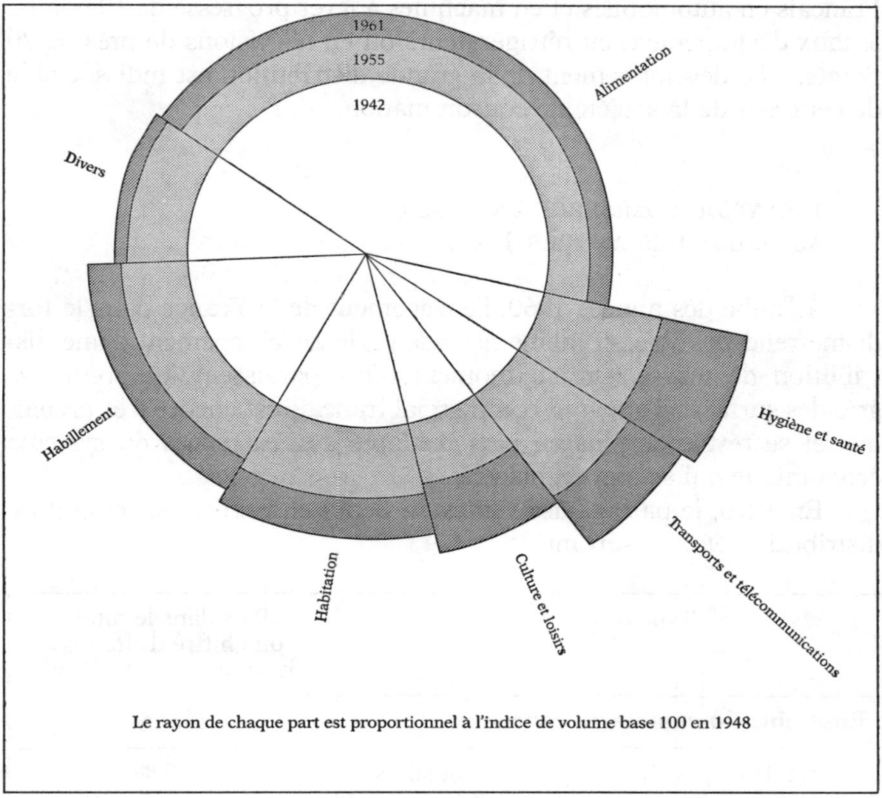

Source : INSEE. Repris de Havas Conseil, 1965, p. 5.

Pourtant, en dépit de la vitesse à laquelle progresse le niveau de vie, au moment où s'ouvrent les premiers hypermarchés, il reste encore beaucoup à faire pour satisfaire les besoins du plus grand nombre. En 1968, le recensement révèle que près d'un tiers des résidences principales ne dispose pas de l'eau courante, environ les deux tiers ne sont équipés ni de baignoire, ni de douche, ni de lavabo, et seulement un logement sur trois dispose d'une chasse d'eau à l'intérieur... Une enquête réalisée en 1929 à Detroit à la demande de Henry Ford montrait que 98 % des familles ouvrières disposaient d'un fer électrique, 76 % d'une machine à coudre, 51 % d'une machine à laver le linge, 49 % d'un phonographe, 47 % d'une automobile[1]... Les familles ouvrières françaises sont encore loin de ces taux d'équipement lorsque naît la grande distribution[2]. Toutefois, les progrès sont très rapides ;

1. Chiffres cités par Granou, Baron et Billaudot [1979], p. 65.
2. En 1963, le taux d'équipement des familles ouvrières en machines à laver s'approchait seulement des 40 % et elles n'étaient environ que 35 % à disposer d'une automobile (Joseph [1964]).

en seulement quatre ans, entre 1959 et 1963, le taux d'équipement des Français en automobiles et en machines à laver progresse de 10 points, le taux d'équipement en réfrigérateurs ou en télévisions de près de 20 points... Le développement de la grande distribution est indissociable de cet essor de la société de consommation.

L'État du commerce en France au début des années 1960

À l'aube des années 1960, l'engagement de la France dans le fordisme rend possible, et même nécessaire, le développement d'une distribution de masse. Or, au moment où apparaissent les premières grandes surfaces, l'appareil commercial français est encore très archaïque et se révèle de plus en plus inadapté aux exigences du système économique qui se met en place.

En 1960, le partage des ventes au détail en France par circuit de distribution était le suivant :

Type de circuit	Part dans le total du chiffre d'affaires du commerce de détail
Ensemble du commerce concentré	14,0 %
— Grands magasins et magasins populaires	4,9 %
— Entreprises à succursales multiples dont :	6,1 %
Alimentation	4,5 %
Textile	0,5 %
Chaussure	0,3 %
Autres	0,8 %
— Coopératives de consommateurs	2,2 %
— Divers (dont supermarchés)	0,8 %
Ensemble du commerce non concentré	86 %
— Groupements d'achat	1,9 %
— Chaînes volontaires	2,0 %
— Indépendants « isolés »	82,1 %

Source : INSEE et CRÉDOC, in Quin [1962, p. 38].

On y relève l'existence de plusieurs canaux de « distribution moderne ». Le plus important en parts de marché est le commerce succursaliste[1]. Le succursalisme a fait son apparition dans le paysage commercial français au cours de la seconde moitié du XIXe siècle. C'est entre 1890 et 1913 que sont créées la plupart des entreprises qui devaient devenir les leaders de ce secteur et dont certaines existent encore (La Ruche picarde en 1895, Casino en 1898, Goulet Turpin en 1900, Guyenne et Gascogne en 1913...). Initialement cantonné à la distribution alimentaire, le succursalisme s'est progressivement diffusé à des secteurs non alimentaires comme le vêtement ou la chaussure. Le nombre de points de vente appartenant à des entreprises à succursales multiples a connu une progression spectaculaire jusque dans les années 1930, puis une croissance à un rythme ralenti jusqu'au début des années 1960 où il dépasse les 22 000 unités. Si certaines de ces entreprises exploitent un parc de magasins qui approche ou dépasse le seuil du millier d'unités (Casino, les Docks rémois, les Comptoirs français, les Économats du Centre), il s'agit le plus souvent de points de vente de petite dimension appliquant des formules de vente traditionnelles (en 1963, seulement 8 % des succursales alimentaires sont en libre-service[2]), et qui pratiquent des niveaux de prix ne les distinguant pas significativement du commerce indépendant.

L'introduction en France des magasins populaires — inspirés de la formule des magasins à « prix unique » inventée aux États-Unis par Frank Woolworth en 1879 — a été plus tardive. Elle remonte à la fin des années 1920 à l'initiative des grands magasins (création d'Uniprix par les Nouvelles Galeries, de Prisunic par le Printemps, de Monoprix par les Galeries Lafayette...). À l'origine plus grands et moins chers que les magasins des entreprises à succursales multiples, leur développement a été entravé par les restrictions administratives et en particulier par la loi du 24 mars 1936 portant limite à la création de nouveaux magasins. C'est à partir de 1950 que le développement des magasins populaires s'accélère, avec notamment l'abandon de la formule du « prix unique », l'extension des assortiments, l'augmentation de la surface de vente, le lancement de marques propres et... des prix sensiblement plus bas que dans les autres circuits.

Ainsi, si le commerce concentré et organisé se révèle bien enraciné en France à l'aube des années 1960, son poids dans les ventes au détail reste marginal et circonscrit pour l'essentiel au domaine alimentaire. Le petit commerce indépendant domine encore très largement l'appareil commercial français. En 1955, les propriétaires d'entreprises de commerce et les travailleurs familiaux représentaient 57 % des actifs du secteur du commerce de détail[3]. Le regroupement de commerçants

1. Entreprises de commerce propriétaires de plusieurs établissements portant généralement la même enseigne.

2. Havas Conseil [1965], p. 62.

3. Parmi ceux qui sont implantés en milieu rural, nombreux sont encore ceux qui exercent un second métier.

indépendants (dans le but notamment d'améliorer les conditions d'approvisionnement) apparaît dès la fin du XIXe siècle en Allemagne et en Suisse[1], mais ne se diffuse en France, sur une échelle significative, qu'à partir des années 1950[2]. Ces groupements sont souvent créés à l'initiative de grossistes (Spar, UGA, AVAM, Végé...) ou d'entreprises à succursales multiples qui se présentent en prestataires de services à l'égard de commerçants indépendants. Il existe également des groupements d'achat constitués directement par des détaillants : Unico, Una, Codec... et Leclerc qui compte déjà plus de 200 « centres distributeurs » (mais seulement un supermarché) en 1960 ; certains de ces groupements étendent leur activité à la logistique voire à la promotion d'une enseigne commune. En 1960, ce commerce indépendant associé rassemble en France près du quart des établissements du commerce alimentaire. Mais cet ensemble représente à peine 6 % du marché...

Les structures commerciales sont ainsi fragmentées en un très grand nombre de très petites unités. La taille moyenne des établissements de commerce non sédentaires n'était que de 2,4 personnes en 1955[3]. La France se situe à cet égard en dessous du niveau observé pour l'ensemble de l'Europe occidentale, et très loin de celui relevé dans les pays anglo-saxons.

En 1963, il n'existait en France que 63 magasins libre-service par million d'habitants, contre 173 en Grande-Bretagne, 253 aux Pays-Bas, 558 en Allemagne de l'Ouest ou 813 en Suède[4] et alors qu'aux États-Unis 98 % des produits alimentaires étaient distribués dans des magasins exploités en libre-service. De même, alors que la France de 1962 comptait 207 supermarchés, on en recensait près de 500 en Allemagne et 730 en Grande-Bretagne[5]... La concentration du secteur du commerce est encore balbutiante et ce n'est qu'à partir de 1967 que la croissance continue du nombre de points de vente finit par s'inverser[6]. Ce « retard » n'est pas indépendant du caractère encore fortement rural[7] de la France des années 1950-1960. Il doit également être mis en regard d'une diffusion plus tardive du fordisme en France et de l'insuffisante préparation de la société française aux nouvelles méthodes de

1. Jeffreys et Knee [1963, p. 74-75].

2. Le premier groupement d'indépendants en France s'est créé en 1885 dans l'alimentaire afin de tenter de répondre à la nouvelle concurrence des succursalistes par le groupement des achats. Parmi les groupements apparus de manière précoce en France, signalons la Guilde des Orfèvres (1995), Codec et La Hutte (1924) (Hardouin et Ducrocq [1993, p. 29].

3. Jeffreys et Knees [1963].

4. *Revue de l'Épicerie en gros*, août 1963.

5. Havas Conseil [1965].

6. Roy [1971, p. 31].

7. En 1962, 65 % de la population française vivaient dans des communes de moins de 50 000 habitants, dont 41 % dans des communes rurales dans lesquelles étaient concentrés 46 % du nombre de points de vente alimentaires, principalement des établissements indépendants de petite dimension (Havas Conseil [1965, p. 38]).

Nombre d'établissements de détail et chiffre d'affaires en alimentation par catégorie, en 1960

Formes de commerce	Nombre d'établissements	%
Commerce concentré :		
Sociétés à succursales	25 000	7,47
Coopératives de consommation	10 500	3,17
Grands magasins, magasins populaires	800	0,2
Supermarchés	30	-
Centres distributeurs Leclerc	155	-
Magasins Saveco	15	-
Paracommercialisme[1]	2 500	0,74
Total du commerce concentré	39 000	11,58
Commerce associé :		
Groupements d'achats	47 000	13,78
Chaînes volontaires	33 000	9,68
Total du commerce associé	80 000	23,46
Commerce indépendant :		
Commerces indépendants sédentaires	186 300	54,63
Commerces indépendants non sédentaires	35 500	10,33
Total du commerce indépendant	221 800	64,96
Total général	340 800	100

1. Commerces à activités multiples comptés à la fois comme commerces alimentaires et non alimentaires.

Source : INSEE et CRÉDOC, in Quin [1962].

Poids des salariés dans la main-d'œuvre du commerce de détail en 1955

	Propriétaires	Travailleurs familiaux	Employés
France	41,5 %	15,5 %	43,0 %
Royaume-Uni	15,5 %	7,5 %	77,0 %
Ens Europe occid.	34,5 %	15,0 %	40,5 %
États-Unis	18,0 %	9,0 %	73,0 %

Source : Jeffreys et Knee [1963, p. 17].

Taille moyenne des établissements de détail
et des détaillants sédentaires en 1955
(en nombre de personnes occupées)

	Établissement de détail	Détaillant sédentaire
France	2,3	2,4
Royaume-Uni	4,3	4,5
Ensemble Europe occidentale	2,7	2,9
États-Unis (1954)	5,7	-

Source : Jeffreys et Knee [1963, p. 28].

distribution. Le choc que constituera l'arrivée des grandes surfaces n'en sera que plus violent. Les petits commerçants de l'époque ne s'y sont d'ailleurs pas trompés. Les résultats d'une enquête réalisée en 1963 par le magazine *LSA* auprès des commerçants indépendants isolés (n'appartenant pas à un groupement) nous apprennent que 46 % d'entre eux attendaient des transformations importantes dans le commerce pour les prochaines années, 56 % estimaient la disparition du commerce indépendant inévitable et 69 % affirmaient catégoriquement que leurs enfants ne seraient pas commerçants ! La même année naissait le premier hypermarché...

Part des divers circuits pour l'épicerie seule (boisson incluse)

	1930	1960
Magasins à succursales	19,7 %	20,8 %
Grands magasins, magasins populaires	3,4 %	6,8 %
Coopératives	10,5 %	11,3 %
Indépendants	66,4 %	51,1 %
Total	100 %	100 %

Source : Agence française de propagande Bates et Cie.

De plus en plus de voix s'élèvent pour dénoncer cet archaïsme du commerce et le frein qu'il constitue dans l'exploitation des bienfaits de la production de masse. Bernardo Trujillo — dont les célèbres séminaires dispensés au sein de la société américaine National Cash Register ont profondément influencé les pionniers de la grande distribution — écrivait en 1966 : « Nous produisons à la machine. Nous cultivons nos terres à la machine. Nous tenons nos livres électroniquement. Nous voyageons par machine. Et nous vendons à la main. Article par article, client par client, dans des magasins moyenâgeux[1]. [...] À la productivité et au rendement industriel, il faut répondre par une productivité et un rendement de la distribution[2]. [...] À la fabrication de masse doit répondre la distribution de masse[3]. » P. Chatelier[4] évoque la formule d'A. Detœuf : « Que sert de produire au rythme de la locomotive si l'on distribue au rythme de la brouette ? » Jusqu'aux auteurs du rapport général de la Commission du commerce du IVe Plan (1962-1965) qui utilisent explicitement, lorsqu'ils évoquent les « grandes unités de vente », les termes de « distribution de masse » et d'« usine à vendre » (p. 175) dont ils anticipent un rapide développement qu'ils semblent appeler de leurs vœux. L'État a par ailleurs donné un coup de pouce essentiel au démarrage de la grande distribution avec le décret du 28 juin 1958, mieux connu comme « Circulaire Fontanet » du 31 mars 1960. Cette circulaire, qui vise à interdire les pratiques commerciales restreignant la concurrence, entend en réalité faire sauter l'obstacle au développement de la distribution moderne que constituent certaines pratiques des industriels à l'égard du commerce[5]. Le pouvoir des industriels se trouve ainsi réduit : d'une part, en raison de l'interdiction des prix imposés aux commerçants, politique qui, bien sûr, annihile toute concurrence par le niveau des marges entre commerçants ; d'autre part, à cause de l'interdiction du refus de vente qui oblige les fournisseurs à approvisionner n'importe quel commerçant qui en fait la demande[6]. Dès lors, il n'existe plus d'obstacle à la politique de discompte des nouveaux distributeurs...

La grande distribution : l'avatar commercial du fordisme

L'expression « usines à vendre », qui se diffuse dans le courant des années 1960 pour désigner le commerce en grandes surfaces, est

1. Trujillo [1966, p. 288].
2. Trujillo [1966, p. 289].
3. Trujillo [1966, p. 292].
4. P. Chatelier [1973].
5. Si, collectivement, les producteurs de biens de consommation ont intérêt à voir se constituer une distribution moderne capable d'assurer efficacement l'écoulement de leur production, à titre individuel ils peuvent craindre de voir s'inverser le rapport de force très favorable dont ils jouissent dans leur relation avec le commerce traditionnel (l'histoire devait montrer que ces craintes n'étaient pas dépourvues de fondements...). À cela s'ajoute la très grande hostilité des petits commerçants à l'égard des grandes surfaces. Dans ces conditions, pour un fournisseur, vendre à des grandes surfaces — ne représentant alors qu'une très faible part de marché — risquait de provoquer une réaction de rejet de la part d'un commerce traditionnel qui représentait encore l'essentiel des débouchés.
6. Le texte prévoit toutefois des exceptions à l'interdiction du refus de vente, en particulier lorsqu'il existe des contrats de concession exclusive. C'est précisément cette exception qui fait encore obstacle à la pénétration massive des hypers sur certains marchés, comme la parfumerie.

révélatrice de la transposition au sein de la sphère de la distribution de la logique industrielle de production de masse. De fait, la grande distribution met en œuvre, sur une grande échelle, des mécanismes de rationalisation similaires à ceux exploités dans l'industrie :

— Réduction des coûts de transaction en amont par la massification des commandes auprès des fournisseurs : économie sur les coûts de négociation et de contractualisation, sur les coûts de conditionnement, de transport, etc.

— Exploitation des économies d'échelle, d'abord par la grande dimension des points de vente, puis, par celle des réseaux ; ces économies d'échelle sont issues de la mise en œuvre d'un outil logistique performant, de l'amortissement des coûts fixes d'aménagement (local, mobilier, parking), ainsi que de la rentabilisation des dépenses de publicité.

— Substitution du capital au travail, davantage, il est vrai, par la compression des frais de personnel (libre-service systématique) que par un alourdissement important de l'intensité en capital. « Les efforts faits pour rationaliser la manutention dans l'industrie ont largement servi les grandes surfaces qui ont adopté très rapidement les mêmes techniques. [...] Les palettes, sell-containers, roll-combitainers ont donc gagné les entrepôts des distributeurs, puis les réserves des supermarchés et hypermarchés et enfin les surfaces de vente[1]. »

— Application de « méthodes scientifiques » de gestion et d'organisation du travail permettant une exploitation intensive du capital. Le travail d'exécution perd une grande part de son contenu en « métier » au profit de tâches élémentaires, routinières, et ne réclamant qu'un apprentissage sommaire. La figure du vendeur, avec ce qu'elle implique de compétences, de connaissance des produits, de rapport personnalisé à la clientèle, de capacité d'orientation des choix... s'efface devant celles de l'employé libre-service (ELS) et de la caissière, véritables « OS » de la distribution. Le travail de « conception », qui consiste dans la définition des assortiments, l'aménagement du point de vente, la mise en place des produits, la définition de la politique tarifaire et promotionnelle..., est totalement concentré entre les mains du personnel d'encadrement. Pour ce faire, celui-ci sera amené à utiliser des moyens de plus en plus sophistiqués, à grand renfort de technologies de l'information et de la communication. Le travail est fragmenté et sa répartition rigide : « Le manager organise, l'ELS prépare, le vendeur [quand il y en a] accueille et sert, la caissière encaisse, le manager résout les difficultés particulières[2]. » La main-d'œuvre est peu qualifiée[3], peu rémunérée et soumise à des conditions de travail souvent

1. Chatelier [1973, p. 264].
2. CRÉDOC-Collège coopératif [1999].
3. Encore en 1997, 45 % des salariés du commerce de détail n'étaient titulaires que d'un diplôme inférieur au bac (INSEE, Enquête emploi).

difficiles. Elle est composée, pour une part importante, de jeunes et de femmes. L'ancienneté moyenne est très faible et la rotation du personnel très importante[1].

À ces mécanismes de rationalisation empruntés à l'industrie, s'ajoutent des leviers spécifiques de compression des coûts de distribution :

— La réduction à son niveau minimum d'un « service commercial » complètement standardisé, qui permet d'économiser tant sur les coûts de main-d'œuvre que sur les frais d'aménagement du point de vente : implantation en périphérie (faible coût du foncier) dans des locaux de type « entrepôt », aménagement minimaliste du point de vente, centralisation de l'encaissement, minimisation de l'assistance commerciale[2]... Le service apporté au consommateur consiste fondamentalement dans la possibilité de trouver, concentrée sous un même toit, une offre étendue de produits de grande consommation à prix bas.

— L'application d'un taux de marge nette[3] très modeste. Au début des années 1960, les supermarchés dégageaient un taux de marge nette de l'ordre de 2 à 3 % alors que celui des détaillants d'épicerie isolés se situait autour de 7 %[4]. Comme aux premières heures des grands magasins, le principe consiste à obtenir la rentabilité, non de la marge unitaire, mais de l'importance des volumes vendus et de la vitesse de rotation du capital que permet la pratique systématique du discompte.

Sur chacun de ces points, les formes modernes de commerce apparues à partir de la seconde moitié du XIXe siècle avaient largement balisé le terrain : exploitation des économies d'échelle (grands magasins), standardisation du service commercial (magasins populaires) ; substitution du capital au travail (libre-service)... L'apport majeur de la grande distribution est d'avoir réussi à combiner dans un même concept commercial ces différents leviers de rationalisation expérimentés par les formules innovantes du passé ; il est aussi d'en avoir accru le potentiel de productivité par le changement d'échelle de leur mise en œuvre et par le développement de méthodes « scientifiques » de gestion.

---

1. Même s'ils sont en voie de correction, ces caractères de la main-d'œuvre de la grande distribution sont encore aujourd'hui parfaitement perceptibles. Ainsi, selon l'enquête IFLS réalisée à partir de l'exploitation des bilans sociaux de 31 entreprises de la grande distribution alimentaire et non alimentaire (totalisant 206 000 emplois), en 1996, les 2/3 des salariés avaient moins de 10 ans d'ancienneté dans l'entreprise. Un quart des effectifs était composé de jeunes de moins de 25 ans. Les cadres ne représentaient que 20 % de l'emploi total. L'enquête montre clairement que c'est dans la grande distribution alimentaire que ces caractères sont les plus affirmés.

2. D'où des frais de personnel ne s'élevant qu'à 3 ou 5 % du chiffre d'affaires dans les supermarchés au début des années 1960, contre 10 à 15 % dans les succursales alimentaires (Agence française de propagande Bates et Cie (1965, p. 252)).

3. Le taux de marge nette et le rapport de la marge nette sur le chiffre d'affaires, c'est-à-dire, grossièrement, le bénéfice que le distributeur réalise sur la vente de chaque produit.

4. Source : Agence française de propagande Bates et Cie (1965, p. 246).

UNE DISTRIBUTION DE MASSE PORTÉE PAR LE FONCTIONNEMENT FORDIEN DE L'ÉCONOMIE

La naissance de la grande distribution en France au tournant des années 1950 et 1960 doit donc s'interpréter comme le produit de la rencontre de structures économiques et sociales nationales en voie d'engagement dans le fordisme et d'un concept de distribution capable d'assurer la compression des coûts de distribution et l'écoulement de la production sur grande échelle.

Dès lors, la diffusion accélérée du fordisme dans la France des années 1960 et 1970 va favoriser une pénétration extrêmement rapide du commerce en grandes surfaces. La modernisation industrielle et la diffusion de la production en grandes séries portent l'expansion d'une distribution de masse que l'évolution des modes de vie rend désormais acceptable et souhaitée par le corps social.

La production de masse stimule les nouveaux modes de distribution

Entre 1960 et 1972, la production industrielle française s'accroît à un rythme moyen jamais encore atteint de... 6,1 % par an ! La production annuelle des constructeurs automobiles français passe de 1 120 000 véhicules en 1958 (seulement 500 000 en 1952...) à 2 700 000 en 1970. La modernisation accélérée de l'appareil de production national est à l'origine de cette formidable croissance de la production industrielle.

La concentration industrielle s'accroît rapidement. Jenny et Weber[1] observent que le degré de concentration[2] moyen calculé sur 238 secteurs de l'industrie française progresse de 42 % à 45 % entre 1963 et 1969. Le nombre des entreprises industrielles diminue de plus de 10 % entre 1961 et 1969. Ce sont les entreprises individuelles qui fournissent le plus gros des pertes, alors que progresse le nombre des sociétés anonymes. La proportion des salariés de l'industrie travaillant dans des établissements de moins de 100 personnes recule de 28 % en 1962 à 23 % en 1972 et, sur la même période, la dimension moyenne des établissements industriels progresse de 91 à 117 salariés[3].

La concentration est également financière. En réaction à l'ouverture internationale de l'économie française et sous l'impulsion d'un

1. Jenny et Weber [1974].
2. Part des quatre premières entreprises dans l'activité du secteur.
3. Laprêtre C. [1976].

État qui cherche à promouvoir l'émergence de « champions nationaux », les opérations de fusion-acquisition se multiplient. Jenny et Weber relèvent un doublement de leur nombre dans l'industrie entre 1950-1958 et 1959-1965. Les incitations fiscales introduites par le Ve Plan provoquent une nouvelle accélération du mouvement entre 1966 et 1972. C'est durant cette époque que se forment quelques-uns des plus beaux fleurons de l'industrie française : Saint-Gobain-Pont-à-Mousson, Péchiney-Ugine-Kuhlmann, Creusot-Loire, BSN-Évian-Kronenbourg...

Cette concentration accrue des structures de l'industrie française favorise la diffusion de procédés de production plus capitalistiques. Le taux d'investissement, qui avait déjà atteint des niveaux records à la fin des années 1950, continue sa progression jusqu'à la fin des années 1960. Le montant du capital fixe productif par tête progresse de 5 % par an (en francs constants) entre 1952 et 1972. Ce sont les industries de biens de consommation qui connaissent la progression la plus rapide (+ 5,9 %)[1]. Cet alourdissement de l'intensité capitaliste est stimulé par la hausse des salaires qui incite les chefs d'entreprises à remplacer des hommes par des machines. Ces années sont marquées par le progrès de l'automatisation et la diffusion de la production en grandes séries de produits standardisés. La croissance de la productivité du travail dans l'industrie atteint un rythme encore jamais égalé (6,4 % en moyenne par an entre 1959 et 1973), qui dépasse sensiblement celui enregistré par la Grande-Bretagne et les États-Unis[2]. On commence à parler du « miracle français » ; on peut lire dans un rapport de l'INSEE publié en 1975 : « Les structures industrielles se sont plus transformées en dix ans que dans le dernier demi-siècle[3]. » Le choc pétrolier de 1973 mettra brutalement un terme à cette période remarquable.

Pour écouler cette production de masse, les industriels aiguisent leurs stratégies en matière de marketing. Les besoins les plus élémentaires (se nourrir, se vêtir...) étant de mieux en mieux satisfaits, l'expression de nouvelles demandes requiert une certaine sollicitation de la part des offreurs. L'extension géographique du marché des industriels accroît la concurrence et détruit la relation de proximité entre les entreprises et leurs clients. Chaque producteur de biens de consommation ressent ainsi, davantage que par le passé, le besoin de se distinguer de ses concurrents aux yeux des consommateurs et de les informer des avantages de son offre[4]. La France avait pris un retard

---

1. *Histoire économique et sociale de la France, op. cit.*, p. 1291.
2. Maddison [1991].
3. Guibert [1975], cité par Boyer [1998].
4. « Dès l'instant qu'il y a production de masse et qu'on se trouve en face d'une consommation de masse, comment se fera le lien ? Il faut que les gens soient informés, et cette information, c'est de la Publicité » A. Siegfried, *Journal de la publicité*, 31 décembre 1952, cité par Martin [1992, p. 279].

considérable dans le domaine du marketing en général et de la publicité en particulier. On peut voir dans ce retard la conséquence des structures du capitalisme français resté longtemps à l'écart du modèle d'organisation qui se diffuse dans le monde anglo-saxon. Martin [1992] évoque également la prédominance de la culture technique à la tête des entreprises françaises, le dénigrement dont fait l'objet la publicité en France de la part des intellectuels, et la méfiance de l'administration et du milieu politique. Il souligne enfin le frein qu'a constitué le commerce jusque dans les années 1950, les commerçants voyant dans la publicité une menace sur la relation d'influence qu'ils exerçaient sur les consommateurs et, par là, sur leur fonction dans l'économie et leur statut social. La grande distribution, au contraire, s'appuiera sur le développement de la publicité et du marketing des industriels pour redéfinir la fonction du commerce et fera de cette redéfinition l'un des piliers de son développement.

Dans cette France de la seconde moitié des années 1950 qui amorce son entrée dans le fordisme, le marché publicitaire prend enfin son envol. Selon M. Martin, les dépenses de publicité en France ont été au minimum multipliées par cinq (en francs constants) entre 1952 et 1972. Le modèle américain se diffuse au travers de la traduction des ouvrages théoriques canoniques, des voyages d'étude, de l'implantation en France d'entreprises industrielles qui le mettent en œuvre et de filiales des grandes agences américaines... L'« empirisme pragmatique » des pionniers français des années 1930, fait place aux méthodes « scientifiques » importées des États-Unis. Elles sont fondées sur le traitement statistique d'enquêtes quantitatives auprès des consommateurs. Ces enquêtes doivent apporter une connaissance fine des consommateurs, de leur localisation, de leurs caractéristiques socio-démographiques et permettre d'optimiser les investissements publicitaires notamment grâce à la mesure de leur impact. Les industriels français, en voie de conversion à la production de masse, découvrent là de puissants leviers de stimulation et de régulation de la demande adressée à leurs produits. Il faut cependant attendre les années 1960, et la vogue des études de motivations, pour que la publicité et les techniques de marketing sortent de la simple évocation d'arguments rationnels, pour viser explicitement la dimension immatérielle et symbolique de l'acte de consommation.

L'apparition de nouveaux médias — presse magazine, radio périphérique, télévision[1] — étend la vitrine dont peuvent bénéficier les promoteurs de marques de biens de consommation. L'emprise croissante des médias nationaux, et en particulier de la télévision (dont le taux de possession passe de 25 % en 1962 à 63 % en 1969), tend à homogénéiser les modes de vie et offre une formidable caisse de résonance aux

1. La publicité à la télévision est autorisée en 1968.

campagnes de communication. Dès lors, la relation producteur-consommateur, que la production de masse a totalement dépersonnalisée, trouve une certaine forme de redynamisation, beaucoup plus abstraite, au moyen de la marque et par l'intermédiaire des supports publicitaires. Les conditions sont alors réunies pour la diffusion sur une grande échelle de la vente en libre-service : les produits, « prévendus » par la communication de l'industriel, n'exigent plus pour être écoulés la médiation du vendeur. Plus encore, la standardisation du produit couplée à son identification par la marque offre au consommateur la possibilité de comparer les prix pratiqués par les différents points de vente. Dans un contexte d'avidité (attisée par la publicité) de consommation de nouveaux produits, il n'est pas étonnant que les consommateurs se soient rapidement détournés des formes de commerce qui continuaient à leur proposer un service commercial devenu pour une grande part inutile[1], ou en tout cas trop coûteux en regard de l'utilité générée[2]. En regard du fonctionnement du système productif, la voie était désormais ouverte au commerce en libre-service discompte. Les besoins de la sphère de la production à l'égard du commerce se déplacent : il s'agit désormais moins d'inciter le commerçant à offrir le service nécessaire pour stimuler la vente des produits que d'obtenir la réduction du coût de la distribution. L'abandon du terme « commerce » au profit de « distribution » ne traduit pas seulement la volonté de rompre avec l'image archaïque du commerçant peu scrupuleux ne cherchant qu'à « acheter bon marché pour revendre cher » ; il révèle une mutation profonde de la fonction du commerce : la concentration sur la fonction de distribution — au sens logistique le plus étroit — afin d'écouler au coût le plus bas une production de masse largement prévendue par les industriels. Selon la formule de Benoun et Héliès-Hassid[3] : « Le commerce revend, la distribution écoule. »

L'évolution des modes de vie rend possible le développement de la distribution de masse

Le développement de la grande distribution n'aurait pas été si rapide s'il n'avait coïncidé avec une mutation profonde des modes de vie des Français. Rappelons le caractère encore très « traditionnel »

---

1. Évoquons également le recul rapide du « vrac » dans l'alimentaire au profit du « préemballé » qui supprime une autre fonction traditionnelle du « détaillant » : la fragmentation des livraisons et l'emballage des produits.

2. Jeffreys et Knee illustrent parfaitement par l'évolution du marché du tabac comment le développement des marques de producteurs devait nécessairement amener à la redéfinition du rôle du commerce : « Le commerce de tabac en Europe, par exemple, a déjà été transformé : alors qu'il y a cinquante ans l'opinion du marchand de tabac sur les différents mélanges pour pipe avait une certaine valeur pour le consommateur, l'opinion qu'il a actuellement sur les différentes marques de cigarettes ne présente plus ancun intérêt » (Jeffreys et Knee, 1963, p. 123).

3. Benoun et Héliès-Hassid [1993, p. 15].

des comportements d'approvisionnement de la « ménagère » du début des années 1960. Les études réalisées alors par le Centre d'observation économique de la Chambre de commerce et d'industrie de Paris mettent en évidence des comportements encore bien loin de ceux associés au commerce en grandes surfaces. Le contraste porte d'abord sur la fréquence des achats. On apprend qu'une Parisienne type faisait des achats alimentaires tous les jours, achetait des produits d'épicerie plus de trois fois par semaine et des conserves au moins une fois par semaine. En banlieue, cette fréquence était encore plus élevée... Moins de 20 % des achats étaient réalisés le samedi. Deuxième élément de contraste avec nos comportements contemporains : l'étroitesse de la zone d'approvisionnement exploitée par les « ménagères » ; 70 % d'entre elles faisaient leurs courses à moins de 10 minutes (à pied !) de chez elles, et le reste jusqu'à 15 minutes. Un imprudent commentateur de ces chiffres a cru pouvoir en déduire que « l'usage de la voiture ne s'imposera pas rapidement à la ménagère qui en dispose »... La rapidité des changements de comportements qui devaient intervenir dans les années suivantes les rendait, il est vrai, difficilement prévisibles[1]... La persistance de ces comportements traditionnels aurait sans conteste constitué un frein à la pénétration de la grande distribution.

La grande distribution a bénéficié de la conjugaison de facteurs qui ont accéléré le basculement de la France dans la « société de consommation » et induit la modification des habitudes d'achat.

Ce basculement de la France dans la « société de consommation » est tout d'abord associé à l'accélération de la croissance du revenu des ménages. Nous avons vu que ce mouvement s'est amorcé dans les années 1950. La fin des années 1960 et le début des années 1970 sont marqués par d'importants conflits sociaux qui favorisent un fort relèvement du revenu des plus pauvres (accords de Grenelle). Entre 1970 et 1990, le pouvoir d'achat du SMIC a été multiplié par 2, alors que celui du salaire ouvrier n'était multiplié que par 1,6. Le rapport entre le salaire au-dessus duquel se situent les 10 % des salariés les mieux payés et le salaire au-dessous duquel se trouvent les 10 % des salariés les moins bien payés diminue sensiblement à partir de la fin des années 1960 : de 4,13 en 1967, il descendra jusqu'à 3,04 en 1983. Simultanément, le rapport entre le salaire moyen des cadres supérieurs et celui des ouvriers tombe de 4,6 à 3,25. Les inégalités de salaires devaient pourtant repartir à la hausse à partir de 1984... La redistribution opérée par les transferts sociaux, qui profitent aux catégories les plus défavorisées (bas salaires, mais sans doute plus encore, familles nombreuses et retraités), accentue encore la tendance à la

1. Par exemple, en 1965, la part des femmes dans la population active (33 %) était inférieure à celle observée en 1906 (36 %) (Chauvel et Mucchielli [1998, p. 51]) ; nous sommes pourtant à la veille d'une arrivée massive des femmes sur le marché du travail.

réduction des inégalités. Une part croissante des Français peut ainsi accéder à la société de consommation.

Mais la pyramide des revenus ne subit pas seulement un certain tassement (réduction des inégalités entre les plus riches et les plus pauvres) ; elle tend aussi à se déformer au « détriment » des catégories défavorisées et au profit des classes moyennes-supérieures. Ainsi, la part des cadres moyens dans la population active française, ainsi que celles des cadres supérieurs et professions libérales, fait plus que doubler entre 1954 et 1973, le poids de l'ensemble passant de 8,7 % à 18,9 %. La biactivité se développe rapidement avec l'entrée d'une proportion croissante de femme sur le marché du travail : du milieu des années 1950 au milieu des années 1980, le taux d'activité des femmes avec un enfant a doublé pendant que celui des femmes avec deux enfants triplait. À partir de 1982, la proportion de couples biactifs l'emporte sur celle des couples où seul l'un des conjoints travaille[1]. Cette biactivité apporte un soutien important à la croissance du revenu disponible des ménages, dont le pouvoir d'achat progresse au rythme extraordinaire de 5,8 % par an entre 1959 et 1973. La biactivité favorise également l'expression de nouveaux besoins[2] (les biens d'équipement ménagers, les « aliments-services »...) et contribue au gonflement de la classe moyenne-supérieure. Or, cette classe moyenne-supérieure joue un rôle moteur dans les phases de lancement des nouveaux produits et dans leur processus de diffusion par des effets d'imitation de la part des classes inférieures ; elle est le creuset où se forment les modes de vie associés à la société de consommation. La diffusion de ces modes de vie est également encouragée par la réduction des coûts de communication (transport, téléphone) et le développement des médias (presse, radio, télévision). Le transfert de la charge de l'éducation des enfants vers le système éducatif et les médias étend le « socle commun » et desserre l'emprise culturelle familiale. C'est ainsi que l'on évoque dans le courant des années 1970 l'existence d'une « culture jeune » qui, d'ailleurs, tend à se diffuser ensuite aux autres couches de la population. Ces forces d'homogénéisation des modes de vie et des modèles de consommation ont grandement facilité la formation de grandes « usines à vendre » lesquelles, pour distribuer en masse, ont besoin de répondre à une demande homogène par une prestation standardisée.

Mais la croissance et l'homogénéisation de la demande n'auraient pu suffire au développement de la grande distribution si, de manière concomitante, les comportements d'achat ne s'étaient pas brutalement transformés.

1. Chauvel et Mucchielli [1998].

2. « Le rapport salarial trouve ici son plein développement, puisque l'extension de la marchandise au sein des pratiques de consommation produit l'élargissement du travail salarié » (Granou *et alii* [1979, p. 55]).

La révolution des comportements d'achat qui a accompagné l'expansion de la grande distribution a été favorisée par les déplacements de la population française. Ces déplacements, qui sont massifs au cours des décennies 1960 et 1970, s'inscrivent dans deux tendances de fond. En premier lieu, l'exode rural se poursuit à rythme rendu plus rapide par les gains de productivité record que l'agriculture enregistre durant cette période. La population française se concentre de plus en plus dans les zones urbaines (73 % de la population en 1975 contre seulement 57 % vingt ans auparavant), ce qui facilite la constitution de zones de chalandise à forte densité de population, nécessaires à la vente de masse en grandes surfaces. En second lieu, cet exode rural se conjugue avec une natalité qui demeure forte et l'afflux des rapatriés et des travailleurs immigrés pour provoquer l'inflation d'une demande de logements déjà stimulée par la montée de l'aspiration à la propriété qui accompagne l'élévation du niveau de vie. Le gonflement des périphéries en résulte. Il appelle une certaine « délocalisation » de l'appareil commercial : de la campagne et du centre des villes vers les nouvelles zones de peuplement. Plusieurs options étaient alors possibles. L'une d'entre elles consistait dans la reconstitution d'un commerce de proximité dans de petits « centres commerciaux » de quartier, souvent implantés au cœur des nouvelles cités. Quelquefois bâtis autour d'un petit supermarché, ils apparaissent en France à peu près en même temps que les hypermarchés, et leur nombre progresse à une vitesse très rapide au cours de la première moitié des années 1960. Ils contribueront au dépérissement des centres-villes historiques. Ces centres commerciaux ne résisteront pourtant pas longtemps à la force d'attraction des grandes surfaces...

Avec l'accroissement de la distance domicile-travail qui résulte du déplacement des populations vers les périphéries, les Français font l'apprentissage d'une nouvelle mobilité. Celle-ci est rendue possible par le développement des transports en commun et, surtout, par la diffusion extrêmement rapide de l'automobile. Le taux de motorisation des ménages français passe ainsi de 38 % en 1963 à plus de 60 % dix ans plus tard, et à près de 70 % à l'aube des années 1980. Avec la voiture, il devient possible de « prospecter » pour ses achats sur une zone élargie. On peut également désormais réaliser en une seule fois des volumes d'achat plus importants, ce qui autorise l'« amortissement » du déplacement. L'accroissement de la dimension des logements et la généralisation de l'équipement en réfrigérateurs[1] améliorent de manière sensible les capacités de stockage. Le couple voiture-réfrigérateur (auquel on est tenté d'associer l'ascenseur) favorise ainsi une tendance à la « massifica-

---

1. De 40 % des ménages équipés d'un réfrigérateur en 1963, on passe à près de 80 % dès 1970 et 95 % en 1980. La durée de travail nécessaire à un manœuvre pour acheter un réfrigérateur de 50 litres était 17 fois plus faible en 1975 qu'en 1949 (Fourastier [1997 p. 220]).

tion des achats » qui ne se démentira plus par la suite. Cette tendance est également entretenue par l'entrée des femmes sur le marché du travail qui modifie le rythme de vie des ménages. L'achat en une seule fois d'une grande variété de produits permettant de faire face au plus gros des besoins du foyer pendant plusieurs jours voire plusieurs semaines, devient de plus en plus attractif. D'autant plus que, à l'échelle du ménage, le temps disponible pour les courses se réduit et que, les salaires augmentant, le « coût d'opportunité » du temps s'élève[1].

Les moteurs de la croissance extensive : le « discompte » et la course aux ouvertures

Cet environnement économique et social favorise l'essor très rapide de la grande distribuion. Cette ère de croissance extensive s'accompagne de modes de fonctionnement spécifiques du secteur, qui sont marqués, d'une part, par le règne du discompte dans les modalités de la concurrence entre distributeurs et, d'autre part, par une logique de course aux ouvertures de nouveaux points de vente.

L'irrésistible ascension de la grande distribution

La formule du commerce en grandes surfaces discompte a très rapidement rencontré l'adhésion d'un nombre important de consommateurs qui se sont ainsi détournés des formes traditionnelles de commerce. Un sondage IFOP réalisé en mai 1970[2] témoigne d'un véritable plébiscite de la part les Français : ils sont 75 % à se déclarer favorables à l'augmentation du nombre des grandes surfaces, parce qu'elles font baisser les prix (61 %) et qu'elles permettent de grouper les achats (35 %). La formule répond alors pleinement aux puissantes aspirations à consommer plus (car moins cher) et à gagner en efficacité dans la réalisation des achats. Le même sondage nous apprend que si 27 % des Français interrogés ne se rendaient que « rarement » dans les supermarchés et 11 % « jamais », c'est à 45 % en raison de la distance qui les sépare de tels points de vente. La principale limite à la croissance de la part de marché de la grande distribution résidait alors... dans l'étendue de son parc de magasins !

Dès lors, ce parc se développe à un rythme vertigineux. Le premier supermarché est né, rappelons-le, en 1957. Deux ans plus tard, la

1. Lepage [1983].
2. Résultats cités par Roy [1971, p. 113-114].

France n'en compte encore que 44. Ils sont 1 453 en 1970, 3 962 en 1980 et... 7 800 en début 2000. Le nombre d'hypers passe d'une unité en 1963 à 124 en 1972 et 426 en 1980 ; le seuil symbolique des 1 000 hypermarchés est franchi en 1993 et l'INSEE recensait 1 150 hypermarchés en France le 1er janvier 2000.

La formidable expansion du parc de grandes surfaces alimentaires s'accompagne d'une progression tout aussi impressionnante de leur part de marché. Partant de zéro (ou presque) au début des années 1960, le poids des supermarchés et des hypermarchés dans la distribution de l'ensemble des produits alimentaires et non alimentaires[1] a grossièrement gagné 10 points à chaque décennie : 10 % dès 1973, puis 20 % en 183, 30 % en 1993 pour finalement approcher 34 % en 1999. La progression est encore plus spectaculaire sur le seul marché alimentaire où le gain est de l'ordre de 20 points tous les 10 ans : hypers et supers franchissent du seuil des 20 % en 1974, 40 % en 1985, 60 % en 1994 pour arriver à près de 64 % en 1999.

Évolution de la part des hypers et des supers dans la distribution de détail de produits commercialisables

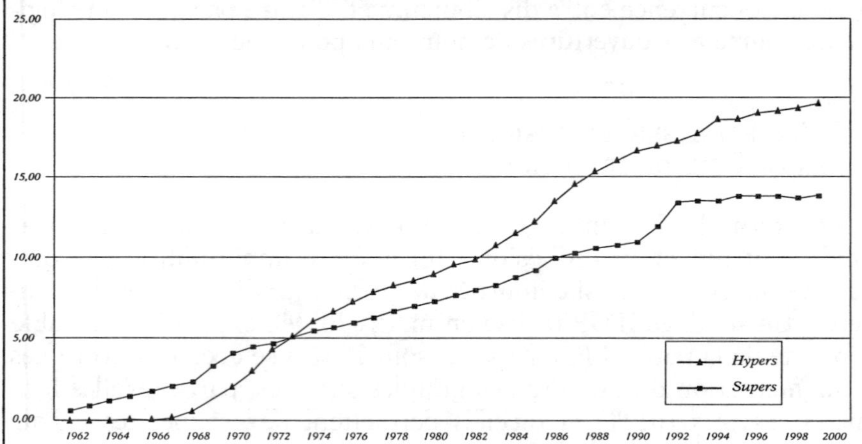

Source : INSEE.

Le succès que recueille la formule du commerce en grandes surfaces à prix discompte encourage sa diffusion au domaine non alimentaire dans le cadre de points de vente spécialisés. Initialement concentrées sur le meuble (Conforama est créé en 1967), l'électroménager (la première grande surface périphérique Darty est créée en 1968) et le bricolage (le premier magasin libre-service Leroy Merlin ouvre en 1966 et le premier Castorama en 1969), les grandes et moyennes surfaces spécialisées élargissent régulièrement leur sphère d'influence : les articles de sport

1. Hors automobile.

Évolution de la part des hypers et des supers dans la distribution de détail de produits alimentaires

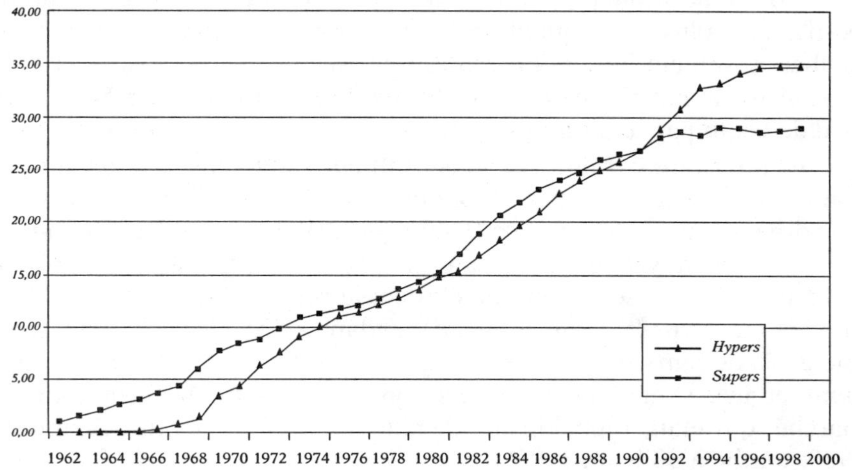

Source : INSEE.

(Décathlon et Go Sport en 1976), les vêtements, les chaussures (La Halle aux Chaussures en 1981), les articles de jardin (Jardiland en 1982), les jouets (Toys'R'us en 1989), les articles de puériculture... Entre 1982 et 1997, la part de ces moyennes et grandes surfaces spécialisées dans le chiffre d'affaires total du commerce non alimentaire spécialisé (hors pharmacie) est ainsi passée de 13 % à 35 %[1], et tout laisse à penser que la tendance ne peut que s'accélérer. Cette part atteint jusqu'à 43 %[2] dans le commerce d'équipement du foyer (meuble, électroménager, etc.).

Au total, la part dans les ventes de l'ensemble des produits commercialisables[3] de ce que l'INSEE appelle le « grand commerce[4] » s'est élevée à 48 % en 1999 et a gagné près de 10 points en 10 ans... Finalement, selon la SOFRES, ce sont 97 % des Français qui déclarent avoir fréquenté en 1997, ne serait-ce qu'occasionnellement, le commerce en grandes ou moyennes surfaces.

1. Source : INSEE. Ces chiffres ne prennent en compte que la part de marché des entreprises succursalistes exploitant au moins 10 magasins quelle qu'en soit la taille. Ils ne comptabilisent pas les entreprises exploitant moins de 10 magasins de moins de 2 500 m² et employant moins de 100 personnes. La plupart des grandes et moyennes surfaces exploitées par un commerçant indépendant membre d'un groupement ne sont donc pas intégrées, ce qui conduit à minorer le poids réel de la grande distribution.

2. Source : INSEE.

3. Ce qui exclut les véhicules automobiles.

4. Le « grand commerce » rassemble les hypers, les supers, les magasins populaires, les grands magasins, les entreprises de vente par correspondance employant au moins 100 salariés, ainsi que les entreprises du commerce non alimentaire respectant au moins l'une des conditions suivantes : exploiter au moins un magasin de 2 500 m² ou plus ; exploiter 10 magasins ou plus ; employer 100 salariés. Ce « grand commerce » n'intègre donc pas les réseaux de petits détaillants du non-alimentaire (groupements, franchise).

L'emprise croissante du commerce en grandes surfaces explique que l'on soit passé de 14 points de vente pour 1 000 *habitants* en 1960 à 16 points de vente pour 1 000 *ménages* aujourd'hui. Cette évolution est d'autant plus remarquable que, dans le même temps (mais cela est malheureusement impossible à mesurer avec précision), s'est accrue la densité commerciale, c'est-à-dire le nombre de mètres carrés de surface de vente par habitant.

Et pourtant, ces chiffres sous-estiment l'ampleur de la révolution commerciale que la France a connue en trente ans. Il faut également prendre en considération la mise en réseau du commerce indépendant en petites et moyennes surfaces dans le cadre de groupements ou de réseaux de franchise. Selon une étude réalisée par le cabinet Dia-Mart publiée en 1996, le commerce indépendant « organisé » occupe quelque 29 % de parts de marché. Les grands perdants de cette révolution commerciale sont donc les petits commerçants isolés ; leur part de marché, qui était, rappelons-le, de plus de 80 % au début des années 1960, tombe à 32 % en 1996[1].

La brutalité de cette restructuration de l'appareil commercial français a provoqué des réactions défensives, en particulier de la part des petits commerçants. L'introduction en 1973, par la loi Royer, de l'obligation d'obtenir une autorisation d'ouverture pour chaque nouveau point de vente de plus de 1 500 m^2 (ou 1 000 m^2 dans les villes de moins de 40 000 habitants) a constitué une tentative de ralentissement du mouvement et de régulation de la modernisation de l'appareil commercial. Les Commissions départementales d'urbanisme commercial (CDUC), que la loi Royer dote du pouvoir d'accorder ou de refuser le permis de construire, a incontestablement ralenti l'expansion des grandes surfaces en opposant un refus à plus d'un projet d'ouverture sur deux de 1973 à 1990[2]. Toutefois, avec le recul, la loi Royer, qui visait à protéger le commerce traditionnel de l'appétit de conquête des entreprises de grande distribution, ne semble pas avoir atteint son but. Elle a même pu, à plusieurs égards, susciter des effets pervers (massification des implantations de grandes surfaces en périphérie, corruption...).

Les modes de fonctionnement du secteur de la grande distribution à l'ère de la croissance extensive

La distribution en grandes surfaces se présentait, initialement, comme une activité ne comportant que peu de barrières à l'entrée : les

1. Ils représentent cependant encore environ 87 % du nombre des entreprises de commerce de détail !

2. Benoun et Héliès-Hassid [1993, p. 60].

besoins en capitaux étaient peu importants du fait d'une implantation périphérique et d'un aménagement minimaliste du point de vente ; les compétences à mobiliser relevaient davantage de l'intuition, du non-conformisme, du volontarisme que de la maîtrise de savoirs constitués ; aucun obstacle administratif ne venait — tout au moins jusqu'en 1973 — entraver les ouvertures de nouveaux magasins. Étienne Thil[1] nous montre comment « les inventeurs du commerce moderne » ont le plus souvent débuté dans la construction de leurs empires avec « trois francs-six sous » et... une sacrée dose d'optimisme !

La ruée vers l'or

La conjonction d'un marché à fort potentiel et d'une entrée relativement aisée ont provoqué la création de nombreuses entreprises dans ce nouveau secteur. Le flux de créations d'entreprises aurait pu cependant être beaucoup plus important. La mutation de commerçants traditionnels en « distributeurs modernes » a été entravée par la réaction de rejet collectivement adopté par le monde des commerçants à l'égard du commerce en grandes surfaces discompte. Les actions « commando » du CID de Gérard Nicoud ont été la manifestation la plus extrême et la plus spectaculaire de cette réaction de rejet. Toutefois, ce sont bien des petits commerçants qui ont été à l'origine des premières expériences de commerce en grandes surfaces discompte et ils ont été finalement assez nombreux à se lancer dans l'aventure ; certains ont été à l'origine de groupes (ou de groupements) qui devaient acquérir un poids considérable dans la distribution française. Évoquons, pour la seule distribution alimentaire : Leclerc, Intermarché et Carrefour bien sûr, mais aussi Montlaur (qui commence comme adhérent Leclerc et qui finit racheté par Carrefour en 1991), Arlaud (qui passe dans le giron de Promodès en 1992) ou Rallye (dont le créateur, Jean Cam, a démarré avec un magasin d'habillement de 25 m^2).

Le mépris avec lequel le monde de l'industrie et de la finance a longtemps considéré le commerce contribue sans doute à expliquer que les grands groupes industriels et financiers se soient très largement tenus à l'écart de ce secteur émergeant[2]. Auchan, produit de la diversification d'une des plus importantes filatures du nord de la France, constitue une exception notoire.

Assez rapidement, des entreprises issues des différentes catégories du commerce organisé ont tenté de prendre des positions dans la distribution en grandes surfaces.

1. Thil [1966].
2. Évoquons toutefois l'appui de la Banque de Suez à la création de la chaîne de supermarchés Suma par une prise de participation minoritaire au début des années 1960 dans le capital des Docks de France et de leur filiale de supermarchés ; l'implication de la Banque Rothschild dans l'implantation des magasins Inno en France ; la prise de participation en 1970 du CFF dans le capital des Docks rémois...

Les grands magasins avaient été prompts à exploiter le potentiel du nouveau secteur des magasins populaires au cours des années 1930 ; ils se sont montrés plus timides vis-à-vis du commerce en grandes surfaces discompte. Les Galeries Lafayette sont entrées, dès 1964, dans le capital de la chaîne hybride (entre l'hypermarché et le grand magasin) d'origine belge, Inno. Le groupe du boulevard Haussmann a également exercé rapidement une activité de centrale d'achat pour des entreprises de supermarchés et d'hypermarchés affiliées, mais il n'a jamais franchi le pas de la création d'une enseigne en propre, à l'inverse du Printemps qui s'est lancé à partir de 1969 dans l'exploitation d'hypermarchés (enseignes Primevère et Escale).

Les succursalistes alimentaires ont été nombreux à s'engager dans la grande distribution, en général assez prudemment et davantage dans le secteur des supermarchés que dans celui des hypermarchés La plupart des grands succursalistes furent de la partie : Primistères (enseigne Felix Potin) crée son premier supermarché en 1961 ; les Docks de France se lancent dès la fin des années 1950 dans l'exploitation de supermarchés (enseignes Doc et Suma) et, à partir de la fin des années 1960, dans l'exploitation d'hypermarchés (Mammouth) ; les Comptoirs modernes s'engagent dans les supermarchés dès 1960 (enseigne Suma) puis, en 1967, dans les hypermarchés (Record) ; c'est également en 1960 que Casino se lance dans l'exploitation de supermarchés, mais le groupe stéphanois attendra 1970 pour ouvrir son premier hypermarché. L'association des succursalistes adhérents de la centrale d'achat Socadip (en particulier, Berthier-Saveco et Viniprix, mais aussi Garco Disque bleu, Baud, Copanor...) débouche à la fin des années 1960 sur la constitution d'une société et d'un GIE[1] chargé de promouvoir une enseigne d'hypermarchés qui allait devenir célèbre : Euromarché.

L'importante nébuleuse des coopératives de consommation[2] n'est pas restée passive. Les « coops » se sont assez vite intéressées au format supemarché (Maxicoop) et l'enseigne d'hypers Rond Point est lancée au début des années 1970.

Plusieurs grossistes ont entrepris, dès les années 1960, d'intégrer une activité de commerce de détail en grandes surfaces. Par exemple, la Socorhin devient en 1963 la Société alsacienne de supermarchés. Quatre grossistes berrichons se groupent pour donner naissance en 1963 à la société Unidis qui, tout en entretenant une chaîne volontaire, crée l'enseigne de supermarchés Major en 1969. Et surtout, Promodès, créé en 1961 par le regroupement de plusieurs grossistes normands et

1. Groupement d'intérêt économique.

2. La Fédération nationale des coopératives de consommation rassemblait encore en 1970 quelque 343 sociétés. Déjà, l'orientation à la baisse de ce chiffre révélait l'amorce d'un processus de déclin qui devait mener à la marginalisation des coopératives de consommation en France.

bretons, ouvre son premier super en 1963 (enseigne Égé) et fait son entrée dans le secteur des hypers (en franchise Carrefour) en 1970, avant de développer sa propre enseigne (Continent).

Ce sont donc des acteurs d'origines et de statuts très diversifiés (même si la plupart sont issus du monde du commerce) qui viennent nourrir les rangs de la grande distribution naissante. On retrouvera des traces de cette différenciation dans les trajectoires vécues par les entreprises du secteur en termes de stratégies et de performances.

Les années 1960 et le début des années 1970 apparaissent ainsi comme la période de la « ruée vers l'or », l'âge d'or du régime de croissance extensive. Le terrain est vierge et fertile, et il est suffisamment étendu pour accueillir la plupart des candidats à l'aventure qui gèrent leur affaire avec un minimum de sérieux. Il est rare que deux grandes surfaces entrent en concurrence frontale sur une même zone de chalandise. Les concurrents sont alors les formes antérieures de « commerce moderne » (grands magasins, magasins populaires), et le commerce traditionnel. Ce dernier se révèle bien vulnérable face aux armes déployées par les grandes surfaces, mais l'effet de la percée de la grande distribution sur les petits commerçants traditionnels se trouve pour un temps quelque peu amorti par la vigueur de la croissance de la consommation des ménages.

Le « discompte » au cœur des modalités de la concurrence

La situation se modifie progressivement à partir du début des années 1970. Au fur et à mesure que se réalise la percée de la grande distribution et que se multiplient les points de vente, la concurrence se renforce. Le combat contre les formes de commerce traditionnel laisse progressivement place à une concurrence directe entre grandes surfaces. Les acteurs de la grande distribution anticipent sans peine que la lutte est appelée à devenir de plus en plus violente. Cette lutte concurrentielle, qui oppose des entreprises qui se placent sur le même terrain et emploient les mêmes armes, s'annonce plus difficile. Le discompte, grâce auquel les grandes surfaces ont pénétré avec aisance le tissu commercial national, va logiquement se situer au cœur du combat concurrentiel entre grands distributeurs.

Dès lors, il ne s'agit plus seulement d'offrir des prix bas ; il faut *être moins cher que le moins cher.* Du formidable instrument de conquête des premières heures, le discompte se mue en une arme fratricide redoutable.

Dans la perspective de ce combat, on réalise avec de plus en plus d'acuité l'importance stratégique de l'exploitation des « économies de réseau ». Le concept commercial et le mode d'organisation du point de vente suffisent à faire la différence en termes de prix entre un supermarché et une épicerie traditionnelle ; la concurrence entre grandes surfaces exige l'exploitation du potentiel de réduction des coûts associés à la constitution de réseaux de points de vente. Ces réseaux doivent être suffisamment étoffés pour générer des effets de volume dans les domaines des achats, de la logistique, de la communication... S'engage alors une véritable course aux ouvertures.

La course aux ouvertures

Il s'agit tout d'abord, pour chaque distributeur, d'être le premier à occuper les emplacements offrant les meilleurs potentiels, dont on craint, après l'adoption de la loi Royer, un accès plus difficile. Plus encore, il devient manifeste que la participation à la « course aux ouvertures », qui conditionne l'extension de la dimension du réseau, constitue une condition de la compétitivité et, à terme, de la survie. Le prix qu'une grande surface est capable de proposer à ses clients résulte de la somme de deux composantes : le prix d'achat que facture le fournisseur, et la marge brute appliquée à ce prix d'achat afin de couvrir l'ensemble des frais de distribution et d'assurer un profit (marge nette) au distributeur. Le niveau de la marge brute n'est pas indépendant de la taille du réseau : économie sur les coûts logistiques, sur l'aménagement des points de vente et l'achat du matériel... Mais le prix d'achat des produits est plus sensible encore aux volumes commandés, à la fois en raison des économies que le fournisseur réalise objectivement lorsqu'il livre des grandes quantités, et parce qu'acheter en grande quantité accroît le pouvoir de négociation du distributeur vis-à-vis de ses fournisseurs. Ajoutons, enfin, qu'un réseau de grande taille autorise des campagnes de communication d'envergure qui permettent de mettre en avant la compétitivité de l'enseigne et renforcent son attractivité.

La course aux ouvertures active ainsi un mécanisme cumulatif pouvant, suivant les cas, se révéler vertueux ou vicieux : la croissance de la taille du réseau de points de vente d'un distributeur, en augmentant sa puissance d'achat, en lui permettant une exploitation plus intensive des économies d'échelle et une puissance de communication accrue, améliore sa compétitivité face à ses concurrents et stimule sa croissance. Cette croissance permet d'obtenir de meilleures conditions d'achat, de rationaliser encore l'exploitation, de communiquer davantage... et donc de vendre plus, etc. À l'inverse, prendre du retard dans cette course aux ouvertures fait courir le risque de s'engager dans un cercle vicieux d'affaiblissement de la compétitivité... À l'échelle de l'ensemble du secteur de la grande distribution, cette relation vertueuse entre croissance et compétitivité a contribué au renforcement de la pression exercée par la grande distribution sur les autres formes de commerce. À l'échelle de chaque entreprise, elle fait de la croissance de la taille du réseau un enjeu stratégique majeur.

La vitesse de croissance du réseau de points de vente est limitée avant tout par la capacité financière des distributeurs. Bien que le commerce en grandes surfaces — contrairement à la plupart des activités industrielles — ne réclame que relativement peu d'engagement en capital, la masse des capitaux à réunir pour constituer rapidement un réseau de points de vente important peut devenir un frein à l'expansion.

La plupart des pionniers du commerce en grandes surfaces étaient des entreprises familiales. Le problème de la capacité à mobiliser des capitaux tout en maintenant le contrôle familial sur l'entreprise s'est très rapidement posé. La réticence ancestrale des banquiers à financer les entreprises de commerce (qui ont peu à offrir en garantie), aggravée ici — tout au moins dans les premiers temps — par la méfiance et l'incompréhension qu'ont suscitées les premiers distributeurs discompte, n'a fait que rendre plus aiguë la question du financement de la croissance. Une solution d'une grande simplicité s'est alors vite imposée. Sachant que les clients paient comptant et que, dans une grande surface correctement gérée, la rotation des stocks est très rapide, si l'on retarde le paiement des fournisseurs, alors le besoin en fonds de roulement (qui s'impose au commun des entreprises afin de faire face au délai qui sépare les décaissements des encaissements) se transforme de façon miraculeuse en « ressource » en fonds de roulement. Autrement dit, le fait de vendre très rapidement, et au comptant, des marchandises qui seront payées plus tard à leurs fournisseurs, remplit spontanément les caisses des distributeurs. Les ressources ainsi dégagées peuvent alors servir à financer de nouvelles ouvertures... On voit par là comment cette course aux ouvertures, caractéristique du régime de croissance extensive, a généré un effet pervers en donnant un rôle considérable à l'exploitation du rapport de force vis-à-vis des fournisseurs dans la recherche de la compétitivité par les distributeurs. Dès lors, les rapports « industrie-commerce » se sont rapidement enfermés dans un climat des plus conflictuels. Les distributeurs, de plus en plus puissants à mesure que progressent leurs parts de marché, font porter les négociations sur trois aspects fondamentaux :

— Les prix d'achat les plus faibles, permettant de parvenir aux prix de vente les plus attractifs pour le consommateur.

— Les délais de paiement les plus longs afin de nourrir le flux de liquidités nécessaire au financement de la croissance.

— Les « marges arrières » les plus élevées possibles ; elles correspondent à des prestations de services plus ou moins fictives rendues par le distributeur à ses fournisseurs (campagne publicitaire, mise en place des produits en tête de gondole...). La logique de guerre des prix entre les grandes surfaces pousse à la compression maximale de la marge nette réalisée par la vente (« marge avant »). La tentation est grande alors pour les distributeurs de construire leur rentabilité sur l'extorsion de « marges arrières » ne pénalisant pas leur compétitivité-prix.

Dans la recherche des moyens nécessaires à la croissance, les groupements d'indépendants ont disposé d'un avantage certain sur les entreprises intégrées. Pour un groupement d'indépendants, ouvrir un nouveau point de vente signifie le plus souvent accueillir un nouvel adhérent[1]. Le groupement bénéficie alors de l'apport à la fois de la force de travail (et, denrée plus rare, de l'esprit entrepreneurial) de la nouvelle recrue, de son point de vente (les exploitants de grandes surfaces isolés sont de plus en plus nombreux à comprendre que leur pérennité dépend de leur capacité à bénéficier, eux aussi, d'économies de réseau), ou, à défaut, de ses fonds propres[2]. Dans la course aux ouvertures, les groupements d'indépendants ont pu ainsi prendre de vitesse les entreprises intégrées[3].

Celles-ci ont dû trouver une solution au problème du financement qui pesait sur leur capacité d'expansion. Pour beaucoup d'entre elles, cette solution a résidé dans l'affiliation à une centrale d'achat[4], dont certaines étaient des émanations de grands distributeurs qui voyaient dans cette prestation de service à des réseaux concurrents l'opportunité d'accroître encore leur propre puissance d'achat... L'affiliation à une centrale d'achat extérieure s'accompagnait parfois de l'adoption de l'enseigne promue par celle-ci.

Parallèlement à ce mouvement de rassemblement derrière des centrales d'achat, en nombre au demeurant relativement restreint, les opérations de fusion-acquisition se sont multipliées[5] dès le courant des années 1960.

Enfin, certaines entreprises de distribution se sont décidées à ouvrir leur capital à des opérateurs financiers, finalement convaincus de la pertinence du concept. Les Comptoirs modernes entrent en bourse dès 1965. Carrefour, en 1968, ouvre son capital à la BNP (3 %) et à la Société européenne de brasserie (5 %), avant de faire son entrée à la Bourse de Paris en 1971.

En dépit de ces réactions des entreprises intégrées, les indépendants (groupés) apparaissent comme les vainqueurs incontestables de la course aux ouvertures et, plus généralement, comme les grands

---

1. Le règlement de la plupart des groupements limite sévèrement le nombre de points de vente qu'un même adhérent est autorisé à exploiter.

2. Lesquels, grâce à la mise en place d'un système de caution par des « parrains » bien installés, permettront de jouer comme un levier pour l'obtention des financements complémentaires.

3. Tout au moins dans le secteur des supermarchés, les hypermarchés réclamant des capitaux plus difficiles à réunir pour un commerçant indépendant).

4. en particulier Paridoc... mais aussi Loceda, Camas, Socadip, Di-fra.

5. Les opérations de fusions sont trop nombreuses pour les évoquer de manière exhaustive. Évoquons, à titre d'exemple, la fusion en 1965 des Docks francs-comtois et bourguignons, des Établissements économiques bisontins, de La Comtoise et des Comptoirs de la Bourgogne, qui donne naissance à la Cédis. Le groupe Docks de France, produit de la fusion en 1953 des Docks de Charentes et de l'Alimentation du Centre, se nourrit d'acquisitions : les Docks du Centre, Doc François, Cofradel... De très nombreuses fusions restructurent le paysage complexe du secteur des coopératives de consommation.

bénéficiaires de cette ère de croissance extensive. En 1979, ils exploitaient 15 % du parc national d'hypermarchés, et seulement 9 % de la surface de vente. En 1997, ils contrôlent un hypermarché sur deux, et un tiers de la surface de vente. Leclerc arrive très largement en tête des enseignes d'hypermarchés avec un parc plus de trois fois plus important[1] que celui du n° 2, Carrefour (mais avec des magasins, il est vrai, d'une dimension moyenne sensiblement plus petite). Plus difficile à chiffrer avec précision, l'emprise des indépendants sur le secteur des supermarchés est sans doute significativement plus marquée encore, Intermarché, à lui seul, exploitant 30 % du parc. Nous verrons cependant que les nouveaux critères de compétitivité qui accompagnent l'installation dans le régime de croissance intensive sont de nature à remettre en cause ce leadership des groupements d'indépendants.

Jusqu'au bout du discompte : les produits à marque de distributeur

Les marques de distributeurs sont un phénomène ancien. Les produits Casino, par exemple, naissent en 1901. Les produits à marque de distributeurs (MDD) résultaient souvent alors d'une politique d'intégration vers l'amont de la part de distributeurs qui se trouvaient à la tête d'un outil industriel. La véritable révolution des MDD n'intervient qu'en 1976, lorsque Carrefour lance ses fameux « produits libres ». Il s'agit de produits d'entrée de gamme, sans marque, au conditionnement des plus rudimentaires, mais vendus très sensiblement moins cher que les produits de marques (argument particulièrement pertinent alors que le premier choc pétrolier a révélé de fortes tendances inflationnistes dans l'économie française). Quelle meilleure expression de la vocation fordienne de cette grande distribution que le lancement de produits réduits à la seule expression de la valeur fonctionnelle la plus brute afin de parvenir au prix le plus bas[2] ? Cette première génération de MDD (destinée à s'éteindre au cours des années 1980) témoigne également de la modification qui est intervenue dans le rapport de force entre la grande distribution et ses fournisseurs. La grande distribution se sent désormais suffisamment forte pour se passer (partiellement seulement) des marques et détourner à son profit une partie de leur clientèle. Les MDD sont aussi un moyen d'améliorer une rentabilité difficile à établir sur le marché des produits de marque (tant la concurrence par les prix entre distributeurs est forte) : achetés en grande quantité, le plus souvent à des PME qui réalisent ainsi de très importantes économies en matière de prospection commerciale et

---

1. 392 contre 115 au 1er janvier 1998.
2. Voir la remarquable analyse que fait Heilbrunn [1998] de l'évolution du discours institutionnel de Carrefour et de la mutation du statut de la marque propre dans les modalités de la relation du distributeur avec ses clients.

de communication, ces produits réservent en effet une marge confortable aux distributeurs[1].

Conclusion

La naissance et le rapide développement de la grande distribution sont indissociables de la régulation fordienne qui a caractérisé le fonctionnement des économies industrialisées durant les trente glorieuses. La grande distribution est la distribution de masse assurant l'interface nécessaire entre la production et la consommation de masse. Elle est ainsi partie intégrante de cette régulation fordienne en apportant une contribution active, par une compression sans précédent des coûts de distribution, à l'élargissement des débouchés des produits fabriqués par les firmes industrielles. La grande distribution a été un vecteur essentiel de la diffusion du modèle de consommation et des modes de vie associés au fordisme. Mais, simultanément, elle opère un repli du commerce sur les fonctions les plus directement liées à la distribution physique des produits aux consommateurs, laissant aux grandes firmes industrielles la charge de piloter les marchés par leurs politiques de prix, de communication et d'innovation. Avec la grande distribution, le commerce de détail — mal nécessaire à la « répartition » des produits — n'est plus qu'un voile s'intercalant dans la relation entre producteurs et consommateurs.

La nature fordienne de la grande distribution marque très profondément le fonctionnement du secteur durant la phase de croissance extensive qui s'étend approximativement du début des années 1960 jusqu'au milieu des années 1980. Transposant la logique dominante dans l'industrie, les entreprises du secteur ont procédé à l'exploitation de toutes les formes d'effets de dimension et de tous les leviers de rationalisation de l'exploitation afin de répondre au règne sans partage du discompte dans les modalités de la concurrence entre distributeurs. La distribution a ainsi été l'un des premiers secteurs de services à avoir introduit une logique taylorienne dans l'organisation de son activité et dans la gestion du travail.

Le secteur de la grande distribution n'en présente pas moins un certain nombre de spécificités qui autorisent à évoquer une régulation sectorielle caractéristique du régime de croissance extensive, disposant d'une autonomie relative vis-à-vis de la régulation macroéconomique.

1. En 1995, selon l'Institut du Commerce et de la Consommation, le taux de marge réalisé par la distribution alimentaire était de 23 % pour les MDD, contre seulement 14,5 % pour les marques nationales.

La première spécificité de cette régulation sectorielle tient au caractère exclusif du discompte dans la concurrence. La compression des coûts est également une préoccupation majeure des industriels car elle est une condition nécessaire à l'élargissement des débouchés de leurs produits. Mais durant les trente glorieuses, la concentration industrielle conduisant à la formation d'oligopoles sur de nombreux marchés, l'évolution des modèles de consommation... ont favorisé l'adoption par les grandes firmes industrielles de stratégies de différenciation des produits (marque, design, innovation...). Jusqu'à une période récente, les logiques de différenciation ont été presque totalement absentes des modalités de la concurrence dans la grande distribution. Certes, dès l'origine, le recours à la publicité a mobilisé d'importantes ressources de la part des distributeurs. Mais cette publicité a été bien plus orientée vers la mise en avant des prix bas que vers la promotion de l'enseigne et la valorisation de facteurs de différenciation. On verra que le profond enracinement du discompte dans la culture du secteur constitue un frein au basculement dans le régime de croissance intensive. Une deuxième spécificité de la régulation du secteur de la grande distribution tient à la diversité du profil des entreprises qui le composent. D'une manière générale, les structures de l'économie française évoluent au profit des grandes entreprises par actions, au profil de plus en plus international. Le secteur de la grande distribution se distingue par le poids très important du commerce indépendant organisé. Les groupements d'indépendants, qui présentent des spécificités économiques et culturelles notoires[1], ont même constitué la composante la plus dynamique du secteur durant la phase de croissance extensive. Ainsi, « le développement des indépendants réinjecte des entrepreneurs dans une société où les technostructures tendent à prendre le contrôle effectif des organisations » (Hardouin et Ducrocq [1993, p. 3]). En outre, les entreprises de la grande distribution, qui sont françaises de manière quasi exclusive, ne sont qu'exceptionnellement (tout au moins jusque dans les années 1980) engagées sur les marchés internationaux. La troisième et dernière illustration de la spécificité de la régulation du secteur de la grande distribution porte les modalités de la relation salariale. Si, comme on l'a vu, la grande distribution introduit les principes tayloriens d'organisation du travail dans le monde du commerce (effacement de la figure du vendeur, développement des emplois d'exécution peu qualifiés), la gestion de la force de travail est engagée de manière précoce vers la recherche de la flexibilité. Poussée dans cette direction par les importantes fluctuations de l'activité dans la journée (fin d'après-midi), dans la semaine (samedi) et dans le mois (début du mois, au moment du versement des salaires), les entreprises de la grande distribution ont expérimenté avant

1. Voir Hardouin et Ducrocq [1993].

l'heure des formes flexibilisées du rapport salarial. Il s'agit fondamentalement d'une flexibilité externe, consistant dans un recours intensif au travail à temps partiel[1], aux contrats à durée déterminée... avec pour conséquence une forte rotation de la main-d'œuvre. Les effets de ces pratiques sur le profil de la main-d'œuvre employée dans la grande distribution se révèlent aujourd'hui alors que le rôle du personnel de vente est en cours de redéfinition avec la mise en œuvre de nouveaux positionnements stratégiques (voir chapitre V).

Au total, le secteur de la grande distribution a fonctionné selon un modèle cohérent durant les vingt-cinq ou trente premières années de son existence. Ce mode de fonctionnement, particulièrement adapté aux caractéristiques du système économique et social fordien, a autorisé un développement spectaculaire du secteur et la modernisation à marche forcée de l'appareil commercial français. Ce mode de fonctionnement a cependant progressivement révélé ses limites en raison d'un certain nombre d'évolutions intervenues au sein du secteur et dans l'environnement macroéconomique. Le régime de croissance extensive est ainsi entré en crise au cours des années 1980. C'est à l'étude de la nature et des fondements de cette crise qu'est consacré le chapitre suivant.

1. Les salariés à temps partiel représentent environ un tiers des effectifs de la grande distribution (près de 40 % dans la grande distribution alimentaire, 25 % dans les grandes surfaces spécialisées).

CHAPITRE II

La « crise » de la grande distribution

Parler de crise lorsqu'on évoque la grande distribution peut paraître provocateur. Ce secteur est, en effet, l'un des rares qui semble avoir été épargné par la crise économique qui a ébranlé les pays industrialisés depuis le premier choc pétrolier. Entre 1978 et 1996, le secteur des supermarchés a bénéficié d'une croissance en volume de son chiffre d'affaires de plus de 5 % en moyenne par an. Ce chiffre atteint 6,5 % dans celui des hypermarchés...

Deux raisons principales expliquent que la grande distribution ait été si peu affectée par la crise économique.

En premier lieu, la consommation en France a subi avec retard la récession. Le premier choc pétrolier n'a que superficiellement affecté le rythme de croissance de la consommation des ménages. Les mécanismes de régulation du rapport salarial encore à l'œuvre en France dans les années 1970, qui préservent l'indexation des salaires sur les prix en dépit du ralentissement des gains de productivité, ont conduit à un partage de la valeur ajoutée plus favorable aux salaires qu'à la rentabilité des entreprises. Sur la période 1974-1981, le pouvoir d'achat du revenu disponible des ménages a pu ainsi continuer de croître à un rythme, certes ralenti, mais néanmoins soutenu. La désindexation des salaires au début des années 1980, qui a accompagné le revirement de la politique économique vers la « rigueur », a par contre induit une répartition primaire des revenus beaucoup plus défavorable aux salariés. L'impact négatif sur la consommation a cependant été partiellement compensé par la diminution du taux d'épargne : les Français ont tenté de préserver la croissance de leur capacité d'achat en puisant dans leur bas de laine. La récession de la consommation ne se fait réellement sentir qu'au cours de la première moitié des années 1990, lorsque l'accumulation des facteurs d'inquiétude a finalement provoqué un brusque réajustement du taux d'épargne. La déprime aura finalement été de courte durée, la reprise conjoncturelle intervenue à partir de la fin de 1996 s'étant accompagnée du redémarrage de la consommation des ménages.

Le ralentissement de la croissance
de la consommation marchande par tête

1960-1970	+4,2
1970-1980	+3,0 %
1980-1990	+2,0 %
1990-1995	+0,3 %

Source : INSEE, Abramovici [1996] repris de Chauvel [1998].

En second lieu, si les effets de la crise économique sur la grande distribution se sont avérés modestes, c'est aussi parce qu'ils ont été largement contrebalancés par la poursuite du processus de gain de parts de marché au détriment des circuits traditionnels.

Pourtant, les signes d'une saturation progressive du potentiel de croissance de la grande distribution s'accumulent et le secteur se trouve progressivement « rattrapé » par la crise macroéconomique. L'observation de l'évolution du taux de croissance en volume du chiffre d'affaires des secteurs des hypers et des supers (voir graphiques ci-dessous) révèle un ralentissement tendanciel de l'expansion. Alors que des taux de croissance annuels de plus de 6 % étaient courants jusque dans les années 1980, la grande distribution alimentaire voit désormais sa croissance contenue dans une fourchette de l'ordre de 3 à 5 %. Le ralentissement de la croissance s'accompagne de la dégradation des indicateurs de rentabilité au cours de la première moitié des années 1980[1]. Les facteurs à la base de cette saturation du potentiel de croissance constituent les racines endogènes de la « crise » de la grande distribution. Ils sont examinés dans la première section.

La crise économique ne peut être ramenée au seul ralentissement de la croissance. De nombreux économistes ont interprété la crise comme le résultat d'un dérèglement des mécanismes vertueux à la base de la croissance fordienne des « trente glorieuses ». Les facteurs de remise en cause de la croissance fordienne sont nombreux et

1. Ce constat est confirmé par l'analyse approfondie des comptes des groupes de distribution alimentaire cotés en Bourse menée par S. Parienté [1997].

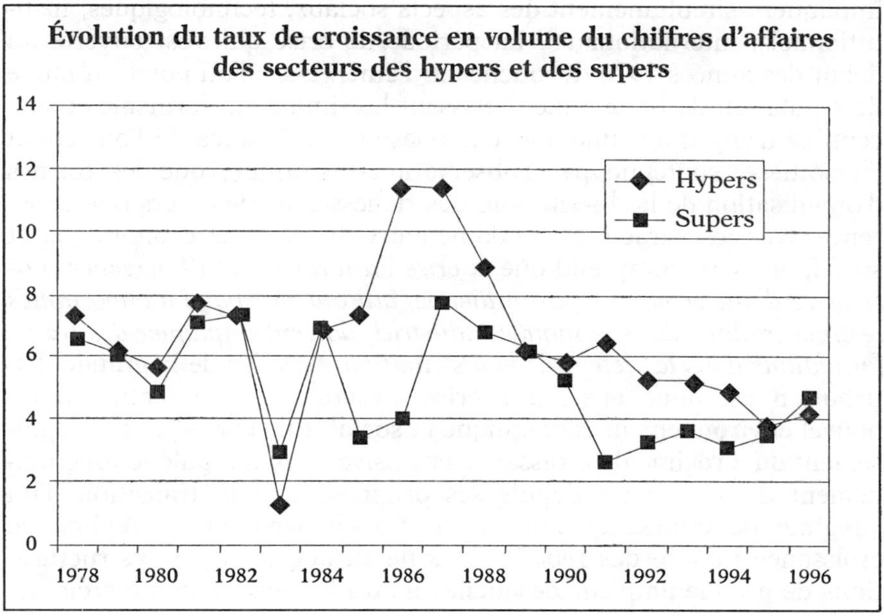

Source : à partir des données INSEE, Comptes du commerce (les changements de modes d'évaluation au cours de la période étudiée doivent inciter à ne considérer ces courbes que comme indicatrices de grandes tendances).

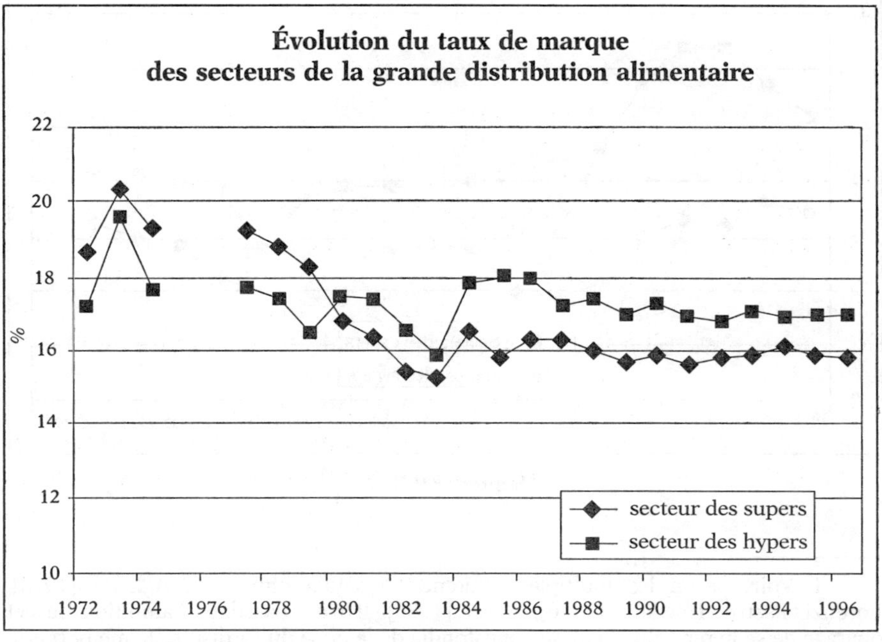

Source : INSEE. Le changement de définition du taux de marque intervenu en 1984 interdit la comparaison des niveaux avant et après cette date.

impliquent simultanément des aspects sociaux, technologiques, institutionnels, internationaux[1]. La période de crise qui s'est ouverte au début des années 1970 débouche sur l'émergence d'un nouveau mode de régulation de l'économie dépassant les limites du fordisme et susceptible d'engendrer une nouvelle phase de croissance. Si l'on retient l'hypothèse, soutenue par l'observation historique, que les formes d'organisation de la distribution des richesses tendent vers une cohérence avec les caractères fondamentaux du système économique et social, alors on comprend que *la crise du fordisme et l'émergence progressive d'une économie postfordienne, qui ont provoqué d'importantes restructurations dans le monde industriel, doivent impliquer des transformations dans le secteur de la distribution.* La crise de la grande distribution est donc aussi une crise structurelle d'adaptation à un nouvel environnement économique et social. Elle correspond à l'épuisement du « régime de croissance extensive » qui a régulé le fonctionnement de ce secteur depuis ses origines, et à la transition d'un « régime de croissance intensive ». Ce changement de régime de croissance impose des redéfinitions de stratégies et des restructurations de grande ampleur desquelles naîtra le paysage commercial de demain.

Évolution du ratio « résultat d'exploitation / CA » des secteurs de la grande distribution alimentaire

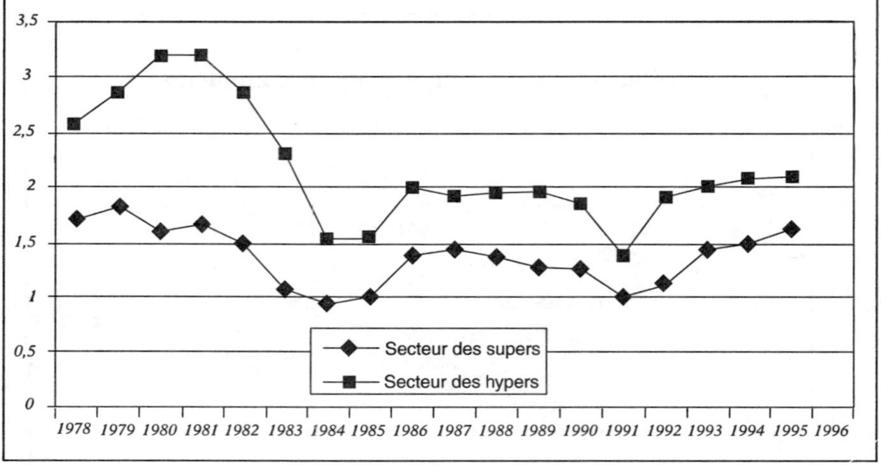

Source : INSEE.

1. Voir, parmi les multiples références « régulationnistes », Aglietta [1976], Lorenzi, Pastré, Toledano [1980], Boyer [1986]. Il n'est pas dans l'ambition de cet ouvrage de se livrer à une analyse approfondie de la crise du fordisme. Je me bornerai à rendre compte dans ce chapitre des seuls facteurs de remise en cause du fordisme qui ont les implications les plus directes sur le secteur de la grande distribution.

Les racines endogènes de la crise : la grande distribution a mangé son pain blanc

Les perspectives de croissance de la grande distribution sont aujourd'hui limitées par l'intensité même de sa réussite : ayant très largement couvert le marché, il lui reste peu à conquérir. Le revirement de l'attitude des pouvoirs publics a provoqué un durcissement des contraintes réglementaires qui réduit encore la capacité d'expansion des entreprises. Enfin, l'apparition du commerce électronique constitue une menace de détournement d'un certain volume d'achat hors des circuits de la grande distribution.

LA SATURATION DU POTENTIEL DE CROISSANCE

La croissance extensive s'est nourrie de l'éviction du commerce traditionnel. Cette phase d'occupation du terrain montre depuis quelque temps des signes d'épuisement. La grande distribution alimentaire, partie la première, est la plus directement affectée ; mais des signes de tarissement du potentiel de croissance sont d'ores et déjà perceptibles dans certains secteurs non alimentaires (articles de sport, biens culturels, bricolage). Deux facteurs principaux se trouvent à la base de cette saturation du potentiel de croissance : la maturité du marché des biens manufacturés, et la difficulté croissante à conquérir de nouvelles parts de marché.

La maturité du marché des biens manufacturés

La consommation des ménages, nous venons de le voir, n'a subi la crise économique qu'avec retard et de manière amortie. On assiste cependant, depuis le début des années 1970, à un ralentissement tendanciel de la croissance de la consommation.

Ce ralentissement tendanciel dissimule un phénomène plus inquiétant encore pour les distributeurs : la part du budget des ménages qui est dépensée dans les circuits du commerce est orientée à la baisse. L'INSEE désigne sous le terme de « consommation commercialisable » l'ensemble des dépenses de consommation susceptibles de transiter par le commerce de détail. On y trouve la consommation de l'ensemble des biens manufacturés (hors automobile) et des services de réparation. La consommation commercialisable exclut donc la consommation de services (hors réparation) qu'ils soient marchands ou non marchands. Or, la fraction de leur budget que les ménages allouent à la consommation de services est en croissance régulière et rapide. Dès lors, la part que représente la consommation commercialisable dans le total de la consommation des ménages est en diminution structurelle. Cette part, qui s'établissait à près des deux tiers en 1960, a franchi le seuil symbolique des 50 % au début des années 1990 et n'est plus que d'environ 45 % aujourd'hui.

Part de la consommation commercialisable dans la consommation marchande

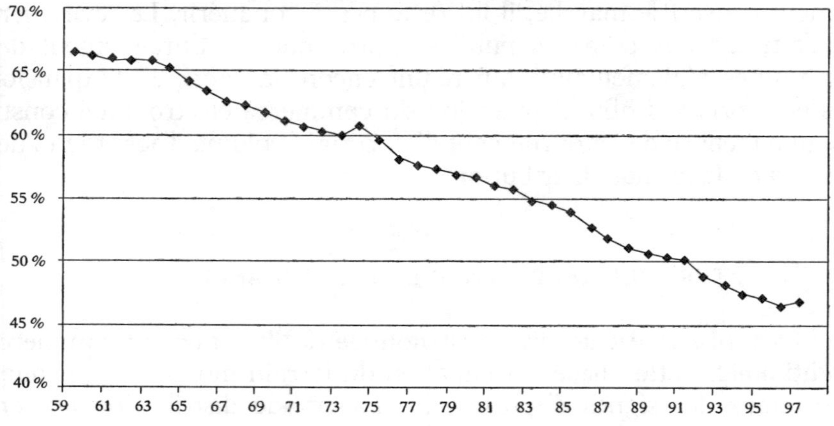

Source : INSEE.

Certes, cette diminution n'implique pas que le marché servi par la grande distribution soit en recul. Néanmoins, la croissance de la consommation commercialisable est modeste, et inférieure en règle générale à celle de la consommation marchande totale des ménages. Cette fuite de la dépense des ménages hors des filets de la grande distribution menace jusqu'aux marchés alimentaires où le rapide développement de la restauration hors foyers et de la livraison de plats cuisinés à domicile substitue une consommation de services à l'achat de produits alimentaires dans le commerce.

Croissance comparée de la consommation commercialisable et de la consommation finale des ménages en volume

	1992	1993	1994	1995	1996	1997	1998	1999
Consommation commercialisable (hors auto)	+ 0,2 %	– 0,2 %	+ 0,3 %	+ 1,1 %	+ 0,6 %	+ 1,3 %	3,1 %	3,2 %
Consommation finale	+ 1,3 %	0,0 %	+ 1,3 %	+ 1,1 %	+ 1,3 %	+ 0,5 %	3,3 %	2,2 %

Source : INSEE, Comptes du commerce.

Le marché des produits alimentaires, qui a servi de base de développement à la grande distribution, subit un ralentissement structurel particulièrement marqué. Conformément à l'énoncé de la « loi d'Engel », la part du budget des ménages dévolue à l'alimentation est en recul sensible : de 37 % lorsque naît le premier supermarché en 1959, elle tombe à près de 25 % en 1970, puis à environ 13 % en 1999. Le taux de croissance du marché en volume se réduit de décennie en décennie. De 1,6 % sur la décennie 1970, le taux de croissance annuel moyen en volume de la consommation alimentaire passe à 1,4 % pour la décennie 1980, et ne devrait pas atteindre 1 % sur l'ensemble des années 1990. Si la grande distribution alimentaire ne devait se développer qu'au rythme de son marché d'origine, elle n'enregistrerait donc qu'une croissance de l'ordre de 0,5 % à 1,5 % par an... On est bien loin des taux de progression auxquels se sont habituées les entreprises du secteur !

Les perspectives de conquête de nouvelles parts de marché s'assombrissent

Le rythme très rapide de croissance dont bénéficie la grande distribution depuis sa naissance doit en réalité beaucoup moins au dynamisme des débouchés qu'à la conquête de parts de marché sur les formes traditionnelles de commerce.

Cette dynamique de croissance par conquête de parts de marché est fatalement appelée à s'épuiser au fur et à mesure que la part de la grande distribution se rapproche... de 100 % ! C'est dans l'alimentaire que le processus est le plus avancé : occupant aujourd'hui plus des deux tiers du marché, il reste aux hypers et aux supers sensiblement moins à conquérir qu'ils n'ont déjà gagné. Leur pénétration atteint jusqu'à 76 % sur le marché des produits d'entretien ménager, 79 % sur le marché des boissons, 83 % sur celui des produits laitiers et des œufs[1]... Au cours des années 1980, le marché des produits frais, encore largement tenu par le commerce spécialisé traditionnel, pouvait encore apparaître comme une source de croissance potentielle. L'inertie des habitudes de consommation, le caractère peu approprié du libre-service à la vente de cette catégorie de produits, la lourdeur des contraintes logistiques associées à des filières d'offre demeurées très atomisées et souvent archaïques... semblaient constituer autant d'obstacles à une pénétration massive de la grande distribution. Ces obstacles n'ont pas tenu devant la détermination des groupes du secteur à s'emparer de ces gisements de croissance, au demeurant particulièrement profitables. En une quinzaine d'années, hypers et supers ont réussi une extraordinaire percée dans le domaine des produits frais. Avec seulement 20 % du marché de la viande en 1980, ils approchent les 62 % en 1997. Une performance du même ordre est

1. Source : Comptes commerciaux de la nation 1997.

réalisée sur le poisson, alors que les grandes surfaces n'occupaient que 16 % du marché en 1980. Il ne reste désormais que le marché du pain et de la pâtisserie fraîche où la présence de la grande distribution demeure contenue, avec seulement 20 % des ventes. Et pourtant, même sur ce marché difficile, où proximité et qualité sont décisives, la progression de la grande distribution est remarquable et les efforts consentis par les grandes enseignes sur le plan de la qualité, de la variété, des prix, et de la mise en scène du rayon, devraient leur permettre d'accroître leur pénétration.

S'il reste encore des îlots à conquérir, le gros du travail de conquête de l'alimentaire a été effectué. Les points de parts de marché auxquels la grande distribution peut encore prétendre seront d'ailleurs de plus en plus difficiles à arracher aux autres formes de commerce. Soumis à la concurrence meurtrière de la grande distribution, le commerce traditionnel a subi les foudres de la sélection naturelle et les commerçants qui ont survécu sont ceux qui bénéficiaient d'un avantage distinctif (localisation, qualité, exclusivités...), ou qui ont su s'adapter en se positionnant de manière complémentaire à l'offre des grandes surfaces et en s'intégrant à des groupements. Si le déclin du petit commerce alimentaire n'est sans doute pas enrayé, celui-ci montrera de plus en plus de résistance aux velléités hégémoniques des grandes surfaces.

La situation sur les marchés non alimentaires est plus contrastée. La part de marché des seuls hypers et supers y est beaucoup plus modeste (de l'ordre de 20 %) et progresse beaucoup plus lentement. Ce contraste résulte autant des limites de ce concept de vente appliqué aux marchés non alimentaires[1] qu'à la concurrence des grandes et moyennes surfaces spécialisées qui sont de nature et de taille à se battre à armes égales avec les supers et les hypers. L'ensemble du « grand commerce » n'occupe encore qu'environ 40 % du marché non alimentaire. Ce chiffre semble témoigner de l'existence d'un réservoir de croissance encore important. La grande distribution, il est vrai, est encore relativement peu présente sur des marchés comme la photographie, la parfumerie, la bijouterie, les instruments de musique ou même l'habillement, le meuble ou la micro-informatique. Toutefois, même sur ces marchés, sa progression est rapide, et le commerce urbain en petite ou moyenne surface s'organise et se concentre, venant ainsi grossir les rangs du « grand commerce ». Les secteurs non alimentaires les plus importants sont désormais très bien couverts par

---

1. La vente de produits non alimentaires réclame généralement davantage d'assistance commerciale que la vente de produits alimentaires et s'accommode mal du libre-service intégral. En outre, la rotation des produits non alimentaires est moins rapide que celle des produits alimentaires. Enfin, l'attractivité des rayons non alimentaires réclame la présence des grandes marques. Or celles-ci, désireuses de ménager les circuits traditionnels et de ne pas risquer de ternir leur image, se montrent souvent réticentes à être vendues en hypers.

la grande distribution. Le poids cumulé des grandes et moyennes surfaces spécialisées et des grandes surfaces alimentaires dépasse d'ores et déjà (et quelquefois largement) les 60 % sur les marchés de l'électroménager, du bricolage, des articles de sport, du disque, des jeux et jouets... Et ce qui reste n'est que pour une faible part le territoire du petit commerce indépendant ; il est de plus en plus l'affaire d'un commerce organisé et concentré mettant en œuvre des moyens et des techniques similaires à ceux des grandes surfaces, et qui s'affirment comme des concurrents difficiles.

Ainsi, si la dynamique de conquête de parts de marché — qui a été au cœur de la croissance extensive — dispose encore de quelques années de réserve, les limites du processus sont d'ores et déjà perceptibles (et effectivement perçues par les distributeurs). C'est à ce contexte d'« épuisement de la veine » que vient se greffer le durcissement des contraintes réglementaires en matière d'ouverture de nouveaux magasins.

Le durcissement des contraintes réglementaires

L'attitude des pouvoirs publics à l'égard de la grande distribution a souvent été ambiguë. Si la loi Royer de 1973 avait pour objectif de freiner et de contrôler le développement des grandes surfaces, force est de reconnaître qu'elle n'est pas parvenue à endiguer le mouvement. Pendant une vingtaine d'années, l'État s'est gardé de s'engager plus avant dans cette attitude malthusienne. Sans doute, les gouvernements successifs ont-ils bien perçu que le développement de la grande distribution constituait une pièce maîtresse de la modernisation de l'économie française. En outre, en période d'inflation, puis d'austérité salariale, la déformation de la structure des ventes au détail au profit des grandes surfaces discompte exerçait une influence favorable sur le pouvoir d'achat des ménages.

L'attitude des pouvoirs publics s'est pourtant radicalisée à partir du début des années 1990. Le cadre réglementaire régulant l'activité du secteur se durcit, à la fois sur le plan du droit de la concurrence (nous y reviendrons) et sur celui de l'urbanisme commercial. Ce durcissement de la réglementation envers les grandes surfaces reflète la prise de conscience générale du rôle capital joué par le commerce dans une société de consommation. S'agit-il de la conséquence du franchissement d'un effet de seuil tenant au poids acquis par la grande distribution, ou bien du changement de contexte économique ou politique ? Toujours est-il que la grande distribution se présente comme un bouc émissaire idéal face aux maux dont souffre la société française. Les vertus anti-inflationnistes de la grande distribution perdent de leur intérêt dès lors que l'inflation est jugulée ; au contraire, la grande distribution est désormais soupçonnée de favoriser des tensions déflationnistes, notamment dans les filières agricoles. Les grandes surfaces sont jugées coupables d'avoir contribué à la désertification des campagnes. En provoquant le déclin des centres-villes et la mort des petits commerces de quartier, elles sont tenues pour responsables du mal-vivre dans les banlieues et du développement de la délinquance. Par la formidable pression qu'elle fait peser sur les prix de ses fournisseurs, la grande distribution est soupçonnée d'accélérer l'automatisation des usines, voire leur délocalisation dans des pays à bas salaires, avec les effets désastreux sur l'emploi que l'on imagine. Le secteur du commerce de détail, dans son ensemble, a connu une phase de perte d'effectifs au début des années 1990 qui a conduit à s'interroger sur l'effet net de la grande distribution sur l'emploi (les emplois créés par la grande distribution sont-ils en nombre suffisant pour compenser ceux qu'elle ferait disparaître dans le commerce traditionnel ?). Même si les effectifs du commerce témoignent d'une forte croissance depuis le milieu des années 1990, on peut toujours faire remarquer que la productivité du travail (exprimée par le chiffre d'affaires par personne occupée) étant sensiblement plus élevée dans la grande distribution que dans le commerce traditionnel, l'emploi dans le commerce aurait été significativement plus important si, à croissance de la consommation inchangée, le commerce traditionnel avait conservé ses positions[1]...

Ainsi, à partir du début des années 1990, les pouvoirs publics ont-ils fermement affiché leur volonté de freiner l'expansion des grandes surfaces en périphérie des agglomérations. En raison de la décentralisation des pouvoirs en matière d'urbanisme, ce durcissement s'est d'abord opéré dans les collectivités locales, qui privilégient de plus en plus la modernisation des centres-villes à la création ou à l'agrandissement des zones commerciales périphériques. Mais très vite, les gouvernements et les parlementaires se sont réappropriés le débat sur l'urbanisme commercial. Le 23 avril 1993, Édouard Balladur, alors Premier ministre, se prononçait pour le gel des autorisations d'implantation des grandes surfaces en zones rurales. En octobre 1993, le ministre de l'Industrie et du Commerce, Alain Madelin, créait dix observatoires départementaux chargés d'aider les commissions départementales d'équipement commercial (CDEC[2]) dans leurs décisions. Depuis, les demandes d'ouverture doivent être accompagnées d'une étude d'impact reflétant l'effet de la création de la grande surface sur son environnement. Les critères retenus concernent non seulement le

---

1. Ce type de raisonnement « toutes choses égales par ailleurs » est bien évidemment contestable. Cependant, il est frappant de constater que, pendant que l'emploi dans le commerce de détail progressait de seulement 1,7 % en France entre 1982 et 1995, il faisait un bond de 21 % au Japon, pays caractérisé par un appareil commercial resté beaucoup plus traditionnel (Gadrey *et alii*, 1999, p. 38).

2. Les CDEC ont remplacé les CDUC (commissions départementales d'urbanisme commercial). Elles sont composées de neuf membres : six élus locaux, deux représentants des artisans et commerçants et un représentant des associations de consommateurs.

degré de concurrence à l'égard du commerce local, mais aussi la qualité de l'architecture et l'éventuelle contribution du demandeur à l'aménagement du territoire ou au développement de la localité (revitalisation du tissu rural, réhabilitation de quartiers en difficulté). Un mois plus tard, le ministre mettait en place un Observatoire national des équipements commerciaux, chargé de remettre annuellement un « état des lieux » de l'appareil commercial et une analyse des décisions prises par les CDEC.

Au final, les procédures administratives ont été rendues plus longues et contraignantes et les délivrances d'autorisation d'ouverture plus rares. En novembre 1995, dans l'attente d'une révision de la loi Royer, le Premier ministre Alain Juppé décide un gel de six mois des ouvertures de grandes surfaces. Finalement, la loi Raffarin votée en juillet 1996 institue une diminution à 300 m^2 du seuil déclenchant l'obligation d'obtenir une autorisation d'ouverture (ou d'agrandissement). Au-delà de 6 000 m^2, la demande d'autorisation doit être précédée d'une enquête publique. De la même façon, tout changement d'activité d'un commerce d'une surface de vente supérieure à 2 000 m^2 est soumis à autorisation[1]. Précision importante : ces dispositions ne sont pas applicables aux zones d'aménagement concerté créées dans un centre urbain.

Le gouvernement Jospin n'a pas remis en cause le cœur de la loi Raffarin, mais a souhaité en assouplir l'application. Un Observatoire national du commerce succède depuis 1998 à l'Observatoire national de l'équipement commercial. Il a pour mission l'étude de l'appareil commercial et pourra exprimer des recommandations afin de ménager l'équilibre entre les différentes formes de commerce. Si l'on en juge par l'augmentation de la proportion du nombre de mètres carrés autorisés par rapport au nombre de mètres carrés demandés[2], la politique du gouvernement et la pratique des nouvelles commissions départementales d'équipement commercial[3] semblent marquées par un tournant « discrètement libéral », pour reprendre l'expression de la secrétaire d'État aux PME, au Commerce et à l'Artisanat, Marylise Lebranchu[4].

---

1. Ce seuil est rabaissé à 300 m^2 lorsque la nouvelle activité est à dominante alimentaire...

2. 71 % en 1998 et 77 % en 1999, contre 48 % en 1996.

3. Présidée par le préfet (qui ne prend pas part au vote), chaque CDEC est composée de trois élus (le maire de la commune d'implantation, le président de l'établissement public de coopération intercommunale compétent en matière d'aménagement de l'espace et de développement dont est membre la commune d'implantation ou, à défaut, le conseiller général du canton d'implantation, le maire de la commune la plus peuplée de l'arrondissement, autre que la commune d'implantation), de trois personnalités (le président de la Chambre de commerce et d'industrie dont la circonscription comprend la commune d'implantation, le président de la chambre de métier...), un représentant des associations de consommateurs du département.

4. *Les Échos*, lundi 27 juillet 1998.

En tout état de cause, il est plus difficile d'obtenir l'autorisation d'ouvrir un commerce en grande surface aujourd'hui que dans les années 1970 et 1980. Mais ce durcissement des contraintes administratives à l'ouverture de nouveaux points de vente ne vient que renforcer un état de fait qui s'impose chaque année avec plus d'évidence : les opportunités d'ouvertures attractives se raréfient. Certes, la « densité commerciale » — le nombre de mètres carrés de grandes et moyennes surfaces pour 1 000 habitants — continue de progresser. Entre 1995 et 1999, elle a progressé de 8,3 % pour atteindre 707 m^2/1 000 habitants[1]. Cette croissance relativement faible (2 % en moyenne par an) témoigne en outre d'un ralentissement marqué : en 1999, la densité commerciale n'a progressé que de 0,6 %. On relève d'importantes disparités sectorielles. Si la progression est rapide dans le commerce d'articles de sport et dans celui d'équipement de la personne, la densité commerciale recule, par exemple, dans le commerce de meubles, et elle ne progresse qu'à un rythme modéré pour les magasins de bricolage, les centres auto, les hypers et les supers. Les données des comptes commerciaux de la Nation révèlent que la croissance de la surface de vente d'hypermarchés, qui était encore de 6,9 % en 1992, diminue régulièrement depuis pour se situer entre 1 et 2 % depuis plusieurs années. Du début du second semestre 1997 au 1er janvier 2000 un seul nouvel hypermarché a ouvert ses portes. L'accroissement du parc des hypermarchés, qui s'effectue à un rythme très ralenti (+16 unités en 1999) est presque exclusivement imputable à des transformations de supers en hypers. Le même ralentissement est perceptible dans le rythme de croissance du parc de supermarchés (88 ouvertures en 1999 contre, par exemple, 404 en 1994). Au total, alors que le ratio du nombre de mètres carrés de surface de supers et d'hypers par millier d'habitants s'était accru au rythme moyen de près de 9 % par an au cours de la première moitié des années 1980, sa croissance a été ramenée à 4,2 % en moyenne par an entre 1985 et 1990, et n'est plus que de l'ordre de 3 % sur la décennie 1990[2]. Enfin, le même essoufflement est perceptible du côté des centres commerciaux. Après l'explosion du nombre des centres commerciaux en France durant les années 1970 (en moyenne 25 ouvertures par an), le nombre d'ouvertures de nouveaux centres décline progressivement : 16 en moyenne par an durant la décennie 80, 12 durant la décennie 90, et l'on ne dénombre que deux ouvertures pour 2000[3].

Le tarissement progressif du flux de création de nouveaux points de vente s'accompagne d'une dégradation de l'attractivité moyenne des occasions d'ouverture. Les parcelles du territoire national encore imparfaitement équipées en grandes surfaces ne recèlent bien souvent

1. Résultat des enquêtes LSA-IFLS.
2. Source : données publiées par Chain et Gian [1998].
3. Source : Conseil national des centres commerciaux.

qu'un potentiel modeste : faible importance de la population, évasion de celle-ci vers les grands pôles commerciaux environnants, faible niveau de la « richesse vive »... Et lorsqu'une occasion d'ouverture se révèle sur un marché local attractif, celui-ci est généralement déjà occupé par des concurrents installés. L'arrivée de nouveaux points de vente se traduit alors par une intensification de la concurrence entre les distributeurs nuisible à la rentabilité collective[1], et qui vient réduire l'attractivité de l'occasion d'ouverture.

Et maintenant : le commerce électronique

À ces sources endogènes, déjà anciennes, d'épuisement du régime de croissance extensive, est venue se greffer une nouvelle menace pour la grande distribution : la naissance du commerce électronique.

La « crise » de la grande distribution témoigne de l'achèvement de la « révolution commerciale » engagée avec l'apparition des grandes surfaces discompte. Les progrès réalisés par les technologies de l'information et de la communication autorisent aujourd'hui l'expérimentation de nouvelles formes de mise en relation des produits et des consommateurs. Internet fournira-t-il le point de départ d'une nouvelle révolution commerciale ?

En France, les premières expériences significatives de commerce électronique remontent à 1995, à l'initiative des grandes entreprises de vente par correspondance (La Redoute, rapidement suivie par Les 3 Suisses, puis par la CAMIF). Auchan est le premier groupe d'hypermarchés à s'être lancé, en 1997, dans le commerce « en ligne », mais avec une offre réduite à une vingtaine de produits multimédia. Continent, puis les autres enseignes d'hypers, lui ont rapidement emboîté le pas, toujours avec une offre restreinte. Dans le commerce non alimentaire, la Fnac, Décathlon, Habitat et JouéClub ont été parmi les premiers à se lancer dans la vente directe sur le Web. Ils ont depuis été rejoints par de nombreux autres distributeurs du monde physique. À ces initiatives, il convient d'ajouter les créations de sites marchands par des producteurs, tentant ainsi de vendre directement aux consommateurs, ou bien par de nouveaux opérateurs (des « entreprises internet ») qui, partant souvent de rien, ont créé des sites spécialisés (Amazon.com et CDNow.com sont déjà entrés dans la légende) ou des « galeries marchandes » virtuelles.

1997 sera selon toute vraisemblance considérée comme l'année du véritable démarrage du commerce électronique. Le développement, depuis, est spectaculaire. Selon l'OCDE, le nombre de sites de

---

1. C'est ce qui explique les attitudes agressives adoptées par certains distributeurs en place devant la menace d'implantation d'un point de vente concurrent. La Fnac et Décathlon ont déjà fait l'objet de poursuites pour conduite anticoncurrentielle visant à dissuader localement l'entrée de nouveaux concurrents.

commerce électronique a progressé de 128 % en seulement un an, entre septembre 1997 et août 1998, pour s'établir à 22 000[1]. Entre le début de 1999 et le début de 2000, le nombre de sites français de commerce électronique a presque triplé[2].

Les volumes d'affaires réalisés sur ces sites sont pour l'instant encore anecdotiques. En 1999, les ventes aux consommateurs réalisées sur Internet en France n'ont représenté que 1,3 milliard de francs[3]. Certes, c'est plus de trois fois le montant des ventes enregistrées en 1998, mais les ventes sur Internet ne représentent encore que moins de 1 % du chiffre d'affaires du secteur de la vente par correspondance et 0,06 % de celui du commerce de détail[4], soit encore l'équivalent des ventes annuelles de deux gros hypermarchés... Pour mémoire, environ 7 milliards de francs de transactions sont encore réalisés par Minitel...

Pourtant tout laisse croire que le poids du commerce électronique est encore appelé à progresser rapidement. Aux États-Unis, pays fer de lance en la matière, les transactions se sont élevées à plus de 20 milliards de dollars en 1999. Le nombre d'internautes progresse très rapidement. Fin 1999, un tiers des foyers américains était connecté ; un an plus tard, les internautes représentent plus de la moitié de la population américaine (plus de 150 millions de connectés). En France, le seuil des 8 millions d'internautes a été franchi au cours du quatrième trimestre 2000 (15 % de la population). Selon un sondage IPSOS-*Le Parisien*, 72 % des consommateurs « aimeraient faire un jour des courses par Internet ». L'attractivité du commerce électronique s'accroît à mesure qu'augmentent les budgets publicitaires pour les sites Web (déjà 1,6 milliard de francs investis en 1999) et que l'offre s'enrichit. Les pionniers ont considérablement étoffé leurs assortiments et amélioré la qualité du service. Après quelques expériences isolées (le magasin Système U de Partenay, l'Intermarché d'Auxerre...), les grands groupes de la distribution alimentaire ont enfin procédé entre 1999 et 2000 au lancement de leurs « cybermarchés[5] » et ils nourrissent des projets ambitieux sur le Web. On estime que les ventes en ligne devraient atteindre

---

1. 75 % d'entre eux étaient américains, et seulement 1,12 % français... La France a pris un certain retard dans le développement du commerce électronique et, plus généralement, dans la diffusion d'Internet dans les entreprises et dans les foyers. En 2000, ce retard semble sur le point d'être rattrapé.

2. Selon l'annuaire français des sites marchands (Web-Marchand), il existait plus de 1 500 sites marchands en France en janvier 2000.

3. Source : Benchmark Group.

4. Ce chiffre pourtant surestime encore le poids du commerce électronique car une part importante des transactions sur le Web intervient sur des marchés qui ne relèvent pas du commerce de détail au sens de l'INSEE (notamment la vente de voyages).

5. Ooshop par Promodès (qui sera sorti du stade expérimental par Carrefour), Houra par Cora, C-mescourses par Casino. Alors que le cybermarché d'Auchan devrait démarrer ses activités début 2001, on attend toujours les offensives de Leclerc et d'Intermarché sur le marché alimentaire.

4 milliards de francs pour l'année 2000, réparties entre plus de 2 millions de « cyberconsommateurs[1] ». Les prévisions à plus long terme sont nécessairement incertaines. Le cabinet Dia-Mart se hasarde à pronostiquer que le commerce électronique pourrait en France occuper 15 % du marché du commerce de détail en 2015...

Sans céder aux visions apocalyptiques de certains analystes qui prévoient une remise en cause radicale de l'organisation de la distribution et la déstabilisation des acteurs qui dominent aujourd'hui le paysage commercial, il est évident qu'une part non négligeable des achats de ménages est appelée à se détourner des circuits traditionnels au profit du commerce électronique. Il n'est pas sûr que les groupes de la grande distribution soient nécessairement les mieux armés pour récupérer sur le Web les clients qui auront déserté leurs magasins. Je reviendrai en profondeur sur ces questions capitales au cours du chapitre VIII. En tout état de cause, le commerce électronique vient grignoter (ou dévorer ?) un potentiel de croissance déjà rétréci.

Croissance molle des marchés de prédilection de la grande distribution, limites naturelles à la poursuite du processus de conquête de parts de marché, saturation progressive du potentiel d'implantations à mesure qu'augmente la densité commerciale, attitude restrictive des pouvoirs publics, émergence d'un commerce électronique en phase de conquête... ces facteurs se conjuguent pour fixer les limites de l'ère de la croissance extensive qui a porté la grande distribution depuis sa naissance. Mais derrière ces facteurs d'épuisement de la croissance extensive (suffisamment « proches » des distributeurs pour que ceux-ci en aient pris la mesure) se cache une origine beaucoup plus profonde de la « crise » de la grande distribution : la mutation du système économique et social « fordien » dont elle est issue et qui contraint aujourd'hui ce secteur à se repositionner dans l'optique de la société postfordienne en cours de formation.

Les racines « externes » de la crise : l'entrée dans l'économie postfordienne

Intermédiaire entre les producteurs et les consommateurs, le commerce a toujours été affecté par les changements structurels intervenus dans les sphères de la production et de la consommation. C'est ainsi, comme nous l'avons vu, que la grande distribution est née de la diffusion du modèle fordien d'organisation du système économique et

1. Source : Benchmark Group.

social, dont elle constitue un élément caractéristique. Or, le fordisme est en crise. Les prémices de cette crise sont perceptibles dès la fin des années 1960 et c'est à l'occasion du premier choc pétrolier de 1973 qu'elle se déclare ouvertement. Elle résulte de dysfonctionnements portant sur des éléments importants de la régulation du système provoquant le grippage d'un certain nombre de mécanismes vertueux. La période de crise économique que connaissent les pays industrialisés depuis les années 1970 peut ainsi s'interpréter dans une large mesure comme la manifestation de l'épuisement du modèle fordien et la recherche à tâtons de principes de cohérence fondant un nouveau régime de croissance.

Les contours du système postfordien en formation sont difficiles à définir avec précision, et il n'est pas dans l'ambition de cet ouvrage de proposer une analyse du postfordisme (ni même de présenter les analyses existantes). Nous concentrerons notre attention sur deux aspects du système fordien[1] si profondément intégrés à la nature de la grande distribution que leur entrée en crise remet en question le concept du commerce discompte en grandes surfaces des origines : le modèle de la consommation de masse et les logiques tayloriennes d'organisation de la production de produits standardisés.

La remise en cause du modèle de consommation fordien

Les manifestations de l'épuisement du modèle de consommation fordien sont diverses. Elles se rejoignent dans le développement d'une consommation plus immatérielle, prenant davantage en compte l'individualité de chaque consommateur.

La saturation progressive des besoins de base

Le fordisme a permis à la majeure partie des Français d'accéder à la consommation des biens et services essentiels à la satisfaction de leurs besoins primaires : se nourrir, se vêtir, se loger, se déplacer... Les gains de productivité induits par la production en grandes séries de produits standardisés, en réduisant le prix réel des produits, stimulaient la consommation. L'élargissement des débouchés ainsi réalisé permettait aux entreprises d'augmenter l'échelle de leur production, de renforcer la mécanisation... et de réaliser de nouveaux gains de productivité. La pérennité de cette dynamique vertueuse reposait sur la persistance d'une forte « élasticité-prix » de la demande, autrement dit,

1. Je laisserai ainsi de côté des aspects très importants de la crise du fordisme (le rôle de l'État, les mutations intervenues au niveau de la monnaie et de la finance, dans les relations économiques internationales...) mais dont l'impact sur le monde du commerce est beaucoup plus indirect.

sur la sensibilité du volume de la consommation à la baisse des prix. Or, cette sensibilité s'est érodée au fur et à mesure que les ménages ont réussi à satisfaire leurs besoins de base[1].

Dès la fin des années 1970, la progression du taux d'équipement en téléviseurs (noir et blanc), en réfrigérateurs et en lave-linge marque très sensiblement le pas. Le même phénomène intervient au cours des années 1980 pour ce qui concerne le téléphone, l'automobile et le téléviseur couleur. La chute du prix réel de ces produits les a rendus accessibles à peu près à tous les ménages susceptibles d'en être équipés. S'agissant de « biens de concernement général[2] » (c'est-à-dire susceptibles d'être consommés par la quasi-totalité des ménages), le seuil de saturation se situe à un niveau extrêmement élevé (entre 80 et 100 %).

Évolution du taux d'équipement des ménages en biens durables

	1976	1987	1996-99
Automobile	65 %	75 %	78 %
Téléviseur couleur	21 %	78 %	92 %
Réfrigérateur	91 %	97 %	99 %
Machine à laver	73 %	86 %	89 %

Source : INSEE, Enquête « Conditions de vie ».

L'observation sur longue période des quantités moyennes de produits alimentaires consommées par personne montre qu'elles ont globalement peu progressé ; les principales variations sont imputables à des modifications des habitudes de consommation provoquant le glissement des achats de certains types de produits (souvent qualifiés d'« inférieurs ») vers d'autres. C'est ainsi que la consommation de pain et de pommes de terre a connu une importante diminution au cours des trente dernières années, de même que la consommation de lait liquide ou de sucre. À l'inverse, la consommation de légumes frais, ou plus nettement encore, de yaourt ou de poisson, a fortement progressé. Globalement, la consommation par tête de viande (bœuf et volaille) et d'œufs n'a pas sensiblement évolué en vingt-cinq ans, même si la consommation de viande de bœuf a cédé du terrain (avant même l'épisode de la vache folle) au profit, en particulier, de celle de volaille. La consommation de vêtements et de chaussures a progressé de moins

1. Ce qui ne signifie pas, bien au contraire, que les consommateurs n'aient pas systématiquement mis en concurrence les distributeurs de ces produits, sur la base des prix.

2. Verger [1985].

de 1 % en moyenne par an (en volume) au cours de la décennie 1980 et a même reculé au cours de la première moitié des années 1990...

Surplus annuel moyen par tête selon les postes (francs-1995)

	1970-1980	1980-1995
Alimentation	128,2	75,4
Habillement	15,0	– 21,1
Chauffage, ameublement	296,2	– 22,0
Divers	254,4	172,7
Culture et communication	194,0	118,3
Transport	355,5	140,8
Hygiène, santé	151,5	228,5
Logement	205,3	434,6
Total	1599,9	1127,2

Guide de lecture. Entre 1970 et 1980, le budget annuel des ménages s'est accru de 1 599,90 francs en moyenne par an. Sur ces 1 599,90 francs, 128,2 ont été consacrés à l'augmentation des dépenses d'alimentation, 15 à celle d'habillement...

Source : INSEE, Abramovici [1996] repris de Chauvel [1998].

Cette saturation progressive des besoins de base a conduit à une modification du fonctionnement des marchés. Sur les marchés de biens de consommation courante, le volume des ventes tend à buter sur des limites « physiologiques » et, même si les prix des produits continuent de diminuer, la croissance se réduit. Sur le marché des biens durables, la composition de la demande se transforme au fur et à mesure que le taux d'équipement des ménages s'élève : une demande de renouvellement se substitue à la demande de premier équipement. Le volume des ventes dépend alors beaucoup moins des prix que de la durée de vie des produits. Plus celle-ci est longue, plus les marchés tendent à s'affaisser lorsqu'ils basculent du premier équipement vers le renouvellement.

Les industriels ont donc été contraints de mettre en œuvre de nouveaux modes de stimulation de la demande afin de tenter de contrecarrer le ralentissement (voire le recul) de leurs marchés. Ils prennent appui sur l'évolution des attentes de clients qui, ayant désormais satisfait leurs besoins primaires, s'attachent à la satisfaction de besoins « supérieurs[1] ». Les industriels ont exploré ainsi plusieurs voies pour faire vibrer d'autres cordes dans les motivations d'achat.

1. Voir prochaine section.

Une première voie s'est dessinée à partir d'une idée simple : si les consommateurs ne souhaitent pas consommer davantage, il convient de les conduire à dépenser plus par l'augmentation de la valeur unitaire des produits qui leur sont vendus. Plusieurs manières d'atteindre ce résultat sont envisageables :

— *Le déplacement du marché vers des produits de meilleure qualité.* Le marché du vin constitue le parfait exemple de cette évolution. Alors que la consommation de vin courant tombait d'environ 95 litres par habitant et par an en 1970 à 40 litres au milieu des années 1990, la consommation de vins AOC[1] et VDQS[2] progressait de 8 à 25 litres. En moyenne, chaque Français consomme donc moins de vin, mais apprécie de plus en plus les vins de qualité. Autre exemple, toujours dans les liquides : les consommateurs ont été de plus en plus nombreux à se détourner de l'eau du robinet pour se porter vers les eaux en bouteille dont la consommation a triplé en vingt-cinq ans. Évoquons également l'évolution qualitative de la consommation de riz, avec la découverte des variétés « exotiques » qui a permis la « dématuration » de ce marché, avec l'amorce d'une augmentation des volumes consommés et, surtout, l'augmentation sensible du prix payé au kilo[3]. Tirer les marchés vers le haut peut aussi consister, de la part des industriels, en une politique d'innovation permanente permettant l'amélioration de la qualité des produits. Par exemple, l'inversion de la dynamique de baisse du prix relatif de l'automobile à partir de la fin des années 1960 s'explique par la progression très rapide de la « qualité » des véhicules : fiabilité, performances, équipement, sécurité, etc.

— *La segmentation des marchés et l'extension des gammes.* En dépit des phénomènes de mode qui tendent à faire converger les goûts et les attentes des consommateurs, chacun tend à se forger des préférences concernant les caractéristiques des produits, en fonction de ses spécificités socio-démographiques (âge, situation de famille, zone d'habitat...), de son histoire personnelle, de sa psychologie, et tout simplement de ses goûts. Le modèle de la consommation de masse, en particulier au cours de sa phase de démarrage, a quelque peu nié cette réalité au profit d'une offre standardisée, proposée à l'identique ou presque à chacun, mais à un prix très attractif. Or, un bon moyen d'accroître la disposition d'un consommateur à payer davantage pour l'acquisition d'un produit est de lui proposer une variété de ce produit qui soit aussi proche que possible de sa « variété idéale ». Cette stratégie conduit les industriels à étendre leurs gammes et à s'engager dans une logique de prolifération des variétés.

1. Appellations d'origine contrôlée.
2. Vins de qualité supérieure.
3. Le marché de la pomme de terre profite d'une tendance similaire.

— *La stimulation de la dimension immatérielle de la demande des consommateurs*. Je reviendrai sur cet aspect important de l'évolution du fonctionnement des marchés dans la prochaine section.

Sur l'ensemble de ces points, l'initiative est venue des producteurs. La grande distribution, obsédée par le respect des principes du discompte, s'est contentée d'étendre la surface de ses linéaires pour permettre la mise en vente du nombre croissant de variétés élaborées par les producteurs.

D'autres voies de stimulation de la demande ont été explorées sur les marchés de biens durables et semi-durables. Elles partagent le principe général d'une réduction de la durée de vie des produits, non pas nécessairement en les rendant moins solides (ou difficilement réparables), mais en tentant de réduire leur « cycle de vie » par l'accélération de leur obsolescence. Pour cela, les industriels disposent de deux leviers complémentaires : les effets de mode et l'innovation technologique. Ainsi, le consommateur est incité à renouveler son achat parce que le produit dont il dispose lui paraît démodé ou parce qu'il existe désormais un nouveau modèle plus performant ou disposant de nouvelles fonctionnalités. La demande de biens d'équipement a également été soutenue par les incitations au multiéquipement des ménages, c'est-à-dire à l'acquisition de plusieurs biens d'équipement du même type au sein d'un même ménage. La « multimotorisation » est ainsi devenue un stimulant important de la dynamique du marché automobile, la proportion de ménages disposant de deux voitures ou plus étant passée d'un peu plus de 15 % en 1980 à près de 30 % à la fin des années 1990. Susciter le multiéquipement implique de passer d'une logique de consommation collective au sein du ménage à une consommation individualisée et de « profiler » les produits en fonction des différentes catégories d'utilisateurs potentiels. On retrouve ici la tendance à la segmentation du marché et l'augmentation de la variété proposée aux consommateurs.

Enfin, la manière la plus radicale de dynamiser les marchés est de susciter de nouvelles demandes par la création de nouveaux produits réveillant le désir de consommer. Les nouveaux produits issus des technologies-clés de la quatrième révolution industrielle (électricité, matériaux synthétiques, moteur à explosion...) ont constitué des moteurs essentiels du dynamisme de la consommation au cours des trente glorieuses : automobile, réfrigérateur, machine à laver, télévision... L'effet stimulant de ces marchés s'est appauvri dans le courant des années 1970. Peu d'innovations majeures sont venues relayer ces produits parvenus à maturité, comme si le potentiel d'innovations de la quatrième révolution industrielle s'était épuisé. Les nouvelles technologies clés (électronique, matériaux composites, biotechnologies...) n'avaient pas encore atteint un degré de développement suffisant pour provoquer la création d'objets de consommation acceptables sur une large échelle tant sur le plan des usages que sur celui des prix. En outre, les produits nouveaux des années 1970 comprenaient peu de produits dits de « concernement général ». Parmi les biens d'équipement ménager, seul le téléviseur couleur (qui n'est jamais qu'un perfectionnement du téléviseur noir et blanc) a connu une diffusion à la fois rapide et profonde. Le lave-vaisselle et le congélateur sont marqués par une diffusion beaucoup plus lente et leur taux d'équipement semble devoir plafonner respectivement autour de 40 % et 50 %.

Le développement des nouvelles technologies s'est finalement traduit, au cours des années 1980 et 1990, par l'arrivée d'un nombre plus important de biens d'équipement radicalement nouveaux : four à micro-ondes, magnétoscope, Caméscope, micro-ordinateur, lecteur de CD, plaque vitrocéramique, téléphone sans fil, téléphone mobile... La plupart de ces nouveaux produits sont issus des technologies de l'information et de la communication. Ils bénéficient le plus souvent d'une diffusion très rapide, qui témoigne de l'influence profonde qu'exercent les technologies de l'information et de la communication sur la redéfinition des normes de consommation et, plus généralement, sur la reconfiguration du système économique et social. La vitesse de diffusion de ces nouveaux produits vient également démentir l'idée d'une saturation des besoins. Les besoins ne s'expriment que lorsqu'ils sont en mesure de se révéler au contact d'une offre.

Évolution du taux d'équipement des ménages
pour quelques « nouveaux » produits

	1976	1987-1989	1996-1999
Lave-vaisselle	9 %	27,5 %	36 %
Congélateur	20 %	40 %	47 %
Sèche-linge			24 %
Four à micro-ondes		19 %	51 %
Magnétoscope		17,5 %	62 %
Chaîne hi-fi			60 %
Caméscope		2,5 %	14 %
Répondeur		3 %	36 %
Minitel		12 %	18 %
Micro-ordinateur		8 %	18 %
Téléphone portable			22 %

Source : INSEE, Enquête « Conditions de vie ».

Ces nouveaux produits forment souvent système : le Caméscope avec la télévision et le magnétoscope, le lecteur de CD avec la mini-chaîne, le répondeur avec le téléphone, le micro-ordinateur avec l'imprimante, le scanner, ou même avec le synthétiseur ou l'appareil photo numérique... Cette caractéristique, ajoutée à des fonctionnalités souvent radicalement nouvelles, fait que l'affirmation de débouchés pour les produits nouveaux nécessite, outre la baisse de leur prix (elle-même liée à l'ampleur des débouchés), un processus d'apprentissage réciproque de la part des producteurs et des consommateurs. Les modalités d'usage du nouveau produit ne sont pas toujours parfaitement définies avant son lancement alors que le succès de celui-ci réclame une appropriation sociale ; les consommateurs apprennent à utiliser et les producteurs ajustent leurs produits. Plus la nouveauté du produit est radicale, plus ce processus est long et complexe. L'affaiblissement du modèle de diffusion fondé sur l'imitation des classes supérieures complique encore le processus. Durant cette phase de tâtonnements, producteurs et consommateurs sont exposés à une forte incertitude, qui limite la taille du marché et concourt au maintien de prix élevés entravant l'expansion de celui-ci... Ce mécanisme a pu jouer de manière globale pour les produits issus des technologies de l'information et de la communication, ce qui explique sans doute que ce nouveau paradigme technologique ne révèle réellement son effet d'entraînement sur la consommation des ménages qu'à partir du milieu des années 1990. La grande distribution a sans doute joué un rôle important dans le décollage du marché grand public associé aux technologies de l'information, en favorisant la baisse du prix des produits et, surtout, en contribuant activement à leur banalisation par leur sortie des « ghettos » de la distribution spécialisée où ils étaient cantonnés.

Une consommation de plus en plus immatérielle

L'immatériel acquiert une place croissante dans les normes de consommation. Il emprunte pour cela trois voies principales : la déformation de la structure du budget des ménages au profit des services ; le passage d'une logique d'offre de produit à celle de solutions au travers de l'essor des « bouquets » ; l'importance croissante de la valeur symbolique dans la demande des consommateurs.

L'expansion de la consommation de services. Au cours des quatre premières décennies de l'histoire de la grande distribution, la structure de la consommation des ménages a connu une importante déformation, conforme à la célèbre analyse de Colin Clark[1]. La part de l'ensemble des produits agricoles et agroalimentaires n'a cessé de se réduire, passant de plus d'un tiers à moins de 15 % de la consommation des ménages. La consommation de produits manufacturés a d'abord tiré profit de ce déclin, jusque dans le courant

---

1. C'est à cet économiste américain que l'on doit la distinction entre secteurs primaire, secondaire et tertiaire.

des années 1980, avant qu'elle ne subisse à son tour une contraction de sa part dans la consommation totale. La part des services n'a pas cessé de croître, passant de 25 % en 1960 à près de 50 % aujourd'hui.

Les dépenses de logement sont les principales bénéficiaires de cette forte augmentation du coefficient budgétaire des services, ce qui tient tant à l'amélioration de la qualité des logements qu'à la flambée de leur prix. Toutefois, la consommation de services de santé, de loisirs ou de banque-assurance, a connu également une croissance très importante, en particulier au cours des années 1980 et 1990.

Rappelons que la conséquence la plus directe de cette « tertiairisation » est le recul de la part de consommation des ménages qui transite par le commerce. La grande distribution, née de la nécessité d'écouler la production de masse, a créé un concept efficace de distribution des biens physiques. La tertiairisation de la consommation, en canalisant la majeure partie de la croissance du revenu des ménages hors de ses réseaux, constitue donc une menace qui a incité les distributeurs à tenter de pénétrer le marché des services. Mais la vente de services les éloigne considérablement de leur métier d'origine qui repose sur le traitement de biens physiques : rôle fondamental de l'emballage, du caddy, des techniques de mises en place des articles dans les rayons, du libre-service...

Évolution de la structure de la consommation des ménages — coefficients budgétaires calculés aux prix courants (%)

	1960	1970	1980	1990	1997
Produits agricoles et des IAA	34,4	27,1	22,2	20,2	18,7
Produits manufacturés et énergie	37,3	39,1	41,3	37,5	33,9
Services marchands hors BTP	24,8	30,6	33,5	40,0	44,6
Total consommation marchande nationale	100	100	100	100	100

Source : INSEE, Consommation des ménages.

Le développement des « bouquets ». Au-delà du poids croissant des services dans la consommation des ménages, c'est la distinction même entre biens et services qui se trouve remise en cause par l'évolution du mode de fonctionnement des marchés.

Avec le ralentissement de la demande et le durcissement de la concurrence sur la plupart des marchés, la notion de « client » se place désormais au premier plan des stratégies des entreprises. Celles-ci semblent redécouvrir qu'un client ne demande jamais un produit (matériel ou immatériel) pour lui-même mais pour les « services » qu'il pourra rendre, pour sa contribution à la « solution d'un problème de consommation ». Le service attendu d'un aliment est sa contribution à la réalisation d'un repas ; le service principal attendu d'une automobile est de permettre de se déplacer... Ainsi que l'expliquait dès les années 1960 l'économiste américain Kelvin Lancaster, la consommation peut être appréhendée comme une activité de production qui consiste à combiner des biens et des services de manière à augmenter l'utilité et le bien-être des individus. Dans cette perspective, ce sont les caractéristiques (fonctionnelles ou immatérielles) des biens et des services qui sont recherchées au travers de l'acte d'achat, pour leur capacité à contribuer à cette activité de production. Les biens et services ne sont donc qu'une consommation intermédiaire dans la production d'utilité par les ménages.

Percevoir le consommateur comme une « microentreprise de production d'utilité » conduit à redéfinir en profondeur les stratégies d'offre. Dès lors, ces stratégies ne consistent plus nécessairement à offrir des produits particuliers, mais des « solutions aux problèmes de consommation » des clients. Le succès des plats cuisinés illustre bien ce glissement : au-delà de l'offre séparée de chacun des ingrédients — qui laisse encore à la charge du consommateur le soin de les assembler en vue d'obtenir un repas —, le plat cuisiné offre une solution globale au problème de production des repas. Il est à cet égard significatif que la consommation de produits alimentaires bruts soit en recul depuis le début des années 1970 (au point de retrouver en 1995 un niveau proche de celui de 1960), alors que la consommation de produits préparés a été multipliée presque par 7 entre 1960 et 1995[1]. La voiture semble, à première vue, constituer une solution à un problème de transport et de mobilité. Mais de l'acquisition d'un véhicule à la production du service de mobilité, le consommateur doit encore passer par un certain nombre d'étapes : le financement de l'achat, l'assurance, l'entretien, les réparations... Les constructeurs automobiles sont en train de modifier leur stratégie d'offre ; ils passent d'un statut de fournisseurs de véhicules à celui d'« architectes de la mobilité » en composant des « bouquets » complets comprenant, pour un prix forfaitaire, la mise à disposition d'un véhicule, le contrat d'assurance, une prestation d'entretien... Cette logique d'offre de bouquets de produits complémentaires est exploitée depuis longtemps par les tour-opérateurs qui proposent à leurs clients une solution globale à leur besoin de vacances par la combinaison d'un voyage, d'un séjour, d'une animation, voire d'une assurance ou d'un service de financement. Cette tendance contribue à renforcer le poids de l'immatériel dans la consommation de deux points de vue : la mise en avant du service rendu par l'offre faite au consommateur ; le fait que les bouquets proposés intègrent le plus souvent des biens et des servi-

1. Mucchielli [1998c].

ces (le pack de téléphone mobile incluant l'abonnement, l'abonnement au réseau câblé associé au décodeur, le micro-ordinateur et la « hotline »...). Enfin, on observe la mise sur le marché d'un nombre croissant de « bouquets » dont le fondement ne repose que sur des valeurs symboliques (un style (Calvin Klein), un mode de vie (Aigle), des valeurs (New Age)...).

Jusqu'à très récemment, la grande distribution est restée à l'écart de cette logique d'offre de solutions, pour se cantonner à sa fonction logistique de « répartiteur de produit ». La contribution de la grande distribution (et en particulier des hypers) à la résolution des problèmes de consommation de ses clients a fondamentalement résidé dans l'affirmation de plus en plus appuyée du principe du « tout sous le même toit », permettant aux consommateurs d'optimiser leurs déplacements et le temps consacré aux approvisionnements. Ce principe continue d'être le fondement des bouquets offert par les entreprises de la grande distribution, mais je montrerai que d'autres principes commencent à être pris en compte, ceci dans une démarche de plus en plus explicite de « création de valeur » pour les clients, au-delà de l'offre des prix les plus bas.

Le poids croissant de la consommation symbolique. La montée de la consommation « immatérielle » s'exprime également, de manière plus abstraite, dans la sensibilité des consommateurs aux symboles que véhiculent les produits. En un quart de siècle, les Français sont passés « d'une conduite de survie à la recherche d'un épanouissement personnel[1] ». En 1943, le psychosociologue A. Maslow suggérait que les besoins humains sont hiérarchisés à l'image d'une pyramide et que chaque individu ne s'engage dans la satisfaction des besoins d'un certain niveau que lorsque les besoins de niveaux inférieurs sont satisfaits. La base de la pyramide est constituée des besoins physiologiques dont la satisfaction est indispensable à la survie. Viennent ensuite les besoins de sécurité, puis les besoins d'appartenance. Enfin, au sommet de la pyramide se situent les besoins d'estime de soi, et les besoins d'accomplissement personnel. La progression du pouvoir d'achat des Français au cours des trente glorieuses leur a permis l'ascension de la pyramide de Maslow[2]. Au fur et à mesure que sont gravis les niveaux de cette pyramide, l'importance de la valeur fonctionnelle des produits (c'est-à-dire leur caractère purement utilitaire) recule en termes rela-

---

1. V. Scardigli, cité dans *Histoire économique et sociale de la France*, *op. cit.*, p. 1065.

2. La dimension immatérielle est déjà largement présente notamment dans la consommation d'habillement au XVIIIe siècle, avec l'irruption de ce que M. Roche [1991] appelle la « révolution vestimentaire ». Toutefois, cette consommation symbolique est encore étroitement circonscrite aux couches les plus favorisées de la population et aux catégories de produits les plus fortement porteurs de signes.

tifs dans les motivations d'achat au profit de leur valeur immatérielle ou symbolique[1]. Par exemple, lorsque la progression du pouvoir d'achat permet d'accéder à l'achat d'une automobile, ce qui est recherché avant tout est la capacité de se déplacer (valeur fonctionnelle). Lorsque cette fonctionnalité fait désormais partie du quotidien, l'achat d'une nouvelle automobile fait intervenir d'autres critères : confort, sécurité, vitesse... ou, de manière plus symbolique encore, affirmation de son statut social, de sa virilité, soif d'évasion, souci de protéger sa famille... Dans ces conditions, la baisse des prix ne suffit pas à déclencher la demande ; la subtilité du détonateur de l'acte d'achat implique la mise en œuvre de stratégies d'offre sophistiquées faisant jouer un rôle très important au marketing.

Si, d'une manière générale, les industriels ont su prendre le virage de la consommation immatérielle, la contribution des distributeurs à l'évocation d'un immatériel de consommation est restée, jusqu'à il y a peu, extrêmement modeste. Renforcer dans le point de vente la dimension immatérielle des produits provoque nécessairement un alourdissement des coûts de distribution (consommation d'espace, dépenses de décoration, augmentation des frais de personnel) qui s'oppose aux principes du discompte. Ainsi, certains industriels se sont plaints des conditions dans lesquelles leurs produits se trouvaient mis en vente, qui risquaient d'annihiler leurs efforts pour doter leur offre d'une dimension symbolique (voir le traitement des eaux minérales dans les hypers, la manière dont les chaussures Nike et Reebok étaient vendues par la plupart des magasins d'articles de sport...). C'est d'ailleurs là que réside l'argument le plus sérieux que certains industriels produisant des biens très différenciés (dont, bien sûr, les parfumeurs) peuvent encore mettre en avant pour refuser d'être vendus en grandes surfaces. Cette défaillance des distributeurs dans la prise de relais des efforts de différenciation symbolique de leurs fournisseurs est un effet induit des modes de concurrence associés au régime de croissance extensive. Les distributeurs sont en compétition pour la commerciali-

---

1. La valeur d'usage qu'un consommateur attribue à un produit est la résultante de la somme de sa « valeur fonctionnelle » et de sa « valeur immatérielle ». La valeur fonctionnelle d'un produit découle de ses fonctionnalités objectives. Elle est variable d'un individu à l'autre en fonction de l'utilité que chacun tire de ces fonctionnalités (laquelle dépend de sa capacité à les appréhender et à les exploiter correctement). La valeur immatérielle renvoie à la dimension sémiotique de la consommation, au fait que la consommation d'un produit puisse fournir l'occasion de satisfaire ou d'exprimer des valeurs, de construire un imaginaire autour de lui, d'affirmer sa personnalité... Bien sûr, dans la réalité, il peut être difficile d'effectuer cette distinction car la valeur immatérielle peut intervenir dans l'évaluation que fait le consommateur de la valeur fonctionnelle d'un bien ou d'un service. Toute la force d'un marketing efficace est précisément de parvenir à la fusion de ces deux valeurs afin qu'elles forment un tout inextricable aux yeux du consommateur. La distinction mérite toutefois d'être retenue car elle renvoie à des motivations et à des comportements de consommation, ainsi qu'à des stratégies d'offre, qui sont fortement différenciés.

sation de produits de marque, portés par la communication des fournisseurs, et qui se trouvent à l'identique dans chaque point de vente. La comparaison des prix est alors aisée pour le consommateur — il est aidé en cela par la publicité des distributeurs (en particulier, les prospectus) ; ce dernier tend naturellement à s'orienter vers le point de vente qui offre les prix les plus bas. Il le fera d'autant plus que rien ne distingue fondamentalement la prestation des différents distributeurs. Dans ce contexte, chaque distributeur, pris individuellement, se montre réticent à engager les coûts nécessaires au prolongement dans le point de vente de l'effort de création de valeur immatérielle consenti par les industriels. En effet, ces coûts risquent de disqualifier globalement l'enseigne face à ses concurrents sur le plan de l'image de compétitivité-prix. Autrement dit, si l'ensemble des distributeurs acceptait de soutenir l'immatériel de consommation créé par leurs fournisseurs, alors la tentation serait grande pour chacun de se comporter en « passager clandestin » : profiter de l'effet stimulant sur le volume du marché de l'effort de ses concurrents, mais ne pas effectuer soi-même cet investissement afin d'être en mesure de proposer des prix plus bas et de gagner des parts de marchés. Afin de contenir l'évasion de leur clientèle, les autres distributeurs seraient alors portés à rétablir leur compétitivité-prix en coupant dans les dépenses de soutien. Ce type de comportement mène nécessairement à l'abandon, à l'échelle de l'ensemble du secteur, des politiques d'appui à de la différenciation des fournisseurs. Face à des mécanismes de ce genre, les distributeurs ne peuvent s'engager dans une logique de création de valeur immatérielle qu'à la condition de présenter aux consommateurs des concepts suffisamment différenciés pour que ces derniers acceptent de payer plus cher, ou, mieux encore, s'ils sont en mesure d'offrir des produits exclusifs vis-à-vis desquels les consommateurs ne peuvent effectuer de comparaisons directes de prix. Je montrerai que ces deux voies sont aujourd'hui explorées par un nombre croissant de distributeurs.

Vers la « personnalisation » de la consommation

Une des conséquences majeures de ce développement de la composante immatérielle de la consommation est le dépassement de la logique de production de masse qui consiste à offrir à chacun les mêmes produits standardisés. Si les consommateurs peuvent s'accorder assez facilement sur la valeur fonctionnelle d'un produit (une voiture doit permettre de se déplacer seul ou en famille, à l'abri des intempéries, à une vitesse acceptable...), la demande d'immatériel est éminemment subjective car les besoins supérieurs, d'autonomie, d'expression de soi... ont un contenu variable d'un individu à l'autre. Comme le souligne R. Rochefort [1995], dans les années 1950-1960, la composante immatérielle de la consommation, alors peu développée, était encore très largement déterminée par des considérations de classes sociales, et ancrée sur l'univers du foyer. Ce n'est véritablement qu'au cours des années 1970 et 1980 que décolle la « consommation individualiste ». Les gammes de fournisseurs s'approfondissent afin de pouvoir offrir aux consommateurs une diversité attractive. C'est l'heure de gloire des stratégies de « segmentation » consistant à retrouver, dans l'hétérogénéité des besoins et attentes individuels, des groupes de consommateurs exprimant des demandes proches et susceptibles de réagir aux mêmes stimuli.

L'affaiblissement de l'influence exercée par les grandes institutions que sont la religion, les idéologies, les partis politiques, etc., s'accompagne de la perte de pertinence de la notion de classe sociale pour rendre compte des comportements et des opinions. À la macro-segmentation de la société s'est progressivement substituée une micro-segmentation complexe, résultant du mouvement d'intégration des individus dans un grand nombre de petits univers sociaux. « Les associations témoignent d'une forte vitalité. La parentèle, malgré la crise de l'institution matrimoniale, reste un cadre d'échanges formels ou informels, instrumentaux ou expressifs, privilégié. La décentralisation a permis ou accompagné le renforcement de l'identification à la région ou à la commune » (Michel Forsé [1998, p. 92]). Le monde du travail lui-même perd en partie sa contribution à l'homogénéité du processus de socialisation : affaiblissement des cultures de métiers, diversité des statuts d'emplois, développement de l'activité à temps partiel, flexibilisation de la durée du travail... Les mutations intervenues dans le monde du travail contribuent à l'hétérogénéité croissante des rythmes sociaux. Elle se traduit à la fois par un approfondissement des inégalités dans la quantité de temps disponible (qui se trouve renforcée par l'augmentation du nombre des retraités), et par de très fortes inégalités dans la capacité des individus à maîtriser leur temps.

Face à cette microdifférenciation des modes de vie, des comportements, des opinions, les stratégies de segmentation marketing fondées sur les critères socio-démographiques usuels ont beaucoup perdu de leur pertinence ; le comportement de chaque consommateur se laisse de moins en moins facilement enfermer dans une « case » prédéfinie à partir de critères simples (tels que la catégorie socioprofessionnelle ou l'âge). Pour les acteurs de l'offre, répondre à l'individualisation de la consommation consiste de plus en plus à s'adresser directement à la personne, en tant qu'être unique à la recherche de solutions spécifiques. Il va de soi que cette nouvelle approche de l'élaboration des produits, de la communication, de la relation aux clients, ne s'impose pas sans poser d'importantes difficultés aux modes d'organisation fordiens, fondés sur la production en grande série de produits standards pour une clientèle indifférenciée.

Les manifestations de cette tendance à la personnalisation des modes de consommation sont multiples. Elles conduisent certains observateurs à évoquer un nouveau modèle de « sur-mesure de masse » ou de « consommation de masse personnalisée »[1]. Les évolutions intervenues ces dernières années dans la consommation audiovisuelle sont symptomatiques. La télévision est de moins en moins l'extraordinaire instrument de rassemblement et d'expériences partagées (un vecteur de « lien social » comme on dit aujourd'hui) qu'elle était dans les années 1960 et 1970. Des émissions telles que « 5 colonnes à la une », ou des fictions comme « Les rois maudits » ou « Belphégor » ont constitué des éléments de culture commune pour toute une génération. La création de nouvelles chaînes hertziennes, la diffusion du magnétoscope, l'introduction avec Canal+ du principe de rediffusion du même programme sur différents créneaux horaires, puis l'explosion de « bouquets » numériques sur le câble et le satellite, ont provoqué un prodigieux enrichissement de l'offre de programmes. Cet enrichissement a rendu possible une « pratique personnalisée » de la télévision. Chacun dispose aujourd'hui de la capacité d'élaborer une stratégie propre de consommation audiovisuelle (programme regardé, moment où cette « consommation » intervient...), selon ses centres d'intérêt, ses pulsions du moment, la spécificité de ses rythmes sociaux[2]. C'est sans doute parce qu'ils répondent à ce besoin de personnalisation que, malgré l'explosion de l'offre de programmes à la télévision, les vidéo-clubs bénéficient depuis quelques années d'un regain de croissance de leur activité[3], en particulier depuis l'arrivée dans ce secteur de réseaux de franchise et la multiplication des distributeurs automatiques de cassettes qui offrent un degré de liberté supplémentaire dans l'acte de consommation. Il faut pourtant se garder d'aller trop loin dans cette analyse. En dépit de cette prolifération de l'offre audiovisuelle, les chaînes généralistes continuent de rassembler plusieurs millions de téléspectateurs[4]. De la même façon, la multiplication des stations de radios sur la bande FM n'a pas sensiblement réduit la concentration de l'audience ; la croissance des ventes de disques a été parallèle à l'expansion des radios musicales... La tendance à

---

1. R. Rochefort [1997, p. 144)] évoque le développement du marché des chaussures sur mesure. Levi's propose déjà depuis quelques années à ses clients de fabriquer des jeans ad hoc en croisant un certain nombre de critères permettant de définir près de 1,5 million de modèles différents... Évoquons également la possibilité offerte à ses clients par Dell de configurer leur micro-ordinateur sur mesure...

2. Il est significatif que l'on ait relevé que les clients des grandes surfaces qui viennent d'avoir un enfant deviennent surconsommateurs de couches et d'aliments pour bébé, bien sûr, mais aussi de vidéo-cassettes...

3. Le directeur du développement du réseau Vidéo Futur estime que le nombre de vidéo-clubs devrait au moins doubler dans les prochaines années (*Franchise Magazine*, n° 150, fév.-mars 1999, p. 58). Ce pronostic pourrait cependant se trouver infirmé avec le développement et l'enrichissement des systèmes de « pay per view » permettant de commander la diffusion directe (en qualité numérique !) sur son téléviseur d'un film sélectionné dans un catalogue consultable à l'écran.

4. TF1 et France 2 cumulent à elles seules plus de 60 % de parts d'audience (données 1997).

la personnalisation de la consommation n'est pas nécessairement synonyme de renfermement de l'individu sur lui-même (l'explosion du marché des télécommunications en témoigne). Il cherche à la fois à trouver des réponses adaptées à la spécificité de ses besoins tout en restant ouvert sur les autres, en entretenant son sentiment d'appartenance à des groupes sociaux de référence. Cette ambiguïté fondamentale offre certainement une formidable opportunité aux marques sur les marchés de biens de consommation, dans la mesure où elles seront capables d'offrir simultanément des solutions personnalisées et un immatériel de consommation fédérateur. Le développement des « bouquets » (qui sont « labellisés » par des marques) s'inscrit dans cette tendance en offrant des solutions globales aux problèmes de consommation des individus. Ils constituent une autre voie de personnalisation de l'offre, en permettant à chaque client d'accéder à la solution la plus adaptée à la spécificité de son problème de consommation (en jouant sur la combinatoire de composantes plus ou moins standardisées), tout en bénéficiant de la garantie de compatibilité fonctionnelle entre les éléments du bouquet et de leur couverture par des valeurs symboliques homogènes.

Les politiques marketing mises en œuvre par les industriels ont fortement favorisé cette personnalisation de la consommation. Elles ont trouvé là un moyen de stimuler la croissance des marchés, en volume (notamment par la promotion du « multiéquipement »), et surtout en valeur, en ciblant plus précisément les besoins, les attentes et les goûts de chacun au moyen de gammes étendues de produits. La tendance à la personnalisation de la consommation ne doit pourtant pas seulement s'interpréter comme un approfondissement des stratégies de segmentation des années 1970 et 1980. Elle appelle aussi des réponses aux préoccupations engendrées par le développement d'une société hyperindividualiste dans laquelle les macro-institutions et les grandes régulations collectives associées au rapport salarial fordien (les négociations collectives, les grands piliers de la protection sociale...) tendent à s'effacer au profit des logiques de déréglementation et de flexibilisation qui font porter de manière croissante sur chaque individu la prise en charge de son destin. Comme l'écrit très justement A. Ehrenberg : « L'individualisme de masse a commencé sa carrière en France sous l'emblème de l'aventure entrepreneuriale, il la poursuivrait sous la menace de la dépression nerveuse [...] : l'entrepreneur était promu comme le meilleur modèle d'action, avec l'onction des socialistes et du président de la République, le SDF est l'antimodèle dans lequel nous craignons de basculer. L'apologie des gagneurs, du narcissisme de masse et du "cocooning" bienheureux, qui s'est diffusée sur le déclin des formes politiques de la société de classes, s'est brutalement éteinte, et nous sommes entrés dans une conjoncture plus sombre, de laquelle sourd une longue plainte : l'individu souffrant semble avoir supplanté l'individu conquérant. Pourtant, l'un ne succède pas à l'autre, ils sont deux facettes du gouvernement de soi, suscitées par les styles de relations sociales et les modèles d'action aujourd'hui dominants[1]. » Pour l'auteur, l'accroissement de la consommation de drogues, tranquillisants et autres antidépresseurs, tout comme le succès des « reality shows » à la télévision, sont les symptômes de la difficulté à vivre de l'individu. Pour R. Rochefort [1997], cette évolution de la position de l'individu dans la société (qui se manifeste en particulier, selon lui, par l'affaiblissement des frontières entre la vie privée et la vie professionnelle) se répercute dans ses comportements de consommation qui répondent au besoin de soulagement de ses angoisses, mais aussi au souci d'épanouissement personnel, et à la recherche d'une aide dans la construction et l'entretien d'un capital humain dont dépend sa position dans la société. « Il en découle un projet ambitieux et exaltant pour tous ceux dont le métier se situe dans la chaîne de la production et de la consommation des biens et des services : accompagner la construction de [la] personne » (Rochefort, 1997, p. 291). De manière pragmatique, les acteurs des marchés de consommation évoqués par R. Rochefort sont en train d'élaborer les bases d'un nouveau marketing relationnel, recherchant l'établissement d'une relation individualisée avec chaque consommateur (ce que l'on désigne, dans la jargon du milieu, par l'expression « one to one »). Une manifestation parmi beaucoup d'autres : la prolifération des « mailings », ces courriers personnalisés qui envahissent nos boîtes aux lettres. Selon le baromètre O'Mail/Marketing Direct, chaque foyer français a reçu en moyenne pas moins de 17 de ces courriers, rien que durant le mois d'octobre 1999. Et ce chiffre est en augmentation rapide (14 en octobre 1998)[2]...

De nouveau, on ne peut que constater l'écart existant entre cette tendance à la personnalisation et les fondements de la distribution en grandes surfaces. Élaborées pour servir une masse de consommateurs indifférenciée, les formules de vente développées par la grande distribution sont fondamentalement inadaptées à un traitement individualisé de la clientèle. Je montrerai que certains distributeurs tentent aujourd'hui de progresser dans cette direction. Ils auront cependant à déployer beaucoup d'efforts et d'ingéniosité afin de parvenir à dépasser cette « tare congénitale ».

Un consommateur de plus en plus éduqué

L'élévation du niveau d'éducation des consommateurs a fortement contribué à la mutation des comportements d'achat par rapport à ce qu'ils étaient durant l'âge d'or de la croissance extensive.

Cette éducation croissante des consommateurs s'illustre tout d'abord par la progression générale du niveau d'instruction. Les évolu-

1. Ehrenberg [1995, p. 18].
2. *Marketing Direct*, n° 43, janvier-février 2000, p. 8.

tions dans ce domaine ont été extrêmement rapides. Seuls 30 % de la génération de 1932 ont prolongé leurs études au-delà de 16 ans, contre 90 % pour la génération née en 1962. En 1960, 20 % d'une génération pouvaient se prévaloir du niveau Bac ; le seuil des 60 % a été franchi au début des années 1990. Les tests auxquels sont soumis les appelés à l'occasion des « trois jours » révèlent une forte progression du niveau général depuis le début des années 1980[1]... L'amélioration de l'accès aux études est particulièrement sensible parmi les femmes, dont on connaît l'importance dans les comportements d'achat des ménages : leur âge moyen de fin d'études est passé de 14,5 ans en 1935 à 18 ans en 1985 et 21 ans en 1995[2]. Cette élévation du niveau d'instruction augmente la capacité des consommateurs à collecter et à interpréter l'information, à gérer un budget et à planifier des achats, à calculer des remises et des « coûts complets », à évaluer, à comparer les offres...

L'éducation des consommateurs a porté également sur l'apprentissage de la société de consommation. La grande distribution a 40 ans, ce qui signifie qu'elle a fait partie du quotidien de l'enfance d'une proportion importante et croissante de consommateurs, au même titre que la publicité intensive sur les nouveaux médias (radio et télévision). Jusqu'aux « nouveaux retraités » issus du baby-boom, qui ont toujours baigné dans la « société de consommation »... Cette familiarisation avec les dispositifs essentiels de cette société, couplée à l'élévation du niveau d'instruction, facilite la définition par les consommateurs de stratégies d'achat[3] élaborées et tend à amoindrir l'efficacité de certaines recettes marketing « à grosse ficelle » : les pseudo-promotions (telles qu'elles sont encore fréquentes dans la distribution du meuble), le simple changement d'apparence des produits qui permet de clamer la nouveauté, l'ajout de fonctionnalités superflues aux biens d'équipement, les innovations qui n'en sont pas... Les consommateurs se montrent également plus critiques à l'égard des produits qui leur sont proposés. Une enquête du CRÉDOC, réalisée en janvier 1998 pour le ministère de l'Industrie, révèle que plus de la moitié des Français estime que les produits innovants sont plutôt apparentés à des gadgets et ne contribuent pas à « simplifier la vie[4] ». La succession des crises alimentaires qui a jalonné ces dernières années (vache folle, dioxine, listeria...) a entamé la confiance des consommateurs, suscitant une très forte demande de garantie d'hygiène et de sécurité, laquelle s'étend bien au-delà des marchés alimentaires. Le capital confiance qu'un offreur (industriel ou distributeur)

1. Mermet [1998, p. 96].
2. Mucchielli [1998b, p. 305].
3. L'enquête Consommation du CRÉDOC, réalisée durant la fin de l'année 1993, indiquait que 69 % des consommateurs planifient plusieurs mois à l'avance le budget des gros achats (nouvelle voiture, équipement ménager...), et ils sont 48 % à les dater.
4. Hatchuel et Loisel [1998].

est capable de susciter auprès des consommateurs devient un élément important de sa compétitivité.

La « professionnalisation » de l'activité de consommation est concomitante de l'intérêt croissant que semble accorder une proportion importante des Français à l'égard des questions économiques, ce dont témoigne notamment le vif développement que connaît la presse économique de type « business » depuis les années 1980[1] et le succès d'émissions télévisées comme « Capital » ou « Culture Pub ». Ces nouveaux canaux d'information jouent d'ailleurs un rôle très important dans la connaissance par les consommateurs du « dessous des cartes », des stratégies des offreurs, des nouvelles tendances...

Ce consommateur éduqué exprime des désirs de consommation en rapport avec son niveau d'éducation, d'où en particulier le poids croissant des produits et services culturels dans le budget des ménages. Il exige également, de la part des acteurs de l'offre, des stratégies marketing beaucoup plus sophistiquées que par le passé. Des stratégies qui s'inscrivent dans une démarche de respect, ou bien de complicité, vis-à-vis de la personne que constitue le consommateur, et qui s'écartent des attitudes infantilisantes, voire méprisantes, qu'ont pu adopter certaines politiques commerciales et marketing au cours des précédentes décennies.

La grande distribution subit de plein fouet la maturité croissante de ses clients. L'échantillon de cadres du commerce non alimentaire, interrogés par le CRÉDOC en 1998 sur leur perception de ce qui a le plus changé dans le commerce au cours de leur carrière professionnelle, met au premier rang l'augmentation du niveau d'exigence des clients. La communication tapageuse, la pratique des fausses promotions... parviennent de moins en moins à duper les consommateurs. Mieux informés, ces derniers sont plus critiques, plus avisés et mieux à même d'arbitrer entre les différentes propositions qui leur sont faites. L'infidélité croissante des consommateurs — dont se plaignent si amèrement industriels et distributeurs —, le retour en force du marchandage, le succès des soldes... sont des manifestations de la maturité et des compétences qu'ont acquises les Français dans leur « métier » de consommateurs.

---

1. On se doit évidemment d'évoquer le succès impressionnant de *Capital* dont le tirage est passé de 222 790 exemplaires payés en 1992 à 443 008 en 1998. Le tirage de *Challenges* est, quant à lui, passé de 73 610 en 1990 à 207 512 en 1996, celui de *L'Entreprise*, de 65 649 en 1990 à 115 170 en 1998... Le recul ou le difficile maintien dans le même temps des news économiques plus anciens, tels que *L'Expansion* ou *Le Nouvel Économiste*, dont le discours est nettement plus « macroéconomique », témoigne de ce que l'intérêt des Français pour les questions économiques est assez étroitement circonscrit aux aspects les plus proches de la vie quotidienne et en particulier de leur vie de consommateurs.

« Les choses qui ont changé depuis votre entrée dans le commerce »
(question adressée à 57 cadres du commerce non alimentaire)

	Effectif	%
Clients plus exigeants	18	32 %
Méthodes de travail plus modernes	9	16 %
Plus de concurrence	9	16 %
Les produits ont changé	6	11 %
Conditions de travail en hausse	6	11 %
Conditions de travail en baisse	3	5 %
Clients irrespectueux	4	7 %
Type de clients différents	3	5 %
Total	57	100 %

Source : CRÉDOC. Enquête CDNA, 1998.

L'attitude des ménages à l'égard du commerce est bien évidemment affectée par ces évolutions. Les enquêtes du CRÉDOC confirment que les ménages français sont de plus en plus nombreux à effectuer leurs courses dans les grandes surfaces alimentaires. Toutefois, elles montrent aussi que le nombre moyen de formules de vente généralistes de produits alimentaires[1] fréquentées au moins occasionnellement est en croissance[2]. Cette évolution témoigne de la capacité des Français à tirer profit de la complémentarité des différentes formes de vente et à exploiter ce qui fait l'avantage comparatif de chaque formule. Ainsi, de plus en plus de ménages effectuent l'essentiel de leurs courses, une fois par semaine ou tous les quinze jours, en hyper, mais complètent leurs approvisionnements (notamment en produits frais) en super ou en magasin populaire. Certains se rendent au marché, notamment le week-end, tant pour la fraîcheur des produits qu'ils y trouvent que pour le plaisir de la sortie. Ils achètent quelquefois leur viande chez le boucher ou des charcuteries chez un commerçant spécialisé, en particulier quand il s'agit de se faire plaisir ou à l'occasion de la réception d'amis ou de membres de la famille. Quant à la supérette du quartier, elle est fréquentée pour des achats de dépannage...

1. Sept formules abordées dans les enquêtes : le marché, l'épicerie et la supérette, le supermarché, l'hypermarché, la surface de vente « discompte », le magasin de surgelés et la livraison à domicile.

2. 3,5 formules de vente en 1997 contre 2,8 en 1988.

Cette forme de « zapping » des consommateurs entre les différentes formules de distribution n'est pas nécessairement gênante pour les distributeurs ; elle constitue en fait le socle sur lequel se bâtissent les stratégies de segmentation et de différenciation de certains d'entre eux (sur lesquelles nous nous attarderons au cours du chapitre IV). En revanche, la propension croissante des consommateurs à arbitrer entre les différentes enseignes d'une même formule est beaucoup plus préoccupante pour les distributeurs. Le nombre de grandes et moyennes surfaces alimentaires fréquentées en moyenne par chaque ménage progresse régulièrement. Il est passé de 2,7 en 1988 à 3,3 en 1997. Ce type de « zapping » est dû, bien sûr, à l'augmentation de la densité commerciale qui permet à un nombre de plus en plus important de ménages de disposer de plusieurs grandes surfaces concurrentes dans leur zone d'approvisionnement. Mais il témoigne également de la capacité des ménages d'arbitrer entre les différentes propositions commerciales qui leur sont faites, d'exploiter les points forts de chaque enseigne, de tirer le meilleur parti des promotions… Ces comportements révèlent, en creux, les limites des stratégies de discompte pures lorsque la densité commerciale devient importante : le prix étant le principal élément d'attraction mis en avant (et avec des moyens croissants en termes de communication[1]), le principal obstacle qui retient les consommateurs de passer d'un point de vente à l'autre en fonction des prix et des promotions réside encore dans les aspects liés à la praticité et à la proximité[2]. La versatilité et l'infidélité des clients ne pourront aller qu'en s'accroissant, alors que la densité commerciale continue de s'accroître et que se développent des formes de commerce peu sensibles à la distance (en particulier le commerce électronique). Si les stratégies de distributeurs ne se modifient pas. Or, en la matière, un net infléchissement est intervenu depuis le milieu des années 1990 : la « fidélisation de la clientèle » est devenu l'un des mots d'ordre les mieux partagés au sein du secteur. Reste à voir si les vecteurs de fidélisation qui sont aujourd'hui privilégiés sont suffisamment adaptés aux nouveaux comportements de consommation pour contrer efficacement le « zapping » des consommateurs.

Bien sûr, la tendance générale à l'élévation du niveau d'éducation des consommateurs ne doit pas occulter les manifestations d'une dualité croissante qui s'instaure au sein de la société française. Ceux qui, restés sur le quai de l'instruction, tendent à se trouver exclus d'un nombre de plus en plus important d'aspects de la vie quotidienne qui exigent des individus un minimum en élévation de capacités cognitives et résolutoires (généralisation des bornes interactives dans les lieux

---

1. Selon une enquête SOFRES-Médiapost réalisée en 1996, 93 % des ménages lisent les prospectus que les grandes surfaces font déposer dans leur boîte aux lettres.
2. Voir la récente enquête de l'INSEE sur les motivations des ménages dans le choix de leurs grandes surfaces alimentaires (Chardon et Dumartin [1998]).

publics, des serveurs vocaux dans les réceptions téléphoniques des entreprises et des administrations, des indications en anglais...). La France compterait ainsi quelque 2,3 millions d'adultes éprouvant des difficultés à maîtriser le français dans la vie courante. Parmi eux, 1,3 million de Français de souche[1]... L'exclusion affecte également la mobilité des individus, et une partie importante de la population se trouve dans l'incapacité d'arbitrer entre les formes de commerce ou les enseignes faute d'une mobilité suffisante. Cette dualisation culturelle de la société française — qui bien souvent se confond avec sa dualisation économique — comporte de graves menaces[2]... Elle n'en est pas moins l'opportunité de nouvelles segmentations marketing, dans l'exploitation desquelles le commerce se montre de plus en plus habile (maxi-discompte, « bazar », magasins de troc[3]...).

La versatilité accrue de la demande

La manifestation la plus visible de l'évolution des normes de consommation, que ce soit au travers des données des conjoncturistes ou du comportement du carnet de commandes des entreprises, est la versatilité croissante de la demande, c'est-à-dire la propension accrue de la demande des consommateurs à connaître des variations d'ampleur importante, dont le caractère erratique rend la prévision difficile.

Cette versatilité porte d'abord sur le volume de la demande dont les variations défient les prévisionnistes. Durant les années 1990, la consommation des ménages a connu en général des variations annuelles de faible amplitude (de l'ordre de 1 % ou 2 %). Toutefois, la croissance n'a pas été régulière. Par exemple, si la progression de la consommation finale marchande des ménages a été de 2 % en 1996 (un ordre de grandeur similaire à celle de 1995), le taux de croissance a chuté à 0,8 % en 1997, pour frôler les 3 % en 1998... L'instabilité est beaucoup plus marquée lorsque l'on examine les variations mensuelles de la demande. Une croissance de 2 % de la consommation des ménages sur une année n'implique pas du tout que la consommation ait augmenté chaque mois d'environ un douzième de 2 %. Prenons l'exemple de la consommation des ménages en produits manufacturés[4] en 1996, année durant laquelle la versatilité de la demande a été marquée sans pour autant être exceptionnelle : en juin, la consommation gagne 5 % ; elle reperd 2,6 % en juillet, mais regagne 4,9 % en août, pour reperdre

1. Mucchielli [1998a, p. 190].
2. Voir Chauvel [1995].
3. La Trocante, Cash Dispender... Le développement du commerce électronique offre une formidable opportunité de développement du marché des produits d'occasion, comme en témoigne le succès remarquable des sites de vente aux enchères entre particuliers comme eBay aux États-Unis ou iBazar ou Aucland en France.
4. Hors produits agroalimentaires. Source : *Informations rapides*, Série « Principaux Indicateurs », INSEE.

1,2 % en septembre puis 3,2 % en octobre... Bien évidemment, il s'agit là de données « corrigées des variations saisonnières »...

Cette instabilité de la demande est inégale selon les produits. Réduite sur les produits alimentaires (hors fruits et légumes), elle est particulièrement marquée dans le textile, l'électroménager, le bricolage... et, fait relativement nouveau, dans l'automobile, où des variations à deux chiffres sont devenus courantes.

La versatilité est également qualitative : même lorsque le volume global de la demande est stable, son orientation sur tel ou tel produit, sur telle ou telle variété, modèle, marque, couleur... est susceptible de connaître des retournements à la fois rapides et de grande ampleur. Il suffit de parcourir la presse spécialisée pour s'en convaincre. Le marché des brosses à dents n'est certainement pas l'archétype du marché soumis aux effets perturbateurs de la mode et de l'innovation technologique. Pourtant, le marché en valeur, qui avait crû de 4,3 % en 1995, a fait un bond de près de 14 % en 1996 pour revenir à une croissance de 4,4 % en 1997[1]. En 1997, les ventes en valeur de plats cuisinés surgelés vendus en « format familial » ont augmenté de 7,8 %, alors que dans le même temps, les ventes de conditionnements 2-3 personnes reculaient de 6,4 % et celles de plats individuels de 9,6 %[2]. Le marché des plats cuisinés surgelés familiaux a donc le vent en poupe... mais, à y regarder de plus près, la croissance d'ensemble dissimule une situation très contrastée entre les plats cuisinés surgelés familiaux conditionnés en boîte, dont les ventes reculent en fait de 5,2 %, et les plats cuisinés surgelés familiaux conditionnés en sachets qui progressent de 22,2 % ! Sur le marché des collants, Golden Lady a vu progresser ses ventes de près de 12 % au premier trimestre 1998, alors que celles de la marque concurrente Well chutaient de plus de 22 %...

Plusieurs évolutions des modèles de consommation, parmi celles qui viennent d'être décrites, concourent à cette versatilité accrue. La saturation des besoins primaires réduit le degré d'urgence de nombreuses consommations qui sont alors davantage susceptibles d'être reportées (en particulier dans les phases d'incertitude sur la situation économique) ou, au contraire, d'être l'objet d'achats d'impulsion. La montée de la composante immatérielle de la consommation rend celle-ci particulièrement vulnérable aux « facteurs psychologiques » affectant les ménages. R. Rochefort [1995] a analysé la « crise de la consommation » du début des années 1990 comme la manifestation d'une rupture intervenue dans la demande d'immatériel de la part de ménages ; ceux-ci, de plus en plus inquiets (dégradation de la situation de l'emploi, apparition du sida, tensions internationales...), se

1. Source : Panel distributeurs, cité in *Points de vente*, n°728, 3 juin 1998, p. 35.
2. Source : Panel Infoscan, Secodip, cité in *Points de vente*, n°726, 13 mai 1998, p. 37.

reconnaissaient de moins en moins dans l'immatériel d'un individualisme débridé et « léger » mis en avant par les acteurs de l'offre. Cette modification du contenu symbolique de la demande au profit d'un « immatériel de rassurance » a fortement contribué au ralentissement de la consommation du début des années 1990. Elle a aussi été la cause de déplacements sensibles de la demande, de certaines familles de produits à d'autres (par exemple, dans l'alimentaire, engouement pour les produits du « terroir » et désaffection des produits « light »).

L'individualisation de la consommation provoque la segmentation des marchés ; chaque segment est marqué par ses propres facteurs d'évolution. Lorsque le marché automobile était un marché de produits standardisés vendus à l'identique à un grand nombre de consommateurs, la demande était relativement stable ou, tout au moins, réagissait de manière raisonnablement prévisible aux chocs qui l'affectaient. Au-delà des déterminants communs, la demande de monospaces, de petites voitures urbaines, ou de cabriolets obéit à des déterminants spécifiques et subit des fluctuations autonomes. De même, l'individualisation fait que chaque consommateur tend à définir ses décisions d'achat sur la base de critères qui lui sont propres ; parce qu'ils sont fondés sur des caractères (objectifs ou subjectifs) de l'individu susceptibles d'altération rapide, ces critères sont susceptibles de mener à des changements de comportements fréquents.

La grande distribution est donc de plus en plus soumise à une demande instable dans son volume et dans sa composition. Ceci l'éloigne assez considérablement de la situation de ses origines, lorsque la demande progressait à un rythme régulier et son contenu se montrait relativement stable et prévisible. À l'instar de leurs fournisseurs, les entreprises de la grande distribution ont dû engager des mutations organisationnelles en vue d'atteindre davantage de flexibilité et de réactivité (voir chapitre V).

Une distance considérable sépare le modèle de consommation contemporain de celui qui dominait lors de l'établissement de la grande distribution. En schématisant, nous serions partis d'un modèle de consommation orienté vers la satisfaction de besoins primaires, à partir principalement de biens manufacturés standardisés et produits en grandes séries, recherchés en premier lieu pour leur valeur fonctionnelle et dont la demande était particulièrement sensible au prix. Un nouveau modèle s'affirme, orienté vers la satisfaction de besoins supérieurs, à partir de biens, de services, et de bouquets les intégrant tous deux, différenciés, à fort contenu en marketing et en technologie, recherchés tant pour leur valeur fonctionnelle que pour leur valeur symbolique.

Ce passage d'un modèle de consommation à l'autre intervient sur un fond de ralentissement structurel de la croissance de la consommation et de changement de paradigme technologique à la base des innovations de produits. Il s'accompagne d'une versatilité accrue des ventes et de comportements d'achat rendus d'autant plus imprévisibles qu'ils reposent sur des déterminants de plus en plus individuels.

Ces changements heurtent de plein fouet l'ensemble des acteurs économiques qui interviennent du côté de l'offre sur les marchés de biens de consommation. La grande distribution est doublement affectée. En contact direct avec les consommateurs, elle subit frontalement l'évolution de leurs comportements. Elle doit donc apprendre notamment à gérer la versatilité de la demande, à susciter des achats en jouant davantage sur des ressorts immatériels, à composer avec les « comportements stratégiques » de ses clients, à prendre en compte la demande d'un traitement personnalisé... Autant d'exigences qui l'éloignent sensiblement du modèle de la grande surface discompte de l'ère de la croissance extensive dont la fonction principale était de réduire le coût de distribution de produits standardisés s'adressant à une clientèle considérée dans sa globalité.

En outre, l'évolution des normes de consommation affecte également la grande distribution de manière indirecte, par le biais des stratégies d'adaptation que les industriels ont dû engager pour répondre aux nouvelles demandes de leur clientèle. Ces stratégies modifient le contenu de l'offre, la manière de la produire et renouvellent les modalités de l'articulation avec la demande. Elles appellent une adaptation de l'intermédiation exercée par la distribution. La prochaine section est précisément consacrée à l'étude de ces stratégies d'adaptation, qui conduisent à une remise en cause des principes fordiens d'organisation des activités économiques.

La remise en cause des modes d'organisation économiques fordiens

L'évolution du modèle de consommation est concomitante à la modification des modes d'organisation des activités de production, dont elle est dans une large mesure un effet induit. En effet, le modèle de la production de masse se révèle progressivement de plus en plus inadapté à l'évolution des normes de consommation : produits trop indifférenciés, qualité insatisfaisante, insuffisance du rythme et de la profondeur des innovations, difficultés à suivre (ne parlons pas d'anticiper...) les fluctuations quantitatives et qualitatives de la demande, etc. La réalisation de gains de productivité ne suffit plus à entretenir la croissance des ventes. Il faut parvenir à stimuler de façon continue l'appétit de consommation, le besoin de renouvellement et de multiéquipement par la mobilisation de compétences en marketing et la mise en œuvre d'une capacité d'innovation permanente.

S'adapter à la nouvelle donne dans le domaine de la consommation implique de réviser en profondeur la manière d'organiser la production qui s'est imposée avec la diffusion du fordisme. Cette révision est également imposée par les limites sociales et technologiques des principes tayloriens appliqués au sein des entreprises et qui contribuent à l'explication du ralentissement des gains de productivité repérable dès la fin des années 1960. Cette révision est d'autant plus nécessaire que la pression concurrentielle se renforce sous l'influence du ralentissement de l'activité et de la mondialisation. Simultanément, le progrès technique, et en particulier les technologies de l'information et de la communication, offrent de nouvelles opportunités, dans le domaine des innovations de produits bien sûr, mais aussi dans la manière d'organiser les activités productives.

Les vingt dernières années ont été marquées, dans les entreprises, par un changement organisationnel à la fois rapide et profond. Les entreprises industrielles sont probablement celles qui se sont engagées dans cette voie le plus tôt et sont allées le plus loin, sans doute parce qu'elles ont été les premières confrontées aux limites du modèle productif dominant et ont été exposées de manière précoce au processus de globalisation. La vague de changement organisationnel a démarré plus tardivement dans le secteur tertiaire et paraît être intervenue en premier lieu dans les grands secteurs de la banque et de l'assurance. La grande distribution semblait, jusqu'à très récemment, épargnée par cette remise en cause de la manière de produire. Sa participation à cette grande vague de redéfinition de l'organisation productive constitue l'un des aspects les plus lourds de la « crise » de la grande distribution et de son basculement dans le régime de croissance intensive.

Le changement organisationnel qui agite le monde des entreprises est multiforme. Il affecte autant l'organisation interne des entreprises que la nature des relations que celles-ci nouent avec leur environnement. Il est difficile — et sans doute hors du propos de cet ouvrage — de se livrer à une analyse exhaustive du changement organisationnel. Au risque de simplifier une réalité complexe et rarement univoque, je tenterai de résumer les changements en cours dans la manière de produire à travers quatre grandes tendances : la recherche de la flexibilité ; le passage à une logique de compétence ; le développement de la coopération interentreprises ; le souci de satisfaction du « client roi ».

Les deux enjeux majeurs : faire face à l'incertitude et développer la capacité d'apprentissage

Les entreprises sont soumises à un environnement turbulent et doivent affronter des situations de forte incertitude.

L'incertitude est générale. Elle porte en premier lieu sur la demande. Face une demande, comme on l'a vu, de plus en plus versatile, il est bien difficile pour les entreprises de planifier leur activité, de savoir précisément combien produire, de prévoir quelles variétés ou quels modèles auront finalement les faveurs des clients, voire s'il existera encore demain une demande pour les produits offerts par l'entreprise et sur quelles autres catégories de produits les consommateurs pourraient reporter leur demande. Cette incertitude sur les débouchés pose de multiples problèmes aux entreprises, de la gestion quotidienne de la production aux choix stratégiques de moyen et long terme sur la nature et les caractéristiques des produits à lancer. On connaît par exemple les problèmes d'ajustement de leurs capacités de production que pose aux constructeurs automobiles une demande qui joue au yo-yo. Mais les constructeurs doivent également gérer l'impossibilité de savoir à l'avance si les consommateurs privilégieront cette année les berlines familiales d'entrée de gamme ou plutôt les petits modèles bien équipés. Plus grave encore, les consommateurs continueront-ils de s'enthousiasmer pour les véhicules de type monospace ou plus généralement pour les designs aux courbes futuristes ? L'attrait pour les moteurs diesel continuera-t-il d'être une spécificité du marché français, ou bien la montée des préoccupations écologiques parmi les ménages sera-t-elle de nature à provoquer une rupture ? Quand on connaît le délai de mise au point d'un nouveau modèle et, plus encore, de mise en œuvre d'une nouvelle technologie, on comprend la nature du risque que l'incertitude sur la demande fait peser sur les entreprises.

L'incertitude émane également du champ technologique. La technologie occupe une importance croissante dans l'activité économique. Or, le propre de celle-ci est de se développer en empruntant des trajectoires difficilement prévisibles, qui se présentent souvent, *ex ante,* comme très ouvertes (plusieurs options possibles pour répondre à un même problème) ; les orientations de développement des technologies sont sélectionnées en fonction de critères nombreux, dont certains peuvent paraître insignifiants mais exercent une influence profonde ; les trajectoires technologiques peuvent comporter d'importantes « bifurcations », voire de véritables ruptures... L'horlogerie a durant des siècles reposé sur un ensemble de connaissances et de technologies issues de la mécanique de précision avant de basculer, subitement, à la fin des années 1970, dans le paradigme de la microélectronique. Cette rupture technologique a été l'occasion d'une gigantesque redistribution des cartes au sein de l'industrie horlogère mondiale au profit de nouveaux entrants asiatiques dont le « métier » résidait dans la nouvelle technologie clé. Les entreprises, quelle que soit leur taille, sont toujours incertaines quant à la pertinence de leurs choix technologiques : les orientations adoptées ne déboucheront-elles pas sur des « culs-de-sac techniques » ? Les options retenues par les concurrents ne leur permettront-elles pas d'aller plus loin ou plus vite ?...

L'incertitude porte enfin sur le contenu du champ concurrentiel. À tout moment, de nouveaux concurrents peuvent faire irruption de manière impromptue, déstabiliser le marché et menacer la position des entreprises en place. Cette ouverture du champ concurrentiel découle d'abord de la mondialisation qui, en décloisonnant les marchés nationaux, les rend perméables aux appétits de conquête de concurrents étrangers. La concurrence sur le marché automobile français s'est trouvée renforcée au cours des deux dernières décennies par la pénétration des constructeurs japonais (longtemps contenue par des quotas d'importation), puis par celle des constructeurs coréens. Les nouveaux concurrents peuvent également débarquer, non pas d'un autre pays, mais d'un autre secteur. La rencontre de la tendance à l'« hybride » des technologies d'origines différentes au sein d'un même produit pour accélérer l'innovation, et des stratégies de firmes consistant à redéfinir les fondements de leurs métiers sur la base de compétences peut provoquer l'entrée d'une entreprise appartenant à un secteur paraissant très éloigné sur le plan des produits vendus mais au sein duquel elle a développé des savoirs technologiques exploitables sur le marché visé. Ainsi, l'un des derniers entrants sur le marché automobile est le fabricant suisse de... montres, Swatch. Grâce à la maîtrise des technologies de la microélectronique, de l'économie d'énergie, mais également du design et du marketing de pointe, la firme horlogère s'est trouvée en position de mobiliser certaines des compétences nécessaires à l'élaboration d'un véhicule innovant. Les compétences manquantes ont été trouvées dans un partenariat avec un constructeur automobile, Daimler-Benz[1].

Incapacité de prévoir la demande, difficulté à identifier les options technologiques gagnantes, risque d'apparition de concurrents inattendus... les entreprises doivent apprendre à se structurer pour faire face à cette incertitude généralisée, au risque d'être emportées par la première rupture venue dans leur environnement. La réponse consiste dans le développement de toutes les formes de flexibilité. Elle consiste également dans la constitution d'une capacité de veille et d'apprentissage permettant d'appréhender plus rapidement les évolutions, d'en décrypter le sens, de mettre en œuvre les comportements de réaction adaptés, de développer les compétences d'où naîtront les nouveaux produits et les nouveaux procédés de fabrication... Une grande part des nouvelles pratiques organisationnelles qui se diffusent dans les entreprises répond à cette double motivation : améliorer la flexibilité, et développer les compétences.

La recherche de la flexibilité

Face à une demande incertaine, l'entreprise éprouve d'importantes difficultés à prévoir quelle quantité de chaque produit sera achetée,

1. Cette alliance a été rompue fin 1998 et Daimler-Benz est désormais seul aux commandes de la Smart. Le médiatique président de Swatch, Nicolas Hayek, a cependant annoncé que son groupe se prépare au lancement, seul cette fois, d'un véhicule hybride (essence/électricité) plus révolutionnaire encore que la Smart.

alors même que pour stimuler la demande et répondre aux nouvelles attentes des consommateurs, les gammes se sont élargies et les modèles sont plus nombreux. Le modèle de pilotage de la production à partir de prévisions de marché, avec ajustement par les variations de stocks, révèle ici ses limites : son application dans un contexte de versatilité de la demande et d'extension du nombre des références conduirait inévitablement à un important gonflement des stocks. Or, les stocks génèrent des frais financiers (ce sont des dépenses engagées et non encore transformées en recettes), particulièrement lourds à supporter dans le contexte de taux d'intérêt réels élevés qui a caractérisé les années 1980. De plus, face à des consommateurs dont les goûts évoluent rapidement, les produits qui ne sont pas vendus immédiatement risquent de se transformer en invendus. Il a donc fallu apprendre à piloter la production, non plus par l'amont, par l'anticipation des ventes à venir, mais par l'aval, une fois connus le volume et la composition de la demande. C'est toute la problématique de la production en « juste-à-temps » qui, partant du Japon, a commencé à se diffuser au sein des entreprises occidentales dans le courant des années 1980. Si le principe est simple, sa mise en œuvre réclame le recours intensif aux équipements productifs flexibles (machines-outils à commandes numériques…) et aux réseaux de communication. Elle impose surtout de repenser en profondeur l'organisation de l'entreprise et de reconsidérer un certain nombre de principes du taylorisme-fordisme. Si les notions de « productique », d'échange de données informatisé (EDI), de juste-à-temps ou de flux tendus ont abondamment nourri les ouvrages de management et le discours des consultants, la diffusion réelle de pratiques organisationnelles flexibles dans l'industrie est en réalité assez lente et peu avancée. En 1997, 30 % seulement des entreprises industrielles françaises de 20 personnes et plus déclaraient produire et livrer en juste-à-temps[1] et un peu plus de 40 % utilisaient des machines-outils à commandes numériques[2].

La flexibilité qui s'impose aux entreprises ne peut se réduire à cette flexibilité productive. Elle est aussi une « flexibilité stratégique[3] » conduisant l'entreprise à mettre en œuvre les moyens lui permettant de redéployer rapidement son activité en fonction des évolutions intervenues sur les marchés. Il s'agit tout d'abord, en amont, de se doter de dispositifs de veille et d'intelligence économique permettant d'identifier de manière précoce les changements intervenus, ou susceptibles d'intervenir, dans l'« environnement pertinent[4] » de l'entreprise, d'en évaluer la

1. Enquête sur les changements organisationnels et l'informatisation (SESSI, INSEE, DARES, CEE). (Voir Favre, François, Greenan [1998]).
2. Enquête Automatisation et informatisation dans l'industrie, SESSI.
3. Ou « flexibilité d'initiative » pour reprendre l'expression de J.-L. Gaffard [1990].
4. Marcon [1998].

portée en termes de menaces et d'opportunités et d'en déduire des pistes de stratégies d'adaptation. Mais il s'agit surtout de permettre à l'entreprise d'engager ces stratégies d'adaptation rapidement et avec le maximum de chances de réussite. En particulier, en se ménageant une capacité de redéploiement, elle doit soigneusement éviter de se trouver enfermée dans des impasses stratégiques. Elle peut pour cela emprunter plusieurs voies. L'une d'entre elles — qui semble être de plus en plus suivie — consiste à limiter au maximum les investissements irréversibles dans les domaines où la visibilité n'est pas suffisante, pour privilégier systématiquement le recours à des solutions externes permettant de reporter le risque sur un tiers (un fournisseur, un sous-traitant, une main-d'œuvre précarisée...)[1]. Une autre voie consiste dans l'amélioration de la capacité d'apprentissage de l'entreprise. On sait qu'aujourd'hui la plupart des salariés auront à remettre à jour régulièrement leurs connaissances au cours de leur vie professionnelle, voire à se reconvertir vers d'autres métiers. Cette perspective tend à réduire l'importance des contenus techniques de la formation initiale (condamnés à une rapide obsolescence) au profit de « l'apprentissage de la capacité d'apprendre ». De la même manière, la pérennité d'une entreprise dépend tout autant de ses savoir-faire actuels que de sa capacité à les faire progresser et évoluer. Or, les recherches menées au cours de la dernière décennie par les économistes et les gestionnaires montrent qu'il peut exister un conflit pour l'entreprise entre la recherche de l'efficience à court terme et sa capacité à se réorienter rapidement. Tenter de concilier ces logiques d'« exploitation » et d'« exploration »[2] exige la mise en place de politiques délibérées : formation continue de la main-d'œuvre, révision des organigrammes, codification et mémorisation des compétences non activées, veille technologique... Cette voie de renforcement de la flexibilité stratégique souligne l'importance acquise par les compétences, et plus généralement par la connaissance, dans la nouvelle donne économique.

Le passage à une logique de compétence et la diffusion de la « division cognitive du travail »

Le poids de l'innovation dans le combat concurrentiel s'est renforcé. Cette évolution résulte du besoin de stimuler la demande par l'amélioration des produits existants et la création de nouveaux pro-

1. Par exemple, le célèbre fabricant américain de jeans, Levi Strauss, annonçait au début de 1999 la fermeture de onze usines en Amérique du Nord. La suppression de ce qui représente 30 % des effectifs de la firme en Amérique du Nord a été justifiée dans un communiqué de la direction par le fait qu'elle n'a plus besoin de posséder de telles capacités et qu'elle avait décidé d'externaliser une part importante de sa production auprès de sous-traitants. « En confiant une part significative de notre fabrication pour les États-Unis et le Canada à des sous-traitants, nous nous donnons plus de flexibilité. » *Les Échos*, 23 février 1999, p. 10.

2. March [1991].

duits. Elle est également encouragée par la nécessité pour les firmes occidentales de se démarquer de la concurrence des produits issus des nouveaux pays industrialisés bénéficiant de faibles coûts salariaux. Le rôle acquis par l'innovation, et plus généralement le statut contemporain du progrès technique dans la vie économique, incitent un nombre croissant d'analystes à évoquer l'engagement des sociétés industrialisées dans une « économie fondée sur la connaissance[1] ».

L'organisation fordienne des activités économiques était principalement orientée vers la recherche de « l'efficience statique », c'est-à-dire de la maximisation du rendement par le recours à la parcellisation du travail, l'automatisation de la production, l'exploitation des économies d'échelle associées à une production en grande série... Si l'innovation est, bien sûr, présente dans l'entreprise fordienne, elle ne constitue pas un principe structurant de son organisation. Cantonné au laboratoire de recherche-développement, l'effort d'innovation est circonscrit au sein de l'entreprise. Le renforcement du rôle de l'innovation dans les stratégies concurrentielles — mais aussi le besoin d'améliorer la flexibilité stratégique par le renforcement de la capacité d'apprentissage — ont engendré la diffusion de nouveaux principes organisationnels, davantage orientés vers les compétences de l'entreprise et le développement de son « efficience dynamique » (c'est-à-dire sa capacité à améliorer ses produits et ses procédés de manière continue). Ces nouveaux principes s'incarnent dans des pratiques spécifiques bien identifiables comme la recomposition du travail et l'augmentation de la polyvalence de la main-d'œuvre, le raccourcissement des lignes hiérarchiques et la décentralisation partielle du pouvoir de décision vers ceux qui détiennent l'information pertinente, ou bien l'ingénierie simultanée qui vise à réunir tous ceux qui sont impliqués dans le processus d'innovation quels que soient le service de rattachement et la position hiérarchique...

Au-delà de ces nouvelles pratiques, il semble que nous soyons en train de vivre un véritable déplacement du principe qui sous-tend la division du travail dans la vie économique, au profit d'un fondement cognitif[2]. Afin d'assurer leur compétitivité dans cette « économie fondée sur la connaissance », les entreprises sont incitées à définir le contenu de leur activité non plus par rapport à des produits (automobile) ou à des techniques de production (décolletage), mais en référence à des « blocs de savoirs » relativement homogènes auxquels sont arrimées les compétences de l'entreprise (biotechnologies, microélectronique, design de produits de masse...). La maîtrise de compétences fortes sur ces blocs de savoirs autorise l'entreprise à construire un portefeuille d'activités, pouvant comporter des produits en apparence

1. Foray et Lundvall [1997].
2. Moati et Mouhoud [1994, 1997, 2000].

hétérogènes, vendus sur des marchés cloisonnés, faisant appel à des processus de production différents, mais qui réclament un même ensemble de savoirs.

Cette « spécialisation cognitive » est rendue nécessaire par le besoin de concentrer les ressources de la firme sur le développement de compétences appartenant à un champ suffisamment restreint et homogène. Dans un contexte de concurrence par la course technologique, il s'agit d'une condition pour pouvoir prétendre suivre, ou mieux, participer au progrès des connaissances dans ce champ. Ce souci de spécialisation cognitive est à l'origine d'une proportion importante des opérations, très nombreuses, de restructuration et de « recentrage sur le métier principal » qui ont été engagées au cours des quinze dernières années par les firmes des pays industrialisés[1]. C'est ainsi qu'un principe de « division cognitive du travail » se substitue progressivement à la logique « technicienne » de division du travail associée au modèle taylorien-fordien.

Le développement de la coopération interentreprises

Un troisième aspect marquant des nouvelles pratiques organisationnelles des entreprises est la multiplication des coopérations interentreprises. Celles-ci ont connu une véritable explosion depuis le début des années 1980. La coopération interentreprises emprunte des voies extrêmement variées : « cotraitance », alliances stratégiques, accords de coopération technologique ou commerciale... Elle peut concerner des fournisseurs et leurs clients, mais aussi des entreprises concurrentes, ou même des entreprises exerçant des activités fort différentes mais qui partagent des préoccupations technologiques.

Le développement contemporain de la coopération interentreprises est à rapprocher des deux premiers facteurs de remise en cause de l'organisation fordienne : la recherche de la flexibilité et le passage à une logique de compétences.

La coopération interentreprises constitue, en effet, un puissant levier de flexibilité. Elle offre l'opportunité aux entreprises de reporter sur l'extérieur les composantes de leur activité les plus exposées à l'incertitude et de se concentrer ainsi sur les opérations qui bénéficient du plus grand potentiel de valorisation. En outre, un réseau de coopération est plus malléable que l'organisation interne avec tous ses facteurs d'inertie (sociale, technique, cognitive...) ; il est facile à reconfigurer face à une rupture intervenant dans les attentes des clients ou dans le champ technologique.

La coopération interentreprises est également le complément logique de la diffusion du principe de division cognitive du travail. Nous venons de voir que les entreprises tendent à se spécialiser sur la

1. Pour la France, voir Derhy [1995].

base de blocs de savoir homogènes. Or, la production de biens ou de services exige souvent (et de plus en plus car c'est en soi une source d'innovation) la combinaison de savoirs hétérogènes. Maîtriser les savoirs relatifs à la mécanique ne suffit plus aujourd'hui à produire des voitures compétitives ; il faut également mobiliser des compétences dans le domaine de l'électronique, des matériaux composites... Couvrir les différents champs de connaissances nécessaires à la production des biens est antinomique avec le principe d'une spécialisation cognitive. Recourir à des relations ordinaires pour se procurer les « inputs » issus des compétences complémentaires poserait d'importants problèmes transactionnels tant ces différents inputs nécessitent d'être façonnés les uns en fonction des autres et intégrés de manière organique. Seule une étroite coopération, associant dans la durée le fournisseur et son client est capable d'assurer cette intégration des inputs et d'autoriser leur évolution concertée afin de permettre l'amélioration continue du produit final.

Les relations interentreprises tendent donc à s'écarter de plus en plus de la simple opération d'achat-vente pour impliquer une étroite collaboration entre « partenaires » en vue de la création conjointe de valeur. Ce caractère partenarial des relations — qui signifie simplement que la coordination dépasse les simples mécanismes de marché et que les relations adoptent une tonalité beaucoup plus interpersonnelle — n'implique pas la disparition des conflits et des rapports de force. Mais ceux-ci s'expriment principalement dans la définition des codes de conduite et de règles de jeux régissant la coopération, et, bien sûr, dans les modalités de partage de la valeur issue de la coopération. On mesure la distance qui sépare ces pratiques partenariales (même conflictuelles) avec la nature des relations que la grande distribution entretient traditionnellement avec ses fournisseurs...

Le règne du « client roi »

Conséquence du ralentissement de la croissance des débouchés, de l'exacerbation de la concurrence ? Réaction à la versatilité de la demande ? Les entreprises semblent actuellement redécouvrir l'existence du « client ». Encouragées en cela par les consultants et la littérature managériale, elles sont de plus en plus nombreuses à prendre conscience que leur compétitivité passe par leur capacité à « créer de la valeur » pour leurs clients.

Cette orientation de l'activité des firmes vers l'aval s'étend, au-delà des marchés de biens de consommation, à l'ensemble des relations interentreprises. La volonté de répondre le plus précisément possible aux besoins des clients (par la prise en compte des « clients du client ») incite le fournisseur à offrir des solutions « dédiées », ce qui contribue à rendre de plus en plus spécifique et « interpersonnelle » chaque transaction économique. On s'écarte ainsi sensiblement des transactions standardisées de l'époque fordienne. Cette évolution conduit à des révisions organisationnelles qui visent notamment à accroître la « surface de contact » de l'entreprise avec ses clients : alors que dans l'organisation traditionnelle, le contact avec l'entreprise cliente se fait par la mise en relation de son service commercial avec le service achat du client, désormais chaque fonction tend à entrer en relation avec la fonction correspondante chez le client. Le développement du « trade-marketing » témoigne de la diffusion de ces nouvelles modalités des relations interentreprises au sein du couple industrie-commerce (voir chapitre V).

L'évolution des rapports client-fournisseur

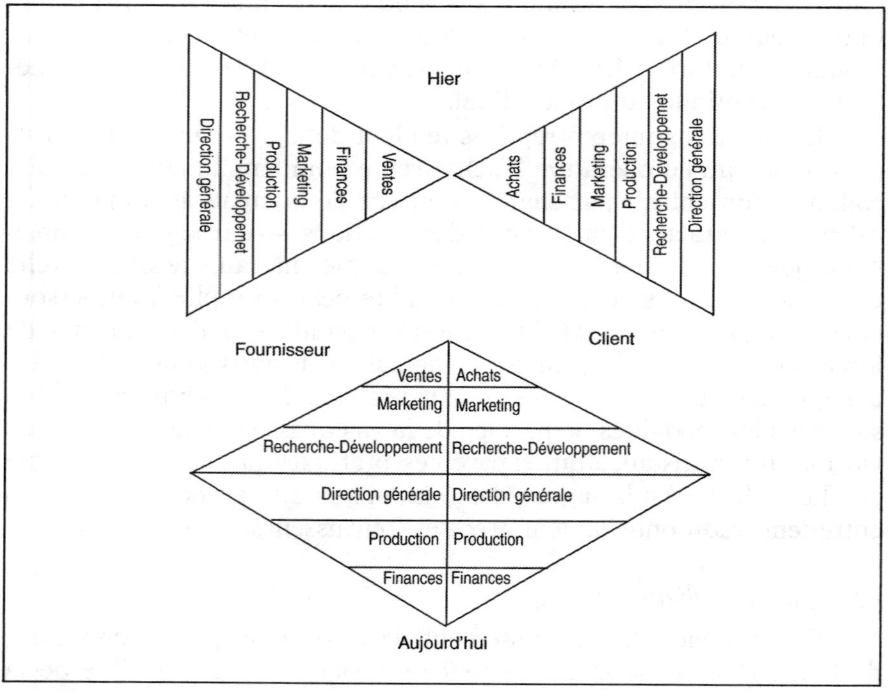

Source : d'après Falque et Picard [1998].

Cette position centrale du client dans la définition des stratégies est l'un des facteurs qui conduisent à la multiplication des offres de « bouquets » visant à apporter des réponses globales à des problèmes que se posent les clients. Cette logique de bouquets entre quelquefois en conflit avec les forces qui poussent les entreprises à reconfigurer leur portefeuille d'activités autour de blocs de savoirs homogènes, car les éléments constitutifs d'un bouquet font souvent appel à des compétences différentes. La logique technologique de la production se heurte alors à la logique commerciale. La production de bouquets exige donc le plus souvent la mise en réseau et la coordination étroite des contributions partielles de producteurs spécialisés sur des savoirs spécifiques. L'animation de tels réseaux en vue d'aboutir à des solutions pertinentes au regard des attentes des clients constitue une fonction suffisamment complexe pour devenir le fondement de la spécialisation cognitive de certains acteurs, que l'on peut désigner sous les termes d'« intégrateurs » ou de « confectionneurs de bouquets ». Ce type d'acteur, qui occupe une position charnière entre clients et fournisseurs spécialisés, est sans doute appelé à jouer un rôle majeur dans le fonctionnement de l'économie postfordienne. L'émergence de ce nouvel acteur économique constitue tout à la fois une menace et une formidable opportunité pour la grande distribution. Je reviendrai sur ce point capital au cours du chapitre VII.

Les nouveaux modes d'organisation des activités économiques, qui se diffusent depuis déjà une vingtaine d'années dans l'industrie, n'ont eu jusqu'ici que peu d'influence dans le monde de la distribution. Cette « indifférence » de la grande distribution à la mutation des modèles productifs est d'autant plus problématique qu'elle heurte de plein fouet plusieurs piliers sur lesquels ce secteur s'est fondé et grâce auxquels ses entreprises ont prospéré durant l'ère de la croissance extensive.

L'un de ces piliers est le principe de l'écoulement d'une production de masse standardisée. La production dont il s'agit aujourd'hui d'assurer la commercialisation est beaucoup plus complexe : produits en nombre croissant, comportant de nombreuses variétés et déclinaisons, renouvelés rapidement, incorporant des innovations technologiques... La grande distribution doit resserrer ses critères de gestion, maîtriser le contenu de cette offre complexe, y opérer une sélection pertinente non seulement sur le plan des critères financiers mais également sur celui de l'adéquation des produits aux attentes et besoins des clients visés...

Un deuxième pilier du développement de la grande distribution réside dans l'affirmation d'une compétitivité par l'exploitation d'effets de dimension. L'entrée dans l'économie fondée sur la connaissance impose à la grande distribution, à son tour, d'engager une réflexion sur la nature des compétences distinctives sur lesquelles s'appuie son « métier » (ce qui implique au préalable une capacité à définir la nature du métier de la grande distribution) et sur les modes de gestion de la main-d'œuvre qui demeurent, très souvent encore, particulièrement tayloriens.

Le troisième pilier ébranlé par les évolutions contemporaines concerne la nature des relations que la grande distribution entretient avec ses fournisseurs. Ces relations sont traditionnellement cantonnées à une simple relation d'« achat-vente », au cours de laquelle les rapports de force s'expriment de manière particulièrement conflictuelle. À son tour, la grande distribution est appelée à faire son entrée dans une logique de réseaux et à apprendre à considérer ses fournisseurs comme des partenaires avec lesquels se construit de la valeur.

Étant donné l'importance des trois piliers ainsi mis en question par la diffusion des nouveaux modes d'organisation des activités économiques, on comprend que la crise du régime de croissance extensive soit porteuse de redéfinitions profondes (nécessairement déstabilisatrices) du fonctionnement de la grande distribution, de la fonction qu'elle remplit dans le système économique. Toutefois, ces changements sont également porteurs d'extraordinaires opportunités. La principale d'entre elles réside très certainement dans ce que ces changements concourent à rendre particulièrement important l'aval des filières. Point de contact avec le consommateur, la distribution dispose d'une position stratégique pour définir le contenu des solutions à offrir aux consommateurs, mais aussi pour gérer pour son propre compte et pour celui des acteurs en amont la complexité de l'ajustement quantitatif et qualitatif entre l'offre et la demande. Dans la nouvelle configuration de l'organisation des activités économiques, la distribution paraît ainsi susceptible d'exercer une fonction à la fois plus riche et plus stratégique que dans le système fordien. Ce qui pourrait bien renforcer encore son pouvoir économique au détriment des fournisseurs...

Conclusion

L'ère de la croissance intensive est en voie d'achèvement pour la grande distribution et ce secteur vit depuis une dizaine d'années une « crise » structurelle. Dans ce contexte, la grande distribution est confrontée à un double défi.

Elle doit tout d'abord faire face au ralentissement tendanciel de son rythme de développement, en procédant à la mise à feu de nouveaux moteurs de croissance. Elle doit surtout engager un changement qualitatif devant l'amener à redéfinir à la fois sa fonction économique et son mode de fonctionnement. L'enjeu de cette « crise » est de réussir l'entrée dans un nouveau régime de croissance, le régime de « croissance intensive ».

La nécessité pour les distributeurs d'engager des stratégies d'adaptation est d'autant plus pressante que le ralentissement de la croissance révèle la fragilité de l'édifice financier sur lequel s'est appuyée la croissance extensive. En effet, la logique de course aux ouvertures qui a prévalu durant ce premier âge de la grande distribution a contribué, en quelque sorte, à « troquer » la croissance contre la rentabilité et l'équilibre financier. L'exacerbation de la concurrence par le discompte entre les enseignes a maintenu une très forte pression sur les marges. Les réponses (entrevues au cours du chapitre I) que les entreprises de la grande distribution ont conçues pour faire face à cette pression constituent aujourd'hui des obstacles dans la marche vers le régime de croissance intensive. En premier lieu, puisqu'il était difficile de dégager une forte rentabilité au moyen des marges générées par l'activité d'achat pour revente, les entreprises ont collectivement tenté de parvenir à ce résultat par le transfert de valeur en provenance des fournisseurs. En exploitant pleinement leur pouvoir de négociation (croissant avec leur part de marché), les distributeurs ont pu ainsi gagner en « marges arrière » ce qu'ils ne pouvaient capter en « marges avant ». L'effet pervers, qui se révèle aujourd'hui, est que ces pratiques ont détourné pendant plusieurs années les distributeurs du développement de leurs compétences dans le strict domaine du commerce (connaissance des clients, des produits, techniques de constitution des assortiments, de mises en rayon, logistique...), pour la recherche effrénée de la puissance d'achat. La seconde conséquence est l'accumulation de déséquilibres financiers. L'un des modes d'expression du pouvoir économique des distributeurs sur leurs fournisseurs a porté sur les délais de paiement qui ont permis de nourrir une ressource en fonds de roulement, mobilisée pour le financement de l'expansion. Cette pratique, consistant à financer des emplois durables par une ressource transitoire, révèle ses effets pervers lorsque le ralentissement de l'activité entraîne celui de cette ressource et que l'insuffisance des fonds propres des entreprises devient manifeste. Ainsi, à mesure que se précisaient les perspectives de saturation du potentiel de croissance, la nécessité d'assainir les structures financières s'est fait sentir avec de plus en plus d'acuité. Cette nécessité est d'autant plus forte dans le contexte de concentration et de globalisation qui s'ouvre vers la fin des années 1980 qu'une faible capitalisation risque de faire des entreprises les plus vulnérables les premières victimes des restructurations.

La grande distribution a donc aujourd'hui besoin de retrouver des moteurs de croissance et des gisements de rentabilité. Les moyens d'y parvenir sont nombreux. Tous ne se valent pas. Car, au-delà du défi de la croissance, la grande distribution doit négocier le virage, sans doute difficile, de l'adaptation à son nouvel environnement économique et social, de l'engagement dans le régime de croissance intensive.

CHAPITRE III

Les nouvelles stratégies : les tentatives d'entretien de la croissance extensive

Secteur jeune, la grande distribution a toujours été le théâtre d'une grande effervescence stratégique. La spécificité de la période actuelle réside dans l'extraordinaire diversité des voies empruntées par les distributeurs. Confrontés aux facteurs endogènes d'épuisement du régime de croissance extensive, ils expérimentent de nouvelles stratégies. La prise de conscience est sans doute moins générale pour ce qui est de la nécessité de s'adapter en profondeur aux mutations du système économique et social et d'entrer dans un nouveau régime de croissance. On ne s'étonnera donc pas de ce qu'une part importante des stratégies élaborées par les distributeurs ait pour finalité première de repousser les limites de la croissance extensive. C'est à l'analyse de ces stratégies « défensives » qu'est consacré ce chapitre. Je réserve aux deux chapitres suivants l'étude des stratégies — beaucoup plus en rupture — qui construisent le socle du nouveau régime de croissance et qui annoncent l'émergence d'une distribution postfordienne.

Rétrospectivement, l'ère de la croissance extensive apparaîtra comme l'âge d'or de la grande distribution. Les entreprises qui règnent aujourd'hui sur ce secteur, grâce à l'application sans faille des principes du discompte, ont connu une réussite hors du commun. La théorie des organisations nous apprend que le contenu des représentations que forment les acteurs économiques à propos de leur environnement, de même que les stratégies qu'ils élaborent pour y répondre, sont caractérisées par une certaine inertie. Cette inertie des représentations est en général particulièrement importante parmi les entreprises dominantes et au sein des secteurs prospères[1]. Il n'est donc pas surprenant que les distributeurs puissent éprouver des difficultés à réaliser que, le contexte économique et social ayant changé, les recettes qui ont fait leur succès doivent être amendées, sinon remises en question, au profit de nouvelles approches de leur métier. C'est la raison pour laquelle les stratégies d'adaptation qui ont été engagées avec le plus de célérité ont pour objectif de repousser les limites du régime de croissance extensive sans remettre en cause le fondement des orientations stratégiques associées à ce régime de croissance. Nous pouvons classer sous cette bannière les stratégies de diversification, d'internationalisation et de concentration.

La diversification

Les stratégies de diversification consistent dans la recherche de nouvelles sources d'expansion par le déplacement des frontières du marché dans l'espace des produits. Un regard rétrospectif permet d'identifier deux phases dans les stratégies de diversification des groupes de la grande distribution.

La première phase, qui couvre en gros les années 1980, est caractérisée par la mise en œuvre d'opérations de diversification « externe », c'est-à-dire hors du champ du secteur d'origine. Ces stratégies ont été plus particulièrement le fait des groupes de la grande distribution alimentaire. Ces derniers se sont engagés — de manière plus ou moins profonde sur le plan capitalistique — dans les nouvelles formes de grande distribution non alimentaire, la restauration et, selon une logique d'intégration verticale, dans la production agroalimentaire. Par exemple, au tournant des années 1980 et 1990, Carrefour détenait 32 % du capital de Castorama, 33 % de celui de But et 45 % de celui de Media Concorde (enseigne Hyper-Media spécialisée dans l'électroménager et le disque). Le spécialiste de l'hypermarché était également présent dans le capital de Carpet-Land (grandes surfaces spécialisées dans la vente de revêtements de sol) et de Reno (grandes surfaces de chaussures). À la même époque, Casino était très actif dans la restauration (avec notamment le contrôle de Quick et d'Hippopotamus), les centres-auto (Auto-service) et la production agroalimentaire (viande, charcuterie, embouteillage, chocolaterie, confiserie, torréfaction...).

Cette première phase a pris fin au tout début des années 1990. La diversification « externe » n'a pas toujours apporté la preuve de son efficacité : éloignement excessif du métier d'origine, insuffisance des

1. Nystrom et Starbuck [1984], Prahalad et Bettis [1986].

synergies générées... Par ailleurs, les nouvelles options stratégiques qui commencent à se mettre en œuvre (croissance externe, internationalisation, remodelage des magasins) sont très consommatrices de capital, alors que la faiblesse des marges et l'insuffisance des fonds propres rendent difficile la constitution d'un « trésor de guerre » à la hauteur des besoins. La plupart des grands groupes ont alors procédé à la cession de leurs « actifs non stratégiques » afin de dégager de la liquidité. Aujourd'hui, seuls Auchan et Intermarché persistent dans une stratégie de diversification « externe » d'envergure. Avec Leroy Merlin, Boulanger, Décathlon, Kiabi, Norauto... mais aussi les enseignes de restauration Flunch, Pizza Paï, Pic Pain... la nébuleuse Auchan[1] confirme sa position d'acteur multispécialiste du commerce de périphérie, qui lui donne d'ailleurs aujourd'hui des atouts en regard des nouvelles tendances de l'urbanisme commercial (voir chapitre VI). La diversification d'Intermarché est, quant à elle, centrée sur des activités de productions agroalimentaires[2] destinées à l'approvisionnement des magasins du groupement.

La deuxième phase des stratégies de diversification s'ouvre au début des années 1990. On peut la qualifier de « diversification interne » dans la mesure où elle vise principalement à étendre le champ d'action dans le cadre de l'activité principale. De nouveau, c'est la grande distribution alimentaire qui ouvre la marche. Les hypermarchés rencontrent des difficultés dans la conquête de nouvelles parts de marché dans les rayons non alimentaires traités. Par exemple, la part des grandes surfaces alimentaires sur le marché du textile-habillement est en recul depuis plusieurs années (16 % en 1999 contre près de 17 % au début de la décennie). Le recul est encore plus sensible dans les domaines du bricolage, de la jardinerie et des articles de sport (13 % en 1997 contre 18 % dix ans plus tôt). Les hypers maintiennent avec de plus en plus de peine leurs positions dans le gros électroménager, le jouet... Il est clair que c'est principalement dans les secteurs qui ont été le plus massivement investis par les grandes surfaces spécialisées que hypers et supers enregistrent leurs plus mauvaises performances.

1. En effet, il ne s'agit pas d'un groupe au sens ordinaire du terme, impliquant la définition d'une stratégie globale et l'exploitation systématique des synergies entre les différentes activités, mais plutôt d'un écheveau complexe de relations formelles et informelles entre des entreprises créées et exploitées par les membres de la famille Mulliez.

2. Charcuterie, produits laitiers, pêche (achat en 1992 d'un chalutier congélateur), transformation du poisson, plats cuisinés, boulangerie-biscuiterie industrielle, huile... Au milieu des années 1990, Intermarché exploitait au total 21 usines et apparaissait comme l'un des vingt premiers groupes alimentaires français. Les observateurs s'interrogent régulièrement sur la pertinence de cette stratégie d'intégration en amont à l'heure où la plupart des autres distributeurs l'ont abandonnée au profit souvent de relations « partenariales », plus souples et moins exclusives, avec des producteurs en amont des filières.

En réaction, les enseignes de la grande distribution alimentaire ouvrent de nouveaux rayons, tentent de pénétrer de nouveaux marchés. Après le franc succès rencontré par l'offensive de Leclerc sur le marché des carburants dès le courant des années 1960[1], les enseignes de grandes surfaces alimentaires s'engouffrent successivement dans l'assurance (Carrefour en 1984[2]), dans la bijouterie (premières expériences par Leclerc, Auchan et Carrefour dès la fin des années 1980), les voyages (Leclerc, Carrefour également à la fin des années 1980), la parapharmacie (Leclerc en 1989), les produits financiers (Carrefour, Leclerc, Promodès au début des années 1990), les micro-ordinateurs (Auchan en 1991), les fleurs (Carrefour en 1993), l'optique (Carrefour en 1993, dans le cadre de boutiques séparées), la billetterie de spectacle (Carrefour en 1995), la téléphonie mobile (dès le basculement du marché vers les ménages) ainsi que la vente d'unités de communication téléphoniques sur poste fixe (dès la libéralisation du marché en 1998[3], la parfumerie (Leclerc en 1998 après l'échec de la tentative de Carrefour en 1997)... jusqu'aux automobiles (ventes de voitures Daewoo par Casino en 1999) en dépit du régime de distribution exclusive qui règne encore (jusqu'en 2002) sur ce marché.

L'offensive des grandes surfaces porte tant sur des secteurs caractérisés encore — souvent pour des raisons réglementaires — par une distribution organisée de manière traditionnelle, que sur des marchés de services et, plus récemment, sur des marchés émergeants.

Ces initiatives ont rencontré un succès inégal : à l'incontestable réussite sur les marchés de la micro-informatique, des télécommunications, de la bijouterie, s'oppose le bilan contrasté de l'activité dans le domaine des services financiers, de l'assurance ou des voyages[4]. Quoi qu'il en soit, même timide, ce processus de grignotage d'un nombre rapidement croissant de nouveaux marchés alimente la croissance. Ceci contribue sans doute à expliquer l'expansion plus rapide (à nombre de magasins constant) de l'ensemble des hypermarchés que de celui des supermarchés, lesquels sont entravés dans leurs velléités de diversification par la taille limitée des points de vente.

La mise en œuvre de cette diversification interne ne va pas sans soulever des difficultés. Si elle s'inscrit en cohérence avec la poursuite du mouvement de « massification des achats » par les ménages et

---

1. Les enseignes de la grande distribution s'attaquent désormais au marché du fuel domestique, où elles enregistrent une percée rapide (selon la FF2C, leur part de marché est passée de 1 % en 1996 à 8,5 % en 1999).

2. Carrefour sera cependant seul à jouer cette carte jusqu'à la fin des années 1990.

3. Auchan fait sa première offre commerciale quinze jours après l'ouverture du marché...

4. Lancée en 1984, l'activité d'assurance de Carrefour n'a commencé à dégager ses premiers profits qu'en... 1997 ! L'activité voyage des distributeurs alimentaires est généralement déficitaire...

témoigne de la fidélité au concept du « tout sous le même toit », elle bute sur deux limites au moins [1] :

— Les limites naturelles de dimension qu'impose le concept : un supermarché doit rester un supermarché ; un hypermarché ne doit pas atteindre une dimension telle que la densité de la zone de chalandise ne permette plus de le rentabiliser ou que les consommateurs la perçoivent comme un handicap dans l'efficacité de la réalisation des courses.

— La difficulté croissante dans l'obtention des autorisations d'agrandissement. On remarquera, de ce point de vue, que la diversification vers les services offre le double avantage de placer les grandes surfaces sur des marchés porteurs et de générer de nouvelles sources de chiffre d'affaires relativement économes en espace.

En outre, nombre de ces nouveaux rayons fonctionnent selon des modalités assez différentes de celles des rayons traditionnels. En premier lieu, les nouveaux produits vendus sont souvent des produits à faible rotation alors que, rappelons-le, la vitesse de rotation des stocks est l'un des fondements de l'équilibre financier de la grande distribution alimentaire[2]. L'engagement croissant des grandes surfaces alimentaires dans la vente de produits non alimentaires risque donc d'aggraver les déséquilibres financiers hérités de l'ère de la croissance extensive et révélés par le ralentissement de l'activité. En second lieu, les nouveaux rayons réclament généralement l'assistance de vendeurs qualifiés, l'offre d'un service après-vente performant, un minimum de mise en situation des produits... autant d'éléments qui éloignent les grandes surfaces alimentaires de leur modèle initial. On peut alors s'interroger sur ce qui leur permettra d'affirmer un avantage compétitif face à des formes de commerce moderne spécialisées. Nous verrons que cette contradiction est en train d'orienter certains groupes de la grande distribution alimentaire vers une nouvelle approche de ces rayons et renforce la nécessité d'une rationalisation de la logistique.

Enfin, la diversification « interne » n'est pas l'exclusivité des grandes surfaces alimentaires. Par exemple, la Fnac (mais aussi Conforama, Toys'R'us, etc.) se sont engagés avec précocité sur le marché de la micro-informatique et du multimédia. Les grandes surfaces de bricolage se sont positionnées (comme beaucoup d'autres secteurs de la distribution) sur le jeune marché de la téléphonie mobile, ainsi que

---

1. L'extension du nombre de familles de produits traitées (ainsi, sans doute, que le développement d'une manière plus qualitative de les traiter) comporte en tout état de cause un effet positif inattendu : l'opportunité pour certaines enseignes d'hypers (en particulier Casino) de se lancer dans les listes de mariage !

2. Selon une étude du cabinet Creggs, l'ensemble des activités liées à l'automobile, mais aussi les produits de loisirs-culture, ceux relatifs à la maison, au bricolage et au meuble, affichent, comme la totalité des familles alimentaires, un crédit fournisseur supérieur au délai de rotation des stocks. Dans la situation inverse, les vêtements, les chaussures, les articles de puériculture, les bijoux, le blanc, le gros électroménager... suscitent un besoin en fonds de roulement.

sur celui du meuble de cuisine et du meuble de rangement. Ikea a développé son offre de jouets. But s'est lancé dans la vente de produits d'arts de la table. Décathlon propose depuis 1998 une gamme de... voyages !... Je montrerai cependant dans le prochain chapitre que les politiques de diversification interne prennent souvent une signification stratégique spécifique dans la grande distribution non alimentaire.

L'internationalisation

Lorsque les perspectives de croissance se révèlent limitées sur le marché domestique, il est tentant d'essayer d'en repousser les frontières dans l'espace géographique. Les premières stratégies d'internationalisation d'envergure ont été engagées dans la grande distribution alimentaire, avec le rachat de la chaîne espagnole de supermarchés Sabeco par les Docks de France en 1966 et, surtout, avec l'ouverture d'un premier hyper à l'étranger (à Barcelone), par Carrefour en 1973. Il est révélateur que les groupes alors les plus internationalisés étaient ceux qui disposaient des plus fortes positions sur le marché domestique (Carrefour, Promodès) ; en raison de leur position de force, ils ont anticipé avant les autres l'épuisement du régime de croissance extensive[1]. L'internationalisation s'accélère brutalement au cours des années 1980 : le nombre d'hypers français à l'étranger est passé de 52 fin 1981, à 109 fin 1989. Le dernier recensement effectué par le magazine *LSA* n'identifie pas moins de 647 hypers et 3 650 supers (et maxidiscompte) à l'étranger à la fin de 1999. Le flux d'ouverture de nouveaux magasins est croissant : 22 nouveaux hypers ont été créés à l'étranger en 1995, 56 en 1997, et 68 projets sont dénombrés pour 2000.

Les groupes de la grande distribution non alimentaire ne sont pas en reste. Si leur internationalisation est beaucoup plus tardive (fin des années 1980), elle n'en est pas moins remarquable. Ainsi le magazine *LSA* dénombre-t-il à fin de 1999 quelque 1 028 points de vente spécialisés exploités à l'étranger portant l'enseigne de distributeurs français. C'est au sein des secteurs les plus mûrs que l'internationalisation est la plus avancée : bricolage, meubles, sport...

L'internationalisation apparaît aujourd'hui souvent comme la priorité stratégique des chefs de file de la grande distribution. Carrefour s'apprête à réaliser davantage d'activité à l'étranger que sur le territoire national. Promodès prenait le même chemin avant sa fusion

1. Pour l'analyse des écarts dans l'intensité de l'engagement international des groupes de la grande distribution alimentaire française au début des années 1990, voir Moati [1992].

avec Carrefour. Pour tenter de rattraper son retard, Casino annonçait en 1999 sa décision de consacrer plus de la moitié de sa capacité d'investissement à l'internationalisation ; en un peu plus de deux ans le poids de l'international dans l'activité du groupe stéphanois est passé de 15 % à près de 25 %. En mai 2000 les responsables d'Auchan se donnaient pour objectif la création de 50 hypers par an à travers le monde jusqu'en 2005. Les géants du bricolage mènent eux aussi leur internationalisation à marche forcée. En quelques années, Leroy Merlin a vu la part de l'international de son chiffre d'affaires passer de presque rien à environ 25 %. La prise de contrôle de Castorama par Kingfisher fait brutalement passer la part de l'international à 62 % du chiffre d'affaires consolidé (y compris la chaîne britannique B & Q). Dans le commerce des articles de sport, l'internationalisation des groupements d'indépendants (Intersport et Sport 2000) est ancienne, mais consiste davantage dans des associations internationales de réseaux indépendants qui mettent en commun un certain nombre de moyens que dans la création d'un réseau en propre à l'étranger. La première implantation étrangère de Décathlon remonte à 1986 et, depuis la loi Raffarin, l'international devient la nouvelle priorité affichée par le groupe nordiste. D'ores et déjà, le groupe Pinault-Printemps-Redoute réalise près du tiers de son chiffre d'affaires à l'international. Dans l'habillement, l'activité internationale pèse pour 64 % dans l'activité de Pimkie, 40 % dans celle d'Etam...

Cet élan d'internationalisation est l'un des symptômes de l'adaptation de la distribution aux mutations du système économique. À mesure que s'impose la « globalisation », dans la sphère de la production comme dans celle de la consommation, il est de plus en plus difficile pour la distribution de rester structurée sur une base purement nationale. L'internationalisation de la distribution constitue d'ailleurs une force d'accélération du mouvement de globalisation des économies industrialisées.

L'internationalisation du parc de points de vente s'accompagne généralement de celle des approvisionnements. Il est à noter que, pour certains distributeurs, l'internationalisation des approvisionnements a précédé celle de l'appareil commercial. Ainsi, dans la grande distribution alimentaire, une vingtaine d'« eurocentrales » se sont constituées au début des années 1990, réunissant la plupart des grands groupes européens[1]. Le fonctionnement effectif de ces eurocentrales s'est cependant montré en général décevant : partage d'expériences et d'informations (notamment sur les conditions obtenues des fournisseurs...),

1. En se limitant aux eurocentrales impliquant un distributeur français, mentionnons : EMD qui rassemble l'Allemand Markant, l'Italien Selex et le Français Leclerc. Deuro-Buyig est né de l'association de Metro (Allemagne), Makkro (Pays-Bas), Asda (Grande-Bretagne) et de Carrefour. L'AMS a été formée par Ahold (Pays-Bas), Argyll (Grande-Bretagne), La Rinascente (Italie), Migros (Suisse)... et Casino...

achat groupé de quelques produits basiques, échanges ponctuels d'articles à marques propres... C'est dire que ces eurocentrales ont rarement joué le rôle de... centrales d'achat ! Plusieurs d'entre elles ont disparu depuis[1]. Ce bilan résulte sans doute de la difficulté d'accorder des entreprises disposant de modes de fonctionnement et de lignes stratégiques souvent hétérogènes et servant des marchés qui demeurent marqués par des spécificités locales sur le plan des modèles de consommation et du cadre réglementaire. Toutefois, on assiste depuis peu à une deuxième vague de créations de centrales d'achat internationales. Contrairement à celles de la première vague, ces centrales sont le plus souvent créées à l'initiative d'un seul distributeur, ou d'un petit nombre de distributeurs relativement homogènes et convaincus de la nécessité de jouer le jeu de la coopération. Promodès a donné le signal de départ avec la création, en 1992, de la centrale Promodes World Trade. En créant Carrefour Marchandises internationales, le numéro un des hypers lui emboîte le pas en 1995. En 1997, c'est à Auchan de procéder à l'ouverture de la Centrale internationale Auchan. À la suite de la prise de contrôle de Spar, Intermarché a créé en 1998 la centrale d'achat Agenor, avec l'objectif de réaliser 60 milliards de francs d'achat. De son côté, Leclerc, comme son partenaire allemand Markant, crédibilisait l'eurocentrale EMD par une prise de participation de 20 % de son capital. Trop petit sans doute pour créer sa propre centrale internationale, Cora a rejoint en 1997 Europartners, la centrale fondée en 1995 par le Britannique Sommerfield et le Néerlandais Superunies. La mission de ces nouvelles centrales est d'approvisionner les magasins à l'étranger, mais aussi de consolider les achats, en particulier sur les marques propres, les premiers prix et les produits d'importation. Pour l'instant, l'essentiel de leur activité est exercé dans l'achat de produits non alimentaires. Un des objectifs annoncés est de parvenir rapidement à négocier sur un pied d'égalité avec les marques internationales. À cette fin, l'EMD est en train de procéder à la création d'une banque de données reliant tous ses membres afin d'établir des comparaisons de prix d'achat...

L'internationalisation des achats semble plus avancée dans certains secteurs du commerce non alimentaire, vraisemblablement en raison du caractère souvent plus homogène de l'offre et de la demande sur les différents marchés nationaux. Dans l'habillement, le groupe Pinault-Printemps-Redoute a mis en place des structures d'achat à Shanghai et à Hong-Kong. Depuis 1996, les achats de C & A sont réorganisés sur une base européenne autour de collections communes. Dans le domaine du bricolage, Castorama et Leroy Merlin commencent à procéder à leurs approvisionnements en marques propres à l'échelle européenne. Depuis sa reprise par Kingfisher, le numéro un français du bricolage entre-

1. Dont Deuro Buying après la défection de Carrefour en 1995.

prend de consolider progressivement ses achats avec ceux de la chaîne anglaise B & Q. La centrale Brico International de Gib Group (maison mère de la chaîne Obi en France) assure déjà une part importante des négociations d'approvisionnement en produits à marque propre pour le compte des filiales nationales. Après avoir rejoint, en 1997, la centrale européenne Ironside pour l'approvisionnement en produits à marques propres, Domaxel (enseigne Weldom) a participé en 1999 à la création de Harware Alliance, aux côtés de quatre autres chaînes européennes de magasins de bricolage ; l'objectif est de parvenir à la réalisation de 100 millions d'euros d'achats en commun, sur des produits anonymes mais également sur une partie des marques internationales. Dans le meuble, Conforama a créé en 2000 une centrale de référencement commune aux cinq pays où l'enseigne est implantée.

L'internationalisation des achats est perceptible dans les statistiques de la Direction de la balance des paiements de la Banque de France. Ces statistiques révèlent notamment une croissance de 40 % en seulement deux ans (entre 1996 et 1998) du montant des importations de marchandises par le secteur du commerce de détail[1]. Les importations du commerce non alimentaire sont près de deux fois supérieures à celles du commerce alimentaire, mais la croissance de ces dernières a été presque deux fois plus rapide que celle des importations du commerce non alimentaire. Le « commerce extérieur » généré par les entreprises du commerce de détail est globalement très déficitaire, les importations étant d'un montant cinq fois supérieur à celui des exportations. Les mêmes données indiquent que l'Union européenne est, de loin, la principale zone d'approvisionnement internationale des distributeurs français (près des deux tiers du total des importations). L'Asie est cependant le point de départ de 20 % des importations du commerce de détail non alimentaire.

L'internationalisation des achats va souvent de pair avec une tendance à l'uniformisation des gammes proposées dans les différents pays d'implantation. Les « enseignes internationales », du type Gap, H & M, Zara ou Virgin, ont été pionnières dans l'élaboration d'un « produit distribution » mondial. D'autres sont en voie de conversion, tel Habitat qui vient de décider d'uniformiser totalement l'offre de l'ensemble de ses points de vente. Jusqu'à Carrefour qui, en 1998, a fait ses premiers pas dans l'organisation de grandes campagnes de promotion menées à l'échelle internationale (16 pays), avec l'opération « 1 mois jamais vu ». Cette tendance ne peut que renforcer la convergence des modèles de consommation dans les pays industrialisés, convergence qui à son tour est de nature à... stimuler le processus de globalisation !

---

1. Hors commerce et réparation automobile, mais y compris les centrales d'achat.

Même si l'on est encore loin d'une globalisation des approvisionnements (« global sourcing »), à l'instar de ce qui se pratique par exemple dans l'industrie automobile, la grande distribution s'engage rapidement dans cette direction. L'expérience de la globalisation des achats dans les industries mondialisées montre que celle-ci s'accompagne d'une réduction drastique du nombre des fournisseurs, au profit de ceux qui parviennent à s'affirmer parmi les meilleurs dans leur spécialité (évalués sur une base mondiale) et qui témoignent d'une capacité à suivre leurs clients dans leur internationalisation. On comprend, dans ces conditions, que le processus de globalisation des achats en cours dans la distribution ait de quoi inquiéter les fournisseurs, et en particulier les PME. Leroy Merlin n'a-t-il pas d'ores et déjà fait savoir qu'il préfère désormais travailler avec des entreprises présentes à l'international ? Quant à C & A, la réorganisation de ses achats à l'échelle européenne a fait passer le nombre de ses fournisseurs de 6 000 à 1 600 en quelques années et l'objectif est d'atteindre le nombre de 1 000. Quant aux heureux élus, ils auront à faire face à des acheteurs renforcés dans leur pouvoir de négociation par la consolidation internationale de leurs commandes[1]... Il est donc à craindre que les groupes de la grande distribution ne recherchent par l'internationalisation de leurs achats le renforcement de l'un des fondements du régime de croissance extensive : la pression sur les fournisseurs par la massification des achats et l'extension de l'espace géographique de leur mise en concurrence[2].

Cette crainte est renforcée encore par le constat de la rapidité avec laquelle les distributeurs se sont emparés des perspectives offertes par le commerce électronique afin de rationaliser leurs achats.

Début 2000, Carrefour et l'Américain Sears créaient la surprise en annonçant la formation d'une société commune, GlobalNet-Change, en collaboration avec Oracle, le concepteur de systèmes informatiques. Les deux distributeurs initiateurs du projet ont depuis été rejoints par l'Allemand Metro, l'Anglais Sainsbury's et l'Américain Kroger. GlobalNet-Change a pour mission de créer un portail d'achat sur Internet devant permettre aux entreprises connectées d'acheter, vendre, échanger ou proposer aux enchères des biens et services en ligne. 20 à 40 % d'économies sur les coûts de transaction sont attendus. Peu de temps après, on apprenait que onze distributeurs (parmi lesquels des poids lourds tels que les Britanniques Tesco, Marks & Spencer, Safeway et

1. Selon les rumeurs circulant dans la profession, à la suite de la naissance de la centrale Agenor, Intermarché aurait réclamé en 1998 à ses fournisseurs des remises supplémentaires allant de 1 à 3,5 %... (*LSA*, n° 1592-1593, 9 juillet 1998, p. 10).

2. Notons que certains distributeurs s'efforcent de mettre en avant les retombées positives de cette internationalisation pour leurs fournisseurs qui se trouvent ainsi « tirés » sur les marchés étrangers.

Kingfisher, les Américains Target, K-Mart, Gap, le Néerlandais Ahold, les Français Casino et Auchan (rejoints quelques mois plus tard par les Galeries Lafayette)... créaient un autre portail d'achat électronique baptisée WorldWide Retail Exchange (WRE).

Les initiateurs de ces projets se défendent, bien entendu, de constituer ainsi des « supercentrales d'achat », qui seraient d'ailleurs immédiatement sanctionnées par les autorités de la concurrence. Il ne s'agit donc pas, théoriquement, de procéder à la consolidation des achats des distributeurs partenaires (le chiffre d'affaires cumulé des membres de WRE se situe aux environs de 400 milliards d'euros, soit près d'un tiers du PIB de la France...). L'objectif est d'élargir l'espace de prospection et de mise en concurrence des fournisseurs (WRE entend travailler avec plus d'une centaine de milliers de fournisseurs). Il est également d'exploiter tout le potentiel d'économies de la dématérialisation des transactions. La formation de ces « places de marché » virtuelles semble entraîner la grande distribution bien loin des relations partenariales avec ses fournisseurs qu'appellent les nouvelles stratégies associées au régime de croissance intensive (voir chapitre V). Les distributeurs devraient en fait y recourir principalement pour leur approvisionnement en produits standardisés ou pour la réalisation de grosses opérations de promotion.

Notons que les grands fournisseurs ne restent pas spectateurs de cette révolution des modalités des transactions entre producteurs et distributeurs. Peu de temps après Carrefour et Sears, Danone et Nestlé annonçaient la création du portail CPGmarket...

Ainsi, l'accélération des stratégies d'internationalisation traduit, dans une certaine mesure, la prise de conscience par les distributeurs de la nécessité de s'adapter aux nouvelles réalités économiques. Mais cet accent mis sur l'international peut également s'interpréter comme une tentative de prolonger le règne de la croissance extensive. Il est à cet égard frappant de constater que l'internationalisation des groupes français de la distribution (en particulier dans l'alimentaire) s'est orientée dès l'origine de manière prioritaire vers des pays en retard sur le plan du développement commercial : Europe du Sud, Amérique du Sud, Pays de l'Est, pays émergents d'Asie... Les quelques tentatives de pénétration de marchés plus mûrs (États-Unis, Allemagne...) se sont généralement soldées par des échecs. Le recensement des projets d'ouverture de grandes surfaces à l'étranger en 1999 réalisé par *LSA*[1] montre que ce caractère de l'internationalisation de la distribution française ne se dément pas. Les « quatre destinations vedettes de 1999 » identifiées par le magazine spécialisé sont l'Italie, la Pologne, l'Argentine et la Chine...

1. *LSA*, n° 1620, 4 mars 1999.

Ces pays présentent l'avantage évident de constituer des marchés en croissance rapide, dans lesquels la souplesse du cadre réglementaire et le poids encore très important du commerce traditionnel facilitent l'ouverture de points de vente. Le potentiel de croissance que présentent ces marchés les rend très attractifs et attise l'appétit de distributeurs venus des quatre coins du monde. Il est donc stratégique pour les entreprises françaises d'y prendre le plus rapidement possible des positions solides (notamment par la conclusion d'accords avec les partenaires locaux les plus dynamiques), tant que le jeu concurrentiel demeure ouvert. Mais, plus profondément peut-être, cette orientation géographique de l'internationalisation de la distribution française peut s'expliquer par la recherche de marchés étrangers dont le niveau de développement et les modèles de consommation correspondent grossièrement à ceux de la France des années 1960 et 1970. Le type de concept commercial développé durant l'ère de la croissance extensive se trouve pleinement adapté à la situation économique de ces pays. Ce n'est sans doute pas un hasard si ce sont les groupes les plus ancrés dans la logique de la « distribution de masse » qui ont le plus clairement adopté ce type de logique géographique pour leur expansion internationale. Ainsi, la fièvre de l'internationalisation qui agite le monde de la distribution depuis plusieurs années était sans doute inscrite dans l'ordre des choses. Elle témoigne de la compétitivité et du dynamisme stratégique de la grande distribution française. On peut cependant craindre que l'internationalisation, en absorbant une part substantielle des ressources de développement — et en offrant un nouveau moteur de croissance, en général très rentable[1] — ne retarde la prise de conscience de la nécessité de nouvelles stratégies, cohérentes avec les caractéristiques du système économique et social contemporain. Ce retard pourrait se révéler particulièrement dommageable alors que le processus de globalisation du secteur s'apprête à franchir une étape décisive consistant dans l'acquisition d'une dimension internationale pour les groupes de distribution des grands pays industrialisés, leur permettant de partir à la conquête des marchés développés. Les distributeurs français auront à faire face à la concurrence croissante de groupes quelquefois plus puissants et souvent plus innovants, parce qu'ayant « poussé » sur des marchés moins attachés à une pure logique de discompte.

Cette nouvelle étape du processus de globalisation a d'ailleurs déjà commencé. Si certaines grandes enseignes étrangères innovantes sont présentes en France depuis longtemps (C & A depuis 1972, Marks & Spencer depuis 1975, Ikea depuis 1981...), la pénétration du marché français est, pendant longtemps, demeurée extrêmement modeste. Une

1. Par exemple l'international contribue à hauteur de 43 % aux ventes consolidées du groupe Carrefour, mais génère près de 55 % du résultat net courant...

nette accélération s'est produite au tournant des années 1990 : dans l'alimentaire, avec l'arrivée, très mal vécue, des entreprises allemandes de maxi-discompte (en particulier Aldi et Lidl), dans l'habillement avec des enseignes très différenciées telles que l'Espagnole Zara (1989), l'Américaine Gap (1993) ou la Suédoise H & M (1998), dans le commerce de jouets en grandes surfaces avec l'Américain Toys'R'us (1989) ou le Belge Maxi-Toys (1993), dans le commerce d'articles de sport avec l'italien Giacomelli (1999)... Et le landernau de la distribution française a le souffle suspendu devant la perspective du débarquement du géant américain Wal-Mart, qui a révolutionné les modes organisationnels de la grande distribution par un usage intensif des technologies de l'information. En 1999, le trublion a pris pied en Allemagne, puis en Grande-Bretagne, et ne semble pas disposé à jouer les figurants sur le marché européen.

Les enseignes étrangères qui ont débarqué en France y ont rencontré, pour la plupart, un franc succès, leur assurant une croissance rapide[1]. Elles ont souvent déstabilisé les marchés où elles sont intervenues. La grande distribution française est cependant partiellement protégée d'un déferlement des distributeurs étrangers sur leur marché domestique : le niveau déjà élevé de la densité commerciale et les obstacles réglementaires à l'ouverture de nouveaux points de vente (loi Raffarin) rendent difficile l'implantation rapide d'un réseau atteignant la taille critique en matière de logistique et de communication. La prise de contrôle capitalistique d'un réseau existant s'impose alors souvent comme la seule modalité viable de pénétration du marché français. Le groupe de distribution britannique Kingfisher a fait ainsi son entrée en France par le rachat de Darty en 1993, avant de prendre le contrôle de But et de Castorama en 1998.

Jusque-là, la participation de la distribution au processus de globalisation s'est plutôt opérée à l'avantage des distributeurs français. D'après les estimations de la Banque de France, en 1997, les filiales à l'étranger des entreprises françaises de commerce de détail[2] ont généré un chiffre d'affaires de 82 milliards de francs, alors que celui des filiales françaises d'entreprises étrangères ne s'élevait qu'à 36 milliards de francs. Il convient cependant de noter l'asymétrie entre l'activité des distributeurs français à l'étranger et celle des distributeurs étrangers

---

1. Sans quelquefois que la rentabilité ne soit au rendez-vous. C'est le cas en particulier de Toys'R'us qui est parvenu à s'arroger près de 15 % du marché français du jouet mais qui a accumulé des pertes à un point tel que la maison mère américaine a décidé une réduction de la voilure qui s'est traduite par la fermeture de 13 magasins en France en 1998 et 1999.

2. Ne sont ici considérées comme filiales que les entreprises à l'étranger dont le capital est détenu à plus de 50 % par une entreprise française. Cette manière d'appréhender la présence commerciale à l'étranger revient sans doute, à minimiser l'internationalisation des distributeurs français qui s'opère souvent par la constitution de filiales communes ou par des accords avec des partenaires locaux.

en France. L'activité française à l'étranger est imputable à 90 % au commerce alimentaire et apparaît géographiquement polarisée sur l'Europe du Sud, alors que près de 50 % de l'activité en France des filiales étrangères sont attribuables à des entreprises du commerce non alimentaire, dont la plupart émanent des grands pays industrialisés. Cette asymétrie ne va pas sans rappeler un trait général du commerce extérieur français des années 1970 et 1980. La France, souffrant d'un désavantage comparatif dans la production de produits sophistiqués, était déficitaire dans ses échanges avec les pays industrialisés, mais dégageait un excédent dans son commerce avec les pays moins développés qu'elle. Cette position particulière dans la « hiérarchie des avantages comparatifs » avait d'ailleurs conduit un certain nombre d'analystes à qualifier la France de « pays intermédiaire[1] ». Le type de compétitivité que les distributeurs français se sont forgé durant l'ère de la croissance extensive leur donne aujourd'hui un avantage comparatif sur les marchés émergents ; mais cet avantage comparatif pourrait paradoxalement leur faire perdre du terrain face aux grands distributeurs des pays industrialisés qui prennent une part active à l'invention du commerce du XXIe siècle.

La croissance externe

Lorsque l'expansion par création *ex nihilo* de nouveaux points de vente devient problématique, la croissance externe[2] apparaît comme l'unique moyen, à l'échelle de chaque distributeur, de maintenir un rythme rapide d'accroissement de son parc de magasins sur le territoire national. Les opérations de fusion-acquisition ont toujours été fréquentes dans le monde de la distribution. Au cours des années 1970-1980, elles obéissaient principalement à une logique de « structuration », caractéristique des secteurs neufs : reprise des faibles par les forts, besoin pour les petits de s'adosser à un grand pour disposer des moyens d'une croissance rapide... Une logique similaire préside encore aujourd'hui aux opérations de croissance externe dans les secteurs non alimentaires où l'entrée de la grande distribution est relativement récente (parfumerie, bijouterie...).

C'est dans les secteurs les plus mûrs et les plus contraints par la réglementation en raison du format de leurs points de vente que l'on observe le plus grand nombre d'opérations de croissance externe. Une

1. Lassudrie-Duchêne et Mucchielli [1979], Vellas [1981], Gaudron [1987]...
2. Par croissance externe, on entend l'expansion de l'activité d'une entreprise par la prise de contrôle du capital d'autres entreprises.

fois de plus, la grande distribution alimentaire est en première ligne. L'encadré ci-dessous récapitule les principales opérations de croissance externe intervenues dans ce secteur au cours des dernières années. Le changement de l'échelle de ces opérations est frappant : alors qu'elles consistaient, jusqu'au début des années 1990, dans la prise de contrôle de distributeurs de dimension régionale par les entreprises dominantes du secteur, les opérations récentes portent sur le rapprochement de groupes nationaux (absorption d'Euromarché par Carrefour en 1992, fusion Casino-Rallye la même année, prise de contrôle de Docks de France par Auchan en 1996, fusion de Carrefour et de Promodès en 1999...). Ce changement d'échelle est la conséquence logique de la quasi-disparition des groupes régionaux de distribution pouvant faire l'objet d'une reprise[1]. Les opportunités d'opérations de fusion-acquisition devenant naturellement de plus en plus rares à mesure que les secteurs se concentrent, une course aux reprises vient succéder à la course aux ouvertures des premières décennies de la grande distribution.

Les principales opérations de fusion-acquisition
dans la grande distribution alimentaire

Fin des années 1980 :
— Achat par Casino de Cedis en 1985 (20 hypers et des petites et moyennes surfaces alimentaires).
— Prise de 49 % de Provencia (une trentaine de magasins en Rhône-Alpes) par Promodès en 1988.
— Rachat de Disque Bleu par Rallye en 1989.

1990 :
— Rachat de Genty Gathiard par Rallye.
— Reprise de La Ruche méridionale (19 hypers).
— Rachat de Major (une centaine de supers) par les Comptoirs modernes.

1991 :
— Reprise de Montlaur (11 hypers) par Carrefour en 1991.

1992 :
— Prise de contrôle d'Euromarché (une cinquantaine d'hypers en propre) par Carrefour.
— Entrée de Promodès dans le capital d'Arlaud.
— Fusion de Casino et de Rallye.

1993 :
Prise de contrôle de la SASM (une quinzaine d'hypers et une cinquantaine de supers) par Docks de France qui détenait déjà une participation minoritaire.

1. Nougein, avec sa cinquantaine de supermarchés concentrés sur huit départements du Centre-Ouest, serait le dernier groupe de supermarchés indépendant...

1996 :
Prise de contrôle de Docks de France par Auchan.
Prise de participation de 41 % de Carrefour dans le capital de Cora.

1997 :
Les Comptoirs modernes acquièrent 50 % du capital de PG (une cinquantaine de supermarchés).
Prise de contrôle de Franprix par Casino.
Acquisition par Casino de 21,4 % du capital de Monoprix.
Rachat de Catteau (à l'Anglais Tesco) par Promodès.
Échec de l'OPA de Promodès sur Casino.

1998 :
Prise de contrôle des Comptoirs modernes par Carrefour (qui détenait déjà une participation minoritaire).
Rapprochement entre Leclerc et Système U sur les achats et la logistique (Lucie).

1999 :
Alliance entre Casino et Cora pour la constitution d'une centrale d'achat commune (Opéra).
Fusion de Promodès et de Carrefour.

2000 :
Casino porte sa participation dans Monoprix à 50 %. En échange, les Galeries Lafayette acquièrent 3 % du capital de Casino.
Casino et Monoprix entrent à hauteur de 15 % chacun dans le capital de Telemarket (vente à distance de produits alimentaires).
Cora acquiert Primistère Reynoird, leader de la distribution alimentaire aux Antilles.
Auchan cède sa branche proximité (470 magasins à l'enseigne Express) à Casino.

Cette course à la croissance externe est généralement justifiée par la nécessité d'atteindre la « taille critique[1] ». Il est vrai que les groupes français de la grande distribution alimentaire sont d'une taille relativement modeste face aux leaders mondiaux, d'autant plus que ces derniers ne restent pas inactifs en matière de croissance externe.

Selon les données rassemblées par PricewaterhouseCoopers[2], on ne compte que six Français dans le classement des 50 premiers distri-

1. Jean-Claude Jaunait, président de Système U, estime à 1 millier le nombre de magasins que doit exploiter en France une enseigne de supermarchés pour faire partie des grands. Actuellement, seul Intermarché dépasse le seuil. « Avec un millier de points de vente, on couvre correctement l'ensemble du territoire. La densité du parc permet de s'appuyer sur une logistique optimale et elle autorise le développement d'une communication d'envergure nationale » (*LSA*, n° 1587, 4 juin 1998, p. 27). Patrick Morel, directeur de la branche supermarchés de Casino, estime quant à lui que « la plupart des sociétés qui exploitent des supermarchés ont atteint leur dimension optimale » *(ibid.)*.
2. Voir *LSA*, n° 1678, 25 mai 2000.

buteurs mondiaux. Si, grâce à sa fusion avec Promodès, Carrefour parvient à se hisser au deuxième rang mondial, l'américain Wal-Mart, le numéro un, enregistre un chiffre d'affaires trois fois plus important. Car si les Français sont actifs en matière de fusion-acquisition les grands distributeurs étrangers ne sont pas en reste.

Les grands groupes français ont, pour la plupart, acquis une dimension européenne et figurent en général parmi les chefs de file de leur secteur à l'échelle communautaire. Il est vrai que le commerce en Europe est encore peu concentré. Dans l'alimentaire, Carrefour est désormais numéro un, tandis que les autres champions nationaux (Intermarché, Leclerc et Auchan) se placent correctement dans le classement européen. Castorama se classe premier sur le marché du bricolage et Leroy Merlin en quatrième position. Sur le marché des articles de sport, Décathlon occupe la seconde position juste derrière la nébuleuse Intersport, et Go Sport est le cinquième groupe européen. Dans la vente par correspondance, par contre, le rapprochement intervenu en Allemagne entre les groupes Schickedanz (Quelle) et Karstadt (Neckermann) se traduit par la formation d'un pôle de PVC deux fois plus important que La Redoute... On ne trouve aucun groupe français parmi le « top 5 » de la distribution textile européenne. Avec ses 6 milliards de francs de chiffre d'affaires, le numéro un français, Etam, fait pâle figure à côté de l'Américain Gap qui aligne un chiffre d'affaires près de dix fois supérieur... L'enjeu est donc d'acquérir la taille critique dans la perspective d'une confrontation mondiale des entreprises de la grande distribution.

On peut s'interroger sur le fondement de cette notion de taille critique : en quoi l'accroissement de la taille des groupes de la grande distribution devrait nécessairement s'accompagner d'une amélioration de leur compétitivité[1] ? La vague contemporaine de concentration doit sans doute s'interpréter comme la manifestation d'une volonté d'entretenir la croissance, de renforcer encore le pouvoir de négociation sur des fournisseurs présentés comme étant de plus en plus puissants à mesure qu'eux-mêmes se globalisent... La course à la croissance externe s'inscrit ainsi très largement dans la logique de la croissance extensive. Les opérations de concentration répondent cependant aussi à la nécessité d'engager des capitaux de plus en plus importants dans la promotion des enseignes, l'agrandissement et l'aménagement des points de vente, la formation de la main-d'œuvre, la mise en place de gigantesques systèmes d'information. Je reviendrai sur chacun de ces points, symptomatiques du changement de régime de croissance. Les opérations de concentration conduisent, en outre, à la restructuration profonde des secteurs concernés. Les distributeurs les plus faibles, souvent parce qu'ils n'ont pas su s'adapter aux mutations de leur environnement, disparaissent au profit des plus forts, des plus innovants.

1. Voir Filser [1998].

La concentration croissante des marchés qui en résulte favorise une meilleure prise de conscience des interdépendances et des intérêts communs parmi les groupes en concurrence. Elle est ainsi de nature à favoriser le passage à des modalités de la concurrence s'écartant d'un discompte « pur et dur » (finalement nuisible à la rentabilité collective), mieux adaptées au régime de croissance intensive qui s'ouvre.

Conclusion

Les stratégies de diversification, d'internationalisation, et de concentration sont menées actuellement par les entreprises de la grande distribution avec pour objectif principal d'entretenir une croissance devenue problématique. Et cela, sans remise en cause des modes de fonctionnement élaborés durant l'ère de la croissance extensive : puisque la croissance peut de moins en moins être obtenue par la conquête de parts de marché, les distributeurs cherchent à étendre l'application de leur formule à d'autres familles de produits et à d'autres territoires, tout en cherchant à renforcer encore le jeu des effets de dimension par la participation à la course à la croissance externe.

Force est de reconnaître, au vu des résultats des entreprises, que ces orientations stratégiques donnent pour l'instant des résultats plus que satisfaisants et qu'elles semblent effectivement en mesure de répondre au premier défi qui s'impose à la grande distribution : trouver de nouveaux moteurs de croissance et des gisements de rentabilité.

Croissance de l'activité de quelques groupes de la grande distribution alimentaire

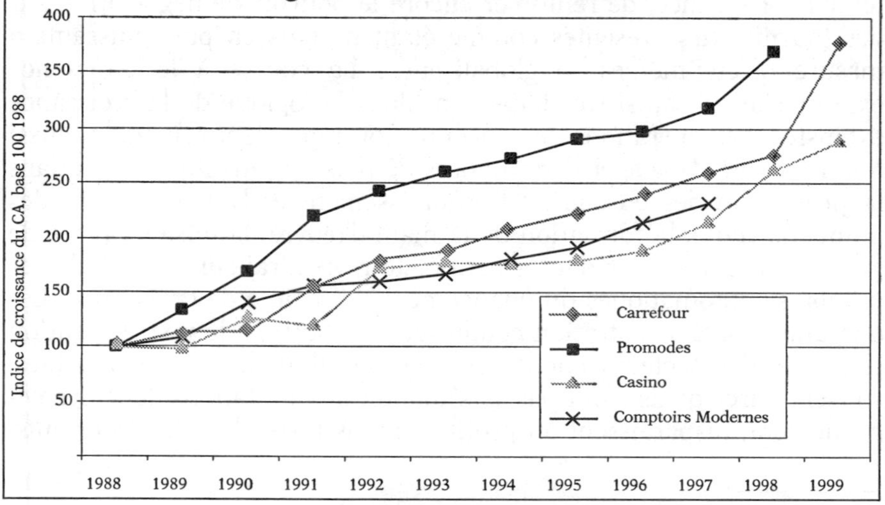

Source : Rapports d'activité.

Évolution de la rentabilité de quelques groupes de la grande distribution

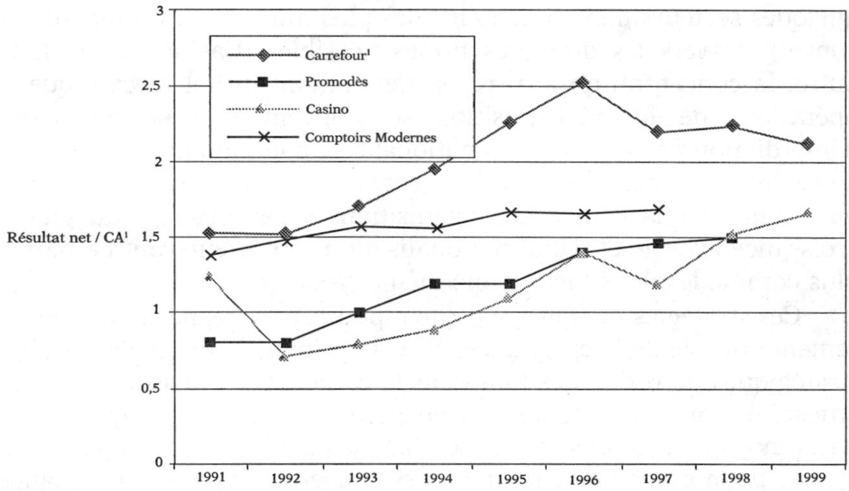

1. Résultat net courant/CA pour Carrefour.

Source : Rapports d'activité.

Toutefois, chacune de ces orientations stratégiques comporte ses limites naturelles. J'ai déjà évoqué le succès mitigé que les distributeurs rencontrent dans certaines de leurs tentatives de diversification et, plus encore sans doute, les risques de brouillage des concepts commerciaux engendrés par cette diversification tous azimuts. La poursuite, et surtout la réussite, de la diversification ne peut s'opérer sans remise en cause des concepts fondateurs. En outre, dans la mesure où elle est suivie par un nombre croissant de distributeurs qui convergent sur les mêmes marchés, elle porte en germe l'exacerbation de la concurrence (voir la situation dans la téléphonie mobile et dans l'informatique).

Le potentiel de croissance associé à l'internationalisation est sans doute beaucoup plus important et durable. Son exploitation risque cependant de se révéler de plus en plus difficile à mesure que les plus grands distributeurs mondiaux se décident tour à tour à se lancer dans la conquête des marchés étrangers. La concurrence sera donc de plus en plus intense, sur les marchés émergents bien sûr (dont le dynamisme attise bien des appétits, au point quelquefois d'en oublier les risques...), mais aussi sur les marchés des grands pays industrialisés. Sur ces marchés, les chefs de file nationaux devront de plus en plus composer avec les tentatives de pénétration de concurrents étrangers, souvent porteurs d'autres méthodes de fonctionnement et d'autres modes d'approche des clients.

La principale limite des stratégies de concentration est évidente : le combat cessera lorsqu'il n'y aura plus de combattants ! Et les experts s'accordent à penser que nous ne sommes plus très loin, en France, de l'épuisement de l'ensemble des opportunités de croissance externe, tout au moins dans la grande distribution alimentaire et les quelques secteurs non alimentaires les plus mûrs. D'où les regards qui convergent vers les dernières proies possibles (Casino, Cora...). En outre, la concentration a d'ores et déjà atteint un tel niveau, que les opérations de fusion-acquisition se trouvent exposées au risque d'interdiction par les autorités nationales et communautaires chargées de veiller au respect du droit de la concurrence. Il ne reste plus, alors, qu'à continuer la course aux acquisitions à l'étranger : stratégies de croissance externe et d'internationalisation se présenteront de plus en plus comme les deux faces d'une même médaille.

Ces stratégies ne font donc que repousser l'échéance d'un ralentissement durable de la croissance. Mais la principale limite de ces choix stratégiques ne réside pas tant dans le caractère « provisoire » de leur efficacité (après tout, le fameux adage de Keynes selon lequel à long terme nous serons tous morts, semble particulièrement s'appliquer au monde de la grande distribution, très concentré sur ses performances de court terme). Ces choix sont surtout de nature à retarder la remise en question d'un certain nombre de principes fondateurs de la grande distribution afin de construire des réponses aux mutations intervenues dans le système économique et social. Pourquoi remettre en cause des principes à l'origine d'un tel succès et qui continuent, au prix d'aménagements de détail, à porter leurs fruits[1] ? Ce « court-termisme », que partagent encore de nombreux acteurs de la grande distribution, s'oppose à une réflexion en profondeur sur les modalités de l'adaptation à l'évolution de la manière de produire et de consommer les richesses, au moment même où le commerce électronique laisse entrevoir des formes de distribution totalement inédites... L'internationalisation et la croissance externe sont des stratégies extrêmement coûteuses en capital. Elles absorbent l'essentiel des ressources financières (mais aussi de l'énergie entrepreneuriale) des grands distributeurs, au détriment de l'expérimentation de nouvelles manières de traiter les marchés, de répondre aux attentes des clients, de relayer efficacement la création de valeur par les industriels...

Gardons-nous cependant d'un excès de manichéisme. Nous assistons, depuis le début des années 1990, à une certaine prise de conscience de la nécessité de réviser en profondeur les comportements. De nouvelles stratégies se mettent en place ; elles visent la découverte de nouveaux gisements de croissance et de rentabilité par un traitement plus « intensif » des marchés et par la révision des modèles organisa-

---

1. Ainsi pouvait-on encore lire dans la presse : « Les innovations, c'est bien, mais le discompte, c'est mieux ! » (Jean-Michel Arlaud, directeur général du groupe de grande distribution du même nom, *L'Usine nouvelle*, n° 2694, 1er juillet 1999, p. 25).

tionnels. Le durcissement récent du cadre réglementaire joue un rôle d'accélérateur en mettant un frein brutal à la croissance extensive, en contribuant à redéfinir les bases des relations industrie-commerce et en incitant les distributeurs à une meilleure prise en compte des facteurs « qualitatifs[1] ».

Les actions actuellement menées — souvent à titre expérimental — ne forment pas encore système. Toutefois, on peut les percevoir comme les premières manifestations d'une distribution post fordienne engagée dans un régime de croissance intensive. Le prochain chapitre est consacré à l'analyse de la composante qui est sans doute la plus significative de ces nouvelles stratégies : les politiques marketing d'enseigne.

---

1. Rappelons à cet égard que la loi Raffarin prévoit que, lors des dépôts de demande d'autorisation d'ouverture, les distributeurs devront informer la CDEC sur « les moyens mis en œuvre pour la modernisation et l'adaptation des équipements commerciaux à l'évolution du mode de consommation ainsi que pour le confort du consommateur et l'amélioration des conditions de travail ».

CHAPITRE IV

Les nouvelles stratégies : les politiques de segmentation/différenciation ou la « révolution marketing »

Les différentes options stratégiques que je présenterai au cours de ce chapitre et du suivant ont en commun de témoigner d'une certaine prise de distance des distributeurs vis-à-vis de principes fondamentaux qui ont régi le fonctionnement de la grande distribution durant la phase de croissance extensive. Il s'agit souvent moins de changements radicaux que d'évolutions graduelles. Individuellement, chacune des lignes stratégiques peut sembler anodine, voire anecdotique. Mais, lorsqu'on les considère simultanément, en mettant l'accent davantage sur la trajectoire qu'elles révèlent que sur leurs manifestations présentes, elles apparaissent comme annonciatrices des nouveaux fondements stratégiques du régime de croissance intensive et du renouveau de la fonction assurée par la distribution dans le système économique.

Afin de rester synthétique face à la multitude de cas particuliers que fournit l'actualité de la distribution, j'ai choisi de présenter ces nouvelles orientations stratégiques autour de trois points de rupture (trois « révolutions ») par rapport aux principes qui ont régi le fonctionnement du secteur durant l'ère de la croissance extensive : les politiques de segmentation/différenciation et de marketing d'enseigne (« révolution marketing ») ; la révision des modèles organisationnels, tant sur le plan de la gestion des flux logistiques et que sur celui de la structure interne des entreprises (« révolution organisationnelle ») ; une redéfinition de la nature des relations avec les fournisseurs, vers une logique plus « partenariale » (« révolution culturelle »). Ce chapitre est consacré à l'évolution du positionnement marketing des enseignes de la grande distribution. L'analyse des modèles organisationnels et des modes de relations avec les fournisseurs sera abordée au cours du chapitre V.

L'essor de la grande distribution s'est fondé sur l'exploitation d'un postulat simple : les attentes *du* consommateur à l'égard du commerce porte sur l'obtention des prix les plus bas. Ce postulat a longtemps porté les distributeurs à considérer les consommateurs comme un ensemble homogène et à négliger l'élaboration de véritables stratégies marketing.

Cette polarisation des stratégies sur les prix n'est plus adaptée à l'état des marchés. Nous avons vu que les normes de consommation ont évolué vers la recherche de plus de différenciation et vers l'individualisation des demandes. De plus, si la mise au premier plan du discompte a permis, à l'heure de la croissance extensive, une croissance très rapide par éviction du commerce traditionnel, elle se traduit aujourd'hui par l'exacerbation de la concurrence entre les acteurs de la grande distribution, induisant une pression sur la rentabilité collective.

Afin de répondre aux mutations des modèles de consommation, un nombre croissant de distributeurs s'écartent progressivement d'une pure stratégie de prix. L'objectif est de mieux se différencier afin de réduire, pour les clients, le degré de substituabilité entre l'enseigne de l'entreprise et celles de ses concurrents. Il s'agit de parvenir ainsi à fidéliser les clients et à en tirer davantage de profit. La différenciation appelle souvent la segmentation, c'est-à-dire la volonté de cibler plus spécifiquement un sous-ensemble du marché (une sous-population de consommateurs ou certaines occasions d'achat) par l'offre d'un concept adapté. Le couple segmentation-différenciation, qui est de nature à réduire la concurrence frontale entre les distributeurs, améliore également la rentabilité par une meilleure exploitation du « surplus du consommateur[1] ». Il est enfin propice à la stimulation de l'acte d'achat en apportant aux consommateurs une valeur spécifique qui s'ajoute à celle créée par les industriels. La mise en œuvre de stratégies de segmentation-différenciation répond ainsi à la nécessité d'une exploitation « intensive » des marchés.

On s'intéressera donc ici principalement à l'évolution du positionnement stratégique des enseignes d'un point de vue marketing : quels produits ? quel concept commercial ? quel positionnement prix ? quelle identité ?... C'est le positionnement stratégique de l'enseigne qui est censé dicter l'organisation d'ensemble de l'entreprise de distribu-

1. Rappelons que le surplus du consommateur correspond à la différence entre le prix maximum qu'un consommateur est prêt à payer un bien ou un service (« prix de réservation ») et le prix effectivement payé. Les consommateurs étant inégalement disposés à payer une certaine prestation, une politique de segmentation peut aider à faire payer chaque catégorie de consommateurs un prix proche de leur prix de réservation. Les politiques tarifaires modulables (par exemple, celles induites par les stratégies de fidélisation) sont un autre moyen d'obtenir le même résultat.

tion et ses différentes politiques fonctionnelles. L'analyse des positionnements stratégiques se distingue donc de l'étude des politiques et des ressources que les entreprises mettent en œuvre pour assurer leur compétitivité dans le cadre du positionnement retenu[1].

Je propose de définir le positionnement stratégique d'une enseigne par rapport à quatre axes qui paraissent particulièrement significatifs eu égard aux évolutions en cours. Je tenterai dans ce qui suit de cerner les principales « dynamiques stratégiques » en observant le déplacement d'un certain nombre d'enseignes le long de chacun des quatre axes[2].

L'axe « prix/différenciation »

Le positionnement « prix » correspond à la volonté d'une enseigne de s'affirmer sur son marché par l'offre de prix bas. Il s'oppose au positionnement « différenciation » qui consiste à tenter de cultiver une spécificité telle que, à prix et accessibilité égaux, le consommateur ne soit plus indifférent entre faire ses achats dans un point de vente de l'enseigne ou chez l'un de ses concurrents. Ce positionnement nécessite de doter l'enseigne d'attributs objectifs ou subjectifs, perçus comme uniques par le consommateur, et qui suscitent une préférence non directement liée au niveau des prix. Les enseignes n'apparaissant plus comme interchangeables, une stratégie de différenciation réussie permet de desserrer la contrainte sur les marges et de fidéliser la clientèle.

Le positionnement « prix » implique pour le distributeur qui l'adopte de pratiquer des marges bénéficiaires très faibles. Mais, pour que la compression des marges se ressente dans les prix, encore faut-il pouvoir bénéficier de « prix de revient » des produits distribués les plus bas possibles. En conséquence, le discompte implique une stratégie de « domination globale des coûts[3] » consistant à s'attaquer à la réduction de tous les postes de dépenses[4] :

— Les coûts d'achat font l'objet d'une attention particulière. Par la massification des commandes, les distributeurs obtiennent des

1. Sur la méthodologie d'analyse des stratégies au sein d'un secteur, voir Moati [1998].

2. La suite de cette section reprend, en l'étendant et en l'actualisant, notre contribution au Contrat d'étude prospective « Commerce de gros non alimentaire » réalisé par le CRÉDOC et le Collège coopératif pour le compte de la Darès et des partenaires sociaux du commerce non alimentaire. Voir CRÉDOC-Collège coopératif [1999].

3. M. Porter [1982].

4. Voir Colla et Dupuis [1997].

conditions d'achat avantageuses (au risque d'entrer en conflit avec les fournisseurs). Par conséquent, ils doivent s'appuyer sur une centrale d'achat puissante, et donc disposer de magasins nombreux et fréquentés. Or, la fréquentation est d'autant plus facile à obtenir que les prix sont bas. Il existe par conséquent un « cercle vertueux » du discompte (voir chapitre I).

— Les frais de personnel sont comprimés, soit par l'augmentation de la taille des magasins en libre-service, soit par une réduction drastique du service commercial. La première approche a été menée par certaines grandes surfaces spécialisées et les grandes surfaces alimentaires ; la seconde est l'un des piliers du maxi-discompte.

— Les coûts logistiques sont limités grâce à l'homogénéité des formats de magasins, la normalisation des assortiments et l'unification des contraintes d'approvisionnement (mêmes fournisseurs, mêmes types de commandes...).

— Le loyer est une charge importante que les distributeurs discompte tentent de réduire en choisissant des emplacements périphériques ou des zones urbaines excentrées (Maxi-discompte alimentaire).

Pour les distributeurs qui adoptent un positionnement fondé sur la différenciation, le prix devient une composante parmi d'autres (rarement secondaire toutefois) de la stratégie de l'enseigne. Celle-ci doit alors asseoir sa notoriété sur un concept original de manière à limiter le nombre de ses concurrents directs.

Plusieurs leviers de différenciation peuvent être activés, de façon exclusive ou complémentaire. Évoquons en particulier :

— Le « marketing d'enseigne », qui consiste à promouvoir les enseignes sur le modèle des marques de produits. L'évocation d'une image spécifique au moyen de campagnes de communication doit permettre d'associer une composante immatérielle à l'offre des points de vente. Cette image est relayée dans les magasins par un aménagement et une décoration cohérents. Le marketing d'enseigne consiste également dans des politiques de fidélisation beaucoup plus « matérielles » telles que la distribution de points de fidélité ou de cartes avantages... C'est probablement dans le commerce de l'habillement que le marketing d'enseigne est le plus développé.

— L'offre de services, qui peut prendre des formes variées : élargissement de l'amplitude des heures d'ouverture, amélioration du confort d'achat dans les magasins par une plus grande clarté du marchandisage ou l'élargissement des allées de circulation, renforcement de l'assistance commerciale par des vendeurs mieux formés à l'accueil et compétents sur les produits, possibilité pour le client de se faire livrer à domicile, qualité du service après-vente, etc.

— La différenciation de l'assortiment, à partir du ciblage des besoins d'une sous-population spécifique (Tati, Kookaï...), en privilégiant un certain niveau de gamme (Rodier, Générale d'optique...), un « style » (La Maison coloniale, Gap), en constituant des « bouquets » originaux (Ikea, Nature et Découverte...), en proposant des produits exclusifs (Décathlon, Bang et Olufsen...), etc.

Le choix de la différenciation comme positionnement stratégique implique le plus souvent une démarche de segmentation de la clientèle : différencier implique de renoncer à chercher à séduire tous les clients afin de s'attacher solidement un sous-ensemble d'entre eux.

Bien sûr, de nombreux distributeurs mènent à la fois des stratégies de prix bas sur un certain nombre de produits et de différenciation sur d'autres. La frontière entre les deux options stratégiques n'est pas totalement étanche. Ceci n'interdit pas de tenter de classer les enseignes de la grande distribution selon que ce sont les prix ou bien des éléments de différenciation qui sont mis en avant vis-à-vis des consommateurs, et qui dictent le contenu de chaque politique fonctionnelle du distributeur. Je me suis livré à cet exercice de classement pour un certain nombre d'enseignes représentatives, à partir d'informations recueillies dans la presse spécialisée ou au cours d'entretiens semi-directifs. Le résultat est présenté dans le graphique ci-dessous. La position de chaque enseigne le long de l'axe « prix-différenciation » repose sur l'évaluation du centre de gravité de son positionnement stratégique au regard des deux pôles de l'axe. La flèche qui précède ou qui suit le nom de certaines enseignes indique le sens de la dynamique stratégique qu'elle a récemment engagée. Il va de soi que ce graphique (comme ceux qui seront présentés pour les trois autres axes stratégiques) n'a qu'une vocation illustrative générale, le positionnement de chaque enseigne ayant été établi de manière intuitive.

Il se dégage de cette analyse qu'un nombre croissant d'enseignes tendent à s'écarter d'un pur positionnement prix en recherchant une plus grande différenciation.

Si le discompte est le concept fondateur de la grande distribution, l'arrivée du secteur à maturité et l'évolution des modèles de consommation favorisent les déplacements d'enseignes vers davantage de différenciation. Ce mouvement a été quelque peu contrarié, au début des années 1990, par ce que l'on a appelé les « nouveaux comportements de consommation[1] » et par l'arrivée triomphante du maxi-discompte dans l'alimentaire, auxquels nombre de distributeurs ont cru devoir répondre par une réaffirmation des prix comme principale arme stratégique. Aujourd'hui, la prise de conscience qu'il est nécessaire de se démarquer de la concurrence, de « travailler en profondeur » les

1. Brusques changements intervenus à la suite de la guerre du Golfe consistant dans une certaine désaffection pour les marques et une attention accrue aux prix, le tout sur une toile de fond de perte de l'appétit de consommer. Le CRÉDOC a analysé ces « nouveaux comportements de consommation » comme la résultante de gonflement du sentiment d'inquiétude parmi les ménages tout au long des années 1980, sentiment d'inquiétude qui a conduit à la demande d'un nouvel immatériel de consommation, fondé sur les valeurs de « rassurance » (voir Rochefort, 1995).

● *Équipement du foyer :*

Brico-Dépôt Bricorama Mr Bricolage => Leroy Merlin => Castorama =>
Basika Conforama Atlas Ikea Résonances
But => <= Pier Import Fly <= Habitat Grange Roche & Bobois La Maison coloniale
HyperMedia => Darty Planète Saturn Fnac

● *Équipement de la personne :*

Fabio Lucci Camaïeu Naf-Naf Célio Jules Caroll Morgan Rodier
Giga Store Gémo Promod => Kookaï => H & M 1.2.3. Gap Zara Devernois
Eurodif Kiabi C & A => Du Pareil au Même Sergent Major Jacadi
Halle aux Chaussures => André => Orcade Chausseria
Tati Or Marc Orian Agatha

● *Loisirs, culture, beauté :*

Marionnaud => Séphora Parfumeries sélectives
Générale d'Optique <= Grand Optical
Tati Optique Afflelou=> Lynx Optique
Vision Originale Krys
La Halle au Sport Décathlon =>
Go Sport => Le Vieux Campeur Made in Sport

● *Magasins populaires et grands magasins :*

<= Monoprix-Prisunic => Printemps
BHV Galeries Lafayette

● *Grande distribution alimentaire :*

Aldi Intermarché Carrefour =>
Lidl Leclerc => Auchan <= Casino => Marks & Spencer
Ed => <= Match

Prix ——— ***Différenciation***

marchés, de segmenter la clientèle et d'offrir à chaque cible un concept adapté..., relance la diffusion des stratégies de différenciation[1]. Les distributeurs sont de plus en plus nombreux à mettre la satisfaction de la « personne » du client au premier rang de leurs priorités, ce qui les amène à investir dans la qualité de l'accueil, l'information, l'accompagnement, l'assistance, le confort...

Le secteur de la parfumerie est significatif de la rapidité des redéploiements stratégiques. L'apparition des chaînes en libre-service au début des années 1990 s'est traduite par l'introduction du discompte sur un marché dominé par une distribution sélective pratiquant des marges élevées. Au terme d'une phase de pénétration du marché et de déstabilisation de ses structures, on constate un déplacement des enseignes discompte vers une approche plus qualitative du marché (voir le magnifique magasin Sephora ouvert en 1996 sur les Champs-Élysées).

Les chefs de file du commerce de bricolage sont engagés dans une dynamique de renforcement de leur différenciation par l'offre de nouveaux services. Leroy Merlin, par exemple, teste des formules aussi variées que la pose de bornes interactives à l'entrée des magasins afin de faciliter le repérage des produits, une école de bricolage pour les enfants, la présence d'un « homme-projet » pour assister le consommateur dans la réalisation des projets lourds... Une voie similaire est empruntée par Ikea qui renforce sa politique de service par la création de postes de « conseillers en aménagement » qui assistent les clients dans leurs achats, l'offre de crédit à faible taux, une formule de montage des meubles à domicile... Dans l'électroménager, Hyper Média a renforcé son effort de communication pour tenter de desserrer l'étau de la concurrence par les prix exercée par les hypermarchés.

Les chaînes de magasins populaires ont (trop tardivement) perçu que leur salut passe, non par le mimétisme de la grande distribution alimentaire, mais par le développement de concepts originaux impliquant une politique de segmentation. C'est ainsi que Monoprix a lancé en 1994 son concept de « City Marché », adressé à la clientèle urbaine des célibataires, des personnes âgées et des ménages actifs de centre-ville. Avant sa reprise par Monoprix, Prisunic avait opéré un recentrage sur la clientèle féminine, ce qui avait amené l'enseigne à réduire l'espace accordé à l'alimentaire au profit du développement de la parfumerie, de la dermocosmétique, de la confection femme...

Traditionnellement orienté vers la différenciation, le secteur de l'habillement a vécu un brusque appel vers le discompte au cours des années 1980, avec le développement des grandes surfaces spécialisées

---

1. En provoquant l'harmonisation des conditions tarifaires des fournisseurs aux distributeurs, la loi Galland de 1996 a constitué un encouragement complémentaire à développer la différenciation.

et de chaînes de bas-milieu de gamme. Ce positionnement s'est aujourd'hui banalisé (ce qui est attesté par les difficultés rencontrées par Camaïeu, Naf-Naf ou Promod). La diffusion de l'informatisation et des pratiques de circuit court a permis de combler les écarts de coûts entre les différents circuits de distribution et a provoqué une banalisation de l'offre. Aujourd'hui, aiguillonnées par le succès rencontré par de nouveaux concurrents étrangers fortement différenciés (Zara, Gap...), de nombreuses enseignes tentent de se démarquer de leurs concurrents. La concurrence se déplace sur un terrain plus qualitatif, consistant à améliorer l'aménagement des magasins, à développer une offre spécifique (souvent par la mise en avant d'une marque propre) dont la rotation est de plus en plus rapide, à cultiver le « libre-service assisté »... De nouvelles enseignes se sont créées autour de ce concept (1.2.3., Somewhere...), d'autres sont en cours de repositionnement (Marks & Spencer, C & A, Promod...).

Certaines enseignes de centre-ville tentent de valoriser leur localisation pour adopter une stratégie de différenciation fondée sur la proximité. Dans l'optique, par exemple, Visual développe un marketing de proximité visant à établir une relation régulière entre le point de vente et ses clients par l'envoi de mailings thématiques. Les clients déjà acquis se voient proposer des rendez-vous réguliers. Dans le même esprit, les concessionnaires automobiles, mettant à profit la capillarité de leur réseau de proximité, cherchent à fidéliser leur clientèle en étoffant leur gamme de services de réparation-entretien.

Les notions de différenciation et de segmentation sont presque antinomiques avec le concept d'hypermarché[1]. Pourtant, la plupart des acteurs de la grande distribution alimentaire s'efforcent aujourd'hui de développer des approches plus qualitatives de leur clientèle. Ils y sont d'ailleurs encouragés par la loi Galland de 1996 laquelle, en redéfinissant les règles de facturation entre les fournisseurs et les distributeurs, a modifié les critères de la « vente à perte » et a conduit à une homogénéisation des prix de vente des produits de marques dans les différents réseaux. Plusieurs voies de différenciation sont explorées par les hypers :

---

1. La citation suivante de Christophe Chain témoigne de l'état léthargique de la différenciation des enseignes de grandes surfaces alimentaires au début des années 1990 : « [...] plus de la moitié des consommateurs français confondent Euromarché et Intermarché et plus d'un tiers confondent Carrefour, le leader, et Rond Point qui n'a plus que quelques rares magasins [...]. Seuls la Fnac et Leclerc ont des niveaux de notoriété proches des grands fabricants, mais après, quant à la description de l'activité propre ou des facteurs spécifiques de ces enseignes par rapport aux autres, la physionomie de l'image n'est pas du tout comprise. Le jeu du portrait chinois ou le dessin du portrait robot appliqués à des enseignes ne seraient pas possibles : à part le professionnel, il n'y aurait aucun gagnant dans le public... » (Chain [1993, p. 71]).

— Le réaménagement des rayons non alimentaires (les « univers » de Carrefour, le « manège aux bijoux » de la deuxième génération de Leclerc...) afin de développer un « esprit boutique » : effort de mobilier, de présentation des produits, montée en gamme, mise en avant de grandes marques et gestion des marques propres comme des marques à part entière, recrutement de créateurs connus pour concevoir les produits textile (Prisunic, Carrefour, Leclerc...), etc.

— Le développement du service : au-delà d'éléments désormais classiques (mais trop souvent omis !) comme la qualité de l'accueil, l'amélioration de la signalétique et de l'information sur les produits, la propreté du magasin ou la réduction du temps d'attente aux caisses, on assiste depuis plusieurs années à un foisonnement d'initiatives et de tests de nouveaux services : assistance du client à l'ensachage des produits, livraison à domicile, voiturage des clients[1], organisation de spectacles et d'attractions sur le lieu de vente (les « Festimagics » de Carrefour)... Les enseignes les plus engagées dans cette logique d'offre de services sont allées jusqu'à conquérir la « certification ISO » pour tout ou partie de certains de leurs magasins. C'est ainsi qu'en 1998, l'hyper Cora de Wittenheim a été le premier de France à obtenir la norme ISO 9002 certifiant la qualité du magasin sur l'ensemble de ses rayons et services[2]. Si la plupart des normes de qualité que le magasin s'est engagé à respecter sont invisibles pour les clients (mais doivent, bien entendu, lui assurer un supplément de confort d'achat et de sécurité), on trouve des éléments aussi originaux que la présence de grooms chargés de renseigner les consommateurs ou l'offre d'un « café-croissant » en début de matinée !

— La mise en œuvre de politiques de fidélisation : le mot d'ordre de la fidélisation a été lancé au début des années 1990, lorsque les enseignes établies de la grande distribution alimentaire ont constaté la propension croissante de leurs clients à « zapper » entre différents points de vente et à s'évader dangereusement vers les magasins de maxi-discompte fraîchement débarqués d'Allemagne. Aujourd'hui, la plupart des enseignes ont mis en place — d'une manière ou d'une autre et avec plus ou moins de conviction — des systèmes de fidélisation : cartes de fidélité permettant de capitaliser des points donnant droit à des réductions futures ou à des cadeaux, émission instantanée de bons de réduction (« écobons ») lors du passage en caisse à valoir sur le prochain caddie... En bref, la grande distribution est en train de

1. Un supermarché Casino de Toulouse offrait en 1998 à ses clients situés dans un périmètre de moins de 10 minutes de venir les chercher à leur domicile au moyen d'une voiturette électrique et de les ramener chez eux avec leurs courses. Le tout pour seulement 18,50 francs ! Cette formule a, semble-t-il, fait des émules chez Carrefour, Monoprix, Champion...

2. Les autres hypermarchés certifiés avant lui ne l'étaient que pour une partie du magasin (un ou plusieurs rayons, les caisses...).

redécouvrir un système qui avait contribué au succès des Coop il y a une quarantaine d'années[1]. Nombreux sont ceux qui s'interrogent aujourd'hui sur les vertus différenciatrices d'un dispositif proposé par tout un chacun...

— L'amplification des politiques de communication : dès l'origine, le secteur de la grande distribution s'est affirmé comme un annonceur important. Malgré les restrictions très sévères qui pèsent encore sur la liberté des entreprises de commerce de détail de communiquer à la télévision[2], les investissements publicitaires de la grande distribution approchent les 9 milliards de francs (dont un peu plus de la moitié pour la grande distribution alimentaire), chiffre auquel il faut ajouter un montant du même ordre correspondant à la distribution de quelque 9 milliards de prospectus. Ces budgets auraient connu une croissance à deux chiffres en 1998... Les dépenses de communication représentent 1,3 % du chiffre d'affaires du secteur des hypers (soit une somme d'un ordre similaire à celui de la marge nette !). Ce pourcentage monte à 2,3 % dans le commerce de bricolage, 3 % dans le commerce d'optique-photo, et même 4,3 % dans le commerce de meubles[3]. Mais peut-être plus encore que les montants colossaux qui sont investis, c'est le glissement progressif du contenu de cette communication qu'il convient de relever. Pendant longtemps, le message quasi exclusif a consisté à affirmer : « Venez chez moi parce que je suis moins cher que les moins chers. » Et ce, sur tous les tons : slogan du type « Mammouth écrase les prix » à la radio, prospectus mettant en avant les promotions du moment... Cette orientation de la communication n'a fait qu'exacerber la concurrence entre enseignes et encourager les consommateurs à arbitrer en fonction des opportunités d'économies qui leur étaient ainsi proposées. La communication des grandes enseignes a commencé à prendre un virage significatif au cours de la seconde moitié des années 1980 lorsque le prix, pour la première fois, ne se trouva pas au cœur de certaines campagnes nationales (« Mammouth, centres de vie », « Avec Carrefour, je positive »...). Cette tendance s'approfondit, et la publicité devient un élément essentiel des stratégies de « marketing d'enseigne » consistant à donner à l'enseigne, aux yeux des consommateurs, des attributs objectifs ou subjectifs exclusifs. Notons que de tels objectifs

---

1. Une étude du Centre d'Observation économique de la Chambre de commerce et d'industrie de Paris réalisée au début des années 1960 (Havas Conseil, 1965, p. 157) révélait une très forte fidélité des *ménagères* aux coopératives, qui contrastait avec l'infidélité dont souffraient les épiceries et (déjà !) les magasins populaires. Ce contraste résultait bien sûr dans le fait qu'elles étaient « intéressées » aux ventes des Coop par un système de timbres...

2. Cette mesure avait pour objectif d'orienter une part des budgets de communication de la grande distribution vers la presse, et en particulier la presse régionale, dans le but d'aider de la sorte au maintien de la pluralité de la presse garante de la liberté d'expression.

3. Source : INSEE, Enquête annuelle d'entreprise.

sont depuis longtemps au cœur de la communication de grandes enseignes de la distribution non alimentaire (la Fnac, Ikea, Décathlon...). Chaque enseigne s'efforce donc de cultiver une problématique spécifique : la liberté associée au choix chez Auchan, le plaisir et le bien-être chez Casino, le modernisme et l'épanouissement personnel par la consommation chez Carrefour, le professionnalisme et la convivialité chez Système U, l'entreprise citoyenne (lutte contre les monopoles, environnement, euro...) chez Leclerc... En parallèle, dans les boîtes aux lettres, se multiplient (et s'épaississent) les prospectus qui continuent de mettre en avant des prix bas.

— Une approche plus segmentée de la clientèle : en s'appuyant sur de puissants systèmes d'information (sur lesquels nous aurons l'occasion de revenir), les enseignes d'hypers tentent de cibler de plus en plus finement leur clientèle. Nous ne sommes ici qu'au début d'un processus dont on mesure mal encore l'importance des enjeux, car les technologies et les compétences demeurent mal maîtrisées. Mais on peut d'ores et déjà anticiper (comme Paul Zébulon, PDG de Sun Microsystems France[1]) que les hypermarchés vont de plus en plus se tourner vers les techniques leur permettant de mieux cibler les clients afin de les toucher par un marketing direct.

En dépit de tous ces efforts, les enseignes d'hypers, et plus généralement la plupart des commerces en très grandes surfaces, souffrent de sérieux handicaps dans leurs velléités de différenciation. Leur handicap majeur réside dans le gigantisme des points de vente. Une même image d'enseigne doit pouvoir couvrir efficacement un nombre important et croissant de rayons répondant à des besoins et reposant sur des immatériels de consommation très différents. En outre, la rentabilisation de grands points de vente suppose d'être capable d'attirer le maximum de clients sur la zone de chalandise. Difficile dans ces conditions de se résigner à perdre une partie de sa clientèle à la suite d'une politique de segmentation, sans garantie de parvenir à fidéliser les clients sensibles aux axes de différenciation cultivés par l'enseigne. Des initiatives originales sont actuellement engagées pour tenter de gérer cette contradiction entre grande échelle et différenciation. Une première approche passe par la composition des assortiments, en faisant en sorte de les « approfondir » suffisamment de façon à passer de l'objectif traditionnel de « plaire à tous » à celui de « plaire à chacun ». Une seconde approche, encore balbutiante mais qui bénéficie manifestement d'un important potentiel, consiste à exploiter la quantité faramineuse d'informations recueillies sur les clients, au moment de leur passage en caisse ou au moyen de leur carte privative ou de fidélité, pour progresser vers un marketing personnalisé permettant par exemple de mener des politiques promotionnelles ciblées ou d'entretenir une

1. *Journal du textile,* n° 1502, 23 juin 1997, p. 28.

communication « personnalisée » (par voie postale par exemple) sur le modèle de ce que pratique depuis longtemps la VPC. Ce n'est pas tant le « produit magasin » qui est différencié, que la manière de s'adresser à chacune des catégories de consommateurs.

Le développement des stratégies de différenciation au sein de la grande distribution n'entraîne pas le relâchement de l'effort sur la compression des coûts. Au contraire, la réussite d'une stratégie de différenciation repose sur la capacité d'offrir aux consommateurs un rapport « utilité/prix » compétitif. La différenciation étant coûteuse (investissement dans l'aménagement des points de vente, assistance commerciale renforcée, communication...), la rationalisation de la gestion s'impose afin d'éviter une dérive incontrôlée des prix dont les conséquences peuvent être désastreuses sur des marchés fortement concurrentiels où sont présentes des enseignes résolument discompte. C'est ainsi, par exemple, que la poursuite de stratégies de différenciation par les magasins populaires s'accompagne d'efforts soutenus pour tenter de combler leur handicap de prix face au commerce de périphérie. Monoprix a conclu un accord avec Casino afin d'être en mesure d'optimiser ses achats. C'est sans doute ce qui a permis aux responsables de l'enseigne d'ouvrir en 1999 un premier magasin entièrement rénové, à l'aménagement qualitatif rompant avec l'image traditionnelle du magasin populaire, mais pratiquant des prix 6 à 10 % plus bas sur 1 000 produits d'alimentation et de parfumerie. Simultanément, le groupe accélère l'informatisation de son réseau et expérimente avec certains fournisseurs de nouvelles pratiques d'approvisionnement (voir chapitre suivant). De même, dans la parfumerie, si des chaînes de libre-service comme Marionnaud s'engagent aujourd'hui vers des positionnements plus qualitatifs (extension du choix, amélioration du marchandisage, développement du service...), elles n'abandonnent pas pour autant la logique de prix bas qui a fait leur succès.

Le développement des stratégies de différenciation provoque la diffusion des logiques de segmentation dans chaque secteur du commerce. Aussi est-il naturel que certaines enseignes choisissent de mettre le discompte au cœur de leur positionnement stratégique afin de satisfaire les poches de clientèle qui réclament des prix bas avant tout. L'alimentaire a donné le signal avec l'apparition du maxi-discompte[1]. Si la plupart des autres enseignes de grandes surfaces alimentaires

1. Selon une étude McKinsey, citée par Colla et Dupuis [1997], le prix moyen dans les magasins de maxi-discompte (en Allemagne) serait 46 % inférieur à celui d'une marque leader vendue en super. Ce différentiel est attribué pour 11 points aux coûts de distribution moins élevés, et 35 points aux meilleures conditions d'achat. Ces 35 points se décomposent à leur tour en : 10 points pour le coût du produit, 10 points pour le coût du marketing, 7 points en raison d'une meilleure interface producteur-distributeur, 5 points attribuables au coût de la structure et 3 points à la marge nette du producteur.

évoluent, comme on l'a vu, vers un positionnement plus différencié, Intermarché reste résolument attaché à un positionnement prix[1]. De nouvelles enseignes discompte sont apparues récemment dans certains secteurs non alimentaires : Brico-dépôt dans le bricolage, Arrivage, Basika, les Docks du meuble... dans le commerce du meuble, la Générale d'optique dans l'optique, Tati Or dans la bijouterie... Ces enseignes ont en commun d'offrir un assortiment concentré sur des produits à forte rotation, généralement sur des surfaces réduites, dans un cadre fruste.

Ainsi, assiste-t-on à un partage de plus en plus marqué entre des enseignes revendiquant un ancrage sur le discompte et d'autres qui développent des formes variées de différenciation. La tendance est donc un éparpillement plus marqué des enseignes de la distribution le long de l'axe « prix/différenciation ». Cette tendance constitue le premier symptôme de la « fragmentation » de l'espace stratégique que j'aurai l'occasion de diagnostiquer à plusieurs reprises.

L'axe « généralistes/spécialistes »

L'évaluation du positionnement stratégique d'une enseigne sur l'axe « généraliste/spécialiste » se fait en considérant deux dimensions de son assortiment :

— Sa largeur, qui correspond au nombre de familles de produits vendues ; elle mesure l'étendue des besoins de consommation couverts par l'offre de l'enseigne.

— Sa profondeur, qui renvoie au nombre de références par famille de produits ; la profondeur de l'assortiment mesure ainsi la diversité des réponses proposées par l'enseigne à une catégorie de besoins.

L'archétype du généraliste est bien sûr l'hypermarché. Les spécialistes proposent des assortiments moins larges, mais généralement plus profonds.

En raison de la nature de leur positionnement, les distributeurs généralistes proposent un choix assez étendu de marchandises différentes, vendues dans des conditions homogènes. La concurrence directe entre généralistes est par conséquent très vive. Pris en étau entre la pression sur les prix et les problèmes d'espace de vente, les généralistes

1. « Notre culture, le point fort de l'enseigne, c'est le discount. Toute notre stratégie consiste à conserver cette compétitivité sur les prix pour la totalité de l'assortiment y compris le frais », Didier Duhaupand, membre du conseil d'administration d'Intermarché (LSA, n° 1587, 4 juin 1998, p. 28).

préfèrent souvent sélectionner les références qui font le plus gros volume d'affaires (la fameuse règle des « 20/80 »). La focalisation sur les niveaux de gamme les plus demandés consacre le règne du « consommateur médian ». Mais elle écarte ainsi toute une frange de consommateurs désireux d'accéder à une offre répondant d'une manière plus précise à la spécificité de leurs besoins. Et c'est justement dans ces interstices du marché délaissés par les distributeurs généralistes que les spécialistes peuvent s'engouffrer.

On peut distinguer plusieurs catégories de « spécialistes » :

— Les spécialistes-généralistes : ils traitent une famille de produits avec des assortiments relativement peu profonds. Ils recherchent généralement à travers ce positionnement une stratégie de volume, revenant à cibler le consommateur médian avec des prix attractifs (La Halle aux Chaussures, Go Sport...). D'autres enseignes traitent simultanément plusieurs familles de produits, toujours avec des assortiments peu profonds ; ce sont alors des multispécialistes (But, Fly, Caténa). Cette première catégorie de spécialistes est vulnérable à la concurrence tant des grandes surfaces alimentaires que des hyperspécialistes. C'est la raison pour laquelle ce positionnement s'accompagne généralement d'une volonté d'atteindre un fort niveau de compétitivité-prix ou d'affirmer une forte différenciation de l'enseigne (grands magasins, Habitat...).

— Les hyperspécialistes offrent une gamme de produits très profonde sur un domaine relativement étroit (Décathlon, Plein Ciel, Toys'R'us...). Ils disposent généralement d'une forte image de compétence, associée à l'étendue du choix proposé. Cette étendue nécessite des magasins de grande taille ; c'est pourquoi les hyperspécialistes se présentent presque toujours sous la forme de grandes surfaces spécialisées. D'ailleurs, certaines d'entre elles tirent profit de leur grande surface de vente (et du volume de leurs achats) pour mener une stratégie de prix bas, à l'image des grandes surfaces à dominante alimentaire. Ces grands distributeurs discompte spécialisés sont parfois appelés « categories killers » parce qu'ils transcendent les frontières dressées à l'origine entre le petit commerce et les grandes surfaces généralistes et ont témoigné par le passé d'une redoutable capacité à conquérir des parts de marché.

— Les ultraspécialistes pratiquent un assortiment très étroit mais très profond pour une clientèle initiée. Leur force repose sur la pertinence de la segmentation opérée et sur le niveau de compétence (généralement élevé) associé à leur rôle de sélectionneur de produits. L'étroitesse de leur marché favorise les petites surfaces de vente (Le Vieux Campeur, Quai 34, Jeux Descartes, Kid Optic).

Le graphique ci-dessous, sur lequel j'ai représenté le positionnement d'enseignes représentatives en fonction de la nature de leur assortiment, montre nettement une tendance à la polarisation des acteurs de la distribution aux extrémités de cet axe stratégique.

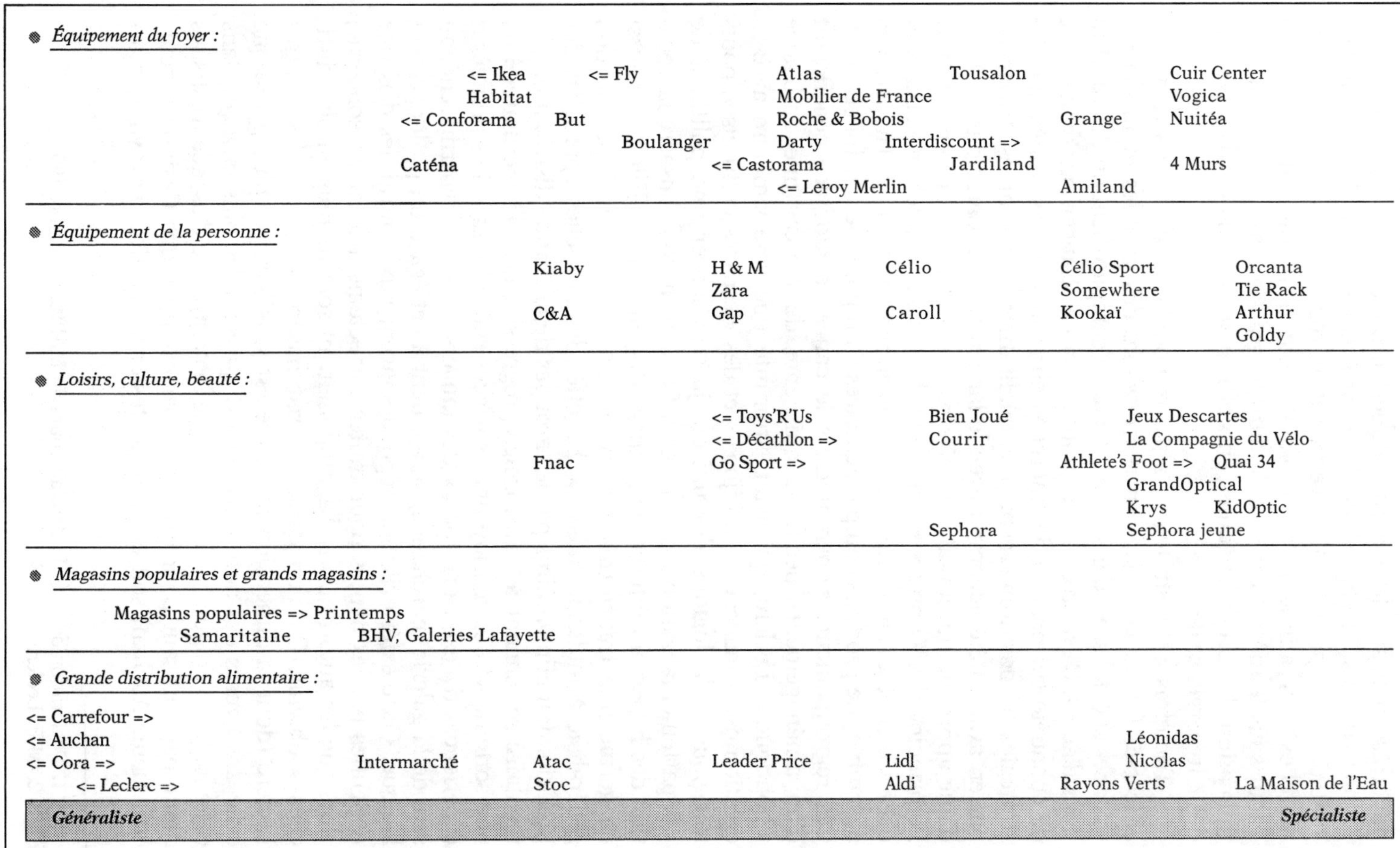
Équipement du foyer :
<= Ikea
<= Fly
Atlas
Tousalon
Cuir Center
Habitat
Mobilier de France
Vogica
<= Conforama
But
Roche & Bobois
Grange
Nuitéa
Boulanger
Darty
Interdiscount =>
Caténa
<= Castorama
Jardiland
4 Murs
<= Leroy Merlin
Amiland
Équipement de la personne :
Kiaby
H & M
Célio
Célio Sport
Orcanta
Zara
Somewhere
Tie Rack
C&A
Gap
Caroll
Kookaï
Arthur
Goldy
Loisirs, culture, beauté :
<= Toys'R'Us
Bien Joué
Jeux Descartes
<= Décathlon =>
Courir
La Compagnie du Vélo
Fnac
Go Sport =>
Athlete's Foot =>
Quai 34
GrandOptical
Krys
KidOptic
Sephora
Sephora jeune
Magasins populaires et grands magasins :
Magasins populaires => Printemps
Samaritaine
BHV, Galeries Lafayette
Grande distribution alimentaire :
<= Carrefour =>
<= Auchan
Léonidas
<= Cora =>
Intermarché
Atac
Leader Price
Lidl
Nicolas
<= Leclerc =>
Stoc
Aldi
Rayons Verts
La Maison de l'Eau
Généraliste
Spécialiste

Afin de faire face aux perspectives d'épuisement de leur potentiel de croissance sur le marché alimentaire, les hypermarchés, nous l'avons vu, se sont engagés activement à partir du milieu des années 1980 dans une politique de diversification vers un nombre croissant de marchés non alimentaires. Il s'agit donc d'approfondir le concept « tout sous le même toit » fondateur des grandes surfaces, par la multiplication des produits traités en s'affirmant de plus en plus comme des « hypergénéralistes ».

Toutefois, cette stratégie n'a pas toujours apporté la preuve de son efficacité face à la concurrence croissante des grandes et moyennes surfaces spécialisées, dans un contexte de complexification des motivations d'achat. C'est précisément pour tenter de relancer leur dynamique de conquête sur chacun des marchés non alimentaires traités que des stratégies de positionnement plus qualitatif sont élaborées. Un grand pas en avant a été accompli avec le lancement par Carrefour en 1997 d'une approche du non-alimentaire par « univers de consommation ». Le principe des « univers » (qui a fait depuis des émules en particulier chez Cora et Casino) consiste à regrouper, au sein de l'hyper, des ensembles de produits complémentaires d'un point de vue fonctionnel. Ces regroupements s'opèrent dans le cadre de modules bénéficiant d'un aménagement spécifique qui tente de recréer une ambiance « boutique ». Leclerc, qui avait emprunté une voie similaire avec la création des « manèges aux bijoux » et des « espaces culturels », pourrait pousser la logique des univers jusqu'à lancer une politique de « départementalisation » des hypers[1]. Cette évolution consacre la vocation des hypers à renforcer leur image de généralistes. Elle porte aussi en germe une transformation profonde : « le passage de la fonction généraliste à multispécialiste[2] ». En effet, les nouvelles approches des produits non alimentaires par les groupes de la grande distribution alimentaire reviennent à transformer progressivement l'hypermarché en une sorte de « pool de moyennes surfaces spécialisées ». Les premières expériences d'« extériorisation » des univers hors de l'hypermarché, au sein de la galerie marchande, constituent à cet égard un prolongement logique. Cette extériorisation répond souvent aux contraintes d'espace ressenties par les hypers pour traiter correctement le rayon concerné, alors que les autorisations d'agrandissement sont de plus en plus difficiles à obtenir. Ce n'est donc pas par hasard si ce sont les Centres Leclerc (dont la dimension moyenne est sensiblement plus petite que celle des hypers des autres enseignes) qui sont les plus engagés dans cette logique. Toutefois, l'argument de la contrainte d'espace n'est sans doute pas suffisant pour expliquer, par exemple, que Casino (et peut-être même Auchan) soit en train de tester la création de rayons infor-

1. Déclaration de M.É. Leclerc au cours du MAPIC, novembre 1997.
2. M.É. Leclerc.

matiques « extériorisés » dans la galerie marchande, que Carrefour ait implanté ses Carrefour Optique hors des hypers et ait expérimenté l'implantation « à l'extérieur » du rayon bijouterie et parfumerie.

Il est encore trop tôt pour savoir si ce qui pourrait constituer une véritable bifurcation dans le développement du concept hypermarché, est appelé à se généraliser[1]. Il convient toutefois de rappeler qu'il existe des précédents. Au cours des années 1980, les hypers ont voulu renforcer leur position sur le marché des articles de sport, alors particulièrement dynamique. Pour cela, certains groupes ont tenté de passer de la vente de produits à connotation sportive éparpillés dans différents rayons, au ciblage direct du concept sport. Le premier « espace sport » a ainsi été créé par Auchan en 1984, suivi par Carrefour en 1987. Cette modification de l'approche de la vente des articles de sport par les hypers leur a permis dans un premier temps de conquérir de nouvelles parts de marché. Mais cette dynamique vertueuse s'est épuisée vers la fin des années 1980. Depuis, les hypermarchés ne cessent de reculer (selon la Fédération nationale du commerce d'articles de sport et de loisirs, leur poids dans les ventes d'articles de sport est tombé à 13 % en 1996, alors qu'il était de 18 % en 1988). Les principales raisons de cet « échec » sont susceptibles de nouveau d'entraver les tentatives des hypers de développer leur présence sur d'autres marchés non alimentaires :

— Au moment du lancement des « espaces sport », la distribution des articles de sport était encore dominée par le commerce indépendant (groupé ou isolé). Les grandes surfaces spécialisées ne représentaient encore qu'à peine 20 % de parts de marché. Aujourd'hui, les chaînes intégrées occupent 36 % du marché et Décathlon domine avec un chiffre d'affaires de près de 14 milliards de francs en 1999. Les hypers n'avaient réussi à s'imposer que face à une distribution traditionnelle fragile ; ils ont reculé devant la constitution d'une grande distribution spécialisée extrêmement compétitive.

— Après bien des hésitations, les grandes marques ont boudé les rayons des hypers (de peur de nuire à leur image et de se mettre à dos le commerce spécialisé). Or, sans les grandes marques, les hypers sont condamnés à ne jouer qu'un rôle de second rang. Aujourd'hui, ils butent sur la même attitude des grandes marques dans le domaine de la parfumerie et de la parapharmacie et, dans une certaine mesure, dans celui de l'habillement.

Ainsi, la création des « univers » constitue une étape importante dans la définition par les hypers d'une réponse aux nouvelles tendances

---

1. Notons qu'une tendance similaire est observable dans le monde de la VPC. Les grands VPCistes généralistes se sont engagés depuis quelques années dans une politique d'édition d'un nombre croissant de catalogues spécialisés. La Redoute publierait ainsi aujourd'hui près de 70 catalogues spécialisés, les 3 Suisses une trentaine, et la Camif une vingtaine.

à la consommation. Elle constitue une tentative de réduire la contradiction entre la gestion d'une image globale qui couvre l'ensemble de l'offre du magasin, et le besoin de créer des images locales adaptées à la spécificité de chaque rayon. Toutefois, cette stratégie d'univers comporte l'inconvénient majeur d'exposer frontalement les hypers à la concurrence des moyennes et grandes surfaces spécialisées. Dans ce combat, l'atout principal des hypers réside dans leur capacité à exploiter le trafic de clientèle suscité par l'offre alimentaire. Cet atout sera-t-il suffisant face à des spécialistes couvrant de mieux en mieux l'espace stratégique ?

En effet, de nombreux spécialistes renforcent leur positionnement en procédant à l'accroissement à la fois de l'étendue et de la profondeur de leurs assortiments.

J'ai déjà évoqué les politiques d'enseignes multispécialistes ou hyperspécialistes qui consistent à étendre l'offre à de nouveaux rayons. D'autres (mais quelquefois les mêmes) enrichissent leur offre sur les rayons traités. Au total, beaucoup de moyennes et grandes surfaces spécialisées proposent à leurs clients un nombre croissant de produits. Leroy Merlin offre 40 000 références en magasin, auxquelles s'ajoutent 20 000 références disponibles sur commande[1]. Les plus grands magasins de la chaîne Go Sport offrent jusqu'à 40 000 références d'articles de sport. GrandOptical propose 3 500 modèles de montures, H & M présente selon les saisons entre 9 000 et 15 000 références de vêtements... on assiste, parallèlement, au développement de nouvelles enseignes hyperspécialisées : Hyper Plein Ciel dans la papeterie et le petit équipement de bureau (3 500 à 4 000 références), Jardiland ou Vive le Jardin dans les produits de jardinage, Amiland dans l'animalerie... Certaines enseignes, qui ne disposent pas des moyens (notamment en termes de surface ou d'image) de suivre cette course à l'approfondissement de l'offre, tendent à se resserrer sur un nombre réduit de familles de produits. Ainsi Athlete's Foot a annoncé sa volonté d'abandonner l'habillement pour se concentrer sur la chaussure de sport ; Interdiscount entend se recentrer sur la photo et le multimédia. Enfin, évoquons la création de nouvelles enseignes spécialisées sur des micromarchés : Mondial Pêche, Goldy les montres, ou encore Rayons verts (alimentation bio) ou la Maison de l'eau[2] (eaux en bouteille) dans l'alimentaire. Phénomène plus nouveau, certains distributeurs créent des enseignes hyperspécialisées, non pas dans l'espace des produits mais dans celui des cibles de consommateur, à l'image de Célio avec Célio Sport ou de Sephora avec Sephora Jeune. Collectivement, la grande distribution spécialisée a donc de plus en plus les moyens de répondre d'une

---

1. Il est vrai que les ventes « à la contremarque » ne représentent que des volumes très marginaux.

2. Cette enseigne, qui a ouvert son premier magasin en 1998, propose pas moins de 70 marques d'eaux en bouteille en provenance d'une quinzaine de pays...

manière extrêmement fine et très différenciée aux besoins des consommateurs. La partie n'est pas gagnée pour les hypers...

Signalons, pour terminer, le déplacement stratégique amorcé depuis plusieurs années déjà par les grands magasins. Initialement positionnées comme des généralistes, la plupart des enseignes de grands magasins ont progressivement affirmé une spécialisation : les Galeries Lafayette et le Printemps vers la mode, le BHV vers la maison. Dans le cadre de son programme de rénovation des points de vente, le BHV est en train de renforcer sa spécialisation en étoffant son assortiment bricolage.

On assiste donc sur l'axe « généralistes/spécialistes », à l'instar de ce que nous avions observé sur l'axe « prix/différenciation », à une dispersion importante et croissante de la position des enseignes. Nous tenons là une nouvelle manifestation du phénomène de fragmentation de l'espace stratégique. Obéissant à la logique de segmentation, une forme de complémentarité s'est développée entre les enseignes : les ultragénéralistes ciblent les consommateurs médians, les spécialistes le cœur du marché, les ultraspécialistes les niches. Cet équilibre risque cependant d'être remis en cause, d'une part par le changement d'approche du non-alimentaire dans certains réseaux d'hypers, qui les conduit à rapprocher leur assortiment de celui des spécialistes et, d'autre part, par les stratégies de spécialistes consistant à étendre la largeur des gammes en abordant de nouveaux produits. Ce dernier phénomène doit s'interpréter en référence au troisième axe stratégique.

L'axe « produit/bouquet »

Ce troisième axe stratégique est sans doute le plus délicat à appréhender. Pourtant, des mouvements stratégiques d'importance sont en train de s'opérer le long de cet axe, car c'est lui certainement qui exprime le mieux les nouvelles tendances dans la distribution. Pour simplifier, je raisonnerai sur les cas extrêmes, sachant que la « zone grise » entre les positionnements purement « produit » ou purement « bouquet » recouvre une large proportion des enseignes du commerce.

Ce clivage est relatif à la nature des produits vendus par une enseigne et à ce qui fonde la cohérence de son assortiment. On peut ainsi opposer les enseignes dont l'assortiment est fondé sur un produit générique à celles qui cherchent à satisfaire un besoin global, à apporter une réponse complète à un problème de consommation au moyen de produits variés. Ce clivage concerne donc principalement le commerce spécialisé, les grandes surfaces généralistes offrant, par définition, un large ensemble de produits couvrant plusieurs fonctions de consommation.

Les exemples de positionnement « produit » sont nombreux. Il porte sur des produits définis de manière plus ou moins large : Nuggets pour les disques, Cuir Center pour le mobilier en cuir, GrandOptical pour l'optique, Léonidas pour les chocolats, Nicolas pour les vins...

La compétitivité de l'enseigne passe alors, en grande partie, par la maîtrise des approvisionnements. Le distributeur doit affirmer une expertise sur les produits et les filières de production lui permettant d'effectuer une sélection dans l'offre des fournisseurs en fonction de la qualité intrinsèque des produits et de ce qu'il connaît des besoins de sa clientèle. Cette expertise peut d'ailleurs déboucher sur une stratégie de « labellisation » des produits vendus — voire de marques propres — qui atteste de l'expertise du distributeur et engage sa crédibilité (voir chapitre VII). Ce dernier tire également sa compétitivité de la concentration de ses achats qui lui permet d'obtenir des conditions attractives de la part de ses fournisseurs.

Le positionnement « bouquet » revient à offrir aux consommateurs un assortiment de produits hétérogènes (pour simplifier, issus d'industries différentes), mais reliés par l'usage que les consommateurs en font ou les représentations qu'ils en ont. Le rôle du distributeur est alors d'établir une cohérence fonctionnelle ou symbolique entre des objets hétéroclites en vue de satisfaire globalement un besoin de consommation.

Reconnaissons-le, la distinction est quelquefois ténue. Le critère pertinent pour distinguer les deux logiques de distribution semble résider dans trois points principaux :

— Alors que le positionnement « produit », qui revient à proposer des articles substituables, appelle un achat unitaire (un consommateur venu pour se chausser n'achètera probablement pas deux paires de chaussures le même jour dans le même magasin), le positionnement bouquet mise sur sa capacité à susciter l'achat simultané de produits complémentaires (l'achat d'un produit n'est pas exclusif d'un autre achat).

— L'homogénéité ou l'hétérogénéité des sources d'approvisionnement. Le spécialiste de la chaussure n'aura, en gros, qu'un circuit d'approvisionnement à maîtriser, une seule offre produit à expertiser. Le distributeur bouquet aura à assurer l'expertise d'un nombre élevé de produits hétéroclites, émanant d'industries variées et transitant par des circuits d'approvisionnement différents. Ces achats se répartissant sur un nombre important de fournisseurs hétérogènes, le distributeur bouquet est confronté à la complexification de la fonction achat qui constitue une menace sur sa compétitivité face à des distributeurs spécialisés produit présents sur les mêmes marchés.

La cohérence de l'offre d'un distributeur « produit » est évidente aux yeux des consommateurs. Il n'en va pas forcément de même de l'offre d'un distributeur bouquet. Le positionnement bouquet revient à rassembler dans le même point de vente des produits émanant de filières d'offre différentes, mais qui sont censés être reliés, aux yeux des consommateurs, par un principe de cohérence. Ce principe de cohérence peut être de nature fonctionnelle, technologique. C'est le type de principe de cohérence adopté par les premières enseignes univers. L'innovation introduite par les grandes surfaces de bricolage a été de réunir sous le même toit des produits, jusque-là vendus par des circuits différents, mais dont le consommateur a besoin simultanément pour satisfaire une certaine fonction de consommation. Par exemple, une planche de bois, un marteau et un clou émanent de filières de production différentes (et ont longtemps été vendus dans des circuits séparés) mais sont perçus comme complémentaires par le consommateur ; les réunir dans un même point de vente est générateur de valeur ajoutée aux yeux de ce dernier. Le principe de cohérence peut également être de nature symbolique. Aucune relation fonctionnelle ne lie les articles, la cohérence s'opérant dans l'imaginaire du consommateur. L'exemple le plus frappant de positionnement « bouquet à principe de cohérence symbolique » est certainement offert par Nature et Découverte. C'est la nature même de l'assortiment — accompagné d'un aménagement du magasin adapté — qui contribue à donner du sens à chacun des produits vendus, à leur apporter une valeur ajoutée immatérielle fondée, ici, sur un immatériel de consommation proche des valeurs écologiques et « new age ». Les jeunes enseignes La Maison coloniale dans l'ameublement-décoration et, plus encore, J'ai Rêvé d'un Autre Monde (décoration, petits meubles, livres, disques, gadgets...), développent quant à elles un immatériel « ethnique ». Avec ces positionnements « bouquet à cohérence symbolique », le distributeur sort de son rôle traditionnel d'intermédiaire plus ou moins transparent, pour devenir le producteur d'une véritable valeur ajoutée. Je reviendrai longuement (chapitre VII) sur les conséquences de cette dérive de la fonction du commerce, en particulier sur le contenu des relations avec les fournisseurs et sur la question des marques.

Ainsi, plus généralement, un distributeur bouquet peut rarement se contenter de faire cohabiter des produits hétérogènes sous un même toit. Il doit les « mettre en scène », pour souligner leur complémentarité ou pour leur apposer une valeur symbolique. Autrement, il n'est qu'un multispécialiste. Un exemple permettra de saisir la nuance. Conforama vend du mobilier et de l'électroménager. Toutefois, dans le concept commercial de l'enseigne, dans l'aménagement des magasins..., il ne s'agit que d'une juxtaposition de rayons n'apportant qu'une faible valeur ajoutée spécifique. Lorsque la Fnac associe la distribution de livres, de disques et de produits bruns[10]..., elle s'affirme comme un spécialiste des biens culturels et donne du sens à la consommation jointe de ces produits, dans lequel se reconnaissent

1. Télévision, hi-fi, vidéo...

certaines catégories de clients. Dès lors, la diversification de la Fnac dans la photo, la micro-informatique... apparaît comme cohérente (bien plus que le traitement de la micro-informatique par Conforama). Lorsque Habitat et Ikea vendent simultanément du mobilier et de la vaisselle ou des tapis, ils vendent un style de vie en même temps que des biens complémentaires (ce qui peut permettre d'étendre l'assortiment à l'outillage léger et aux jouets).

Le positionnement bouquet est en cours de diffusion (il est déjà très largement répandu aux États-Unis), et témoigne d'un glissement très significatif des fonctions assurées par la grande distribution, de la fourniture de produits à l'offre de solutions (chapitre VII). La tendance à l'augmentation de la diversité des produits vendus que suivent nombre d'enseignes participe souvent de ce mouvement. Les enseignes qui ont connu les plus fortes progressions au cours des dernières années sont souvent celles ayant adopté un positionnement bouquet : Ikea, la Fnac, Castorama, Leroy Merlin, Décathlon, Nature et Découverte...

Si beaucoup de jeunes enseignes se sont d'emblée inscrites dans cette logique de bouquet, les pionniers de ce type de positionnement sont en train d'approfondir leur réflexion dans cette direction, tandis que certains distributeurs positionnés « produit » se convertissent à l'approche bouquet.

Dans la distribution d'articles de sport, Décathlon, par exemple, suit une stratégie de couverture sans cesse croissante de la fonction « pratique sportive » ou « forme » : outre, bien sûr, l'ensemble des articles nécessaires à la pratique des différents sports, il offre un vaste assortiment d'articles de pêche, de chaussures de marche ou de jardinage, et plus récemment, un coin de restauration rapide (mais équilibrée !) et une offre exclusive de voyages... Les dernières expérimentations du groupe témoignent d'une volonté d'approfondir son enracinement dans cette logique de bouquet. En effet, Décathlon a élaboré le concept de « prairie », implantée sur un vaste domaine[1] comprenant, outre un magasin Décathlon, un vaste ensemble de complexes sportifs : parcours de jogging, de VTT, un mur d'escalade, une salle de fitness, voire équipements sportifs municipaux ainsi que diverses installations d'essais des nouveaux produits Décathlon et de nombreux services (location de matériel, ateliers de réparation, bureau de guides pour les randonnées pédestres...). Toujours dans le commerce d'articles de sport, le groupe Pinault-Printemps-Redoute a procédé, en 1998, au lancement d'une nouvelle enseigne, Made in Sport, développant elle aussi une logique de bouquet, mais qui est orientée de manière très différente de celle de Décathlon. Moyennes surfaces de centre-ville, les points de vente mettent en avant

1. Mais le concept original a été adapté par exemple pour le magasin du stade de France.

Équipement du foyer :

Mobilier de France
Fly
Ikea =>
Cuir Center
But
Conforama
Roche & Bobois
Nuitéa
Habitat
Résonances
Tousalon
Darty
J'ai rêvé d'un autre monde
Castorama =>
Lapeyre
Mr Bricolage
Leroy Merlin =>
4 Murs
Hyper Plein Ciel
Truffaut =>

Équipement de la personne :

Le Palais du Vêtement
Kookaï Zara =>
Kiabi => Célio
Naf-Naf
H & M
Arthur

Loisirs, culture, beauté :

Toys'R'Us =>
La Grande Récré =>
Apache
GrandOptical
Loisirs Créatifs
Nature et Découverte
Fnac Télécom
Séphora =>
Fnac
Fnac Junior
Athlete's Foot
Courir
Intersport
Quai 34
Décathlon =>
Go Sport =>
Made in Sport

Magasins populaires et grands magasins :

Magasins populaires =>
Samaritaine
BHV => Bon Marché =>
Printemps =>
Galeries Lafayette =>

Grande distribution alimentaire :

Supermarchés
Carrefour =>
Hard-discount
Cora =>
Casino =>
Rayons Verts
Leclerc =>

Produit — **Bouquet**

l'immatériel associé à la « starisation » des grands sportifs. Un petit nombre d'articles de sport de grandes marques (mais aussi d'objets-cadeaux) sont mis en scène en référence à un événement, un sportif, une équipe... le tout dans un décor de qualité incluant l'exposition d'objets ayant appartenu à de grands sportifs, des écrans vidéo diffusant des images de sport... Go Sport s'oriente à son tour vers l'offre d'un bouquet plus immatériel, davantage centré sur l'univers du « sport-loisir ».

Dans le secteur du jouet, si les moyennes et grandes surfaces spécialisées se sont rapidement détachées d'un pur positionnement produit en faveur de bouquets « enfant » ou « jeu-éducation » (Toys'R'us), la Grande Récré est en train de franchir un pas supplémentaire en complétant son offre de jouets par une gamme de petits meubles et accessoires pour chambres d'enfant, mais aussi en lançant trois formules de petites surfaces attenantes au magasin principal : l'une consacrée au multimédia-jeu vidéo à destination des adolescents de 10 à 14 ans, l'autre aux filles (bijoux fantaisie, papeterie, bagagerie, parfumerie...), la dernière à l'univers de la fête. Pour tenter de redresser ses résultats en France, Toys'R'us semble prêt à son tour à amorcer un déplacement vers un positionnement bouquet plus immatériel.

Allant plus loin dans cette direction, au point de faire sauter nos repères sectoriels usuels, la Fnac Junior regroupe jeux et jouets, produits multimédia, livres, disques, casettes vidéo... destinés aux enfants. La jeune enseigne Apache offre un assortiment similaire, mais propose également des meubles, des objets de décoration et des luminaires, du textile d'ameublement... Une « boutique » intégrée au magasin offre une gamme de produits de 5 à 80 F spécifiquement destinés à être achetés par les enfants eux-mêmes avec leur argent de poche. En outre, 60 à 120 ateliers « éveils et découvertes », payants, sont proposés chaque semaine, ainsi que les services d'un « bar à bulles » et d'un coiffeur ! Le bouquet intègre ici subtilement biens et services.

C'est à cette intégration biens-services que travaillent aujourd'hui les chefs de file du bricolage, autour du mot d'ordre « tout pour réaliser un projet ». Cette orientation, explicitement pensée en termes de solutions pour les clients et non en termes de produits, se traduit à la fois par l'élargissement et l'approfondissement des assortiments. Castorama a réorganisé ses magasins par univers, avec mise en situation des produits. « Les rayons classiques répondent davantage aux préoccupations de gestion du magasin qu'à celles du client. Ils correspondent également à l'historique des produits, c'est-à-dire à une organisation par métier... Aujourd'hui, les familles fusionnent[1]. » Dans le même esprit — et fortement encouragé par la baisse de la TVA sur

1. Jean-Hughes Loyez, PDG de Castorama, *Bricomag*, n°38, juin-juillet 1997, p. 56.

les produits posés par des professionnels — les grandes enseignes du bricolage offrent désormais un service intégré de pose[1].

Ikea, un des pionniers du positionnement bouquet, a récemment élaboré de nouveaux concepts thématiques : « Ikea des petits » (0-7 ans), Espace « 365 + » (objets design autour de la cuisine), « So Ho » (bureau), concept junior (8-14 ans). « On ne peut plus segmenter la clientèle aujourd'hui par tranches d'âge ou par CSP[2] : il faut lui apporter une réponse aux moments clés de sa vie[3]. » Mis en œuvre dans le catalogue 1998, ces concepts sont progressivement implantés dans les magasins.

Le développement de la logique de bouquet commence également à affecter des enseignes ayant jusque-là adopté un positionnement produit. Ainsi, Kiabi procède à la réorganisation de ses magasins par univers. Par exemple, les chaussures, auparavant groupées en un seul rayon, sont réparties dans chaque secteur, de même que les caisses et les cabines d'essayage, le tout avec une mise en scène des produits dans un « esprit Ikea ».

Si le concept même de jardinerie est fondé sur une logique de bouquet, Truffaut a innové en s'orientant vers une approche plus symbolique de l'univers du jardin et de la nature. Les nouveaux points de vente (en particulier celui ouvert à Paris au pied de la Bibliothèque de France ou la nouvelle grande surface de Châtenay-Malabry) offrent, dans un cadre élaboré, un vaste choix de produits végétaux, d'outillage, d'animaux vivants et de produits d'animalerie, mais aussi des objets de décoration, des livres et des articles de loisirs créatifs. À un service de qualité sont associées des animations, telles que des conseils d'experts ou des ateliers d'initiation pour les enfants.

Les grands magasins sont parmi les premiers distributeurs à avoir opéré un repositionnement sur des bouquets (fonctionnels pour BHV, plus immatériels pour le Printemps et les Galeries Lafayette). Le caractère plus ou moins généraliste de l'offre des grands magasins les conduit d'ailleurs à adopter une approche « multibouquet ». C'est ainsi que, si les bouquets relatifs à la mode sont aujourd'hui en régime de croisière dans les deux grands magasins du boulevard Haussmann, l'attention porte désormais sur la construction de bouquets complémentaires en d'autres points des magasins. Les Galeries Lafayette, après la création d'un rayon d'alimentation fine et festive, a récemment réaménagé en profondeur son rayon jouets et a ouvert un restaurant Mac Donald en son sein. Le Printemps, quant à lui, a ouvert en 1998 l'espace « L'esprit libre » (difficile d'être plus immatériel !) dédié

---

1. Cette activité, qui constitue un des axes de la communication de l'enseigne, serait déjà à l'origine de 10 % du chiffre d'affaires de Lapeyre.
2. Catégories socioprofessionnelles.
3. Jean-Louis Baillot, PDG d'Ikea France, *Journal du textile*, n° 1504, 8-15 juillet 1997, p. 19.

à l'univers de l'écriture : vaste papeterie renfermant des références rares, carterie, importante gamme d'agendas, librairie centrée sur le livre d'art, le roman et les guides pratiques, disques classique, jazz et variété, cassettes vidéo des classiques du cinéma (en VO), coin enfant et... café littéraire (exploité par Flo). En bref, le bouquet parfait pour intellectuelles parisiennes...

Situer les enseignes de grandes surfaces alimentaires sur ce troisième axe stratégique se révèle délicat. Il semble clair que, à l'origine, le concept super ou hypermarché relevait clairement d'un positionnement (multi-) produit, tant l'organisation des rayons ne renvoyait le plus souvent qu'à la froide rigueur des nomenclatures de produits (les liquides, les conserves, les fruits et légumes...). Cependant, dans une certaine mesure, on peut considérer que le super ou, plus encore, l'hypermarché constitue, en soi, un bouquet : en offrant sous le même toit l'ensemble des biens de consommation courante (ou, au minimum, l'ensemble des produits alimentaires courants), il permet au consommateur de satisfaire efficacement son « besoin de ravitaillement ». C'est d'ailleurs précisément parce que ce « bouquet » cherche à répondre à un des problèmes de consommation parmi les plus primaires et les moins chargés d'immatériel que le concept de grande surface alimentaire se devait d'offrir ce bouquet dans des conditions d'accessibilité maximale et au coût minimum. L'extension continue du nombre de familles de biens ou de services proposés par les hypers étire jusque vers ses plus extrêmes limites le fondement du bouquet initial, puisqu'il ne s'agit plus seulement de se « ravitailler », mais plus généralement encore de résoudre simultanément l'ensemble des problèmes de consommation des clients, qu'ils soient du ressort de la logistique du quotidien (alimentation courante, entretien), du bien-être de la personne (habillement, hygiène, parapharmacie, bijoux...), des loisirs (sport, audiovisuel...), de l'éducation (culture, multimédia), de l'évasion (billetterie, voyage...). Ce parti pris de prise en charge globale des problèmes de consommation des clients est d'ailleurs inscrit en filigrane dans les dernières campagnes de communication de Carrefour ou d'Auchan. Si de tels bouquets ne manquent pas d'atouts, on peut se demander s'ils ne risquent pas de se trouver en porte-à-faux avec les aspirations des consommateurs à des solutions personnalisées et à la recherche d'un immatériel dont le contenu diffère nécessairement selon le type de problèmes de consommation à résoudre (position dans la hiérarchie des besoins, position dans les différents couples espace-temps de consommation...).

L'organisation des rayons de certains hypers en univers, telle que je l'ai présentée plus haut, peut être analysée comme une tentative de résoudre cette difficulté par le fractionnement du bouquet global en sous-bouquets ciblant des problèmes de consommation plus spécifiques, et ce, jusque dans le rayon alimentaire avec le développement des rayons traiteurs et de plats cuisinés[1] qui illustre bien le glissement d'une logique de produit à une logique de solution. Ce faisant, les hypers adoptent, dans chacun des rayons traités de la sorte, une démarche proche de celle empruntée par les moyennes et grandes surfaces spécialisées positionnées bouquet. Toutefois, les hypers se trouvent doublement entravés dans cet exercice.

En premier lieu, la constitution d'univers au sein du point de vente impose de concevoir un plan de marchandisage global dans lequel les consommateurs puissent se retrouver, alors qu'ils sont encore très nombreux à se rendre dans les hypermarchés d'abord dans une logique de ravitaillement. Prenons un exemple très simple des difficultés à résoudre. Afin de construire un bouquet « puériculture » ou « bébé », il serait sans doute pertinent de regrouper dans un même univers les couches-culottes, les vêtements pour bébés, les accessoires de puériculture, les jouets premier âge, les produits d'alimentation des nourrissons, les ouvrages et les cassettes vidéo spécialisés... Pourtant, on pourrait tout autant défendre le point de vue selon lequel les jeunes parents apprécieraient de trouver les couches et les petits pots au rayon alimentation (ce qui est le cas le plus courant aujourd'hui). Les couches ou les lotions pour bébés pourraient également à bon droit être intégrées au rayon hygiène, ce qui contribuerait certainement à leur attribuer un immatériel de rassurance supérieur (c'est d'ailleurs pour cela que ces produits sont également vendus en pharmacie). Les grands-parents venant chercher un petit cadeau pour le dernier né de la famille pourraient s'offusquer de ne pas trouver les jouets premier âge au rayon jouets, ou le papa de ne pas trouver les sièges auto au rayon des accessoires automobiles ! De même que l'hyper risque de rater des ventes de livres de puériculture si la jeune maman ne les rencontre pas de manière imprévue alors qu'elle s'apprêtait à acheter le dernier prix Goncourt... La solution radicale à ce problème consisterait, bien sûr, à placer chaque produit dans autant d'univers que nécessaire... Les limites d'une telle solution, en termes d'espace, de volume de stocks, de complexité... sont suffisamment évidentes pour qu'il ne soit pas nécessaire de s'y attarder. L'hyper est donc obligé de faire des choix complexes. Il est de mieux en mieux équipé en données et en expertise pour le faire. Mais, étant donné son besoin de drainer et de satisfaire simultanément un très grand nombre de clients, l'impératif de préserver une certaine unité du magasin, et de respecter la contrainte de fonctionnalité essentielle à la vocation primaire de la grande surface alimentaire, la solution finalement adoptée ne peut être qu'un « optimum de second rang ».

En second lieu, comme nous venons de le voir, les bouquets proposés par les distributeurs s'écartent de plus en plus d'un fondement purement fonctionnel pour reposer davantage sur des facteurs

1. « Home meal replacement. »

immatériels. L'évocation de cet immatériel passe bien sûr par la composition de l'assortiment, mais aussi par la mise en place des produits, la décoration, et l'image de l'enseigne telle qu'elle est cultivée par la communication. Si chaque univers développé au sein de l'hypermarché peut s'efforcer d'évoquer un immatériel spécifique (le contraste entre l'univers art de la table et l'univers audio-vidéo de Carrefour est à cet égard édifiant), c'est nécessairement la même enseigne qui couvre les différents rayons. Même s'ils sont relativement bien compartimentés, les différents univers sont situés dans le même espace avec tous les inconvénients que cela comporte en termes de brouillage de l'image et de mélange de clientèles aux motivations différentes. Devant des problèmes similaires (pourtant sur une échelle beaucoup moins importante), certaines grandes surfaces spécialisées ont été amenées à créer des sous-enseignes chargées de commercialiser des sous-bouquets spécifiques. Elles sont cependant physiquement détachées de l'enseigne principale... J'y reviendrai dans le chapitre VI.

Ainsi, la diffusion des positionnements bouquet impose une réflexion en profondeur sur les fondements mêmes du concept d'hypermarchés. Il n'est pas exclu qu'une telle réflexion puisse mener à l'éclatement de la formule en univers qui prendrait de plus en plus d'autonomie, tant sur le plan spatial que sur celui de la communication, par rapport au cœur du point de vente.

Enfin, il est à noter que la diffusion de la logique de bouquet n'implique pas nécessairement que celle-ci s'opère au niveau des enseignes. Une voie alternative au développement d'enseignes bouquet est la promotion de pôles commerciaux réunissant des enseignes produits complémentaires, assurant ensemble la satisfaction d'une fonction globale. Je reviendrai également au cours du chapitre VI sur la notion de « complexes thématiques ».

Ainsi, sur ce troisième axe stratégique, la tendance d'évolution semble plus univoque que sur les deux précédents ; elle consiste dans un étirement de la carte des positionnements vers la logique de bouquet. On a sans doute affaire ici à une tendance appelée à s'approfondir car :

— Le positionnement bouquet reste cohérent avec la tendance à la massification des achats, en permettant de regrouper de nombreux achats en un seul point.

— Il est de nature à redonner à l'acte d'achat la composante plaisir, qu'ont quelque peu négligée les grandes surfaces au profit d'une approche trop exclusivement fonctionnaliste des courses.

— Il est, enfin, susceptible de relancer l'appétit de consommer, notamment lorsque le concept repose sur des valeurs en phase avec l'immatériel de la consommation du moment.

Le positionnement bouquet n'en est pas moins un positionnement délicat et risqué. Le succès repose fondamentalement sur l'identification d'un concept pertinent et sur la capacité à lui donner corps sur le plan commercial. En outre, la pertinence du concept peut être éphémère et soumise à l'évolution des modes et des aspirations des consommateurs. Il exige une grande capacité d'écoute du marché, et une maîtrise aiguë des techniques du marketing et du marchandisage.

L'axe « achat-corvée/achat-plaisir »

Ce dernier axe stratégique, qui peut sembler à certains égards comme redondant avec les trois précédents, est certainement le moins affirmé. Il est fondé sur l'ambivalence, pour les consommateurs, de l'acte d'achat, à la fois source de plaisirs (sortie, découverte, plaisir de l'acquisition...) et de peines (déplacement, perte de temps, dépense de revenu...). Ces deux composantes antagonistes sont souvent présentes simultanément dans chaque acte d'achat. Cependant, le dosage entre plaisir et peine est variable selon les individus (pouvoir d'achat, temps disponible, mobilité, capital culturel...) et, surtout, selon les produits (produits impliquants ou festifs *versus* produits de commodité) et les occasions d'achat (« courses » *versus* « shopping »). Par exemple, si le produit automobile est très certainement considéré comme étant l'objet d'un « achat-plaisir », la consommation de services d'entretien et de réparation du véhicule est d'abord vécue comme un « achat-corvée », c'est-à-dire comme un mal nécessaire. Le positionnement d'une enseigne le long de cet axe est donc assez largement dicté par la nature des produits commercialisés. Il n'en demeure pas moins que, pour un produit donné, il existe généralement une marge de manœuvre à la discrétion des enseignes pour développer une politique visant l'une ou l'autre composante de l'acte d'achat. Une enseigne peut donc décider d'opter délibérément pour un positionnement « achat-plaisir » ou « achat-corvée »[1].

« Faire des achats, des courses... »

	Tout à fait d'accord	Assez d'accord	TOTAL d'accord	Peu ou pas d'accord
C'est plutôt une corvée	27 %	24 %	51 %	49 %
C'est plutôt un plaisir	19 %	33 %	52 %	48 %

Source : L'Observateur Cetelem 1999.

1. On pourrait préférer l'expression d'« achat pratique » afin d'éviter la connotation négative du terme corvée qui est fort mal venue lorsque l'on évoque l'adoption volontariste d'un positionnement stratégique.

Le positionnement achat-plaisir consiste à rechercher les moyens de maximiser le plaisir retiré de l'acte d'achat. Le distributeur dispose pour cela de leviers variés (qui dépendent assez largement de la nature des produits et des attentes des clients) : originalité et qualité de l'assortiment, rotation rapide des collections, mise en scène des produits, qualité de l'aménagement du point de vente et de l'accueil, qualité de l'environnement extérieur du point de vente, compétence des vendeurs, offre de services connexes, animations...

Le redéploiement stratégique des grands magasins parisiens s'est largement opéré autour de cette notion d'achat-plaisir, au moyen de lourds investissements dans l'aménagement des magasins, de la mise en avant de produits de grandes marques et innovants, de l'assistance d'un personnel de vente nombreux... Le positionnement achat-plaisir se marie généralement bien avec la logique de bouquet à principe de cohérence symbolique. L'univers « style de vie » créé par Ikea contribue à faire des magasins de l'enseigne des « lieux de vie », agrémentés par des services tels que la garderie pour les enfants, le restaurant suédois, la vente de spécialités alimentaires, la mise à disposition de salles de repos... La dimension plaisir est cultivée par la Fnac par la profondeur de l'assortiment, l'accès à des bornes d'écoute et des « coins lecture », la mise en avant des nouveautés, la chaleur du cadre, des animations diverses (auditorium, séances de dédicaces). Lynx Optique cherche à se différencier par un accent sur la composante achat-plaisir en offrant une large palette de services originaux à sa clientèle : possibilité de remplacer la paire de lunettes si le client n'assume pas sa nouvelle tête, conseils de maquillage pour les femmes, espace de jeux pour les enfants... L'achat-plaisir est visiblement au cœur du positionnement de la nouvelle enseigne d'habillement WMK, lancée par Célio et Etam, si l'on en croit les propos de son PDG : « Nous avons voulu fournir notre humble contribution pour apporter de l'optimisme, de la joie de vivre et un pouvoir d'achat supplémentaire dans un magasin ludique. Nous voulons créer la shopping party[1]. »

À l'inverse, le positionnement achat-corvée consiste à mobiliser les moyens permettant de minimiser la « désutilité » associée à l'acte d'achat. Là aussi, les moyens sont variés : aménagement des horaires d'ouverture, assortiment et marchandisage simplifiant le choix, disponibilité des produits essentiels, mise en évidence d'informations claires et objectives sur les produits, réduction de l'attente aux caisses, proposition de formules de crédit, politique de prix attractive, offre de services connexes, facilité d'accès...

Le positionnement achat-corvée est particulièrement adopté par les enseignes développant un concept de proximité et de distribution de produits de commodité. Dans le domaine alimentaire, le maxi-

1. Pierre Milchior, PDG de WMK, *LSA*, n° 1587, 4 juin 1998, p. 70.

discompte constitue l'archétype du positionnement achat-corvée[1] : il simplifie l'accès aux produits de commodité, tant par la proximité des points de vente que par le resserrement draconien du choix. Selon une enquête du cabinet Creed, 54 % des personnes interrogées qui fréquentent à la fois le maxi-discompte et une grande surface alimentaire « ordinaire » estiment qu'ils réalisent leurs achats plus rapidement dans le maxi-discompte. Le positionnement « achat-corvée » n'implique pas nécessairement une politique de discompte. Les magasins populaires tentent de mettre en valeur l'atout que constitue leur localisation en centre-ville pour améliorer leur compétitivité dans cette optique d'achat-corvée. C'est ainsi que le concept de Monoprix est devenu : « Mono, une nouvelle façon de faire ses courses en gagnant du temps. »

Il n'est pas toujours aisé de positionner les enseignes du commerce le long de cet axe stratégique. Nombreuses sont celles qui, soit ne semblent pas avoir pris conscience de l'opposition entre logique de plaisir et logique de corvée, soit tentent de jouer simultanément sur les deux tableaux. C'est le cas notamment des hypers qui, par le concept « tout sous le même toit », leur facilité d'accès, l'efficacité du marchandisage, l'agressivité des politiques tarifaires, l'accélération du passage en caisse... visent à faciliter l'acte d'achat ; mais, simultanément, ils s'efforcent de plus en plus d'améliorer le confort d'achat, de recréer des ambiances boutique, de proposer une offre plus qualitative, d'améliorer la qualité de l'accueil et l'aménagement, l'architecture et l'environnement extérieur des magasins... bref, de faire du point de vente un lieu de vie afin de fidéliser le consommateur et de maximiser son temps de présence. Le succès de GrandOptical a reposé pour une grande part sur un concept réussissant à marier efficacement plaisir (choix, cadre, assistance du personnel de vente, boissons offertes...) et praticité (implantation en centres commerciaux, livraison des lunettes en moins d'une heure...).

Tenter de gagner sur les deux tableaux risque de conduire les distributeurs vers « l'enlisement dans la voie médiane[2] ». En effet, les actions à mener pour assurer la compétitivité de l'enseigne par rapport à chacune des composantes de l'acte d'achat peuvent se révéler antinomiques. Par exemple, un marchandisage visant à renforcer la composante plaisir de l'acte d'achat peut s'avérer désastreux du point de vue de la minimisation de la peine subie par l'acheteur. Quiconque a déjà dû faire un « achat de dépannage » chez Ikea (une pièce manquante pour une cuisine intégrée par exemple) et s'est vu imposer le cheminement complet à travers l'espace d'exposition peut en témoigner. De même, la présentation d'une offre profonde et diversifiée peut nuire à

1. On pourrait aussi évoquer les petites surfaces d'alimentation générale qui se multiplient au sein des stations-service.
2. Porter [1982].

- *Équipement du foyer :*

Mr Bricolage
Atlas
But Conforama
Darty
Castorama =>
Habitat Ikea

- *Équipement de la personne :*

Pecca
Tati
Kiabi =>
Eurodif
Chaussland =>
Benetton
Kookaï Zara
Rodier
Jacadi
Pronuptia

- *Loisirs, culture, beauté :*

GrandOptical
Intersport
Lynx Optique
Marionnaud
Décathlon=>
Go Sport =>
Made in Sport
Nature et Découverte
Fnac Loisirs créatifs
Truffaut
Séphora

- *Magasins populaires et grands magasins :*

<= Monoprix =>
<= Prisunic =>
BHV
Samaritaine
Printemps
Galeries Lafayette

- *Grande distribution alimentaire :*

Intermarché
Aldi
Lidl <= Casino
<= Shopi
Carrefour =>
Géant =>
Auchan

Achat pratique ——— ***Achat plaisir***

l'efficacité de l'acte d'achat. C'est sans doute en matière de localisation des points de vente que les contraintes imposées par les deux positionnements stratégiques sont le plus clairement contradictoires. Un point de vente s'inscrivant dans une logique d'achat plaisir peut bénéficier d'une puissance d'attraction suffisamment importante pour pouvoir se satisfaire d'un emplacement périphérique relativement éloigné. Les consommateurs, engagés dans une démarche « festive », sont en effet disposés à subir un temps de transport non négligeable pour accéder au point de vente dans lequel ils s'apprêtent à demeurer un temps significatif. Ikea a rencontré un succès considérable en dépit d'implantations éloignées des grands centres urbains et ne bénéficiant pas de « locomotives » locales. De même, le positionnement plaisir peut réclamer un environnement extérieur qui contribue à la stimulation de cette motivation d'achat (enseignes complémentaires, sites historiques ou culturels...) ; les distributeurs ayant adopté ce positionnement se trouvent ainsi souvent fortement contraints dans leurs choix de localisation. Les enseignes privilégiant une logique d'achat-corvée doivent, quant à elles, viser avant tout la proximité et l'accessibilité.

La dynamique stratégique suivie depuis quelques années par les hypermarchés pose problème par rapport à ce risque d'enlisement dans la voie médiane. À l'origine, concept résolument orienté vers l'achat-corvée, l'hypermarché est en train de perdre en compétitivité sur cette dimension : un magasin de plus en plus grand proposant une offre de plus en plus étoffée accroît le temps moyen consacré aux courses, provoque des achats d'impulsion qui viennent gonfler le ticket de caisse ; l'implantation d'un nombre croissant d'hypers au sein de grandes galeries marchandes, voire de centres commerciaux régionaux, augmente le temps d'accès au magasin... Si les consommateurs réclament en effet davantage de plaisir lors de leurs achats (y compris de produits courants), ce plaisir ne doit pas nuire à l'efficacité des courses. Le succès rencontré par le maxi-discompte, le ralentissement récent de la croissance de la pénétration des hypers et le regain de dynamisme dont semblent bénéficier depuis peu les supers pourraient ainsi s'interpréter comme la sanction infligée par les consommateurs à des hypers qui se sont progressivement éloignés d'une pure logique d'achat-corvée. Cette perte est-elle compensée par les flux de clientèle suscités par le déplacement vers un positionnement achat-plaisir ? Sans doute en partie. Mais le plaisir du consommateur est-il maximisé lorsqu'il doit se frayer un chemin dans un dédale d'allées encombrées de caddies, lorsque l'ensemble des produits est proposé dans un même cadre et sous une même enseigne entravant une mise en scène spécifique pour chaque famille de produits, lorsque l'assistance commerciale fait défaut... ?

Il y a fort à parier que les enseignes aujourd'hui positionnées de manière ambiguë par rapport aux deux pôles de cet axe stratégique seront amenées dans les prochaines années à engager une réflexion sur ce thème, devant déboucher sur une politique claire. Elles y seront incitées par le développement de concepts commerciaux jouant ouvertement l'une ou l'autre dimension de l'acte d'achat. On a déjà noté le développement des positionnements « bouquet » qui font du plaisir d'achat un élément pivot de leur stratégie. Simultanément des « nouvelles » formes de commerce dédiées à l'achat-corvée sont en expansion[1]. Les leaders anglo-saxons[2] de la distribution alimentaire expérimentent des formules urbaines orientées vers la rapidité des courses et les services. Les distributeurs automatiques font un retour en force : boissons, grignotage, billetterie, photos et, plus récemment, journaux, livres, cassettes vidéo, pressing, plats cuisinés... Casino expérimente actuellement une supérette automatique (Petit Casino « 24 ») qui offre 220 produits disponibles vingt-quatre heures sur vingt-quatre. Des expériences sont en cours concernant la création de pôles commerciaux implantés au cœur des lieux de transit fréquentés par les ménages (gares, métro...). Ce « commerce d'itinéraire », qui s'inscrit parfaitement dans les modes de vie urbains, a pour vocation d'aider les consommateurs actifs à réaliser leurs achats peu impliquants avec une grande efficacité en les intégrant à leurs socio-rythmes[3]. Enfin, l'apparition du commerce électronique devrait accélérer le mouvement, car c'est pour une grande part autour de cette opposition achat-plaisir/achat-corvée que va se jouer la guerre de position entre le commerce électronique et le commerce en magasin (chapitre VIII)[4].

Conclusion

L'étude du positionnement stratégique des enseignes et des trajectoires en cours qui a été menée durant ce chapitre débouche sur le constat d'une dispersion croissante des enseignes de la grande distribution dans l'espace stratégique défini par les quatre axes retenus.

---

1. « Les consommateurs distinguent de plus en plus les achats-plaisir (photo, ciné, hi-fi, textiles, par exemple) des achats-devoir (couches-culottes, eaux minérales...). Les premiers seraient proposés dans les magasins, de manière théâtralisée. Les seconds, correspondant à des produits pondéreux, pourraient passer par des systèmes plus automatisés. On pourrait, par exemple, envisager des sortes de "drive-in", où les achats commandés à l'avance seraient mis dans le coffre des voitures. » Ch. Couvreux, PDG de Casino, *La Tribune*, 26 octobre 1998.

2. Tesco (enseigne « Tesco Metro ») et Sainsbury's (« Sainsbury's Central ») en Grande-Bretagne, Wal-Mart aux États-Unis (« Neighborhood Market »).

3. Un tiers des personnes interrogées dans le cadre de l'étude Parcours (voir Marzloff et Le Carpentier [1999]) déclarent souhaiter accéder à des services et des commerces dans les lieux du transport (les stations-service, les aéroports, les gares routières et ferroviaires, les métros...). Mais cette proportion dépasse les trois quarts chez les individus dotés à la fois d'une forte mobilité et d'une importante maîtrise de leur temps.

4. La campagne de lancement du « cybermarché » Houra.fr n'a-t-elle pas été fondée sur la légitimité du droit à la paresse ?

La grande distribution est née autour de concepts positionnés « prix-généraliste-produit-corvée ». En mûrissant, elle accroît sa diversité et multiplie les concepts répartis tout au long des quatre grands axes stratégiques. Ainsi voit-on se développer des concepts positionnés « différenciation-spécialiste-bouquet-plaisir ». Ce mouvement d'éclatement des concepts commerciaux exploités par la grande distribution est appelé à s'intensifier à mesure que la nécessité d'exploiter « intensivement » les marchés apparaîtra avec plus d'évidence.

Cette « fragmentation » de l'espace stratégique constitue un caractère essentiel du régime de croissance intensive ; elle témoigne de ce que les distributeurs ont réalisé que les consommateurs ne forment pas un ensemble homogène. Leurs besoins, leurs attentes, leurs comportements, à l'égard aussi bien des produits que des magasins qui les vendent, dépendent d'un faisceau de plus en plus complexe de variables socio-démographiques ; on ne traite pas de la même manière une famille monoparentale de classe moyenne vivant dans une grande agglomération, et un couple de seniors, ex-cadres supérieurs, vivant dans une sous-préfecture de province. Mais, en parallèle du jeu des segmentations socio-démographiques, les attentes et comportements d'un même individu peuvent être très différents selon les produits et, pour un même produit en fonction de la spécificité de ses motivations du moment (achat festif, achat de dépannage...), de l'inscription de l'acte d'achat dans différentes tranches de ses rythmes sociaux (heure du déjeuner, retour du travail, samedi, jour de congés...). La prolifération des concepts commerciaux qui accompagne la fragmentation de l'espace stratégique reflète la volonté des distributeurs d'offrir à chaque consommateur, dans chaque circonstance, la formule appropriée, capable de stimuler son désir d'acheter et d'élever le prix maximum qu'il est prêt à consentir à l'achat.

La fragmentation de l'espace stratégique

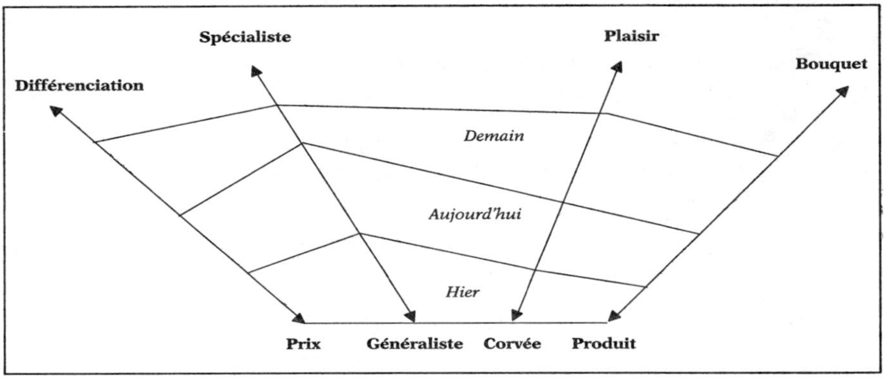

Une des conséquences de cette fragmentation de l'appareil commercial est que les différents concepts commerciaux portés par les enseignes sont de plus en plus clairement différenciés les uns des autres. Ils ont ainsi tendance à apparaître aux yeux des clients comme plus complémentaires que concurrents. Ceci devrait être favorable à un certain relâchement de l'intensité de la concurrence au sein de la grande distribution et au déplacement graduel des modalités du combat concurrentiel hors des seuls prix bas.

Cependant, cette force favorable à la réduction de la pression concurrentielle risque de se trouver au moins en partie contrebalancée par l'élargissement de l'intersection des champs d'intervention des enseignes ayant adopté des positionnements différents. On a déjà évoqué le risque d'affrontement direct entre les hypers et les moyennes et grandes surfaces spécialisées que favorisent les nouvelles stratégies des hypers dans le domaine non alimentaire. De même, la diffusion des positionnements bouquet vient bousculer le découpage habituel par produit de la structure de l'appareil commercial tel qu'il ressort encore des nomenclatures de l'INSEE. Ainsi, le nombre d'enseignes présentes sur le marché de chaque produit est appelé à s'accroître[1], chacune abordant le marché en question avec un positionnement stratégique spécifique.

Quoi qu'il en soit, l'étude des positionnements stratégiques d'enseignes témoigne d'une réelle prise de conscience de la part de nombreux distributeurs de la nécessité de construire très soigneusement des concepts commerciaux présentant une forte cohérence et qui soient finement adaptés aux cibles de clientèle visées. Le marketing fait enfin une entrée en force dans le monde de la grande distribution qui, pendant longtemps, s'était reposé sur le marketing des fabricants et sur le dogme du prix bas. La « révolution marketing » qui s'ouvre apparaît d'ores et déjà comme un des piliers du régime de croissance intensive.

1. Ce mouvement peut cependant être contrarié par la poursuite du processus de concentration économique.

CHAPITRE V

Les nouvelles stratégies : la révision des modes d'organisation

Les nouveaux positionnements marketing d'enseigne traduisent la volonté des distributeurs d'exploiter chaque segment de marché avec un concept commercial adapté. Cette démarche de « différenciation-segmentation » se trouve au cœur des modalités de la concurrence associées au régime de croissance intensive. La réussite dans cette voie impose un certain nombre de révisions des principes d'organisation et de fonctionnement des entreprises de distribution par rapport à ceux qui répondaient aux exigences du régime de croissance extensive. Ces révisions sont d'abord dictées par le déplacement des enjeux fondamentaux, de l'obtention des prix les plus bas (logique « productive ») vers la capacité à séduire et fidéliser des clients aux comportements complexes (logique « commerciale »). Si la compression des coûts n'a pas disparu des préoccupations des distributeurs, les moyens mis en œuvre pour y parvenir sont eux aussi en cours de redéfinition : il ne s'agit plus seulement d'exploiter des effets de dimension, mais de rechercher de nouvelles pratiques organisationnelles permettant d'éliminer chaque foyer de coût qui ne crée pas de valeur pour les clients. Les différentes voies de révision des modes d'organisation ont en commun d'impliquer un recours intensif aux nouvelles technologies de l'information et de la communication.

Organisation orientée vers le client, exploitation de nouveaux gisements de productivité, usage intensif des technologies de l'information sont au cœur de la compétitivité des distributeurs dans le régime de croissance intensive. Je débuterai ce chapitre par l'étude des changements intervenus dans l'organisation interne des distributeurs (la

« révolution organisationnelle »). J'aborderai ensuite l'analyse de la transformation des relations disributeurs-fournisseurs qui accompagne la mise en œuvre des nouvelles stratégies (la « révolution culturelle »).

La révision des structures ou la « révolution organisationnelle »

La réussite dans la mise en œuvre des nouveaux positionnements marketing (différenciation, segmentation des marchés, création de bouquets...) — mais aussi le renforcement de la compétitivité sur les positionnements plus traditionnels dans un contexte de concurrence exacerbée — exige le développement des compétences des entreprises de distribution sur le plan des techniques de vente, du marketing et de la logistique. Réussir ce renforcement des compétences impose de nouveaux modes d'organisation. Ainsi, l'entrée dans la croissance intensive ne consiste pas seulement dans une nouvelle approche des clients et de la concurrence ; elle suppose également un ensemble de révisions quant à la manière de produire le service commercial, qui vise tout à la fois la réalisation de gains de productivité, l'amélioration de la qualité du service, et l'accroissement de la réactivité face aux évolutions des marchés. Le maintien de résultats économiques et financiers de la grande distribution passe donc aussi par une complexification des pratiques, une « intensification » des méthodes[1]. La distribution s'engage donc dans une « révolution organisationnelle », à l'instar de celle qui agite le monde industriel depuis une vingtaine d'années, avec bien sûr des modalités propres à ce secteur que je vais tenter d'identifier.

Le renforcement du niveau d'exigence en matière de techniques de vente

Durant l'ère de la croissance extensive, l'importance des besoins à satisfaire et la croissance rapide des marchés, le poids de la recherche de valeur fonctionnelle dans la demande des consommateurs, le rôle clé joué par les prix dans les stratégies de distributeurs et par le mar-

1. « [...] parce que la fin de la croissance pousse les distributeurs à raisonner en termes d'optimisation de l'existant, ils ont donc compris qu'il y avait un déplacement de priorité en termes d'investissement, de temps, de compétences humaines et d'argent vers l'optimisation de l'existant qui passe pour partie par l'optimisation de la filière ou des flux. » Extrait de l'interview d'un professionnel par M. Manzano [1997].

keting dans celles des industriels... expliquent que les compétences en matière de techniques de vente auraient pu être considérées comme secondaires.

Aujourd'hui, le souci de se différencier vis-à-vis des enseignes concurrentes, l'évolution des attentes des consommateurs en matière de confort d'achat et de qualité de l'accueil, la volonté de nombreux distributeurs de créer dans le point de vente une « ambiance » propice à l'évocation d'un univers, la technicité croissante des produits... sollicitent de plus en plus les compétences du personnel de vente. Celui-ci doit désormais être formé à la qualité de l'accueil, à l'expertise des produits, au marchandisage... et, bien sûr, aux techniques de vente. Lorsque le marché cesse d'être poussé par l'offre pour être tiré par la demande, le vendeur — qui est en contact direct avec le client — devient un élément stratégique de l'organisation du distributeur. Il doit donc être capable d'intégrer le positionnement stratégique défini par la direction et, en retour, de faire remonter l'information pertinente vers les centres de décision[1].

La position clé qu'acquiert le personnel de vente dans le nouveau contexte stratégique suscite des redéfinitions de profils de poste et, plus généralement, des transformations dans l'organisation générale des entreprises de distribution. L'étude prospective réalisée par le CRÉDOC et le Collège coopératif sur les mutations de l'emploi dans le commerce non alimentaire[2] a conduit à plusieurs constats cohérents. En premier lieu, un net mouvement d'élévation de la qualification de la main-d'œuvre est perceptible, aussi bien chez les cadres et professions intermédiaires que chez les employés (catégorie dont relève le personnel de vente). Cette élévation de la qualification accompagne le relèvement du niveau de technicité des métiers de la vente. La figure du « vendeur ordinaire » tend à s'effacer au profit de « vendeurs confirmés » dont la compétence est associée à la maîtrise de la relation client et/ou à la connaissance de produits présentant une certaine complexité. On voit apparaître la figure nouvelle du « vendeur conseil », dont la première fonction n'est pas de vendre mais d'assister le client dans la définition de son besoin, la recherche d'information, le repérage dans le magasin, l'association de produits complémentaires... Au bas de l'échelle des qualifications, la caissière devient « hôtesse de caisse », glissement sémantique qui, s'il dissimule mal un travail qui demeure répétitif et fastidieux[3], souligne la mission de relation

---

1. « Nous souhaitons à terme que nos salariés soient de vrais spécialistes de leur rayon, capables de conseiller, de prendre complètement en charge un client et de remonter toutes les informations nécessaires à une meilleure prise en compte de ses besoins » (Pierre Marty, directeur de l'Hyper Auchan de Villebon, *LSA*, n° 1567, 15 janvier 1998, p. 91).
2. CRÉDOC, Collège coopératif [1999].
3. Voir Alonzo [1998].

avec la clientèle qui lui est désormais explicitement confiée. La figure de l'employé libre-service (ELS) évolue, quant à elle, vers celle d'un « ELS qualifié » ; il est l'opérateur d'une logistique sans faille, mais peut aussi être conseiller de la clientèle et, à ce titre, il se doit d'être le porte-drapeau de la stratégie de l'enseigne vis-à-vis du public.

À cette redéfinition du contenu des emplois est souvent associée une remise en cause de l'organisation purement hiérarchique des points de vente. On voit se diffuser des organisations en réseau, qui encouragent la coordination horizontale au-delà des lignes hiérarchiques, à l'instar des mutations qu'ont connues les organigrammes dans l'industrie depuis une quinzaine d'années. L'objectif est à la fois d'améliorer la circulation de l'information et de favoriser les passerelles entre tous ceux qui, chacun à son niveau, participent à la création de valeur pour les clients.

Ces tendances en matière d'organisation du travail appellent de nouvelles compétences :

— Capacité à comprendre et à assimiler la stratégie de l'enseigne et à la traduire dans sa relation avec les clients.

— Capacité à ajuster sa démarche à la spécificité de chaque demande.

— Capacité à utiliser les nouveaux instruments de gestion (généralement informatisés) et les procédures formalisées par les états-majors.

— Capacité à communiquer avec les autres membres du personnel, à travailler en équipe.

— Capacité à étendre et à faire évoluer son champ de compétence avec l'évolution des assortiments du point de vente (produits nouveaux, diversification).

— Tout cela avec une forte pression en termes de flexibilité (polyvalence, flexibilité du temps de travail...).

Pour mener à bien cette transformation du profil de la main-d'œuvre, les entreprises de la grande distribution font évoluer leurs critères de recrutement et engagent des budgets croissants dans la formation. Selon les données du CEREQ[1], la part de la masse salariale des entreprises de commerce de détail consacrée à la formation est passée de 2,02 % en 1991 à 2,41 % en 1996. Si l'effort de formation du secteur du commerce de détail demeure inférieur à celui observé dans l'ensemble de l'économie (3,25 % en 1996), ce seuil de référence est dépassé dans un certain nombre d'entreprises de la grande distribution (3,7 % chez Ikea, 3,8 % chez Auchan, 4 % chez Intermarché...). L'effort de formation atteint des niveaux particulièrement élevés chez les chefs de file du commerce non alimentaire (5 % chez Décathlon, 7 % chez Leroy Merlin...). Les distributeurs les plus importants vont jusqu'à créer des structures internes de formation leur permettant de

1. Centre d'étude et de recherche sur l'emploi et les qualifications.

construire des cursus taillés sur mesure[1]. Cette « internalisation » de la formation témoigne de ce que, au-delà d'un bagage de base qui va en s'alourdissant (techniques de vente, organisation des entreprises commerciales, communication, maîtrise de l'outil informatique...), la qualification de la main-d'œuvre consiste de plus en plus dans l'acquisition de savoirs et de connaissances, dans l'assimilation de valeurs et d'une culture, qui sont spécifiques à chaque entreprise et qui apparaissent comme indispensables à la mise en œuvre de sa stratégie. Ce caractère de plus en plus spécifique des compétences des employés de la grande distribution s'oppose à l'importante rotation du personnel qui caractérise depuis longtemps ce secteur. La rentabilisation des investissements en formation et la capitalisation des apprentissages réalisés dans l'exercice du travail supposent que la relation salariale s'instaure dans la durée. Cette exigence est renforcée par le besoin de faire accepter les valeurs de l'enseigne par les salariés, qui doivent les porter avec loyauté vers le client. Cet engagement du personnel est difficile à obtenir dans le cadre des modes de gestion de la main-d'œuvre qui ont dominé durant l'ère de croissance extensive. Pour reprendre la terminologie des spécialistes de l'économie du travail, le rapport salarial dans la grande distribution est en train de glisser d'une logique de « marché externe » à une logique de « marché interne ».

Bien évidemment, ces évolutions ne sont encore qu'embryonnaires et ne s'appliquent pas de manière uniforme à l'ensemble des entreprises de la grande distribution. Elles sont particulièrement perceptibles dans les entreprises les plus engagées dans les nouveaux positionnements marketing, emblématiques du régime de croissance intensive. Ce sont souvent les chefs de file de la grande distribution non alimentaire (et plus précisément de l'équipement du foyer et des loisirs-culture) qui, à ce jour, sont allés le plus loin dans la construction d'un nouveau rapport salarial ; loin de n'être considérée que comme un coût à réduire et un élément de rigidité à flexibiliser, la main-d'œuvre devient un élément essentiel de la mise en œuvre de la stratégie de l'entreprise. L'acquisition de nouvelles compétences doit

1. Les groupes de la grande distribution alimentaire sont dotés depuis longtemps d'importantes structures de formation internes, à l'instar de l'Institut Marcel-Fournier de Carrefour ou de l'Institut de formation à l'excellence du groupe Auchan. Cette démarche est également très répandue dans les secteurs non alimentaires proposant des produits techniques. Ainsi, dans le commerce des articles de sport, Décathlon a fait figure de pionnier avec l'ouverture dès 1985 de son École internationale des métiers, mais on peut aussi mentionner Sport 2000 avec son École des métiers pro 2000, l'« Académie » des techniciens du sport, l'École des professionnels d'Intersport... Dans la parfumerie, Sephora s'est associé à l'Institut supérieur international du parfum et de la cosmétique pour créer un BTS Action commerciale parfurmerie-cosmétique, destiné à la formation de ses futurs chefs de rayon. Jusqu'à Toys'R'us, dont la responsable des ressources humaines déclarait récemment que plus aucune promotion au niveau cadre n'interviendrait sans un passage par la « Geoffrey School » (du nom de la mascotte de l'enseigne).

être accompagnée de la mise en place de mécanismes d'incitation favorisant l'implication du personnel d'exécution. Aux formules, désormais courantes, d'intéressement aux résultats et de participation au capital, de nouveaux leviers sont expérimentés : construction d'une « culture d'entreprise » inculquée durant la formation, formes d'intéressement directement liées aux objectifs stratégiques de l'enseigne[1]...

La grande distribution alimentaire, quant à elle (et en particulier son aile la plus « discompte »), semble éprouver beaucoup de difficultés à sortir de ses principes originels de gestion de la force de travail. On risque donc d'assister à l'approfondissement d'une dualité au sein de la main-d'œuvre employée par le commerce de détail entre, d'une part, un personnel de plus en plus qualifié, objet d'investissements de la part des entreprises et, d'autre part, un personnel d'exécution précarisé travaillant le plus souvent à temps partiel. Cette dualité traversera (elle le fait déjà) la grande distribution en fonction des secteurs et des stratégies de firmes. Il est même à craindre qu'elle se retrouve au sein même des entreprises les plus « progressistes », la main-d'œuvre précaire assurant une flexibilité plus difficile à obtenir de la main-d'œuvre qualifiée.

Le renforcement du niveau d'exigence en matière de marketing

Réussir le positionnement d'une enseigne dans un espace stratégique de plus en plus complexe et fragmenté sollicite fortement les compétences marketing des entreprises de distribution. Ces compétences se révèlent particulièrement critiques pour mener à bien des positionnements fondés sur la différenciation et l'offre de bouquets (surtout lorsque ceux-ci sont fondés sur des éléments immatériels).

Or, paradoxalement, les grands groupes de distribution ne se sont dotés de directions marketing que depuis peu. Désormais, celles-ci participent à l'élaboration de la stratégie générale en scrutant l'évolution des comportements de consommation, des modes de vie, des « socio-styles ». Plus en aval, elles jouent un rôle déterminant dans la définition des politiques de communication, d'assortiment, de marchandisage...

Les équipes de marketing des distributeurs, pour assurer ces fonctions, disposent aujourd'hui d'outils inédits et particulièrement puissants. Ils ont en commun de rendre possible une approche beaucoup plus fine des clients, de tendre vers un « micro-marketing »,

---

1. Depuis peu, chez Leroy Merlin, une partie de l'intéressement dépend de la qualité du service en magasin (mesurée par enquête régulière auprès de la clientèle).

complémentaire des actions de communication générales, et qui rencontre l'aspiration des consommateurs à un traitement personnalisé.

Évoquons tout d'abord les panels, qui sont les instruments de connaissance des marchés les plus anciens et les mieux diffusés. Par le suivi régulier des achats d'un vaste ensemble de consommateurs (ou des ventes d'un échantillon de points de vente), les sociétés de panels[1] sont capables de proposer à leurs clients (distributeurs et fournisseurs) des données précises sur les ventes par produit et par enseigne. Ces données sont utilisées par les distributeurs pour mesurer les performances relatives de leur réseau face aux concurrents, affiner la définition de leurs assortiments, évaluer les effets des politiques promotionnelles... Cependant, les difficultés qu'éprouvent les sociétés de panels à fournir des données très fines (par produit, par magasin, voire par client) avec une fiabilité satisfaisante font que les distributeurs, comme les industriels, se tournent aujourd'hui de plus en plus vers des sources d'information beaucoup plus « pointues ».

Le milieu des années 1990 a marqué les débuts d'un « micromarketing » reposant sur une connaissance des marchés « par le bas ». Il ne s'agit plus ici de chiffrer un marché, de mesurer un taux de pénétration par rapport à une cible de clientèle définie, mais de connaître les profils de consommation au niveau le plus fin possible (idéalement, l'individu) afin de pouvoir mener des opérations marketing très précisément ciblées. Le « géomarketing » est une des formes de ce micromarketing. Il consiste à traiter des informations sur le profil de la clientèle à l'intérieur de chaque zone de chalandise afin de permettre à l'enseigne (mais les industriels ont des pratiques similaires) de mener des actions différenciées en fonction des spécificités des populations locales. Ce géomarketing s'appuie sur des bases de données régionalisées, exploitées par des logiciels de cartographie. Les bases de données les plus élémentaires (et les moins coûteuses) se fondent sur des sources publiques, dont bien sûr les résultats du recensement. Si ces données apportent des informations essentielles sur l'importance d'une zone de chalandise, la composition des ménages qui y résident, le type de logement... elles apparaissent très rapidement comme trop générales pour servir d'appui à des actions opérationnelles. Les distributeurs disposent par ailleurs d'informations beaucoup plus riches qui sont issues des « grandes enquêtes de consommation » réalisées à l'initiative de sociétés spécialisées[2]. Ces enquêtes reposent sur le traitement d'un très grand nombre de réponses à un questionnaire adressé aux consommateurs par voie postale ou voie de presse. Il s'agit d'un questionnaire très complet sur le profil socio-démographique du ménage et ses pratiques de consommation (fréquence d'achat de différents produits, marques préférées,

1. Les mieux implantées en France sont ACNielsen, IRI-Secodip et GFK.
2. En France, Calyx et Consodata.

médias fréquentés, etc.). La taille de la base de données ainsi constituée (des centaines de milliers, voire des millions, de foyers) permet d'effectuer des croisements extrêmement fins entre, par exemple, des critères socio-démographiques (la taille du ménage, l'âge du chef de famille) et les comportements de consommation sur tel ou tel produit, ceci sur une base régionale... Ces données servent ainsi de fondation à une démarche de microsegmentation sur laquelle peuvent s'appuyer par exemple des opérations de marketing direct (*mailing*) « personnalisées[1] ».

Enfin, la voie la plus prometteuse d'alimentation en données de la réflexion en matière de « micromarketing » est très certainement la construction de « mégabases de données », d'« entrepôts de données », à partir des informations directement issues des terminaux de points de vente (les caisses). Par rapport à toutes les autres sources d'information, celle-ci comporte l'avantage considérable de porter sur *l'intégralité* des achats réalisés par *chacun* des clients du réseau. Transmise et centralisée automatiquement par voies informatiques, cette information est virtuellement accessible en temps réel... Ces mégabases de données permettent donc de connaître avec précision, magasin par magasin, créneau horaire par créneau horaire, le montant total des achats de chaque client, le détail de ce qu'il a acheté, quelles sont les associations d'achats les plus fréquentes (au plan des produits comme à celui des marques...). Il manque évidemment une information cruciale : l'identité ou, tout au moins, le profil socio-démographique de l'acheteur afin de permettre le croisement des caractéristiques des clients et de leurs comportements d'achat. Ce type d'information peut cependant être obtenu au moment où le client effectue une demande de la carte privative ou de la carte de fidélité de l'enseigne. Lors du passage en caisse, le contenu du caddie est alors automatiquement associé au titulaire de la carte et à son profil socio-démographique... Le terme de « mégabase de données » est effectivement approprié pour désigner un système qui se traduit par la remontée de plusieurs millions d'informations chaque jour. Des systèmes informatiques gigantesques sont nécessaires, tant pour collecter ces données que pour assurer leur traitement[2]. À partir des analyses tirées de ces données,

1. « Ainsi, M. Durand qui vient d'acheter une perceuse électrique ne se verra plus proposer de se rendre dans son hypermarché pour acheter le même produit. Les non-possesseurs d'animaux ne recevront plus d'offres de réduction pour une nouveauté *pet food* [aliments pour animaux]. En revanche, les foyers possesseurs d'un chat ou d'un chien recevront des incitations à l'achat réellement adaptées à leur compagnon à quatre pattes puisque les questionnaires renseignés (parfois recoupés avec questionnaires *on pack*, c'est-à-dire ceux glissés par le fabricant dans l'emballage de son produit) demandent de préciser jusqu'au poids de l'animal domestique ! Bref, le principe des bases de données tient en un axiome : être en mesure de toucher le bon consommateur au bon moment avec le bon produit » (*Points de vente*, 10 février 1997).

2. L'entrepôt de données de Wal-Mart, qui a été pionnier en la matière, est d'une capacité de 24 terabytes et est capable de traiter 65 millions de transactions par semaine.

l'assortiment de chaque magasin peut être affiné selon les spécificités de sa clientèle, des politiques promotionnelles ciblées peuvent être organisées...

Nous ne sommes encore qu'aux balbutiements d'un important processus de « technicisation » du marketing de la distribution. Il aboutira simultanément à des ajustements en temps réel de l'offre des distributeurs et à des approches de plus en plus « chirurgicales » des consommateurs (marketing « one to one »). Les distributeurs auront alors les moyens de tenter de concilier l'exploitation des effets de masse du commerce en grandes surfaces avec la réponse à la demande de personnalisation exprimée par les consommateurs. Il s'agit là d'une véritable révolution qui s'impose au monde de la distribution. L'engagement de lourds investissements matériels et humains est le prix à payer pour le redéploiement des distributeurs d'une logique d'achat vers une logique de vente.

Le renforcement du niveau d'exigence en matière de logistique

La logistique consiste dans l'organisation des flux de marchandises de l'usine (ou des entrepôts) des fournisseurs, jusque dans les rayons des magasins. Depuis la fin des années 1980, la rationalisation de la logistique mobilise une part considérable de l'énergie des groupes de distribution. On peut identifier trois explications à cela :

— La recherche d'une meilleure rentabilité par une plus grande productivité. La logistique (au sens large) constitue le principal poste de coût sur lequel il est encore possible de réaliser des économies sans nuire (au contraire) à la qualité du service à la clientèle[1] .

— La mise en œuvre des nouveaux positionnements stratégiques qui impose de réviser l'organisation logistique : volonté d'améliorer le service (éviter les ruptures de stock), augmentation du nombre de références, souci de gain d'espace à consacrer à la vente, accélération de la rotation des produits ou des collections, développement du micro-marketing et amélioration de la réactivité aux évolutions de marchés devenues particulièrement imprévisibles. De même, les stratégies de diversification de l'offre des points de vente et les politiques de déclinaison de l'enseigne sur des formats de magasin plus petits

1. Selon ITECA, les coûts logistiques représentent plus de 9 % du prix de vente des biens de consommation. Selon une étude de Laser, la simple réduction d'un jour de stock génère, à l'échelle d'une grande chaîne d'hypers, un gain de trésorerie de l'ordre de 200 millions de francs. Sachant qu'avec les méthodes modernes de rationalisation de la logistique, une réduction d'une dizaine de jours du volume des stocks n'est pas impensable, on comprend que les distributeurs soient incités à consacrer beaucoup d'énergie à ce chantier.

(voir chapitre suivant) sollicitent la logistique afin d'optimiser la surface du point de vente.

— Les progrès réalisés dans les technologies de l'information, le développement de prestataires spécialisés compétents et le progrès des techniques de gestion des flux rendent possibles aujourd'hui des pratiques difficilement imaginables il y a encore quelques années.

Les principales orientations qu'emprunte la rationalisation de la logistique sont l'informatisation des points de vente, le transfert de données par télécommunication et la révision de l'organisation de la livraison des magasins.

L'informatisation des points de vente constitue un pré-requis pour la mise en œuvre d'une organisation logistique efficace. Cette informatisation est particulièrement nécessaire dans les commerces qui gèrent un très grand nombre de références (bricolage, alimentaire) ou des assortiments à rotation très rapide (habillement). Par exemple, les magasins Naf-Naf vendent généralement 800 références (chiffre à multiplier par trois pour les tailles et par cinq pour les couleurs). Cette complexité de l'assortiment provoquait de fréquentes ruptures de stocks et alourdissait la gestion. Pour tenter de pallier ces dysfonctionnements, la tête de réseau a procédé à la mise en place dans chaque magasin d'un progiciel d'aide à la décision.

L'informatisation des points de vente permet d'abord, bien sûr, d'améliorer la gestion des magasins. Elle constitue, ensuite, la première étape d'une rationalisation globale de la chaîne logistique allant des fournisseurs jusqu'aux magasins. Cette rationalisation sous-entend la transmission de données commerciales par télécommunication. C'est ici le règne de l'EDI (échange de données informatisé). Grâce à l'EDI, les points de vente peuvent transmettre en temps réel leurs commandes aux fournisseurs (généralement via le siège du distributeur qui assure la centralisation), en évitant les opérations manuelles, les transferts physiques de documents, et l'ensemble des coûts et risques d'erreurs qui leur sont associés[1]. Les gains de productivité réalisés sur le travail administratif sont autant de ressources gagnées pour améliorer le service aux clients[2] ou pour permettre aux vendeurs de se consacrer plus exclusivement à la vente. Un autre avantage essentiel du système est d'autoriser une gestion très fine des stocks et d'organiser de manière optimale les livraisons. L'aboutissement de cette logique est la gestion des magasins en flux tendus et le déclenchement des réapprovisionnements des rayons en fonction des ventes réalisées (« sales based ordering »). Dans les formes d'organisation les plus novatrices, la responsabilité du déclenchement du réapprovisionnement est confiée aux

1. D'après le Gencod, le coût d'une commande papier s'élèverait à 15 francs contre seulement 3 francs par EDI.

2. Chez Castorama, 3 à 4 postes administratifs ont pu être transformés dans chaque magasin en postes d'« assistantes commerciales et administratives ».

fournisseurs, qui se fondent alors sur la remontée des chiffres de vente de leurs produits en magasin (voir plus bas).

Ces nouvelles méthodes de gestion de flux ne permettent pas seulement de réaliser des économies sur les stocks ; elles autorisent également une plus grande réactivité des enseignes aux évolutions versatiles de la demande. C'est bien sûr dans l'habillement que les besoins en la matière sont les plus pressants. La révision de l'organisation logistique chez Caroll, par exemple, a permis que la mise en place d'entrée de saison ne représente plus que 35 % de l'activité annuelle. L'enseigne de prêt-à-porter féminin dispose donc d'une marge de manœuvre importante pour procéder aux ajustements quantitatifs et qualitatifs nécessaires au vu de la demande effective de la clientèle. Une autre manière d'accroître la réactivité des enseignes, toujours dans le secteur de l'habillement, est de multiplier le nombre de collections dans l'année. Si une collection est un échec, elle est rapidement remplacée par une autre ; ce système comporte en outre l'avantage d'animer le point de vente par un renouvellement continuel de son contenu. C'est ainsi, par exemple, que la durée de vie d'un modèle n'est en moyenne que de 6 à 8 semaines chez l'Américain Gap. Un tel système aurait un effet désastreux sur la compétitivité-prix de l'enseigne s'il n'était intégré à une organisation logistique d'ensemble efficiente. Chez Gap, la livraison quotidienne des vêtements basiques permet de réduire au minimum la quantité de chaque article en magasin et d'assurer ainsi une rotation très rapide des stocks (environ 7,5 rotations par an)[1]. Dans le commerce d'articles de sport, lui aussi très soumis aux phénomènes de mode et qui doit en outre gérer un grand nombre de références à vitesses de rotation inégales, les magasins Go Sport, qui ne disposent pas de réserves, sont livrés cinq fois par semaine et il ne s'écoule que 48 heures entre le moment où un produit est vendu est celui où intervient le réapprovisionnement.

Déjà largement implanté dans l'industrie automobile à la fin des années 1980, l'EDI a connu un démarrage poussif au sein de la distribution française[2]. Fin 1991, le Gencod[3] ne recensait encore que 31 distributeurs équipés d'une station EDI-Allegro. 80 % des documents échangés consistaient alors en commandes (10 % en fiches produits, 8 % en bons de livraison et 2 % en documents de transport). La progression a été spectaculaire puisque, à la mi-1997, 265 stations EDI étaient en service dans la distribution. Tous les grands groupes de la distribution alimentaire travaillent aujourd'hui de la sorte. Casino, par exemple, adresse la quasi-totalité de ses commandes de produits frais

---

1. Porter [1997, p. 16].

2. En raison notamment d'obstacles réglementaires. L'administration fiscale n'a donné son agrément à la dématérialisation des factures qu'en août 1993.

3. Organisme émanant des industriels et des distributeurs, responsable notamment de la création du serveur Allegro utilisant le réseau Transpac.

à ses fournisseurs par EDI. Certains grands groupes du commerce non alimentaire, engagés de manière précoce dans cette voie, disposent aujourd'hui d'une avance significative ; ils constituent un modèle vers lequel devrait s'orienter dans les prochaines années l'ensemble de la distribution organisée. Leroy Merlin, par exemple, pratique l'EDI par Allegro depuis 1989. Mi-1997, 400 fournisseurs sur les 1 500 avec lesquels travaille l'enseigne acceptaient de recevoir les commandes par EDI (soit 80 % des lignes de commandes). Plus de 20 % des lignes de factures circulaient par EDI (soit seulement 40 fournisseurs). À peu près au même moment, l'Américain Wal-Mart (qui sert de référence en la matière) travaillait en EDI avec quelque 7 500 fournisseurs, passait par ce moyen 90 % de ses ordres d'achat et recevait 80 % de ses factures... Depuis sa reprise par le groupe Pinault-Printemps-Redoute (PPR), la Fnac a profondément révisé son organisation logistique, sur le modèle de la grande distribution alimentaire. L'objectif poursuivi avec la mise en œuvre du plan Ariane est l'optimisation de tous les flux, du fournisseur jusqu'au client. Aujourd'hui, ce type d'organisation logistique commence à être implanté dans les réseaux de petites surfaces comme, par exemple, chez Etam où la remontée du chiffre de ventes de chaque magasin est réalisée quotidiennement, assurant le réassort automatique et la livraison quotidienne des points de vente. Beaucoup cependant reste à faire. Si la plupart des fournisseurs importants de la grande distribution ont adopté l'EDI, une proportion importante des fournisseurs de petite taille — qui représentent une part minoritaire des achats mais sont souvent à l'origine d'une majorité de transactions — a été rebutée par le coût et, surtout, la complexité de l'EDI. On estime qu'à la fin des années 1990 seulement 15 % des fournisseurs de la distribution (soit environ 5 000 entreprises) sont reliés par EDI à leurs clients[1]. De même, si tous les grands réseaux de distribution travaillent en EDI, il n'en va pas de même dans de nombreuses chaînes de petites et moyennes surfaces ainsi, bien sûr, que chez la plupart des commerçants indépendants isolés. L'apparition récente de solutions EDI par Internet (le « Web-EDI ») est en passe de faire tomber les obstacles économiques, techniques et cognitifs à la généralisation de l'EDI dans les relations entre les distributeurs et leurs fournisseurs. La nécessité de mettre en œuvre des relations partenariales dans la durée n'apparaîtra qu'avec plus d'évidence.

La rationalisation de la logistique porte enfin sur les modalités de l'acheminement physique des marchandises dans les points de vente. Une nette tendance à la réduction des livraisons directes des points de vente par les fournisseurs s'est manifestée à partir du début des années 1990. La pratique courante consiste désormais à réceptionner les produits des fournisseurs au sein d'entrepôts ou de plates-formes, d'où ils

1. Georget [2000, p. 126].

repartent vers les magasins. On estime qu'actuellement plus de 80 % des livraisons aux grandes surfaces alimentaires sont ainsi organisés. Même Leclerc, resté pendant longtemps fidèle à l'approvisionnement direct des magasins, s'est finalement converti à cette nouvelle organisation des flux. En trois ans, Go Sport est passé de la livraison directe des magasins à la centralisation totale.

La livraison directe des magasins par les fournisseurs est souvent non optimale du fait des quantités livrées qui induisent un faible taux de remplissage des camions, handicap auquel s'ajoutent, pour les plus grandes surfaces, des problèmes d'encombrement des quais de livraison, des attentes coûteuses... Ces problèmes sont exacerbés avec l'évolution vers une organisation en flux tendus : les livraisons deviennent plus fréquentes, mais portent sur des quantités plus petites. Dans ces conditions, il apparaît rationnel de faire converger les produits des fournisseurs vers des points de « massification », pour être alors « éclatés » entre les différents points de vente après la réalisation de lots (« allotissement ») correspondant à la demande de chaque point de vente dans les produits des différents fournisseurs. Cette centralisation (qui peut s'opérer sur une base régionale, nationale[1], voire — rarement dans la distribution — internationale) permet de réduire l'intensité des flux et d'améliorer le taux de remplissage des véhicules. En outre, elle autorise l'exploitation d'économies d'échelle, notamment par l'automatisation des entrepôts et plates-formes : utilisation de convoyeurs automatiques, suppression du papier dans la préparation des commandes grâce à l'embarcation de terminaux sur les chariots de manutention... Au final, à un gain financier qui peut se révéler important s'ajoute un surcroît appréciable de flexibilité. À cet égard, on observe une certaine tendance de la part des entrepôts à sortir de leur strict rôle logistique pour assurer des opérations de « différenciation retardée », en particulier par la prise en charge du conditionnement des produits.

Au total, c'est une véritable « révolution logistique » qui est en cours. Si le processus est déjà largement engagé, il reste encore sans doute beaucoup à accomplir. Les chefs de file de la grande distribution alimentaire ont déjà enregistré des progrès considérables. Ils semblent cependant loin encore derrière les performances de Wal-Mart, qui constitue la référence en la matière. Selon une étude de Laser, les stocks d'un « supercenter » Wal-Mart moyen tourneraient 25 fois par an, contre 10,5 fois pour un hypermarché français représentatif. Les innovations technologiques à venir permettront d'améliorer encore les résultats. Les grandes surfaces alimentaires, par exemple, attendent

1. La Fnac a regroupé en 1998 toute sa logistique sur une nouvelle plate-forme à Massy. Tous les produits disponibles dans les magasins en France proviendront de cette plate-forme très automatisée (étiquetage, conditionnement...).

beaucoup des étiquettes électroniques qui devraient permettre de connaître en permanence l'état des stocks en rayon[1] et de réduire le personnel de caisse. Les réseaux de types Internet ou Intranet offrent des perspectives attrayantes permettant de faire plus (transmission de documents multimédia) et moins cher qu'avec l'EDI, ce qui favorisera l'extension de ce type de pratiques aux petits réseaux de distribution et aux fournisseurs de dimension modeste...

La révision de la répartition des rôles au sein des réseaux

Les nouvelles pratiques logistiques ont nécessairement des implications profondes sur l'organisation générale des distributeurs, et en particulier sur le partage des tâches et des responsabilités entre l'amont et l'aval de la structure organisationnelle.

On ne peut pas encore parler de la mise en place d'un modèle unique d'organisation dans l'ensemble des entreprises de distribution. On continue d'assister à la cohabitation de groupes très centralisés ne laissant qu'une très faible marge d'action aux magasins (Darty, Casino...) avec d'autres ayant, au contraire, fait le choix de la décentralisation et qui accordent une large autonomie aux points de vente, par exemple en matière de sélection des fournisseurs et de composition des assortiments, de politique tarifaire, d'investissement... (Leclerc, Cora...).

Toutefois, le renforcement de la démarche marketing et les politiques de rationalisation de la logistique imposent d'instaurer un minimum de centralisation de l'organisation, quitte à attribuer de nouvelles responsabilités aux points de vente. Par exemple, la constitution de bases de données marketing suppose une centralisation de l'information, de son traitement et de son analyse. Les positionnements marketing d'enseignes, qui deviennent comme on l'a vu de plus en plus subtils, se définissent nécessairement au niveau central. Dans la distribution de prospectus, on note le recul du poids des opérations régionales ou locales au profit des opérations nationales. La rationalisation de la logistique impose une gestion centralisée des flux d'information (commandes, factures) et des flux physiques (via les entrepôts et les plates-formes). Aussi n'est-il pas étonnant que les révisions organisationnelles auxquelles nous assistons reviennent le plus souvent à renforcer le rôle des instances centrales.

---

1. Actuellement, il est appréhendé par les données fournies par les caisses qui ne prennent naturellement pas en compte la « démarque inconnue » (vol, pertes, erreurs...). Seul l'inventaire (comptage un à un des articles en stock) permet aujourd'hui de connaître très précisément (mais de façon nécessairement provisoire) l'état des stocks...

Mais cette centralisation ne doit pas être confondue avec une gestion bureaucratique, à l'instar de l'organisation taylorienne dans l'industrie qui reposait sur la stricte séparation des tâches de conception et d'exécution. Les nouveaux principes organisationnels établissent une mise en réseau de chaque maillon de la structure. Cette mise en réseau est nécessaire pour assurer le partage des informations dont dispose chaque élément. Ainsi, le rôle imparti aux points de vente dans les nouvelles pratiques organisationnelles peut se trouver renforcé en dépit du mouvement de centralisation. En effet, le point de vente est en contact direct avec le client. Il occupe donc une position stratégique dans une perspective à la fois marketing et logistique. Cette position est d'autant plus importante que le distributeur a pris conscience de l'importance de piloter par l'aval tant son marketing (marchés de « demande ») que sa logistique (logique de « flux tirés »). C'est comme cela qu'il convient d'interpréter la mise en place par un nombre croissant de distributeurs (Décathlon, Connexion...) de structures régionales dont la fonction est d'assurer le relais de l'action marketing et de l'organisation logistique nationales. L'équilibre à trouver entre centralisation et décentralisation est subtil. Les méthodes de gestion des stocks sont de plus en plus directives. On voit se généraliser les « troncs communs d'assortiment », définis de manière centralisée, et devant se retrouver dans chaque point de vente de l'enseigne. Mais, malgré ces troncs communs, il subsiste une certaine marge d'initiative pour les responsables des points de vente afin de leur permettre de prendre en compte les besoins spécifiques de leurs clients. Une marge d'autonomie existe souvent également dans la fixation des prix (mais non dans la définition de la *politique* de prix) de manière à avoir les mains libres dans le combat contre les concurrents de la zone de chalandise. La question du dosage entre centralisation et décentralisation est évidemment encore plus complexe dans les groupes internationalisés qui doivent de surcroît définir le degré optimal d'autonomie des filiales étrangères. C & A, qui avait procédé il y a peu à la centralisation de l'élaboration des plans de collections, a dû réintroduire une dose de décentralisation en permettant aux « responsables d'assortiments » de chaque filiale de constituer leurs assortiments à partir des milliers de modèles conçus par... les stylistes du niveau central !

Au total, le personnel des points de vente se trouve de plus en plus libéré des tâches « périphériques » et peut de mieux en mieux se consacrer à l'accomplissement efficace de sa mission première : l'acte de vente et la connaissance fine des besoins des clients. Il peut là aussi s'appuyer sur le soutien du niveau central, comme chez Champion qui a mis en place un réseau Intranet permettant aux chefs de rayon de chacun des supermarchés de recevoir en temps réel des fiches produits, des conseils d'implantation et de construction des rayons, une assistance à la confection des collections saisonnières... Cette redistribution des rôles entre la tête et les jambes inspire d'ailleurs de nouvelles formes d'animation des réseaux, telles que la « commission-affiliation » en plein développement dans le commerce de l'habillement. Il s'agit d'une formule consistant pour la tête de réseau à mettre des marchandises en dépôt-vente auprès de détaillants indépendants qui portent généralement son enseigne. La tête de réseau maîtrise alors totalement la gestion des stocks et le personnel du point de vente peut se concentrer sur l'activité commerciale. Environ le quart des réseaux d'Etam ou de 1.2.3. fonctionne déjà en commission-affiliation, et cette part atteint jusqu'à 50 % chez Caroll.

C'est certainement le personnel intermédiaire — typiquement le chef de rayon dans les moyennes et grandes surfaces — qui est le plus affecté par ces nouvelles orientations organisationnelles : il joue de plus en plus le rôle d'animateur, dans le point de vente bien sûr, mais aussi auprès des instances situées en amont[1]. Il est significatif que Carrefour soit en train de tester le remplacement des actuels chefs de rayon par des « responsables d'exploitation », en charge, à l'échelle du point de vente et pour la catégorie de produits dont ils ont la responsabilité, du marketing, des ressources humaines, de l'organisation, des approvisionnements...

À ces évolutions dans la répartition verticale des rôles aux différents niveaux de l'organisation des réseaux de distribution s'ajoute une autre mutation organisationnelle, qui se déroule au sein des états-majors : la diffusion du « category management ». Le « category management » est la traduction dans les organigrammes de la diffusion des logiques de bouquets ou d'univers dans les points de ventes. L'objectif est « d'augmenter la productivité d'une enseigne en passant d'un raisonnement en termes de marques/références à un raisonnement par "catégorie de produits", ceci pour s'approcher au mieux du comportement du consommateur. On parlera ainsi de catégories "produits de grignotage" (biscuits, confiserie, barres enrobées de chocolat, barres céréales, etc.) ou de "produits pour faire du café" (cafetières, filtres à café, café, etc.) ou de "produits pour les bébés" (couches-culottes, petits pots, baby-relax, etc.)[2] ». Il s'agit donc d'intégrer et de coordonner sous une même direction (rattachée soit aux achats, soit au marketing) l'ensemble des fonctions opérationnelles tenues habituellement séparées : achat, marketing, marchandisage... Cette révision des organigrammes dans les états-majors, tout comme l'évolution des figures d'emploi dans les magasins, constitue une illustration du profond revi-

---

1. « Nous voulons amener nos collaborateurs à comprendre que, dans chaque rayon, leur vraie responsabilité est de bien connaître leur marché et de gérer quotidiennement l'adéquation de leur offre au marché régional » (Georges Plassat, directeur général de Casino, ECR : « Aujourd'hui quelles réalités ? et demain quelles perspectives ? », Journée du 22 novembre 1995 de l'Académie des sciences commerciales, HEC, p. 39.

2. Chinardet [1998, p. 78].

rement de la grande distribution d'une logique d'écoulement de produits à une logique de satisfaction des clients qui accompagne son basculement dans le régime de croissance intensive.

Les révisions organisationnelles auxquelles les entreprises de distribution doivent procéder sont multiformes : elles touchent les principales fonctions opérationnelles (dont les contours sortent brouillés) et affectent les différentes couches verticales et horizontales de l'organisation, du point de vente à la tête de réseau. Il est donc légitime d'employer l'expression de « révolution organisationnelle » pour souligner l'ampleur des changements en cours. Ces changements ne sont d'ailleurs pas sans rappeler ceux que vivent les entreprises industrielles depuis une vingtaine d'années (voir chapitre I). À son tour et à sa manière, la grande distribution met progressivement en place des modes d'organisation lui permettant de répondre efficacement aux besoins de ses clients, à se doter de la capacité de réaction qu'impose l'incertitude des marchés, à accumuler des compétences spécifiques. Ces changements sont d'autant plus délicats à mener :

— qu'ils impliquent l'introduction de nouvelles technologies et de nouvelles compétences dans les organisations.

— Que ces changements organisationnels doivent être menés simultanément et de manière cohérente avec les changements de positionnements stratégiques.

— Que la visibilité est réduite sur le plan des apports à venir des technologies de l'information et de la communication, de la manière dont vont évoluer des activités connexes telles que les transports et la logistique ou le micromarketing, sur les options stratégiques et organisationnelles qui se révéleront gagnantes...

— Que le coût de mise en œuvre des nouveaux principes organisationnels est très important, tant sur le plan des investissements corporels (systèmes d'information, mégabases de données, plates-formes logistiques...) que sur celui des hommes (mobilité professionnelle, formation...).

Le tout dans un contexte de forte compétition qui impose de prendre rapidement des options lourdes et de mener le changement à pas rapide afin de ne pas se laisser distancer par la concurrence.

La révolution organisationnelle met à l'épreuve l'aptitude des entreprises de distribution au changement et à l'apprentissage. Celle-ci semble très inégale selon les entreprises. Les états-majors de certaines entreprises semblent éprouver des difficultés à trouver le relais nécessaire en aval. C'est le cas notamment de certains groupements d'indépendants. D'autres souffrent d'une excessive rigidité des procédures, mal qui menace un nombre croissant de distributeurs à mesure que la concentration augmente leur dimension. Tous auront besoin, pour réussir cette révolution organisationnelle, de repenser la nature de leurs relations avec les fournisseurs.

La redéfinition des relations avec les fournisseurs ou la « révolution culturelle »

Nous avons déjà pu constater que les relations de la grande distribution avec ses fournisseurs se sont rapidement inscrites dans une logique conflictuelle. L'emprise croissante de la grande distribution sur le commerce de détail, la concentration de ses structures et la réduction drastique du nombre de centres de décision, ont rapidement inversé le rapport de forces qui prévalait aux premières heures de la « révolution commerciale ». L'ancrage des positionnements stratégiques sur le prix durant la période de croissance extensive a fait reposer sur les achats une part très importante de l'effort de compétitivité des distributeurs. Par la massification des achats dans le cadre de centrales de plus en plus puissantes, les distributeurs ont su maximiser la pression exercée sur leurs fournisseurs.

Ces relations conflictuelles constituent un obstacle à la réussite dans les nouveaux positionnements et les nouvelles politiques expérimentées aujourd'hui par la distribution. Les distributeurs ont désormais besoin de s'appuyer sur leurs fournisseurs pour fonder leur compétitivité, non plus dans une logique de « transfert de la rente » (jeu à somme nulle) mais dans une logique de construction conjointe de valeur ajoutée (jeu à somme positive). Cette évolution des relations industrie-commerce vers une logique plus « partenariale » est particulièrement nécessaire dans les domaines du marketing et de la logistique.

LE PARTENARIAT EST NÉCESSAIRE POUR MENER À BIEN LA RÉVOLUTION ORGANISATIONNELLE

Il est difficile pour un distributeur de parvenir tout seul à rationaliser efficacement sa logistique ; par définition, il ne saurait contrôler totalement les flux partant des lieux de production pour aller jusqu'aux points de vente. L'expérience de l'industrie automobile est significative à cet égard. Au début des années 1980, les constructeurs ont pris conscience de la nécessité de réformer leur organisation afin de gagner en flexibilité et en productivité. Les nouveaux schémas organisationnels avaient notamment pour but d'optimiser les flux, afin de passer d'une production *poussée* par les prévisions de vente à une production *tirée* par la demande effective des clients. Alors qu'ils adoptaient une organisation en flux tendus, les constructeurs demandaient à leurs fournisseurs (les équipementiers) de les livrer en « juste-à-temps ».

Dans un premier temps, de nombreux équipementiers ont répondu à cette demande par l'augmentation du volume de leurs stocks, provoquant l'alourdissement des coûts. Afin de remédier à cette situation, les constructeurs ont incité leurs principaux fournisseurs à adopter à leur tour une organisation en flux tendus, synchronisée au rythme des unités d'assemblage. L'exemple de l'industrie automobile révèle que l'optimisation des flux logistiques ne peut se faire qu'en impliquant les fournisseurs dans la conception d'un schéma général d'organisation. Ainsi, il ne suffit pas que le distributeur et ses fournisseurs puissent échanger de l'information via l'EDI. Yoplait, par exemple, est aujourd'hui capable de livrer 100 % des commandes de la grande distribution en moins de 20 heures, et 60 % des commandes reçues le jour même avant 9 heures sont livrées avant 22 heures. Il va de soi qu'une telle performance a nécessité une profonde réorganisation de la production chez le géant de l'industrie laitière, qui s'est notamment traduite par une redéfinition radicale des modes de livraison menée avec les distributeurs clients. Une véritable rationalisation de la logistique implique la recherche d'une synchronisation des rythmes économiques de part et d'autre, fondée sur la recherche d'une « compatibilité organisationnelle[1] ». Cette recherche impose l'engagement d'investissements importants (réorganisation, équipements de communication, construction d'un code de conduite, d'un langage commun, constitution d'un « capital relationnel »...). L'expérience de l'automobile souligne également qu'un fonctionnement en flux tendus efficace nécessite que le client modifie à son tour ses manières de travailler avec ses principaux fournisseurs... Ce changement organisationnel et ces investissements, largement spécifiques à chaque couple fournisseur-distributeur, doivent pouvoir être amortis dans la durée. Ils s'opposent ainsi à la tradition « court-termiste » qui s'est établie dans les relations industrie-commerce où l'horizon temporel ne dépasse que rarement le délai d'un an qui sépare deux « négociations ». L'optimisation de la logistique implique donc que des relations « partenariales » se mettent en place, impliquant des échanges débordant largement la simple transaction marchande et s'inscrivant dans la durée[2].

---

1. L'adoption du modèle « juste-à-temps » japonais se limite trop souvent dans les pays occidentaux à ajouter à des contrats de fourniture classiques des clauses supplémentaires relatives à la qualité et aux délais. R. Calvi souligne l'importance du risque, lorsque les coéchangistes refusent d'entrer dans une logique d'ajustement (mais aussi de dépendance) mutuel, d'aboutir à des « situations éminemment instables, sous-optimales et risquées » (Calvi [1998, p. 49]).

2. Les modèles de théorie des jeux ont démontré l'importance de la durée dans les phénomènes de coopération entre des agents cherchant à satisfaire des objectifs partiellement antagonistes. Ces modèles montrent de manière théorique que la coopération échoue sous l'influence des comportements de francs-tireurs lorsque le jeu ne porte que sur une seule période ou sur un nombre de périodes défini au début du jeu. Voir, par exemple, Axelrod [1992].

La coopération industrie-commerce en matière de logistique s'exprime de manière privilégiée au travers des expériences d'ECR (« efficient consumer response » ou « réponse optimale au consommateur ») qui ont été menées en premier lieu dans la grande distribution alimentaire à partir du début des années 1990. L'ECR vise principalement à optimiser la productivité des stocks et de la surface de vente par l'adaptation fine de l'assortiment et par l'optimisation du coût et de l'efficacité du réassortiment[1]. Cette « réponse optimale aux consommateurs » passe de plus en plus par la « gestion partagée des approvisionnements » (GPA). La GPA consiste dans la construction par le couple distibuteur-producteur d'un ensemble de procédures permettant d'optimiser la fréquence et le contenu des approvisionnements. Ces procédures incluent des échanges d'information intenses entre les parties, et en particulier la communication en temps réel des données relatives aux sorties des produits des entrepôts du distributeur, voire aux ventes des magasins. Elles peuvent aussi comporter l'élaboration de méthodes partagées de prévision, visant à ajuster plus finement encore les volumes livrés aux besoins des magasins. Le fournisseur peut alors être habilité à déclencher lui-même les approvisionnements sur la base des procédures préétablies, voire à proposer des commandes lorsqu'il juge nécessaire de corriger le tir par rapport à ce que prévoient les procédures. Le fournisseur dispose d'un atout de taille pour mener à bien cette tâche plus efficacement que le distributeur : la gestion d'un nombre relativement limité de références face aux quelques dizaines de milliers que doit gérer un hypermarché. En outre, prendre la responsabilité du cadencement des livraisons donne à l'industriel une meilleure maîtrise de l'organisation de la production en amont.

Dim, par exemple, assure le réapprovisionnement automatique des rayons chaussettes, collants, sous-vêtements masculins et mi-bas d'un ensemble de magasins Monoprix. Les chiffres de ventes remontent chaque semaine à la centrale grâce à la scanérisation effectuée en caisses. Ces données sont transmises au fournisseur par EDI qui assure le réassort directement. Alors qu'avant la mise en place du dispositif, les rayons souffraient de stocks pléthoriques (jusqu'à seize semaines de vente), les stocks devaient rapidement descendre à six semaines, pour finalement atteindre, en principe, trois ou quatre semaines.

Le rapprochement des industriels et des distributeurs dans leur souci d'optimiser la logistique — ce que Molet et Dornier [1998] appellent le stade « logistico-commercial » de la coopération producteur-distributeur — constitue un préalable utile à l'extension de la logique partenariale au domaine du marketing (passage au stade « logistico-marketing »).

1. Voir A. Tordjman [1995].

Le partenariat est nécessaire pour mener à bien la révolution marketing

L'ECR n'est pas conçu uniquement comme un levier de rationalisation des flux logistiques. Il vise également le renforcement de l'efficacité des investissements en promotion et la réduction des échecs de lancement de nouveaux produits.

J'ai montré en quoi les nouveaux positionnements d'enseigne sollicitent fortement le marketing. Si les distributeurs sont appelés à renforcer considérablement leur expertise en matière de marketing (marketing d'enseigne, ciblage de sous-populations, optimisation des assortiments et du marchandisage...), ils ne peuvent dans le cas général tabler sur leurs seules forces pour réussir. De leur côté, les fournisseurs, qui ont longtemps considéré la distribution comme un mal nécessaire pour atteindre leurs clients, semblent prendre conscience (l'évolution du rapport de force n'y est sans doute pas étranger) que les distributeurs doivent être traités comme des clients à part entière, et des clients très particuliers puisque contribuant de manière décisive au succès ou à l'échec de leurs produits. C'est de cette prise de conscience qu'est né ce que les spécialistes appellent le « trade marketing », qui marque aujourd'hui l'organigramme de grands fournisseurs par la création de directions par enseignes, parallèles aux traditionnelles directions par marques.

Cette coopération dans le champ du marketing peut s'opérer à plusieurs niveaux impliquant une collaboration de plus en plus étroite entre distributeurs et fournisseurs.

L'optimisation du marchandisage et une meilleure connaissance des consommateurs

Les systèmes d'information mis en place par les distributeurs (mégabases de données) leur assurent progressivement une connaissance de plus en plus fine, et en temps réel, des comportements de leurs clients. Toutefois, les données issues de ces dispositifs ne constituent qu'une partie de l'information nécessaire à la mise en place de stratégies marketing sophistiquées. Si ces données sont très détaillées sur la composition des achats, elles sont relativement pauvres sur la connaissance du profil des clients. En outre, elles ne portent que sur la population des clients actuels de l'enseigne et permettent difficilement de cerner les attentes et attitudes ainsi que les usages effectifs des produits par l'ensemble des consommateurs, clients ou non de l'enseigne. Les industriels — tout au moins ceux qui sont engagés dans une démarche marketing approfondie — disposent en général de ce type d'information. Intéressés par un petit nombre de produits, ils sont en mesure d'acquérir des données très détaillées auprès de sociétés spécialisées et de procéder à leurs propres études de marché. Ils sont ainsi capables, en général, de connaître bien mieux que les distributeurs les types de produits adaptés aux différentes catégories de consommateurs, de préconiser un marchandisage performant et une politique de promotion sur le point de vente qui sont de nature à stimuler efficacement l'acte d'achat. C'est pour les distributeurs généralistes que cette complémentarité avec les industriels se manifeste avec le plus d'évidence. En raison de la largeur de leurs assortiments, il leur est difficile de réunir et de maîtriser la totalité de l'information pertinente. Rappelons que, selon Secodip, il existe pas moins de 424 000 références actives dans la grande distribution alimentaire (dont 180 000 dans l'univers alimentaire). Il est difficile dans ces conditions pour un distributeur de s'affirmer comme un expert de l'offre et de la demande de chaque produit.

La coopération entre les distributeurs et leurs fournisseurs en vue d'une meilleure connaissance des attentes des clients peut se manifester de différentes manières :

— *Transmission aux fournisseurs des données de vente du distributeur.* Prisunic et Système U pratiquent depuis 1995 la cession à titre onéreux de leurs données de vente aux producteurs qui le désirent[1]. Carrefour leur a récemment emboîté le pas[2]. La remontée d'information point de vente par point de vente permet notamment au fournisseur d'évaluer avec précision les retombées de ses campagnes de promotion.

— *Échanges d'informations et coopération en matière de marchandisage.* Par exemple, Ricard s'est constitué une base de données très détaillée sur le comportement d'achat de produits anisés par les ménages. Cette information permet à l'industriel de réaliser un diagnostic des ventes de chaque magasin client et de proposer des améliorations en fonction du profil de sa clientèle. Dans le non-alimentaire, la complexité de la gestion du rayon librairie (nombre des références au taux de rotation très inégal) a incité des « diffuseurs » à proposer de soutenir la gestion du rayon par leur connaissance du marché. Certains distributeurs s'aventurent actuellement vers des approches beaucoup plus partenariales. Carrefour, par exemple, pratique depuis 1995 un partenariat avec Smithkline Beecham pour le rayon hygiène dentaire. Le fabricant a accès à tous les résultats du rayon, le hit-parade des performances des magasins et les relevés de vente d'un ensemble de magasins. À partir de ces informations et de sa connaissance propre du marché, SB bâtit une implantation type que Carrefour

1. Et peut-être même, à ce que l'on murmure, à ceux qui ne le désirent pas !
2. Signalons que Wal-Mart communique depuis des années des données similaires *gratuitement* à ses fournisseurs.

s'engage à accepter, y compris sur sa marque de distributeur. Ce type de démarche tend aujourd'hui à se diffuser à un nombre croissant de rayons des hypers. Notons que cela ne va pas sans difficultés en raison de la dangereuse asymétrie que cette pratique fait naître entre le « category pilote » (ou « capitaine ») sur lequel s'appuie le distributeur pour dynamiser le marchandisage d'un rayon et les autres fournisseurs de ce rayon.

— *Échanges d'informations et coopération en matière de promotion.* La coopération producteur-distributeur permet de démultiplier l'efficacité des opérations promotionnelles en synchronisant et en harmonisant les actions du producteur et celles du distributeur. Par exemple, dans le bricolage, les coopérations industrie-commerce sont de plus en plus fréquentes pour la conception commune d'informations sur le lieu de vente, l'élaboration de supports pédagogiques et la conception d'espaces de mise en situation. De même, on observe la participation de plus en plus fréquente des forces de vente du fournisseur aux démonstrations dans le point de vente. On commence même à relever des opérations de communication commune, comme la campagne d'affichage menée en 1999 conjointement par Monoprix-Prisunic et Procter & Gamble pour la promotion de produits innovants.

— *Gestion directe d'un espace commercial par le fournisseur dans les points de vente du distributeur.* L'implantation de « corners » a été développée de manière précoce par les grands magasins. Ils sont également fréquents dans le commerce d'articles de sport. Par exemple, Courir a conclu des accords en ce sens avec Nike et Reebok. Ainsi, dans le cas des espaces « Planet Reebok », des gestionnaires Planet, envoyés par Reebok, ont pour mission de gérer les stocks, de s'occuper du marchandisage, de l'animation et de la formation des vendeurs. Guy Degrenne, dans les arts de la table, s'efforce également de multiplier le nombre de ses corners implantés au sein de magasins multimarques. L'implantation de corners apparaît à maints égards pour les fournisseurs de produits de marque comme un substitut à une stratégie d'intégration de la distribution.

La mise en avant d'exclusivité et la coproduction d'innovations

Les distributeurs considèrent de plus en plus la spécificité de l'assortiment comme un levier important de différenciation.

Cette spécificité peut être obtenue en négociant auprès des fournisseurs la vente de produits exclusifs. Il est courant aujourd'hui que les distributeurs obtiennent une exclusivité sur un conditionnement spécifique d'un produit de grande marque (contenance, nombre d'unités contenues dans un lot...). L'enseigne peut ainsi ajuster la qualité de son offre à la spécificité de sa clientèle et à la nature de son positionnement stratégique. Elle parvient également ainsi à brouiller la comparaison directe du prix du produit entre enseignes concurrentes.

Une autre voie consiste à obtenir du fournisseur une exclusivité temporaire sur un nouveau produit ou l'exclusivité d'une campagne promotionnelle. Par exemple, en novembre 1998, Carrefour a bénéficié d'une exclusivité d'une semaine sur la vente d'un micro-ordinateur Fuji équipé d'un moniteur 17' proposé par le fabricant à un prix particulièrement compétitif.

Plus profondément encore, le distributeur peut tenter d'obtenir de ses fournisseurs des produits couverts par une marque dont il serait seul à bénéficier. On est alors très proche de la logique du produit à marque de distributeur.

Enfin, les distributeurs ayant acquis une meilleure connaissance de leurs clients sont incités à s'impliquer directement dans la conception des produits et à s'engager dans une logique de coproduction des innovations avec les fournisseurs.

Le degré d'engagement des distributeurs dans une logique de coproduction des innovations est très dépendant de l'importance accordée aux marques propres dans la définition de leur positionnement stratégique. Ainsi, que Décathlon soit l'enseigne sport la plus engagée dans la conception des produits (Décathlon Production emploie 837 ingénieurs) n'est pas étranger au fait que la marque Décathlon soit l'origine de 51 % des ventes.

Je reviendrai dans le chapitre VII sur cet engagement croissant des distributeurs dans la conception des produits et le rôle joué par les marques propres. Nous sommes ici au cœur de la mutation du rôle de la distribution dans le système économique.

La généralisation des relations partenariales bute en France sur des obstacles culturels qui tiennent à l'enracinement des relations industrie-commerce dans une logique conflictuelle. Les résistances sont encore très vivaces sur le terrain, et en particulier dans les centrales d'achat ; l'expression des rapports de force qui y règnent continue trop souvent de porter sur l'extorsion sous des formes constamment renouvelées du maximum d'avantages de la part des fournisseurs, et cela au détriment de la création conjointe de valeur pour les clients. Une véritable révolution culturelle s'impose donc afin de déplacer le champ des négociations sur des terrains plus fertiles. La nécessité de mettre en œuvre des relations d'un type nouveau apparaît cependant chaque jour avec plus d'évidence à mesure que les distributeurs s'efforcent de mettre en œuvre des positionnements stratégiques plus adaptés au nouveau régime de croissance. La situation évolue ainsi très rapidement. Le renouvellement des générations à la tête des grandes entreprises de la distribution est de nature à faciliter le changement d'état d'esprit. Le bilan favorable des premières expériences de partenariat entre distributeurs et industriels commence à produire des effets, de même que les coups de projecteurs régulièrement portés par la presse professionnelle sur la compétitivité de Wal-Mart et sur le rôle décisif qu'y tient la nature de ses relations avec les fournisseurs. Ainsi verra-t-on progressivement, à l'image de ce que l'on constate de plus en plus dans les relations interindustrielles, que le champ des interactions entre distributeurs et fournisseurs se définit au-delà des simples opérations d'achat-vente, au profit d'une approche multifonctionnelle.

Conclusion

La grande distribution est en train de rattraper une partie de son retard d'adaptation aux évolutions du système économique et social. De nouveaux positionnements marketing se mettent en place qui permettent un traitement « intensif » des marchés par l'offre de concepts commerciaux de plus en plus finement adaptés aux besoins multiples d'une clientèle plurielle. À ces nouveaux positionnements répondent de nouveaux principes organisationnels. Ces derniers fondent désormais la compétitivité des distributeurs sur :

— L'exploitation de nouveaux gisements de productivité (la logistique, le marchandisage).

— Une flexibilité accrue permettant de suivre les évolutions erratiques de la demande.

— L'entretien d'une capacité d'apprentissage autorisant la connaissance de plus en plus fine des marchés et la mise en œuvre de stratégies reposant sur des compétences spécifiques.

— La mise en place de relations partenariales avec les fournisseur.

Le tout à grand renfort de technologies de l'information. La différenciation, et même l'innovation, font leur entrée massive dans une arène stratégique où « les prix les plus bas » obtenus par le jeu des effets de dimension ont longtemps régné sans partage.

Ainsi, à travers ces différentes facettes, les nouvelles stratégies qui se mettent en place contribuent à faire entrer la distribution dans l'économie postfordienne fondée sur la connaissance et à définir les bases du régime de croissance intensive. La croissance portera de moins en moins sur la conquête de terres vierges, et de plus en plus sur l'exploitation intensive des marchés par la conjugaison d'approches commerciales capables de stimuler la demande en volume et en valeur, et de méthodes de production du service commercial de plus en plus complexes conciliant qualité, flexibilité et productivité. Ce basculement comporte des conséquences très importantes. Conséquences d'abord sur le secteur de la distribution lui-même dont les structures sont appelées à évoluer rapidement amenant une recomposition du paysage commercial. Mais, plus généralement, conséquences sur l'ensemble du système économique. D'une part, les mutations de la grande distribution pourraient produire un nouvel effet d'entraînement sur la consommation des ménages, mais aussi accélérer la diffusion de nouveaux principes organisationnels dans les compartiments de l'industrie restés jusque-là à l'abri du changement structurel. D'autre part, les mutations en cours s'accompagnent d'une modification de la fonction économique de la distribution qui implique une redistribution des rôles et des pouvoirs tout au long des filières. Les deux prochains chapitres sont consacrés aux conséquences de la diffusion de ces nouvelles stratégies.

CHAPITRE VI

Les transformations des structures de l'appareil commercial

Les positionnements stratégiques associés au régime de croissance intensive portent en germe une redéfinition des caractéristiques de l'appareil commercial national.

Je me concentrerai ici sur trois points. En premier lieu, l'entrée dans le régime de croissance intensive appelle une évolution de la conception des magasins, lieu privilégié de l'expression du concept défendu par l'enseigne et de la relation avec le client. De manière cohérente avec la tendance à la fragmentation de l'espace stratégique identifiée au cours du chapitre IV, le profil des points de vente tend à se diversifier afin de contribuer à la meilleure exploitation de chaque segment de marché. J'analyserai ensuite quelles devraient être les conséquences sur l'urbanisme commercial de la diffusion des nouveaux positionnements marketing et de l'évolution de la conception des points de vente qui l'accompagne. Le commerce de centre-ville pourrait trouver dans les évolutions structurelles en cours des facteurs favorables à une certaine renaissance. L'opposition entre commerce de centre-ville et commerce de périphérie devrait perdre ainsi une partie de sa pertinence au profit d'une plus grande complémentarité. Enfin, je constaterai le mouvement de concentration économique et financière qui affecte l'ensemble des secteurs du commerce de détail. Je m'interrogerai sur l'avenir du commerce indépendant. Ce dernier risque de se trouver pénalisé par les nouveaux critères de compétitivité associés au régime de croissance intensive. L'équilibre relatif atteint entre commerce intégré et commerce indépendant pourrait être progressivement remis en question au détriment du second.

Le nouveau visage des magasins

La naissance du commerce en grande surface a constitué un important retour en arrière par rapport aux grands magasins quant à la compréhension du rôle de l'aménagement du point de vente dans la stimulation de l'acte d'achat. Durant l'ère de croissance extensive, le magasin en grande surface n'a souvent été appréhendé que comme une « boîte » assurant la convergence des flux de marchandises et de consommateurs. Progressivement, avec le perfectionnement des techniques de marchandisage, la réflexion sur l'aménagement des magasins s'est développée, mais principalement dans un sens fonctionnel : comment optimiser l'usage des linéaires de vente ? Comment canaliser le flux des clients afin de maximiser leur mise en contact avec les produits, d'allonger leur temps de présence dans le magasin et d'encourager les achats d'impulsion ?

Bien sûr, ces préoccupations sont toujours à la base de l'aménagement des points de vente. Cependant les moyens mis en œuvre se sont complexifiés et de nouvelles pratiques accompagnent la diffusion de positionnements stratégiques qui demandent à être relayés par un aménagement cohérent du point de vente.

Alors que les besoins primaires des consommateurs sont satisfaits et que s'émousse la sensibilité aux prix de leur envie de consommer, le magasin ne peut plus se cantonner à sa fonction de réceptacle. Une enquête du cabinet Stratégic[1] a cherché à identifier ce qui, pour les clients des grandes surfaces, fait le plus défaut dans les magasins. Le « plaisir d'acheter comme sur le marché ou en boutique » arrive en seconde position, juste après « les conseils » et loin devant les autres motifs d'insatisfaction. Dans le contexte des nouveaux modes de consommation, le magasin devient un élément central des politiques des distributeurs visant à stimuler le désir d'acheter. Les leviers activés pour cela sont bien sûr différents selon la nature du positionnement stratégique de l'enseigne.

DES MAGASINS QUI STIMULENT LE DÉSIR D'ACHETER

Un aménagement intérieur de plus en plus élaboré

De manière générale, les distributeurs ont consenti des efforts importants au cours des dernières années afin d'améliorer la qualité

1. *Linéaire* d'octobre 1997.

de l'aménagement des magasins. Ces derniers sont devenus plus accueillants, et il est plus agréable d'y séjourner. Architectes d'intérieur et décorateurs sont sollicités. Ils mobilisent une gamme étendue de matériaux, travaillent l'éclairage, voire les sons et les odeurs. Une partie de l'espace de vente est sacrifiée au profit d'éléments de la décoration : écrans vidéo, espaces verts[1]... Du simple lieu de présentation de l'offre, le magasin est peu à peu devenu un « espace de consommation », un « lieu de vie », personnalisé selon l'enseigne.

Cette attention portée à la qualité de l'aménagement est de règle depuis longtemps dans le commerce de centre-ville en boutique. On assiste là davantage à l'approfondissement d'une pratique courante qu'à une véritable rupture, même si la fréquence des « remodling » (réaménagements) et les investissements qui y sont consacrés sont en augmentation. L'évolution du comportement en la matière d'enseignes telles que C & A, Marks & Spencer, ou Promod est représentative. Les enseignes « tendent de plus en plus à formaliser dans l'architecture de leurs points de vente les goûts et aspirations de la clientèle qu'elles ciblent[2] ». Les enseignes nouvelles, comme Zara ou Sephora, ont d'emblée fait de la qualité de l'aménagement intérieur l'un des axes de leur politique de différenciation.

La démarche est plus nouvelle dans le commerce discompte de périphérie. Les enseignes de commerce non alimentaire, et en particulier celles qui ont adopté un positionnement « bouquet », abordent l'organisation du point de vente dans la perspective d'une théâtralisation de l'offre. Les produits sont mis en situation dans un aménagement visant à reproduire les univers de consommation fonctionnels ou symboliques auxquels ils se rattachent. Ikea a été un pionnier en la matière et demeure une référence. Des enseignes aussi différentes que Go Sport, Extrapole, Nature et Découverte ou M. Bricolage[3], déclinent aujourd'hui les mêmes principes, en les adaptant bien sûr aux spécificités de leur secteur et de leur insertion stratégique sur le marché. Le mouvement de relèvement de la qualité de l'aménagement des points de vente ne se cantonne pourtant pas à une poignée d'enseignes avant-gardistes sur le terrain de la différenciation et du traitement qualitatif des marchés. Des enseignes au positionnement discompte plus conventionnel, comme Kiabi ou André, ont procédé au cours des

1. Le nouveau concept de magasin Chaussland (grandes surfaces de chaussures) comporte quatre aquariums répartis dans le magasin.

2. *Journal du textile*, n° 1502, 23 juin 1997.

3. Cette enseigne a expérimenté en 2000 dans son magasin de Auch une conception originale de l'organisation des rayons dans l'espace. À la présentation linéaire habituelle, ce magasin a substitué une présentation en « arène » dans un espace octogonal. L'« agora » centrale regroupe les fonctions d'accueil et d'exposition de produits mis en situation ; tout autour se déploient les différents rayons sur des gondoles dont la hauteur augmente à mesure que l'on s'éloigne du centre.

dernières années à des réaménagements de leurs magasins, afin d'offrir un plus grand confort d'achat aux clients.

Les enseignes de la grande distribution alimentaire s'inscrivent dans la même tendance. Carrefour a été à l'origine d'une rupture en 1997 avec l'introduction d'une structuration des rayons non alimentaires par « univers », avant d'étendre la même démarche à un nombre croissant de rayons alimentaires. L'innovation réside d'abord, on l'a vu, dans l'organisation des rayons selon une logique de bouquet réunissant dans un espace homogène l'ensemble des produits contribuant à une même fonction de consommation. L'innovation porte également sur l'abandon du caractère linéaire de la présentation de l'offre au profit de la constitution d'îlots, dans l'usage d'un mobilier élaboré (les consoles utilisées dans le rayon textile ont été dessinées par Philippe Stark), l'aménagement des sols et des plafonds... autant d'éléments visant à recréer « l'esprit boutique » au sein même de l'hyper. Seuls les magasins portant une enseigne résolument discompte ou maxi-discompte restent en marge de cette évolution. Le caractère fruste de l'aménagement intérieur répond tout autant au souci de minimiser les coûts qu'à la volonté d'adresser aux clients un signal de compétitivité-prix.

Une attention nouvelle portée à l'architecture du point de vente

Concentrée traditionnellement sur l'aménagement intérieur du magasin, l'attention des distributeurs s'étend progressivement au cadre extérieur. Les vitrines, bien sûr, sont depuis longtemps l'objet de soins particuliers de la part des commerces de centre-ville ou de centres commerciaux. Elles ont tendance aujourd'hui à s'étendre. Dépassant la simple fonction de présentoir des produits du magasin, elles s'efforcent de matérialiser de manière condensée le positionnement marketing de l'enseigne, d'émettre des signes de reconnaissance à destination de la clientèle visée. Devant contribuer à relancer sans cesse la curiosité des chalands, elles sont recomposées régulièrement, à l'instar de celles de la jeune enseigne Terre et Décoration qui sont renouvelées chaque semaine. Certaines enseignes (par exemple Disney Stores) font le choix de dématérialiser la vitrine, et de rendre diffuse la limite entre l'intérieur et l'extérieur, ce qui permet d'ouvrir au maximum le magasin, d'optimiser sa visibilité pour le chaland et de faciliter son entrée inopinée. D'autres enseignes (notamment Zara) jouent plutôt sur la « fermeture » du magasin afin de favoriser chez les clients un sentiment de « club », de communauté.

Au-delà de la vitrine, la qualité architecturale du bâtiment est de plus en plus l'objet de l'attention des enseignes différenciées, en particulier en ce qui concerne leurs « magasins phares », généralement installés au cœur du centre historique des grandes métropoles. Ainsi, voit-on se multiplier le nombre des magasins dont l'aménagement s'appuie sur des architectures de qualité (grands magasins bien sûr, mais aussi Fnac Ternes, Virgin Mégastore Champs-Élysées...) ou, du moins, originales (Smart Centers). Parmi les moyennes et grandes surfaces de périphérie, qui en général ne disposent pas de vitrine (elles sont inutiles en raison de l'absence de flux de piétons à leurs abords), on note le souci croissant d'une architecture extérieure de qualité dont témoignent certains distributeurs. Le nouveau centre commercial Val d'Europe, en Seine-et-Marne, a adopté une architecture inspirée du XIXe siècle, associant constructions métalliques et verrières, dans le style Baltard et Eiffel. Il s'agit bien sûr souvent d'une démarche politique visant à répondre aux attaques répétées contre la pollution visuelle que constitue l'implantation anarchique des « boîtes » aux entrées de ville. À l'heure où les autorisations d'ouverture sont plus difficiles à obtenir, un effort du distributeur sur le plan de l'architecture en vue d'une meilleure intégration du point de vente à son environnement est un élément qui accroît les chances de succès de sa demande. Mais au-delà du souci d'image, l'attention nouvelle portée par les distributeurs à l'architecture témoigne d'une réelle prise de conscience de la nécessité d'améliorer le confort d'achat et de contribuer à la création de valeur immatérielle pour les consommateurs.

DES MAGASINS DE PLUS EN PLUS GRANDS

Les nouvelles stratégies des groupes de la grande distribution jouent en faveur de l'augmentation de la taille des magasins. La taille moyenne des grandes surfaces alimentaires n'a jamais cessé de s'accroître, provoquant au cours des années 1980 le passage de nombreux supermarchés dans la catégorie des hypers. La diversification régulière de ces derniers vers de nouveaux marchés non alimentaires entretient la tendance.

L'accroissement de la dimension des magasins de distribution non alimentaire est souvent dicté par des politiques d'approfondissement des gammes visant à renforcer un positionnement de spécialistes. Par exemple, dans le commerce de parfumerie, l'augmentation de la taille moyenne des magasins résulte, pour une large part, du développement des chaînes au détriment des parfumeries traditionnelles. Les parfumeries de chaîne proposent en général quelque 8 000 références, soit cinq fois plus qu'une parfumerie traditionnelle. Elles ont besoin pour cela d'espace (les points de vente Marionnaud occupent en moyenne 800 m^2, ceux portant l'enseigne Marie-Jeanne Godard s'étendent en général sur 250-300 m^2... alors que la surface moyenne des parfumeries se situe autour de 60 m^2). GrandOptical a révolutionné le marché de l'optique en ouvrant des magasins de 300 m^2 alors que les opticiens occupaient en moyenne 50 m^2 ; il suscite aujourd'hui des comportements de suiveur menant à la multiplication des moyennes surfaces. Face à l'attractivité de l'offre des grandes surfaces spécialisées de périphérie, les moyennes surfaces spécialisées sont fortement incitées à s'agrandir afin d'être en mesure d'étoffer leur offre. Dans la distribution d'articles de sport, l'hégémonie de Décathlon contraint ses concurrents à agrandir leurs magasins. « Aujourd'hui, à moins de 800 m^2, les commerçants indépendants ne font pas le poids face aux grandes enseignes intégrées[1]. » La surface moyenne des points de vente Intersport est passée de 350 m^2 à 600 m^2 en une quinzaine d'années et cette dynamique est appelée à se poursuivre[2]. Le même mouvement s'observe chez Sport 2000, avec une priorité donnée aux magasins de 1 000 m^2 en centre-ville[3]. Courir a lancé un nouveau concept grandes surfaces spécialisées (600-1 000 m^2) en zones d'activité commerciale et en centres commerciaux. Dans les accessoires automobiles, Norauto a récemment déclaré vouloir privilégier l'ouverture de magasins de 2 500 m^2, contre 1 200 m^2 pour les plus grands actuellement.

L'augmentation de la taille des magasins est également appelée par le souci d'améliorer le confort d'achat des clients, au moyen d'allées plus larges assurant une meilleure circulation, d'une mise en place plus valorisante des produits, de la création d'espaces de repos, de « points » service... C'est ainsi que, dans le secteur des magasins populaires, Monoprix, qui cherche à étendre son concept « City Marché », donne la priorité aux unités de 2 000 à 3 000 m^2 de centre-ville de plus de 40 000 habitants (au début des années 1990, la norme était encore à 1 400 m^2). Ce redéploiement stratégique s'accompagne d'une restructuration de l'appareil commercial de l'enseigne et de la fermeture de nombreux points de vente. Le même motif d'amélioration du cadre de vente et du confort d'achat est également très sensible dans le commerce de l'habillement, traditionnellement porté vers l'exploitation de petites surfaces. Caroll, par exemple, a procédé à la restructuration de son réseau au profit des surfaces de plus de 100 m^2, ce qui entraîne la relocalisation ou la fermeture de certains magasins. Une stratégie similaire est suivie notamment par Sergent Major (vêtements pour enfants) et Zara.

Les enseignes engagées dans un positionnement « bouquet » font jouer à l'aménagement du point de vente un rôle important dans l'évocation de l'immatériel de consommation à la base du concept. Les produits sont « mis en scène » ; les clients, qui évoluent dans des espaces de mise en situation, peuvent essayer les articles, se projeter dans la perspective de leur consommation... Cette orientation stratégique est

---

1. Patrick Laubin, coresponsable du magasin Techniciens du Sport d'Orléans, *Journal du textile*, n° 1507, 8 sept. 1997, p 12.

2. « Pour présenter correctement notre offre (y compris cycles et matériel de musculation), une surface de 1000 m^2 est nécessaire. » (Louis-Michel Payem, président du directoire d'Intersport, *Journal du textile*, n°1507, 8 sept. 1997, p. 13).

3. « L'urgent, aujourd'hui, est d'assurer la mutation de notre réseau de magasins vers des moyennes ou des grandes surfaces » (Alain Molho, DG de Sport 2000, *Les Échos*, 22 juillet 1997).

naturellement plus consommatrice d'espace qu'un positionnement discompte traditionnel. La diffusion des positionnements « bouquet » au sein des secteurs du bricolage, des articles de sport, ou des biens culturels, constitue un facteur supplémentaire d'accroissement de la taille moyenne des points de vente.

Cette tendance à l'augmentation de la taille des points de vente comporte plusieurs implications importantes (notamment en termes de localisation, de relèvement du niveau des barrières à l'entrée...) sur lesquelles nous reviendrons. Elle est toutefois partiellement contrebalancée par une autre tendance : les stratégies de déclinaison des formats de magasin.

Les stratégies de déclinaison des formats

L'accroissement de la dimension moyenne des points de vente ne signifie pas l'homogénéisation de la taille des magasins et le déclin généralisé des petites surfaces. On note au contraire une certaine tendance des groupes de la grande distribution à décliner leurs enseignes sur des formats de magasins différents, ce qui les amène à développer, en parallèle, un réseau de points de vente de petite dimension.

Les groupes de distribution qui choisissent ainsi de procéder à la déclinaison du concept fondateur peuvent emprunter les modèles suivants :

— Le petit point de vente est un « modèle réduit » du grand, c'est-à-dire qu'il reprend les mêmes gammes, mais les resserre (Conforama, Go Sport, Fnac).

— Le petit est un « zoom » du grand, c'est-à-dire qu'il ne traite qu'une partie des familles de produits mais avec à peu près le même nombre de références (Décathlon « Queshua », Fnac « Musique », Pier Import « Cuisine et bain »).

— Le petit magasin est le produit de la diversification de l'enseigne. L'offre du petit magasin présente, dans le champ qui est le sien, une certaine spécificité par rapport à celle du concept standard, voire une offre totalement exclusive (Carrefour Optique, Virgin Mariage, Espace culturel Leclerc, Fnac Junior, Tati Or, Sephora Jeune). Cette stratégie permet d'aborder des cibles commerciales spécifiques à l'aide d'un concept dédié. Elle peut aussi permettre à de grands groupes de se diversifier sur des secteurs plus rentables, en bénéficiant d'importants volumes d'achat et d'une forte notoriété.

Parallèlement à l'engagement des groupes de grandes surfaces dans le développement d'un réseau de points de vente plus petits, les distributeurs initialement spécialisés dans l'exploitation de points de vente de petite ou moyenne surface sont, à l'inverse, de plus en plus fréquemment amenés à ouvrir des magasins de taille plus importante (Plein Ciel, Intersport, Truffaut, Etam...).

Cette tendance des groupes de distribution à gérer un portefeuille de formats de magasin de plus en plus diversifié est un symptôme du régime de croissance intensive : elle manifeste leur souci de mettre en œuvre les moyens adaptés à l'exploitation de chaque poche de marché, que cette poche soit définie par la localisation ou par le profil de la clientèle ciblée.

Ainsi, en termes de localisation, les distributeurs, qui concentraient jusque-là leur attention sur les zones de chalandise les plus denses et les plus attrayantes, s'intéressent désormais aux « seconds marchés » qu'ils négligeaient hier (centres-villes, villes moyennes, quartiers...). La déclinaison des formats de magasins répond à une logique de segmentation spatiale consistant à adapter le concept de l'enseigne aux contraintes et opportunités offertes par chaque type de localisation. Les seconds marchés sont le plus souvent trop étroits pour permettre la rentabilisation de magasins au format standard de l'enseigne. En outre, l'obtention des autorisations d'ouverture pour des points de vente de dimension modeste est en général moins problématique. Le lancement, en 1997, des Fnac « villes moyennes » constitue un exemple significatif de ses politiques de déclinaison de formats : le concept traditionnel ayant été implanté dans l'ensemble des grandes agglomérations, l'enseigne du groupe PPR se trouvait entravée dans la poursuite de son expansion. Darty a engagé en 1999 un programme d'ouverture de « modules » de 700 m^2 dans les villes moyennes. Le lancement par ITM (groupe Intermarché de l'enseigne Logimarché (format de l'ordre de 450 m^2) correspond à la volonté d'exploiter le marché des zones rurales ou semi-rurales jusque-là délaissées par les grandes surfaces de bricolage. Le spécialiste de l'équipement de bureau Plein Ciel a créé une version du son Hyper Plein Ciel sur seulement 700 m^2, dédiée aux villes moyennes, créneau encore délaissé par ses concurrents (Office dépôt, Metro Bureau et Top Office). Devant la saturation du potentiel de leur marché, Feu Vert et Norauto développent depuis peu des concepts de centres auto adaptés aux villes de moins de 30 000 habitants. La même démarche est adoptée par Décathlon, qui décline également son enseigne selon la logique du zoom en créant des magasins spécialisés par sport. L'enseigne nordiste est désormais apposée à des points de vente d'une surface comprise entre 1 000 et 10 000 m^2.

La politique de déclinaison des formats peut également être motivée par la volonté d'ajuster la prestation du distributeur aux attentes de différents profils de clientèles (ou à la même clientèle mais dans différentes dispositions d'achat). Afin de ne pas provoquer de brouillage d'image, la déclinaison passe alors souvent par l'exploitation d'enseignes différentes. La diversification de Castorama dans le « discompte » de bricolage s'est faite sous l'enseigne Brico Dépôt, de même que celle de Bricorama s'est effectuée sous l'enseigne Batkor. Après le lancement de son enseigne « discompte » Bricoman, Leroy Merlin tente de séduire la clientèle féminine avec la nouvelle enseigne Espace et Décoration.

GrandOptical cherche à capter une clientèle plus attentive aux prix avec l'enseigne Générale d'optique. L'expérience (avortée) de remontée en gamme de Célio s'est opérée sous l'enseigne Dooble. Damart a lancé l'enseigne Nature et Liberté afin d'élargir sa base de clientèle aux 35-50 ans. Dans le meuble, le groupe Mobilier européen est présent simultanément sur le cœur du marché, avec les enseignes Crozatier et Atlas, et sur le segment « jeune habitat » avec l'enseigne Fly. Dans l'alimentaire, chaque grand groupe se trouve désormais à la tête d'un portefeuille de formats de magasin couvrant la totalité de l'éventail des formes de commerce alimentaire non spécialisé : Carrefour avec les enseignes Carrefour (hyper), Stoc (super) et Ed (maxi-discompte) ; Promodès avec Continent (hyper), Champion (grand super), Shopi (petit super de proximité), 8 à Huit (supérette), Proxi Service (petite surface d'alimentation générale) ; Casino avec Géant (hyper), Casino (supermarché qualitatif), Leader Price (maxi-discompte), Petit Casino (supérette), Petit Casino 24 (distributeur automatique)... Ces groupes sont ainsi aujourd'hui en mesure de bénéficier de la complémentarité croissante entre les formes de commerce alimentaire et d'exploiter chaque type de clientèle dans chaque type d'occasion d'achat. Le portefeuille de formats et d'enseignes des groupes de la grande distribution alimentaire s'accroît également avec l'ouverture, hors de la grande surface alimentaire, de points de vente spécialisés opérant le plus souvent l'externalisation d'un rayon non alimentaire. Les groupements d'indépendants se sont montrés pionniers en la matière, en raison de leurs difficultés à faire croître la surface des points de vente alimentaire en vue d'accueillir de nouveaux rayons. Intermarché a poussé particulièrement loin la stratégie consistant à réunir sur un même site des points de vente aux spécialités complémentaires, exploités par des adhérents du groupement : une grande surface alimentaire (Intermarché), un centre auto (Stationmarché), une grande surface d'habillement (Vétimarché), une grande surface de bricolage (Bricomarché)... Disposant d'un parc de grandes surfaces alimentaires d'une surface moyenne sensiblement plus élevée, Leclerc s'est montré moins systématique dans cette voie. Toutefois, le souci d'assurer sa compétitivité face à la concurrence des grandes surfaces spécialisées a conduit le groupement à recourir à l'externalisation de certains rayons non alimentaires, d'abord avec la création d'« espaces culturels », généralement situés hors de l'hyper mais dans la même galerie marchande, puis plus récemment avec l'ouverture d'une parfumerie et de points de vente spécialisés dans la micro-informatique et l'électroménager. La direction du groupement ne dissimule pas son ambition de parvenir à la création de pôles commerciaux intégrés réunissant, au sein d'une même galerie marchande (ou, tout au moins, autour d'un même parking), des points de vente spécialisés à l'enseigne du groupement. L'externalisation de rayons non alimentaires répond également au souci de dépasser les contraintes qu'impose la réunion sous un même toit d'un ensemble de rayons s'inscrivant dans des logiques de consommation différentes, exigeant de cibler des clientèles distinctes, soumis à une concurrence inégale... L'externalisation, dans cette perspective, est le prolongement logique de la démarche qui consiste à fractionner la surface de vente de l'hyper par l'implantation d'espaces spécialisés sur des univers de consommation spécifiques. Carrefour est particulièrement avancé dans cette voie avec l'externalisation de l'optique, des vacances, de la billetterie, de la bijouterie... Auchan a créé l'événement, en 1999, avec l'ouverture d'une première grande surface exclusivement consacrée à la vente de liquides...

En contribuant à l'extension du réseau commercial, ces stratégies de déclinaison permettent aux groupes de la grande distribution de continuer, par d'autres moyens, la course à la taille critique, les nouveaux formats apportant leur contribution à l'augmentation de la puissance d'achat, à l'amortissement de l'outil logistique et à la capacité de communication sur l'enseigne... C'est d'ailleurs précisément le fait que les nouveaux formats s'appuient sur les structures centrales du groupe qui les rend économiquement viables. Les formats « réduits » posent bien sûr la question de la gestion de l'espace. Dans la Fnac de Lille, 80 % de la surface ont été réservés à la vente contre 50 % dans le réseau des grandes Fnac. La réussite d'une politique de réduction repose donc pour une large part sur la capacité des distributeurs à gagner des mètres carrés sur les surfaces allouées notamment aux réserves, et plus généralement en réduisant les stocks en magasin. Cette condition exige la mise en place d'une gestion logistique efficace ou bien d'être capable de faire accepter à sa clientèle une certaine « dématérialisation » de l'offre (voir prochaine section). C'est ainsi que l'ouverture par la Fnac de magasins dans les villes moyennes a coïncidé avec la mise en place par le groupe d'un nouveau système de suivi informatique des ventes permettant d'optimiser la gestion des linéaires. Grâce à cette « rationalisation » de l'exploitation (mais aussi grâce au resserrement des allées...), les « Fnac moyennes » parviennent à offrir en gros le même éventail d'assortiment que leurs grandes sœurs.

Vers des magasins d'exposition ?

Nous l'avons vu en ouvrant ce chapitre : les nouveaux positionnements stratégiques sont souvent à l'origine d'une inflation du nombre de références proposées aux clients, ce qui augmente le besoin d'espace de vente. La multiplication des références provoque aussi la complexification de la gestion et, souvent, le ralentissement de la vitesse de rotation des stocks — variable clé de l'équilibre financier des entreprises de la grande distribution.

Dans ces conditions, la tentation est grande de procéder à la « virtualisation » d'une partie de l'offre du point de vente en offrant aux clients la possibilité de commander en magasin des produits absents des rayons. Cette pratique est courante depuis longtemps dans le secteur du bricolage et dans celui des produits culturels où les clients peuvent procéder à la commande de « produits rares » par la consultation de catalogues en magasin. Cette logique de virtualisation de l'offre bénéficie actuellement d'un nouvel engouement de la part des distributeurs qui y voient une manière de réduire les conflits entre des objectifs stratégiques différents, alors même que les technologies de l'information et de la communication autorisent de nouvelles possibilités en la matière. Ce sont, pour l'instant, les distributeurs qui ressentent avec le plus d'acuité la contrainte de l'insuffisance des surfaces de vente qui sont les plus avancés dans cette direction. Leclerc, par exemple, s'est engagé depuis 1998 dans la création d'espaces de vente de produits électroménagers dans seulement 50 m^2 implantés au sein des hypers ne disposant pas d'une surface suffisante pour développer un rayon électroménager crédible par rapport aux normes imposées par la concurrence. Ces espaces ne présentent physiquement qu'un petit nombre de produits, mais les clients, avec l'assistance d'un vendeur, peuvent accéder à plus de 400 références au moyen d'un micro-ordinateur équipé d'un logiciel facilitant la sélection des articles en regard des besoins du client. Une fois le choix du client effectué, l'ordinateur procède à la transmission automatique de la commande à la centrale d'achat du groupement qui assure la livraison sous 48 ou 72 heures. Cette démarche a récemment été reproduite par Auchan : les bornes « Électroson » implantées dans ses hypers vont lui permettre de proposer 750 produits électroménagers dans un espace de 25 à 40 m^2. Leclerc a également expérimenté, en 1998, à l'occasion des fêtes de fin d'année, la vente par Internet de produits trop encombrants pour pouvoir prendre place dans les magasins (billards, baby-foot...). Dans le secteur du bricolage, les magasins Weldom du groupe Domaxel, qui souffrent d'une dimension moyenne sensiblement plus faible que celle des leaders Castorama et Leroy Merlin, vont pouvoir être reliés à un système central permettant d'alimenter des bornes de prise de commandes des produits non disponibles dans le magasin. Manipulées par le vendeur, ces bornes permettront aux clients de visualiser les produits et de s'informer sur leurs caractéristiques ainsi que sur le délai de livraison. Dans le commerce de meubles, Habitat a lancé en 1991 une formule originale de petits magasins de centre-ville spécialisés sur les articles de vaisselle et exposant des meubles non disponibles en stock. Les clients pouvaient passer leur commande dans le magasin et étaient livrés, dans le magasin ou (à leurs frais) à leur domicile, quelques jours après l'achat. La formule n'a cependant pas rencontré le succès escompté et la direction du groupe a récemment annoncé sa décision de se recentrer sur les surfaces de 1 500 à 2 000 m^2.

Le groupe Pinault-Printemps-Redoute semble faire du couplage points de vente-catalogues un axe de sa stratégie : les enseignes de VPC ont ouvert des points de vente (La Redoute, Vert Baudet,

Somewhere), et certaines enseignes spécialisées du groupe se sont dotées de catalogues (Brummel, Printemps, Fnac (par Minitel ou Internet)). Pour l'instant, il s'agit plus d'une cohabitation que d'une véritable « mixité » entre les deux formules de vente. (L'intégration des deux formes de vente est sans doute plus avancée dans les enseignes du groupe Damart). Il conviendra cependant d'observer si le choix stratégique de PPR correspond à la volonté d'exploiter par des canaux séparés deux catégories de clientèle ou si, à terme, on pourrait assister à une « fusion » des deux formules autorisant, notamment, la virtualisation d'une partie de l'offre des magasins.

Ces expériences de virtualisation sont encore anecdotiques. On peut toutefois s'interroger sur le point de savoir si elles ne portent pas en germe une évolution radicale de la conception des magasins. De simple lieu de stockage permettant la prise de possession des produits par les clients, le magasin pourrait graduellement évoluer vers une vocation principalement tournée vers la présentation des produits. Les produits ne seraient plus stockés en magasin et la totalité de la surface de vente pourrait alors être consacrée à leur mise en valeur, à la construction d'un cadre agréable, évocateur d'un immatériel de consommation, facilitant l'évaluation des produits par les clients... lesquels, leurs choix faits, se verraient livrés à domicile. Le niveau supérieur des magasins Ikea, qui ne sont que des « show room » dans lesquels les clients se promènent les mains libres[1], constitue une bonne illustration de ce vers quoi pourraient évoluer les magasins. Une telle évolution bute encore sur de nombreux obstacles[2], en particulier les habitudes de consommateurs qui associent étroitement l'acte d'achat et la prise de possession des produits, et les coûts logistiques associés à une livraison rapide et fiable des produits au domicile des clients. Toutefois sur ces deux points, le développement du

1. C'est en accédant au niveau inférieur du magasin que les clients, après s'être munis d'un chariot, pénètrent dans l'entrepôt où sont stockés les produits conditionnés que les clients sont invités à charger pour se diriger enfin vers les caisses. Ikea a ainsi instauré une dissociation spatio-temporelle des phases d'exploration de l'offre-sélection des articles et de prise en possession et paiement. L'apprentissage de cette dissociation par les consommateurs est un préalable à une séparation plus radicale encore entre les deux phases de l'acte d'achat. Le développement, encore timide, de la livraison à domicile dans certaines grandes surfaces alimentaires participe du même apprentissage. Des prototypes d'hypers sont actuellement en phase de test dans lesquels le client ne fait que sélectionner (par scanning) les articles en rayons. Sa commande est ensuite préparée en réserve (ou en entrepôts) pour lui être ensuite livrée à domicile.

2. Signalons, en évitant toutefois d'en tirer des généralisations hâtives, que le fabricant de micro-ordinateurs Gateway — spécialiste comme Dell de la vente à distance — a engagé en 1999 la constitution d'un réseau de magasins en France (30 magasins prévus d'ici la fin 2000). Simple lieu d'exposition du matériel et de conseil d'une clientèle néophyte, les magasins ne disposent pas de stock et les clients sont livrés à domicile après assemblage de leur machine en Irlande.

commerce électronique est en train de faire évoluer les choses d'une manière extrêmement rapide ; il pourrait, de façon paradoxale, accélérer le mouvement de virtualisation des magasins qui seraient libres alors de se concentrer sur l'ensemble des aspects que les cyberboutiques ne pourront vraisemblablement jamais égaler (conseil, convivialité, mise en scène des produits...).

La dynamique de l'urbanisme commercial : vers un nouvel équilibre entre le centre-ville et la périphérie[1] ?

Le basculement du régime de croissance de la grande distribution n'est évidemment pas sans conséquences sur l'urbanisme commercial. Les nouvelles stratégies des distributeurs altèrent les critères de localisation des points de vente et, plus généralement, la nature de la relation des magasins à leur environnement extérieur. La dynamique de l'urbanisme commercial est la résultante du jeu de quatre forces sous-tendues par les stratégies des distributeurs : une force centrifuge qui continue de profiter à la périphérie des villes, une force centripète qui pourrait fournir l'opportunité d'une revitalisation des centres-villes, ces deux forces contraires s'exprimant dans un contexte marqué par un double mouvement de polarisation de l'activité commerciale dans l'espace et d'une « spécification » croissante des pôles dédiés au commerce.

LES FORCES CENTRIFUGES : LES ATOUTS DE LA PÉRIPHÉRIE

Aujourd'hui comme hier, la politique de prix bas reste une motivation essentielle des distributeurs qui optent pour la périphérie. En effet, la faiblesse des coûts de fonctionnement (notamment les charges locatives) autorise une compression significative des marges, qui se répercute sur les prix. Toutefois, il est de plus en plus difficile de réduire l'arbitrage ville/périphérie par la règle suivante : les formules à fortes marges en ville et les formules à faibles marges en périphérie. L'implantation fréquente des magasins de maxi-discompte en centre-ville suffit à invalider cette généralisation. Les stratégies de coûts ne sont pas les seuls éléments à prendre en considération et le choix de la périphérie obéit à d'autres déterminants :

1. Cette section reprend pour partie un développement du rapport réalisé pour le Predit (Moati et Pouquet [1998]).

— L'accès voiture est plus facile qu'en ville. Les effets conjugués de la hausse du nombre de véhicules et de la rigidité des plans de circulation ont considérablement densifié (donc ralenti) la circulation urbaine. Parallèlement, le développement des liaisons routières interurbaines et des infrastructures visant à contourner les centres-villes (rocades, bretelles d'accès, etc.) ont sensiblement fluidifié le trafic périphérique et créé de nouveaux lieux de passage favorables à de nouvelles implantations. De plus, l'espace disponible en périphérie permet de proposer des parkings gratuits, sur un seul niveau. Ces chances, dont le centre-ville bénéficie rarement, sont en phase avec les exigences de visibilité et d'accessibilité d'une majorité de distributeurs.

— Les livraisons sont facilitées. La proximité des grands axes routiers et le plus grand nombre d'accès permettent une meilleure gestion des flux logistiques (livraisons groupées et plus rapides) avec, plus que jamais, des gains de compétitivité substantiels à la clé. Par ailleurs, les nuisances associées aux livraisons (bruits, déchets, etc.) touchent un nombre plus restreint de riverains (argument que les distributeurs ne manquent pas de rappeler aux municipalités).

— L'espace commercial est plus vaste qu'en ville ; il est donc moins coûteux et plus modulable. Les grandes surfaces disposent d'une plus grande marge de manœuvre pour aménager les sites, agrandir et personnaliser leurs magasins. Bien sûr, certains choix architecturaux concernant les centres commerciaux ou les galeries marchandes sont difficilement réversibles. Mais le risque de cloisonnement est généralement plus faible qu'en centre-ville (en raison notamment de l'absence d'habitations voisines). C'est un atout significatif à l'heure de l'accroissement généralisé de la taille des magasins.

D'un point de vue économique, l'expansion des grandes surfaces en périphérie des villes ne semble pouvoir être contrariée que par la saturation du paysage commercial et le durcissement des contraintes réglementaires en matière d'urbanisme commercial. Toutefois, le commerce en périphérie recouvre plusieurs réalités qui ne présentent pas nécessairement les mêmes perspectives d'évolution.

Les grandes surfaces alimentaires fidèles aux galeries marchandes

Les galeries marchandes (que l'on peut également trouver en centre-ville) regroupent quelques dizaines de magasins autour d'une « locomotive » — presque toujours une grande surface à dominante alimentaire (hyper ou super). Elles offrent d'abord l'avantage d'une grande fonctionnalité. Le lieu est cohérent : il permet au consommateur de trouver « tout sous le même toit » en raison du choix conséquent des commerces qui les composent (hypermarchés, petites et moyennes surfaces spécialisées et de nombreux services). Le nombre limité de commerces (notamment par rapport aux centres commerciaux régionaux) réduit le temps de recherche de l'offre par le consommateur. Bénéficiant en outre d'une bonne accessibilité (parking) et d'une relative proximité des zones de consommation, la galerie marchande est le lieu idéal pour minimiser le temps des achats-corvée.

En dépit de ces atouts, la galerie marchande souffre d'un certain nombre de limites. La principale réside dans la difficulté à constituer une offre commerciale cohérente et attractive, composée de commerces s'inscrivant dans une démarche d'achat proche de celle de la grande surface alimentaire, mais qui soient suffisamment complémentaires pour survivre à la concurrence directe de celle-ci. Nombre de galeries marchandes ont connu d'importantes difficultés faute notamment d'une cohésion suffisante ou d'une faible attractivité à l'égard des commerces recherchés. On peut identifier plusieurs raisons à ces difficultés :

— D'abord, la concurrence de la grande surface. Les stratégies de diversification des grandes surfaces généralistes tendent à les mettre en concurrence frontale avec un nombre croissant de commerces (habillement, vin, etc.), en affichant généralement des prix plus compétitifs. Dès lors, les commerçants qui ne peuvent justifier d'un positionnement spécifique sont conduits à fuir les galeries.

— Puis, la difficulté à faire valoir ses intérêts, notamment face à une grande surface qui représente souvent à elle seule plus de 50 % du chiffre d'affaires de la galerie. La cohabitation en galerie impose des contraintes qui ne sont pas toujours compatibles avec la nature du commerce considéré : rigidité des horaires d'ouverture, actions promotionnelles communes, etc. Par exemple, Conforama préfère s'implanter aux abords des galeries marchandes plutôt que d'y pénétrer, afin notamment de pouvoir fermer le midi et rester ouvert plus tard le soir.

— Ou encore l'image de marque de l'enseigne. Le mariage avec une grande surface implique un mode de consommation particulier (achats en famille, caddie dans le magasin...) contraire à l'image que désirent renvoyer certaines enseignes, notamment celles qui personnalisent leurs concepts (Zara, Nature et Découverte...).

— Enfin, l'irrégularité des achats, qui se font généralement en fin de semaine dans les grandes surfaces alimentaires. Les commerces avoisinants supportent des jours creux durant lesquels les frais fixes (loyer, personnel) ne sont pas toujours couverts.

La prise en main directe de la gestion (et de la promotion) de galeries marchandes par certains groupes de la grande distribution alimentaire (en particulier Carrefour et Auchan à travers leurs filiales spécialisées) a cependant permis au cours des dernières années d'introduire davantage de professionnalisme et d'atténuer un certain nombre de ces difficultés. Outre le souci d'apparaître comme des « entreprises citoyennes » en facilitant la viabilité de certaines formes de petit commerce, les groupes de la grande distribution cherchent, à travers cette maîtrise directe, à exploiter au mieux les synergies entre la grande surface alimentaire et les commerces environnants. Une offre performante de commerces complémentaires ne peut que renforcer l'attractivité de la grande surface alimentaire. Aussi, les filiales immobilières des groupes de la grande distribution adoptent-elles une gestion « commerciale » de la galerie, mènent des stratégies de « marchandisage », assurent la rotation des enseignes, jouent sur le niveau des loyers pour attirer toutes les formes de commerce jugées utiles... voire assurent elles-mêmes l'occupation d'une fraction croissante de la galerie marchande par l'externalisation des rayons qui ne sont pas exploités en libre-service dans la grande surface alimentaire (optique, parfumerie, voyages, fleurs...).

Au total, l'avenir des galeries marchandes est conditionné par l'aptitude des grandes surfaces (ou des gestionnaires de centres) à s'entourer de petits et moyens commerces (et services) dynamiques, de manière à présenter aux consommateurs une offre globale cohérente répondant à une fonction de consommation bien spécifiée autour de l'achat-corvée. Cette vocation implique que la galerie marchande se doit d'être située à proximité immédiate des clients et d'offrir une grande facilité d'accès. On comprend alors que la galerie marchande soit un concept adapté à la fois à la proche périphérie, au centre-ville des petites agglomérations ou aux quartiers des grandes villes et de leurs banlieues (sous réserve d'une accessibilité aisée).

La galerie marchande de grandes surfaces alimentaires apparaît donc comme un concept globalement en phase avec l'évolution des pratiques de consommation. Cette formule de distribution devrait sans doute renforcer ses positions dans l'avenir. La principale menace qui pèse sur son développement est l'évasion d'une partie de la clientèle vers des centres commerciaux d'envergure situés dans le voisinage. Dans l'avenir, l'expansion du parc de galeries marchandes viendra principalement de la création (ou de l'extension) de galeries autour de grandes surfaces alimentaires existantes ou de l'implantation de galeries marchandes en centre-ville.

Problèmes de modernisation pour les centres commerciaux régionaux

Composés d'un nombre de commerces plus élevé que les galeries marchandes, les centres commerciaux régionaux (CCR) regroupent parfois plusieurs grandes surfaces (Parly 2, Vélizy 2, etc.). À la différence de la galerie marchande, la grande surface alimentaire n'est pas le seul élément d'attractivité du CCR, ce qui se traduit par un « taux d'indépendance » (i.e. le pourcentage d'individus venant dans le centre sans se rendre dans la grande surface alimentaire) sensiblement plus élevé. Certains professionnels soulignent une autre différence entre les deux concepts : l'unité de consommation pertinente pour la galerie marchande est le ménage, alors qu'il s'agit de l'individu pour le CCR. Cette différence reflète l'orientation du CCR vers une logique d'« achat-plaisir ».

Les CCR sont généralement tenus par des gestionnaires de centres commerciaux issus du milieu immobilier. En raison de cette origine, les CCR se sont souvent développés dans une logique plus immobilière que commerciale. De fait, les intérêts des gestionnaires de centres commerciaux ne recouvrent pas entièrement ceux des distributeurs. Dans le passé, les premiers ont souvent privilégié le taux d'occupation des sols et la rentabilité à court terme, au détriment de la cohérence des enseignes, de l'exploitation des synergies et de l'investissement. En conséquence, dans un cadre d'achat relativement standard, des enseignes qui mettent en avant le prix viennent quelquefois « polluer » celles qui misent sur le confort d'achat.

Une fois les centres amortis, certains opérateurs n'ont pas jugé nécessaire de réaliser les investissements indispensables à leur rénovation. Résultat : au milieu des années 1980, la plupart des CCR de plus de dix ans n'étaient plus à la hauteur des enseignes qu'ils abritaient. Aux yeux de certains distributeurs, les plus vieux faisaient même figure de « paquebots commerciaux à la dérive ».

En outre, le rendement moyen des commerces implantés en CCR étant en général supérieur à la moyenne nationale, les charges de gestion et les loyers qui pèsent sur les enseignes y sont extrêmement lourds[1], au point de représenter parfois plus de cinq fois leur équivalent en centre-ville. Certains commerçants ont eu à se plaindre de l'opacité de gestion de ces centres. En conséquence, certains CCR ont éprouvé des difficultés à attirer les distributeurs, et ce, quelle que soit leur taille ou leur notoriété. Par exemple, la chaîne de prêt-à-porter Zara a refusé de s'implanter à Rosny 2 (avant sa rénovation), en raison de la vétusté du centre.

Les CCR ont donc un besoin impératif de modernisation pour s'adapter aux contraintes découlant des nouvelles normes de consommation. Une prise de conscience de cet impératif est intervenue au cours des dernières années. Des programmes de rénovation ambitieux ont été engagés (Belle Épine, Rosny 2, les 4 Temps, Créteil Soleil...), permettant d'adapter une architecture reposant sur des principes aujourd'hui dépassés : ouverture à la lumière du jour par la création de vastes verrières, correction de l'approche purement linéaire par la création d'extensions latérales... Ces initiatives tentent de recréer, au moins partiellement, les conditions d'achat du centre-ville. Pour cela, les CCR concentrent, dans un espace favorable à l'achat, des magasins de qualité dans le cadre d'une stratégie de marchandisage clairement définie. Les dernières réalisations témoignent du chemin parcouru depuis les premiers CCR des années 1970. Le « centre commercial international » Val d'Europe, qui s'est ouvert fin 2000 en Seine-et-Marne, non loin de DisneyLand Paris, est exemplaire du repositionnement des CCR dans

1. Généralement, entre 8 et 10 % du chiffres d'affaires.

une optique d'achat-plaisir, qui fait cohabiter loisirs et commerces dans un cadre de qualité.

Dans un tel contexte (de « shopping center »), les enseignes qui se montraient réticentes reprennent le chemin des centres commerciaux, en adoptant les mêmes formules qu'en ville. Les gestionnaires de centres commerciaux s'efforcent d'attirer les enseignes étrangères développant des concepts innovants. Ils veillent également à améliorer la rotation des enseignes afin d'assurer une meilleure réactivité aux nouveaux courants de consommation et de renouveler régulièrement l'attrait du centre pour les clients.

Toutefois, le positionnement stratégique de nombre de CCR demeure encore souvent non dépourvu d'ambiguïté. La plupart d'entre eux sont « tirés » par un hypermarché. Si la présence de l'hypermarché paraît nécessaire pour générer des flux de clientèle, elle peut générer une dissonance entre la logique d'achat-corvée qui domine le positionnement de l'hyper et celle d'achat-plaisir qui devrait constituer le point d'ancrage du CCR. C'est ainsi qu'un client pressé, se rendant dans l'hyper dans la disposition de « faire ses courses », se voit souvent obligé de parcourir un dédale de trottoirs roulants et de galeries (on cherche ainsi à l'obliger à sillonner les allées du centre) avant d'accéder à l'hyper. À l'inverse, le client présent dans le centre dans une disposition d'achat-plaisir risque de subir une dépréciation de l'immatériel associé au lieu, en raison du voisinage de ceux qui « font leurs courses » et de leurs caddies. Un meilleur ancrage du CCR dans l'achat-plaisir — mais aussi une plus forte capacité du lieu à soutenir l'effort de différenciation des enseignes par un environnement évocateur d'un immatériel de consommation — exigent une certaine prise de distance vis-à-vis de l'hyper. Certains centres commerciaux de conception récente se sont efforcés de réduire cette dissonance en opérant une séparation entre l'hyper et le reste du centre. *On tente ainsi de concilier le besoin de massification nécessaire à l'attractivité et le souci de développer un cadre et une image adaptés à chaque type de commerce et à chaque motivation d'achat.* À cette fin, la tendance actuelle est à l'élargissement de l'offre des centres commerciaux (qui requiert souvent leur agrandissement) afin de renforcer l'attractivité par la diversité. Mais cet élargissement de l'offre fait courir le risque d'une trop grande homogénéité de cadre, contraire à la logique de « spécification » de l'environnement des points de vente (voir plus bas). La solution retenue par certains CCR (les plus récents ou ceux ayant entrepris de très importants travaux) est la structuration de l'espace par la réalisation de pôles thématiques bénéficiant d'une architecture adaptée. Le tout bénéficiant d'un marketing global très sensiblement renforcé (publication de magazines de consommateurs, organisation d'événements, création de cartes de fidélité...).

Finalement, au prix de rénovations coûteuses et de l'engagement d'une réflexion approfondie sur un positionnement stratégique cohérent et affirmé avec netteté, les CCR semblent être en train de redresser la barre et de résoudre en partie le problème de leur position ambiguë entre des galeries marchandes fonctionnelles et des centres-villes plus qualitatifs. Symptôme de cette revitalisation des CCR, les opportunités d'implantation deviennent plus rares. Le principal obstacle à l'expansion de cette forme de commerce réside très certainement dans le durcissement des contraintes administratives. Il est intéressant de noter à cet égard le développement (ou la réhabilitation) des centres commerciaux implantés en plein centre des villes[1], qui bénéficient d'un regain d'intérêt (ou du plus grand pragmatisme) des responsables des collectivités locales.

Les grandes surfaces spécialisées restent dans les zones d'activité commerciales

Les grandes surfaces spécialisées ont des besoins de localisation spécifiques : en raison de la dimension des points de vente et de positionnements originellement orientés vers le discompte, elles recherchent des conditions de coût de l'immobilier attractives. Du fait des volumes importants de vente qu'exige la rentabilité du concept, les points de vente doivent se situer au sein de vastes zones de chalandise, en des lieux capables de susciter des flux de clientèle importants.

En conséquence, la plupart des grandes surfaces spécialisées se sont implantées dans des espaces périphériques ouverts, à proximité d'axes de communication à gros débit, et au voisinage de grandes surfaces complémentaires afin d'optimiser l'attractivité du site pour les clients : les zones d'activité commerciales (ZAC). Véritable manne pour les finances des collectivités locales (taxe professionnelle), l'obtention des autorisations d'ouverture a, pendant longtemps, été relativement aisée.

Les grandes surfaces spécialisées ne devraient pas remettre en cause globalement ce type de localisation qui leur confère, encore aujourd'hui, de multiples avantages. Toutefois, l'euphorie des vingt dernières années a suscité la création de zones commerciales de qualités diverses, sous l'impulsion de promoteurs « enthousiastes ». Certaines ZAC, trop éloignées des villes ou des axes routiers, ou trop faiblement pourvues en enseignes prestigieuses, connaissent aujourd'hui de graves difficultés commerciales et financières. À l'heure où l'environnement commercial et non commercial compte de plus en plus pour renforcer le marketing d'enseigne, trop de ZAC souffrent d'un manque de cohésion, d'un insuffisant souci de « marchandisage » de l'ensemble, d'un cadre environnemental désastreux... C'est pourquoi les prochaines années pourraient voir disparaître les ZAC qui ne sont pas assises sur un marché potentiel suffisant ou ne sont pas gérées avec assez de professionnalisme, laissant derrière elles des friches commerciales. Une fois encore,

1. Brest, Le Havre, Tours, Le Mans, Boulogne-Billancourt...

le potentiel de développement des ZAC sera particulièrement conditionné par l'attitude des CDEC qui risquent de se montrer de plus en plus malthusiennes. Déjà, les autorisations se concentrent principalement sur des moyennes surfaces venant compléter des zones existantes dans des secteurs peu représentés en centre-ville (jardinerie, sport...).

LES FORCES CENTRIPÈTES : UN NOUVEAU POTENTIEL POUR LES CENTRES-VILLES

Avec la crise de l'immobilier, le handicap de coût dont souffre traditionnellement le centre-ville par rapport à la périphérie s'est quelque peu réduit. Les collectivités locales consentent des efforts croissants pour attirer les distributeurs et redynamiser le cœur des cités. De leur côté, les distributeurs sont de plus en plus nombreux à se déclarer prêts à entrer dans une démarche partenariale avec les collectivités locales. Toutefois, la volonté politique ne suffit pas à attirer des commerçants compétitifs et viables. La véritable chance du centre-ville provient de ce que ce dernier rencontre désormais certaines des préoccupations des distributeurs confrontés au changement de régime de croissance.

Ainsi, encore condamné par la plupart des spécialistes il y a quelques années[1], le centre-ville témoigne de réelles capacités d'adaptation. Il ressort de nos études de terrain, qu'il existe aujourd'hui une croyance très largement partagée dans le monde de la distribution, selon laquelle le processus de déclin du centre-ville serait sur le point de s'inverser[2].

Si le centre-ville continue de souffrir d'un certain nombre de handicaps structurels, nous verrons qu'il jouit d'atouts incontestables dans le nouveau contexte stratégique.

Des handicaps structurels importants

Le centre-ville souffre de handicaps structurels qui ont été très largement à l'origine de l'évasion du commerce vers la périphérie :

— Les problèmes de stationnement. Il est encore difficile de se garer dans nombre de centres-villes. Les municipalités et les commerçants se renvoient la prise en charge du coût de construction et/ou d'exploitation des parkings.

— Le morcellement de la propriété et la faible « malléabilité » de l'immobilier (notamment en raison du poids des contraintes architec-

1. Selon les chiffres communiqués par l'Association des chambres françaises de commerce et d'industrie, la part de marché du commerce de centre-ville aurait chuté de 13 points entre 1986 et 1996 pour s'établir à moins de 20 %.

2. De manière significative, un responsable d'une grande société de promotion et de gestion de centres commerciaux nous a déclaré : « J'ai moins peur des stratégies de développement des centres commerciaux de mes concurrents que du centre-ville. »

turales) rendent difficile par exemple l'implantation de grands magasins ou la reconfiguration de l'appareil commercial. Ce handicap est particulièrement gênant au moment où un grand nombre d'enseignes sont engagées dans une politique d'augmentation de la taille moyenne de leurs points de vente.

— Les commerçants indépendants, souvent attachés à une culture individualiste, éprouvent trop fréquemment des difficultés à s'organiser pour dynamiser le centre-ville au moyen d'animations, de campagnes de promotion communes... Les associations de commerçants adoptent trop souvent une coloration exclusivement « protectionniste ».

— La difficulté, plus grande encore, de faire s'associer les commerçants indépendants et les grandes enseignes pour la mise en place d'opérations communes.

— Contrairement aux centres commerciaux, la configuration du commerce de centre-ville s'opère essentiellement de manière spontanée sans répondre à une stratégie de « marchandisage » visant la cohésion de l'ensemble. De la même façon, il est difficile de construire un « circuit commercial » optimal en raison de l'héritage d'une implantation souvent linéaire du commerce dans les centres-villes.

— La notion de « pas-de-porte » est encore très répandue en centre-ville (en particulier en province) et crée un coût d'entrée et une rigidité défavorables.

— Les contraintes qui pèsent sur l'optimisation des flux logistiques (encombrements, restrictions des heures de livraison, faiblesse de l'espace consacré aux réserves...) peuvent apparaître comme rédhibitoires pour une grande surface alimentaire ou, dans une moindre mesure, pour certains commerces non alimentaires fonctionnant en circuit-court, avec des livraisons très fréquentes (habillement féminin).

Une volonté politique renforcée

La prise de conscience du rôle économique, social et culturel du commerce de centre-ville, s'est fortement renforcée parmi les responsables des collectivités locales. L'urbanisme commercial est désormais généralement conçu comme une pièce maîtresse des politiques de la ville. Les moyens, ainsi que les compétences, dont les collectivités locales disposent aujourd'hui pour mener une véritable politique d'urbanisme commercial se sont souvent sensiblement développés[1]. On note la multiplication des opérations d'envergure de revitalisation

---

1. Le gouvernement se mobilise sur ce front aux côtés des collectivités locales avec un budget de plus de 105 milliards s'inscrivant dans le cadre des contrats de plan État-régions signés en 2000 et des contrats d'agglomération à venir (déclaration de Jean-Louis Guigou, délégué de la Datar au cours du colloque de l'ACFCI du 31 mai 1999 à Paris). En outre, pour la première fois, deux projets de rénovation de centre-ville (Bordeaux et Besançon) vont bénéficier d'un financement communautaire au titre de l'objectif de l'article 10 du FEDER.

des centres-villes : les Vitrines de Nancy et de Lille, les plans Caen 2000 et Bordeaux 2000, le plan Cœur de Villefranche, l'action la Force ville au Mans, Centre 2000 à Poitiers...

Les leviers d'action des collectivités locales (et, dans une certaine mesure, des organismes consulaires) se situent à plusieurs niveaux :

— Les actions sur l'environnement du commerce : l'aménagement de l'espace, la construction et la gestion des infrastructures publiques, l'amélioration des transports en commun, la modification du plan de circulation (rues piétonnes, élargissement des avenues), la construction de parkings, etc. Par exemple, le projet de redynamisation du centre-ville de Tassin-la-Demi-Lune (agglomération lyonnaise) est articulé autour de l'aménagement d'un mail urbain reliant les pôles commerciaux et administratifs. Cet aménagement repose sur la création d'une rue transversale reliant deux grandes artères commerçantes de la ville. La création de cette transversale s'accompagne de l'offre de disponibilités foncières résultant de remembrements issus de rachats de terrains. Le projet prévoit en outre l'amélioration de la capacité de stationnement et la requalification d'espaces publics.

— L'intervention directe sur l'appareil commercial, par la maîtrise du foncier (au moyen de sociétés d'économie mixte) et la participation aux CDEC. Le durcissement du contrôle exercé sur les ouvertures de grandes surfaces donne à cet égard de puissants leviers d'action aux collectivités pour tenter de canaliser le développement du commerce de manière plus équilibrée. Certaines collectivités vont même jusqu'à exercer une activité de promotion de leur territoire et de prospection d'enseigne (la présence de stands de plusieurs municipalités au Salon international de la promotion commercial (MAPIC) est à cet égard significative).

— L'animation des quartiers commerçants de la ville : propreté, sécurité, organisation d'événements (certaines municipalités recourent au théâtre ou aux orchestres de rue), soutien aux associations de commerçants[1]. Certaines municipalités (notamment Lille et Bordeaux) tentent d'introduire en France le métier d'« animateur de centre-ville », très répandu en Grande-Bretagne (« town center manager »)[2]. Il s'agit de créer l'équivalent d'un directeur de centre

1. On peut citer ici l'initiative de la chambre de commerce et d'industrie de Rochefort et de Saintonge consistant dans la définition d'une « charte qualité commerce » pour les commerçants de centre-ville. Cette charte constitue un référentiel en 67 points articulés autour de 7 axes : l'attractivité de la vitrine, la propreté et le caractère agréable du point de vente ; l'affichage et le respect des horaires ; la qualité de l'accueil ; la qualité des conseils ; la liberté de choix du client ; l'écoute et l'acceptation des réclamations ; le respect des délais. Un logo est délivré par un comité d'attribution, à la suite de visites-mystères, si le commerçant a respecté au moins 60 % des critères. Le coût est de 3 500 F par commerçant, somme prise en charge par le Fisac, le Conseil général et l'Union européenne.

2. Voir *Points de vente*, n° 706, 10 décembre 1997, p. 13.

commercial chargé de la coordination des actions de services de police, de voirie, de transports publics..., mais devant également jouer le rôle d'agitateur d'idées, d'organisateur d'opérations d'animation, ou encore de conseiller pour la recommercialisation de boutiques à céder.

Les responsables politiques sortent progressivement de l'opposition entre commerce traditionnel et grande distribution au profit d'une meilleure prise en compte de leur complémentarité. Ainsi voit-on apparaître de plus en plus de projets d'urbanisme commercial de centre-ville intégrant une moyenne surface destinée à jouer le rôle de locomotive. De la même façon, l'idée d'une opposition fondamentale entre commerce de centre-ville et commerce de périphérie commence à reculer au profit d'une meilleure compréhension de leurs spécificités et de leur complémentarité. L'exemple de la rénovation du centre-ville de Montbéliard témoigne d'une volonté de jouer sur ces complémentarités. La municipalité a pris l'initiative de l'aménagement d'une friche de 20 000 m^2 accolée au centre-ville en y installant des bureaux, des logements et des commerces. Le nouvel espace commercial (de 6 000 m^2) ainsi créé dispose d'un parking souterrain et se trouve au centre-ville historique par une nouvelle rue piétonne, et bénéficie de la présence de trois « locomotives » (un supermarché Match, une moyenne surface de disques Nuggets et une moyenne surface de jouets La Grande Récré). Afin de consolider le potentiel de ce nouvel espace commercial, le petit hyper Leclerc situé à proximité a été déplacé dans la ZAC en périphérie, qui bénéficie en parallèle du soutien apporté par l'ouverture d'un Décathlon. La municipalité recherche ainsi à développer la complémentarité entre les deux pôles commerciaux en développant la vocation équipement de la personne du centre-ville (refus de toute implantation de surfaces d'habillement en périphérie) et en renforçant la vocation maison, sport-loisir de la périphérie. On pourrait multiplier les exemples de ce type, qui témoignent de ce que les acteurs locaux ont compris que la redynamisation du centre-ville doit passer par la participation des enseignes de la grande distribution. Plusieurs projets d'ouverture de centres commerciaux en plein centre-ville prévoient la présence d'un hypermarché...

Une possibilité de développement pour les grands groupes en mal d'ouvertures

Le facteur le plus favorable à l'enrayement du déclin des centres-villes réside dans le fait que l'implantation en centre-ville est aujourd'hui de nature à répondre à un certain nombre de préoccupations stratégiques de la grande distribution.

En premier lieu, la périphérie d'une majorité d'agglomérations est saturée d'équipements commerciaux ; les attributions des CDEC se font désormais au compte-gouttes. La grande distribution cherche à poursuivre son expansion et à étendre son emprise sur le commerce. Par conséquent, il lui faut aujourd'hui aller à la rencontre du consommateur partout où il se trouve, et en particulier dans le centre des villes, où les autorisations d'ouverture sont bien souvent devenues beaucoup plus faciles à obtenir qu'en périphérie.

Ainsi voit-on des enseignes emblématiques du commerce de périphérie commencer à s'intéresser au centre-ville : Décathlon, Castorama, Leroy Merlin... et, pour l'instant de manière extrêmement circonscrite, Leclerc et Carrefour[1]. Cette intrusion en centre-ville s'appuie sur les politiques de déclinaison de formats d'enseigne que j'ai présentées dans la section précédente. L'implantation de la grande distribution dans le centre des villes n'est pas toujours vécue négativement, comme un pis-aller face à la difficulté de poursuivre le développement en périphérie. Le centre-ville apparaît de plus en plus clairement comme une opportunité de développer des concepts commerciaux ad hoc, capables de cibler, avec plus de précision que les concepts développés en périphérie, les besoins de certaines catégories de consommateurs, ou correspondant à des occasions de consommation particulières. La spécificité de la clientèle de centre-ville en fait un support attractif des politiques de segmentation/différenciation. Le centre-ville se révèle ainsi quelquefois parfaitement adapté au positionnement d'enseignes hyperspécialisées, lesquelles d'ailleurs exploitant généralement des points de vente de petite taille s'accommodent parfaitement des contraintes et du coût du foncier urbain. Enfin, mais on y reviendra, le centre-ville fournit aux points de vente un environnement extérieur original qui peut apporter un soutien significatif aux efforts de différenciation de l'enseigne. Le cadre y est plus favorable au shopping qu'à l'achat pratique de fin de semaine. Le centre-ville bénéficie en outre d'une image de convivialité et d'authenticité qui est en phase avec le nouvel immatériel de consommation, et qui correspond précisément à l'image que cherchent à développer certaines enseignes.

Le centre-ville bénéficie également du mouvement important de concentration qui a touché les entreprises de commerce traditionnellement présentes sur ce marché. Le poids du petit commerce indépendant isolé s'est réduit à la portion congrue au profit des groupements, des réseaux de franchise et des groupes intégrés. La croissance rapide du groupe Pinault-Printemps-Redoute témoigne de ce qu'il est possible de fonder une politique d'expansion ambitieuse sur le développement de concepts originaux de commerce urbains (Orcanta, Somewhere,

---

1. Les groupes de distribution alimentaire britanniques sont plus avancés que leurs homologues français dans cette voie. Tesco et Sainsbury's ont récemment lancé des enseignes spécifiques de supermarchés de centre-ville offrant une large palette de services. Notons cependant que seulement quelques mois plus tard, Tesco annonçait sa décision de fermer une dizaine de ses magasins de centre-ville en raison de résultats médiocres.

Made in Sport...), servis par un marketing et une logistique sans faille[1]. L'application à la gestion des implantations en centre-ville des principes qui sont au cœur de la « révolution organisationnelle » permet de réduire assez sensiblement le handicap de coût dont le commerce de centre-ville souffre traditionnellement face au commerce de périphérie. Le commerce de centre-ville se fait ainsi de plus en plus attrayant et performant. Le revers de la médaille est sans doute que les centres-villes se ressemblent de plus en plus et se démarquent peu des centres commerciaux régionaux...

LES FORCES DE « SPÉCIFICATION » : UNE OPPORTUNITÉ POUR LES CENTRES THÉMATIQUES

La mise en œuvre de stratégies de différenciation, en particulier lorsqu'elles sont fondées sur la recherche d'une forte identité de l'enseigne, peut amener les distributeurs à se montrer attentifs à la qualité de l'environnement commercial et non commercial des points de vente. Celui-ci devra alors être de nature à rapprocher le distributeur de la clientèle visée et à soutenir l'image de l'enseigne, en particulier par l'évocation de l'immatériel de consommation sous-jacent.

Il s'agit d'une préoccupation relativement récente dans le monde de la grande distribution où les critères de bassins de clientèle, de coût et d'accessibilité ont longtemps régné sans partage sur les critères de localisation. Certaines enseignes, ayant adopté une stratégie de segmentation, ne recherchent pas seulement la densité commerciale, mais le voisinage de commerces complémentaires s'adressant à une cible proche. Par exemple, dans la stratégie d'implantation de sa nouvelle enseigne de prêt-à-porter Somewhere, le groupe Pinault-Printemps-Redoute recherche le voisinage de locomotives à cible ou image proche, telles que le Printemps, la Fnac, Gap ou Zara. Cette proximité, qui est à la fois physique et marketing, peut donner lieu à certaines formes de coopération entre les enseignes. Par exemple, la moitié des magasins Maxi Toys (grande surface spécialisée de jouets) est implantée à proximité d'un magasin Aubert (articles de puériculture). Les magasins des deux enseignes (qui sont indépendantes) ont même quelquefois une entrée commune. L'exemple extrême est celui des hypermarchés qui prennent en charge la gestion des galeries marchandes (voire, de véritables centres commerciaux) attenantes, et assurent la sélection des points de vente qui y sont implantés.

---

1. Projet « loi de solidarité et de renouvellement urbain » (dite loi Gayssot) prévoit notamment la construction de petites plates-formes de chargement et de déchargement de marchandises à proximité des aires commerçantes, ce qui pourrait apporter des solutions aux problèmes spécifiques de la logistique en centre-ville.

L'environnement non commercial contribue à forger l'identité de l'enseigne et à renforcer l'immatériel que celle-ci s'efforce de cultiver. Ainsi Décathlon recherche les implantations au sein d'environnements à connotation sportive : enceinte de l'Aquaboulevard, quartier du Stade de France... Dans le même esprit, Nature et Découverte a récemment ouvert un magasin dans l'enceinte du palais de la Découverte à Paris.

La diffusion des stratégies de différenciation et de création de « bouquets à cohérence symbolique » renforce aujourd'hui, et renforcera plus encore dans l'avenir, ce souci de recherche d'harmonie entre l'environnement commercial et non commercial du site d'implantation et le positionnement stratégique de l'enseigne. En retour, la progression de ce critère de localisation contribue à la *fragmentation de l'appareil commercial, par la « spécification » croissante des sites*, c'est-à-dire leur spécialisation autour de certaines catégories de produits (ce qui est loin d'être nouveau), de certaines cibles de clientèles, d'occasions d'achat ou d'immatériels de consommation spécifiques.

Ainsi, les différents types d'urbanisme commercial affirment-ils des vocations spécifiques de plus en plus marquées :

Le commerce de centre-ville en hypercentre. Il est de plus en plus orienté vers les achats-plaisir, plus particulièrement dans les domaines de l'équipement de la personne et des loisirs et de la culture (commerces et services récréatifs). L'offre en matière d'équipement du foyer, bien que significative, est entravée par les contraintes logistiques. Les enseignes présentes dans l'hypercentre sont nombreuses à avoir adopté un positionnement « différenciation » (ce qui leur permet de supporter un coût de l'immobilier important). Les points de vente présentent une grande diversité de superficie, mais sont d'une taille moyenne relativement faible.

Le commerce de centre-ville de quartier. Il est tourné, dans une logique d'achat-corvée, vers une vocation de service (dépannage, appoint...). L'appareil commercial est principalement composé de commerces d'alimentation générale (en petite ou moyenne surface) ou spécialisée (boucherie, primeurs...) et de prestataires de services. La surface moyenne des points de vente est modeste.

Les galeries marchandes. Articulées à une grande surface alimentaire, elles ont principalement une vocation d'achat-corvée. Les secteurs les plus représentés sont l'alimentation générale et spécialisée, les services et l'équipement de la personne (habillement, chaussure, optique...). Les enseignes de ce dernier secteur adoptent souvent un positionnement « prix » et « produit ». Hormis la grande surface alimentaire servant de « locomotive » à la galerie, les commerces sont d'une dimension moyenne relativement faible.

Les centres commerciaux régionaux (CCR). Ils s'inscrivent de plus en plus dans une logique d'achat plaisir. Si la plupart des CRR renferment un hypermarché, l'attractivité du CCR repose également très largement sur la présence de commerces non alimentaires spécialisés bénéficiant d'enseignes à forte notoriété. En dehors de l'assortiment alimentaire de l'hyper, l'offre CRR est proche, dans sa composition sectorielle, de celle d'un hypercentre (habillement, chaussure, parfumerie, optique, petit équipement du foyer, produits culturels...) et intègre de plus en plus de services (restauration, services récréatifs). Les enseignes implantées en CCR ont souvent un positionnement fondé sur la différenciation et certaines développent des « bouquets ». Comme l'hypercentre, le CCR rassemble des points de vente de toutes dimensions, même si, outre l'hypermarché, les grandes surfaces sont relativement peu nombreuses.

Les zones d'activité commerciales (ZAC) : il s'agit sans doute de la catégorie d'urbanisme commercial qui est à ce jour la moins nettement engagée dans cette logique de « spécification ». C'est le lieu de prédilection des concepts commerciaux très exigeants en termes de surface de vente, quel que soit leur positionnement stratégique. Les hypermarchés côtoient des grandes et moyennes surfaces spécialisées, en particulier des secteurs de l'équipement du foyer, du bricolage et du sport (produits encombrants nécessitant l'usage de l'automobile). La « spécification » des ZAC pourrait s'effectuer à la faveur du développement des « complexes thématiques ».

Les complexes thématiques regroupenst des commerces et des services variés autour d'un thème commun (culture, sport, gastronomie, etc.). L'esprit qui les anime est proche de celui qui guide les distributeurs positionnés « bouquets » : les produits sont hétérogènes, mais tentent de répondre à une même fonction de consommation.

Des expérimentations sont en cours : les pôles « auto » réunissant des concessionnaires et des enseignes « néoprofessionnelles » spécialisées (de type Midas ou Speedy) ; le Carrousel du Louvre constituant un pôle culturel qui associe commerces et musée[1] ; des pôles « sortie » ou « soirée » regroupant un complexe de salles de cinéma, des entreprises de restauration[2] et, pourquoi pas, une discothèque, une Fnac ou un Virgin[3], un service de garderie... ; des pôles « forme » associant une grande surface d'articles de sport, une librairie spécialisée, une salle de gymnastique[4]. Dans le XIIe arrondissement de Paris, Surcouf avec ses

1. Au sein même du Carrousel du Louvre, le pôle restauration mérite d'être mentionné. Celui-ci n'est pas seulement original parce qu'il propose, dans un espace commun, des services offerts par des restaurateurs spécialisés indépendants (cohérence : fonction de restauration), mais aussi parce que l'offre d'ensemble évoque une valeur symbolique d'exotisme et de découverte (cohérence immatérielle).

2. Plusieurs formules répondent déjà à cette attente (Hippo-ciné, menu Mac Ciné, etc.).

3. L'implantation des magasins Fnac à Paris-Bastille (entre cinémas et opéra) et sur le boulevard des Italiens (entre cinémas et restaurants), ou de Virgin sur les Champs-Élysées [...] répond déjà à cette rationalité.

4. Le complexe Aquaboulevard n'est pas très éloigné de ce modèle.

dizaines de stands créant une ambiance de foire d'exposition, véritable complexe thématique à lui tout seul (près de 500 millions de francs de chiffre d'affaires), a attiré dans le quartier une foule de commerces spécialisés dans le matériel informatique. Le distributeur informatique projette d'ouvrir un second espace, de 10 000 m^2, à La Défense. Où l'on retrouve le souci d'une étroite association entre l'immatériel du lieu et le positionnement du distributeur... Enfin, dernier exemple en date : Bercy Village à Paris, dans l'ancien quartier des vins. Après l'implantation d'un multiplexe Citéciné et de plusieurs restaurants à thème, c'est un véritable centre thématique combinant commerce et loisir qui est en train de se constituer dans cet espace comprenant quarante-deux chais inscrits à l'inventaire supplémentaire des monuments historiques. Des enseignes très qualitatives, comme Résonances (décoration), Fnac Junior, Animalis ou Pacific Pêche, cohabitent avec le premier complexe de loisirs citadin Club Med World et le club de gymnastique haut de gamme Waou pour former un complexe cohérent autour d'un concept « nature, aventure, culture, nourriture ».

En matière d'équipement commercial, l'essor des complexes thématiques devrait constituer la principale nouveauté des dix prochaines années. En affirmant davantage les concepts de distribution, les centres thématiques pourraient accélérer l'obsolescence des CCR classiques au positionnement incertain. Une réponse pour ces derniers consiste précisément, comme on l'a vu, à se structurer par pôles thématiques.

Les complexes thématiques devraient de surcroît rencontrer les préoccupations des collectivités locales et des aménageurs du territoire. Au-delà du fait évident que de tels complexes thématiques peuvent apparaître comme des opérations de prestige pour les collectivités locales, ils présentent l'intérêt de répondre à des critères de localisation moins exigeants. Deux raisons principales à cela :

Leur clientèle est composée d'« amateurs » qui viendront rechercher au sein du complexe à la fois la fonctionnalité d'une offre spécialisée très complète et un lieu de promenade où ils pourront plonger dans l'univers thématique qu'ils affectionnent, découvrir des nouveautés, tester des produits, recevoir les conseils d'une force de vente qualifiée, rencontrer d'autres amateurs... Cette motivation de l'amateur pourrait lui permettre :

– D'accepter de se déplacer relativement loin. La contrainte d'accessibilité est de ce point de vue nettement desserrée par rapport à une grande surface traditionnelle (voir la distance que consentent à parcourir les clients d'Ikea, complexe thématique à lui seul). Un complexe thématique peut ainsi éventuellement servir à désenclaver une zone périurbaine défavorisée (à condition toutefois qu'elle bénéficie de l'infrastructure de transports requise).

– De supporter des prix raisonnablement élevés. Un complexe thématique peut alors, plus facilement que d'autres formes de commerce, supporter des niveaux de charges de centre-ville. De plus, les centres thématiques réclament un minimum de mise en scène, qu'il peut être plus facile d'obtenir en centre-ville en raison de son histoire, de son architecture, etc. Par exemple, l'association d'un centre à vocation culturelle et d'un musée est de nature à révéler d'importantes synergies. De tels complexes thématiques peuvent ainsi constituer une opportunité de survie pour un petit commerce spécialisé dans un centre-ville revigoré.

– Certes, les centres thématiques sont généralement consommateurs d'espace. D'abord, parce que la valorisation de l'achat-plaisir réclame un grand confort d'achat. Ensuite parce que la crédibilité d'un centre thématique passe généralement par la réunion d'un nombre minimum d'enseignes reconnues dans leur spécialité. Toutefois, la spécialisation du complexe permet d'envisager son développement sur des espaces bien plus modestes que ceux réclamés, par exemple, par un CCR.

Au total, la localisation d'un complexe thématique semble assez largement ouverte. Cette marge de manœuvre peut en faire un instrument précieux d'aménagement du territoire. À ce titre, le complexe thématique peut être une occasion de partenariat entre les collectivités locales et les distributeurs. En effet, la réussite de tels complexes réside certainement dans un voisinage réfléchi entre des commerces articulés autour de la thématique et des éléments non commerciaux renforçant le caractère non exclusivement fonctionnel du complexe qui augmentent son attractivité. La nature de ces éléments non commerciaux peut être variée : un complexe sportif, un lieu culturel (musée, monument, salles de spectacles...), une aire récréative, un site naturel ou historique, une spécialisation économique (voir les complexes de magasins d'usines ouverts au cœur des régions héritières d'une tradition dans l'industrie textile)... Le concept de « prairie » lancé par Décathlon près de Sophia Antipolis constitue à ce titre une initiative innovante associant l'action d'un distributeur, l'intervention d'une collectivité et la participation d'associations. Le point de vente est implanté sur un site de 3 hectares, à proximité de l'autoroute A8. Au sein de ce site, ont été aménagés une salle de basket et une piscine municipale, un parcours de VTT, un mur d'escalade, une salle de fitness... Le magasin offre de nombreux services tels que la location de VTT, des ateliers de réparation, un bureau de guides pour les randonnées pédestres et des aires d'essai du matériel proposé... La municipalité de Domont (ville de 15 000 habitants au nord de Sarcelles, en région parisienne) tente d'aménager une ZAC de trois hectares dans une perspective thématique. Les responsables veulent valoriser la qualité du site : parc naturel verdoyant, proximité d'un golf, d'un étang de pêche, fort du XIXe siècle, projet d'implantation d'une « ferme modèle »..., et situation au bord de l'autoroute A1. La ZAC devrait accueillir des enseignes orientées loisirs et achat-plaisir : une moyenne surface spécialisée articles de pêche, une moyenne ou grande surface d'articles de sport « qualitative », une enseigne « jeune habitat », un magasin d'art de la table, un cinéma... La création prochaine des « Pavillons de la mode » (regroupant 150 boutiques qui présenteront les collections des grands créateurs) à proximité de DisneyLand Paris est une autre illustration de la synergie pouvant naître entre un complexe thématique et l'identité d'un « lieu » (ici, la vocation touristique internationale).

Les pouvoirs publics peuvent donc jouer un rôle d'impulsion à travers l'installation d'infrastructures qui pourront constituer le noyau du complexe. La contrepartie réside dans le fait que les implantations commerciales se doivent de respecter un cahier des charges contraignant, notamment sur le plan architectural. Le lancement d'un complexe thématique est cependant une initiative hardie. Le succès apparemment très mitigé (en France tout au moins) des pôles auto, par exemple, révèle la complexité d'un tel montage et les risques d'échec qu'il comporte. Comme pour une enseigne, la réussite d'un pôle implique de retenir un critère de cohérence pertinent qui puisse effectivement être servi par un ensemble d'enseignes indépendantes ayant chacune une stratégie spécifique. Enfin un complexe thématique, ciblant le plus souvent un sous-ensemble plus ou moins large de consommateurs, réclame une vaste zone de chalandise. Il constitue vraisemblablement un concept réservé aux grandes agglomérations.

Les forces de polarisation

Le mouvement de spécification des pôles commerciaux donne l'image rassurante d'une complémentarité croissante des différentes formes d'urbanisme commercial : chacune pourrait trouver sa place dans un appareil commercial diversifié, à condition de valoriser comme il se doit ses avantages comparatifs et d'affirmer une vocation spécifique au carrefour des comportements de consommation et des positionnements stratégiques d'enseigne. C'est sur cette idée d'une complémentarité croissante entre les différentes formes de commerce que peuvent se fonder les plus grands espoirs de redynamisation du commerce de centre-ville.

Le mouvement de spécification n'est cependant pas de nature à interrompre le jeu d'une autre force qui structure puissamment l'appareil commercial depuis la naissance de la grande distribution : *la polarisation de l'activité commerciale, c'est-à-dire la propension des activités commerciales à s'agglomérer en un nombre réduit de pôles à forte densité.*

La tendance à la polarisation spatiale des activités commerciales est aussi ancienne que la propension des hommes à échanger. Cette polarisation, qui intervient généralement au centre des zones de peuplement, est évidemment un moyen de minimiser les temps de déplacement[1]. La théorie de l'économie spatiale nous enseigne que le degré de concentration géographique des activités économiques est fonction de trois facteurs principaux :

Les coûts de transport : lorsqu'ils sont élevés, les marchandises (ou, ce qui revient au même, leurs acheteurs) ne se déplacent que sur des distances modestes, car, au-delà d'un certain point, le coût de transport, qui représente une part du prix total qui croît avec la distance, deviendrait rédhibitoire ; les marchandises ne trouveraient plus preneurs parce que trop chères ou parce qu'elles se trouveraient concurrencées par des marchandises de même nature, plus proches des prospects. Ainsi, avec la diminution des coûts de transport, la « zone de chalandise » des marchandises augmente.

Les économies d'échelle dans la production (ou la distribution) : plus ces économies d'échelle sont importantes, plus il y a intérêt à grouper la production dans un petit nombre de sites réalisant des volumes importants. Il suffit de comparer la structure spatiale de la production de pain avec celle de la production d'acier pour se convaincre de l'importance du phénomène.

Les économies d'agglomération. Cette expression désigne les bénéfices que tirent des acteurs économiques lorsqu'ils situent leur activité au voisinage les unes des autres. Les facteurs à l'origine de telles économies sont nombreux : possibilité de financer l'installation d'infrastructures partagées, facilitation des transactions et des échanges d'information, attraction d'activités complémentaires...

Ces trois facteurs jouent en faveur d'une polarisation croissante du commerce. La généralisation de la motorisation des ménages et l'amélioration des infrastructures de transport ont fortement accru le rendement du temps de déplacement : alors qu'il y a trente ans, 10 ou 15 minutes étaient le temps requis pour la majeure partie des ménagères pour accéder (à pied !) aux commerces du quartier, le même temps permet aujourd'hui de parcourir 5, 10 voire 20 kilomètres... Autrement dit, les Français ont accru leur mobilité : les déplacements, de plus en plus motorisés, s'effectuent sur des distances de plus en plus importantes[2]. La proportion croissante de femmes titulaires du permis

1. « Tout agent économique cherche normalement à réduire au minimum le temps nécessaire pour se procurer un bien ou un service ou, en parallèle, à maximiser le "rendement" de chaque déplacement. Les consommateurs, comme la société dans son ensemble, réalisent une économie de temps si plusieurs besoins exigeant des déplacements peuvent être satisfaits à partir d'un seul. Ainsi, un paysan venu en ville pour vendre ses produits pourra profiter de son passage pour consulter un médecin, plaider sa cause auprès d'un fonctionnaire, faire réparer ses outils, acheter des produits, acquitter des factures ou voir un spectacle » (Polèse, 1994, p. 49).

2. Les Français parcourent en moyenne 23 km par jour en semaine (hors déplacement à longue distance), soit un tiers de plus qu'il y a douze ans, alors que dans le même temps le budget-temps consacré aux déplacements n'a pas changé, ce qui s'explique bien sûr par l'augmentation de la vitesse des transports utilisés (Orfeuil [1999]).

de conduire et le développement de la pluri-motorisation des ménages ont accru tout particulièrement la mobilité des femmes qui continuent de jouer un rôle essentiel dans la réalisation des achats des ménages. L'exploitation des économies d'échelle constitue l'une des explications du rendement du commerce en grande surface. Ce qui est plus nouveau, c'est que les nouveaux positionnements stratégiques, en réclamant souvent des surfaces de vente plus importantes, des dépenses en aménagement du point de vente en augmentation, une plus grande intensité en main-d'œuvre commerciale... génèrent davantage de coûts fixes qui demandent, pour être amortis, d'attirer un nombre plus important de clients. Enfin, les économies d'agglomération ont toujours été très importantes dans le commerce. Pour un distributeur, se situer à proximité d'un autre distributeur, s'est s'ouvrir l'opportunité de profiter du flux de ses clients. Le bénéfice est maximum lorsque les distributeurs en question ne vendent pas les mêmes produits — et ne sont donc pas concurrents — mais des produits complémentaires aux yeux des clients (le vendeur de partitions a tout à gagner à s'implanter aux abords du magasin de pianos), ou qui s'adressent à la même catégorie de clientèle (le commerçant de vêtements pour enfants à proximité du magasin de jouets). Même s'ils sont concurrents, les commerçants ont intérêt à se rapprocher les uns des autres lorsqu'ils commercialisent des « biens de recherche », c'est-à-dire des produits dont l'achat requiert de la part des consommateurs une démarche préalable de recherche d'information, d'évaluation des produits, de comparaison... Avoir accès en un seul lieu, au prix d'un seul déplacement, à plusieurs magasins offrant la même catégorie de produits, facilite ce travail de recherche... ce qui rend le lieu plus attractif. Ce n'est pas par hasard que, traditionnellement, le commerce de vêtements, de meubles, d'instruments de musique... témoignent d'une forte propension à l'agglomération spatiale. Ces forces d'agglomération sont toujours vivaces. D'autres s'y ajoutent : un certain nombre de services que les distributeurs s'efforcent aujourd'hui d'offrir à leurs clients sont obtenus à meilleur coût lorsqu'ils sont partagés entre des distributeurs implantés sur un même site (parking commun, garde d'enfants, animations commerciales, création d'événements, capacité à assurer la prospérité de services connexes de commodité, de restauration, de loisirs...). La fragmentation de l'espace stratégique produit (et répond à) une segmentation de plus en plus fine de la clientèle ; réunir en un même lieu des enseignes s'adressant à des cibles différentes (mais pas au point de remettre en cause la cohérence de l'ensemble commercial) est susceptible d'attirer les familles, chacun de ses membres étant alors en mesure de trouver les enseignes répondant à ses besoins. La recherche de « solutions globales » par les consommateurs fait qu'ils valorisent les pôles commerciaux réunissant un ensemble de commerces contribuant à la résolution des mêmes problèmes de consommation. Enfin, la polarisation appelle la polarisation ! En effet, plus un pôle commercial est dense, c'est-à-dire permet dans un même déplacement de satisfaire un grand nombre de besoins d'achat, plus ce pôle est attrayant pour les consommateurs et se montre capable de déplacer ses clients sur des distances importantes. Cette capacité du pôle à attirer de nombreux clients en fait une localisation recherchée par de nombreux distributeurs, et en particulier ceux dont la formule de vente exige un flux important de clientèle. L'implantation dans le pôle de nouveaux distributeurs renforce encore son attractivité aux yeux des consommateurs... C'est ainsi que la polarisation se nourrit de la polarisation. À l'inverse, ces mécanismes cumulatifs s'exercent à l'encontre de pôles commerciaux de faible densité qui voient s'évader progressivement leurs clientèles vers des pôles plus importants ; cette perte de fréquentation provoque la fermeture de commerces qui réduit la densité, encourage l'évasion de la clientèle...

Tous ces facteurs se combinent pour que, toutes choses égales par ailleurs, l'activité commerciale se trouve concentrée sur un nombre de plus en plus réduit de pôles de plus en plus importants.

J'ai déjà évoqué les résultats des enquêtes du CRÉDOC[1] qui montrent que les ménages fréquentent en moyenne un nombre croissant de formules de commerce alimentaire non spécialisé (3,5 formules sur une liste de 7 en 1997, contre 2,8 en 1988) car ils attribuent à chacune des qualités spécifiques et complémentaires. Les mêmes enquêtes montrent cependant que, simultanément, le nombre hebdomadaire de déplacements pour approvisionnement est en recul (il passe d'une moyenne de 4,4 en 1988 à 3,2 en 1995[2]). De manière cohérente, le temps consacré chaque semaine aux courses alimentaires serait passé (il s'agit de déclarations, non d'observations) de 2h40 en 1988, à 2h29 en 1995 et 2h17[3] en 1999. Économes de leur temps et soucieux de rentabiliser leurs déplacements, les ménages massifient de plus en plus leurs achats. Il est d'ailleurs frappant que l'effort de déplacement que les ménages sont disposés à consentir pour accéder à un commerce soit corrélé à la dimension de celui-ci. En effet, selon une enquête réalisée par B & B Market, le temps moyen d'accès aux grandes surfaces alimentaires est croissant avec leurs surfaces (11 minutes pour les 1 800-2 500 m^2, jusqu'à 18 minutes pour les 10 000 m^2 et plus).

Cependant, l'enrichissement de l'offre commerciale (augmentation de la densité commerciale moyenne), couplée à la mobilité accrue des ménages (ainsi sans doute qu'à une plus grande maîtrise du temps) font que les consommateurs sont de plus en plus à même de

1. Enquêtes sur les comportements alimentaires des Français, département « Prospective de la consommation ».
2. Babayou et Volatier [1998].
3. Selon une étude américaine, chaque personne consacrait, il y a quelques années, 12 heures par mois à faire ses achats, contre seulement 4 heures aujourd'hui (*Le Journal du textile*, n°1486, 24 février 1997, p. 30).

fréquenter différents pôles commerciaux. Ainsi, « c'est de moins en moins le magasin qui a une zone de chalandise que l'individu qui a une zone d'approvisionnement » (Marzloff et Le Carpentier [1999]). La polarisation croissante de l'activité commerciale n'est donc pas synonyme de resserrement du choix pour des consommateurs qui se montrent, en réalité, de moins en moins tributaires des conditions d'accessibilité qui découlent de la proximité immédiate.

Il n'est pas étonnant que les évolutions de la géographie commerciale tendent à suivre les grandes tendances nationales[1]. Le déclin du commerce de centre-ville est le reflet du reflux des villes-centres en termes à la fois de nombre d'habitants et d'emplois. Par contre, les villes-centres tendent à concentrer les employés les plus qualifiés et attirent les couches sociales supérieures (étudiants, jeunes couples biactifs cadres, diplômés du supérieur avec des enfants déjà âgés, cadres retraités...). C'est ce typage social très marqué du centre-ville qui en fait aujourd'hui une localisation recherchée pour des enseignes différenciées ciblant ce type de clientèle. Les premières couronnes périphériques des grandes villes, grandes bénéficiaires des tendances démographiques des « trente glorieuses », sont aujourd'hui saturées et l'appareil commercial y est davantage au stade de la consolidation-restructuration qu'à celui de l'expansion. C'est dans les secondes couronnes (voire dans « les villes et villages éloignés mais intégrés dans les dynamiques métropolitaines[2] ») que se concentre aujourd'hui le dynamisme démographique par l'afflux des populations de classes populaires ou moyennes. Les entreprises délaissent de plus en plus les villes-centres des pôles urbains au profit des banlieues et des couronnes périurbaines[3]. Il n'est donc pas surprenant que les déplacements des ménages soient en croissance particulièrement rapide dans les liaisons entre le milieu périurbain et la frange de la zone agglomérée, ainsi que dans les liaisons entre le milieu périurbain et la ville-centre[4]. C'est principalement le long de ces axes que se créent les nouveaux pôles commerciaux. Au total, l'appareil commercial tend à se développer selon une structure « en doigts de gants » conforme à celle qui semble devoir marquer la nouvelle géographie économique : quelques pôles commerciaux importants, occupant des positions stratégiques en regard de la densité de population et de la qualité des infrastructures de transport, captent une part croissante des flux de clientèles qu'ils se partagent en fonction des vocations spécifiques cultivées par chacun. Quelques pôles commerciaux secondaires peuvent survivre sur des « niches écologiques » : desserte de populations spécifiques (faible mobilité, profil socio-démographique suffisamment marqué et homo-

1. Voir, par exemple, Ascher [1998] et INRA-INSEE [1998].
2. Ascher [1998, p. 19].
3. Delisle et Lainé [1998].
4. Orfeuil [1999].

gène pour susciter la création d'un micromarché), affirmation d'une vocation de proximité... Entre ces pôles, la densité commerciale se réduit, et les espaces situés loin des grands axes de communication sont voués au « désert commercial ».

Cette dynamique de la polarisation est perceptible dans chaque forme d'urbanisme commercial. Ainsi, si le centre-ville peut reconquérir une partie du terrain perdu au cours des dernières décennies, il n'échappe pas aux forces de la polarisation qui tendent à concentrer le développement commercial sur l'hypercentre, voire, dans les villes moyennes, uniquement sur une ou deux grandes rues commerçantes où sont rassemblés les « emplacements n°1 ». Les pôles commerciaux de quartier devraient voir leur nombre diminuer en raison principalement de la capacité d'attraction croissante des pôles commerciaux périphériques. Ceux qui perdureront auront su affirmer une vocation de services de proximité. Du côté du commerce de périphérie, les galeries marchandes ont vocation à profiter de l'évasion de la clientèle des pôles commerciaux de quartier, à moins que les plus vulnérables d'entre elles ne voient à leur tour leur clientèle les déserter pour d'autres galeries plus attractives ou pour le centre commercial régional à portée de voitures. Certaines zones d'activité commerciale pourraient également pâtir de la poursuite du mouvement de polarisation, en particulier celles qui n'ont pas atteint une densité suffisante, qui ne bénéficient pas de la présence d'enseignes locomotives, et qui peinent à affirmer une spécificité. Celles qui subsisteront verront sans doute leur dimension moyenne augmenter. Des rapprochements de zones d'activité commerciale et de centres commerciaux régionaux ne sont pas à exclure dans les zones les plus peuplées et les mieux desservies par les infrastructures de transport.

Les forces de polarisation sont également susceptibles de jouer, à une échelle supérieure, au niveau régional, par l'affirmation de « plaques commerciales régionales » capables d'exercer un puissant effet d'attraction sur la population d'une large zone. Ce type de dynamique s'exerce au détriment de certaines villes moyennes qui « souffrent » d'être trop bien reliées à une grande agglomération bénéficiant des pôles commerciaux attractifs, et qui subit ainsi l'« évasion » de ses consommateurs (Blois vers Tours, Dreux vers Chartres ou les grands centres commerciaux des Yvelines, Châtellerault vers Poitiers...).

Enfin, paradoxalement, il n'est pas exclu que le commerce des petites villes et des zones rurales puisse bénéficier d'un certain renouveau. Grandes victimes des forces de polarisation qui se sont exprimées au cours des dernières décennies, ces zones tendent à devenir les terrains de chasse privilégiés des groupements d'indépendants qui éprouvent des difficultés à suivre les groupes intégrés dans la tendance à l'augmentation de la taille des magasins et dans la mise en œuvre des positionnements stratégiques « qualitatifs ». On peut donc s'attendre à la consolidation de l'appareil commercial de ces zones, voire à une certaine redynamisation imputable à la fois au professionnalisme accru des commerçants (poids croissant de groupements de plus en plus dirigistes) et à l'éventuel dépérissement de l'appareil commercial des villes moyennes environnantes.

Une concentration qui se généralise et de nouvelles menaces sur le commerce indépendant

Au mouvement de polarisation spatiale de l'appareil commercial répond la poursuite du processus de concentration économique et financière du secteur de la distribution. Les modalités de la concurrence qui sont associées au nouveau régime de croissance pourraient remettre en cause l'équilibre qui a régné jusque-là entre le commerce intégré et le commerce indépendant organisé.

LES MODALITÉS DE LA CONCURRENCE DU RÉGIME DE CROISSANCE INTENSIVE RELANCENT LA CONCENTRATION

Tous les secteurs d'activité neufs commencent par connaître une vague d'augmentation rapide du nombre de ses entreprises à la fois à la suite de créations *ex nihilo* et par la diversification d'entreprises originaires de secteurs connexes (voir le commerce électronique aujourd'hui). Chacun tente sa chance, avec ses armes, sa vision des attentes du marché et de la bonne manière de faire les choses. La croissance du nombre de concurrents accroît progressivement l'intensité de la compétition à laquelle ils se livrent afin de conquérir le marché. Au terme d'un jeu d'essais et d'erreurs, les bonnes options se révèlent ; ceux qui avaient fait les bons choix enregistrent les meilleurs résultats et voient leur poids dans le secteur s'accroître ; ceux dont les choix ont été moins pertinents, qui ne réunissaient pas les qualités requises, ou tout simplement qui n'ont pas eu de chance, piétinent ou disparaissent. Le processus de sélection qui accompagne la maturité du secteur provoque la concentration des structures. Les stratégies gagnantes réclament de mobiliser des moyens croissants. L'élévation du niveau des barrières à l'entrée vient tarir le flux des nouveaux entrants. Pour consolider leurs positions, les gros rachètent les petits. Pour éliminer des concurrents dangereux, on tente de prendre le contrôle les uns des autres... Les structures du secteur se stabilisent progressivement dans une configuration oligopolistique... jusqu'à ce qu'une innovation radicale vienne remettre en cause l'équilibre établi. Les structures de la grande distribution ont suivi jusque-là très fidèlement ce modèle du « cycle de vie des industries » élaboré par les économistes[1].

J'ai décrit, au cours du premier chapitre, la première vague de concentration qui a marqué la grande distribution alimentaire dès la seconde moitié des années 1960. Le contexte très favorable de la phase de croissance extensive a cependant permis de conserver des structures relativement atomisées jusque dans le courant des années 1980. Depuis, la concentration de la grande distribution alimentaire progresse régulièrement, essentiellement sous l'effet d'opérations de fusion-acquisition nombreuses et d'envergure croissante (voir chapitre III). Initialement conçues comme un moyen de poursuivre par d'autres voies la croissance extensive et la course à l'occupation du terrain, ces stratégies de concentration sont de plus en plus appelées par les exigences du régime de croissance intensive qui se met en place. Les stratégies associées au nouveau régime de croissance sont beaucoup plus exigeantes en capital et en compétences, ce qui confère un avantage de compétitivité aux grandes entreprises. La grande dimension n'est plus seulement nécessaire pour exploiter les économies d'échelle et faire pression sur les fournisseurs ; elle est devenue la condition du développement rapide des compétences marketing et logistiques qui sont au cœur des nouvelles stratégies. L'ouverture du processus de globalisation dans le secteur du commerce ne fait que renforcer cette tendance en rendant possible la constitution de groupes de dimension bien supérieure à celle que chaque marché national pris individuellement était capable de soutenir. Enfin, le mouvement de concentration est favorisé, en France, par les restrictions réglementaires à l'ouverture de nouveaux points de vente qui rendent beaucoup plus improbable l'apparition de nouveaux entrants.

Selon les données de ACNielsen, les cinq premiers groupes de la grande distribution alimentaire réalisaient en 1997, 67,2 % du marché alimentaire de la grande distribution. Ce chiffre avait augmenté de près de 12 points en seulement cinq ans, et si l'on tient compte des opérations de concentration intervenues depuis, on se rapproche désormais de 100 %... Même s'il est beaucoup moins avancé, le mouvement de concentration affecte peu ou prou tous les secteurs de la grande distribution. Dans le commerce d'articles de sport, Décathlon réalise près de la moitié du chiffre d'affaires de la distribution spécialisée. À elle seule, la Fnac réalise 24 % des ventes de disques en France (contre 8 % il y a dix ans), soit environ 80 % des ventes du commerce spécialisé (les hypers, de leur côté, occupent plus de 50 % du marché...). Castorama et Leroy Merlin totalisent près de 60 % du marché national des grandes et moyennes surfaces de bricolage. La concentration progresse

1. Gort de Keppler [1982], Suarez et Utterback [1995], Nelson et Winter [1982]... Pour un aperçu de cette littérature, voir Moati, Loire et Médan [1997].

jusque dans la parfumerie, où pourtant la percée de la grande distribution est récente, après la succession d'opérations de reprise à laquelle se sont livrés les deux chefs de file, LVMH (Sephora, Guerlain, Marie-Jeanne Godard...) et le groupe Marcel Frydman (Marionnaud, Silver Moon, Votre Beauté, Le Palais du Parfum, Patchouli, Annabelle...).

À ce jeu de la concentration, il y a des gagnants et des perdants. Les groupements d'indépendants pourraient bien, de plus en plus, appartenir à la seconde catégorie.

Le nécessaire sursaut du commerce indépendant

Nous avons pu observer au cours du chapitre I comment le régime de croissance extensive des trente premières années de la grande distribution a été principalement entretenu par le déclin du commerce indépendant isolé. Ce processus est naturellement appelé à s'épuiser car, au fur et à mesure qu'il recule, le commerce indépendant isolé se trouve composé d'entreprises qui ont résisté à la pression sélective du marché par un positionnement original et complémentaire de ceux des grandes surfaces, par un emplacement exceptionnel, un grand professionnalisme dans la gestion et la relation aux clients... En bref, nombre de ceux qui ont survécu bénéficient de capacités de résistance de nature à favoriser le ralentissement du déclin du commerce isolé.

Pour autant, le changement de régime de croissance que vit actuellement la grande distribution ne devrait pas autoriser un retournement de tendance pour le commerce indépendant isolé. D'un côté, la modification des normes de consommation, l'évolution des modalités de la concurrence dans le commerce au profit de la différenciation, de la qualité et du service sont de nature à donner de nouveaux atouts au petit commerce indépendant. Pourtant, de l'autre côté, l'engagement de la grande distribution dans des positionnements stratégiques plus qualitatifs et dans l'exploitation des « seconds marchés », le développement de grands groupes de commerce de centre-ville (André, Pinault-Printemps-Redoute) et l'essor des formes organisées de petits commerces (groupements, franchises...) sont autant d'intrusions du grand commerce dans ce qui semblait être le domaine réservé du commerce indépendant isolé. La technicité que développe aujourd'hui le grand commerce, que ce soit en matière de logistique, de connaissance de la demande des clients, de communication, de performance du personnel de vente... est telle que le handicap dont souffre le petit commerce ne peut aller qu'en s'accentuant, y compris sur les registres hors prix. On peut ainsi considérer comme établi que les transformations en cours dans le commerce ne permettront pas un retour en arrière et que l'hégémonie du commerce organisé est appelée à se radicaliser encore dans les prochaines années. La poursuite de déclin du commerce indépendant isolé pourrait, à l'inverse, profiter au commerce indépendant organisé. Pourtant, les nouvelles règles du jeu commercial risquent de se révéler beaucoup moins favorables à cette catégorie de distributeurs que celles qui régulaient la concurrence sous le régime de la croissance extensive.

Lorsque, à l'ère de la croissance extensive, le jeu concurrentiel consistait principalement en une course à l'occupation du terrain et dans l'affirmation d'avantages compétitifs vis-à-vis du commerce traditionnel, les groupements d'indépendants bénéficiaient de précieux atouts. La course aux ouvertures impliquait de pouvoir réunir rapidement des masses importantes de capitaux. En permettant la mobilisation de l'épargne et du patrimoine de leurs adhérents, les groupements d'indépendants disposaient d'un avantage concurrentiel par rapport à des groupes intégrés qui ne pouvaient compter que sur leur capacité d'autofinancement, la richesse de leurs fondateurs ou la sollicitation des marchés financiers. Aujourd'hui, les politiques d'expansion passent par la création de points de vente de plus en plus grands et la prise de contrôle du réseau de distributeurs concurrents. Le ticket d'entrée devient alors souvent hors de portée des adhérents pris individuellement et les structures centrales ont longtemps manqué de moyens propres pour participer au financement d'opérations d'envergure. Les intégrés, de leur côté, qui ont considérablement accru leur surface financière durant les trente glorieuses de la croissance extensive, se trouvent souvent à la tête de trésors de guerre conséquents. Leur enracinement sur les marchés financiers est aujourd'hui le plus souvent acquis, ce qui leur permet un accès relativement aisé aux capitaux extérieurs. Plus grave encore, à mesure que les occasions de nouvelles ouvertures se raréfient, les distributeurs intégrés, en mal de croissance, sont enclins à courtiser les commerçants indépendants afin qu'ils consentent à céder leur magasin (ce qui est d'autant plus tentant que la surenchère provoque une élévation des prix de cession) ou à rejoindre l'organisation de l'intégré (affiliation, contrat de franchise, adhésion à la centrale d'achat...).

Lorsque le combat concurrentiel consistait principalement à affirmer une forte compétitivité-prix par rapport au commerce traditionnel, l'innovation organisationnelle introduite par les groupements consistant dans la centralisation des achats leur permettait de faire jeu égal avec les intégrés. Aujourd'hui, la puissance d'achat des groupements d'indépendants est souvent bien moindre que celle des intégrés. Mais surtout, la compétitivité ne repose plus uniquement (et sans doute plus prioritairement) sur l'obtention des meilleures conditions d'achat. Comme on l'a vu, la mise en œuvre des nouveaux positionnements stratégiques impose la révision des principes organisationnels, au profit le plus souvent d'un plus grand degré de centralisation. Or, entités collectives complexes, les groupements d'indépendants présentent des structures organisationnelles moins malléables que celles des intégrés.

Conscients de ces handicaps, les groupements indépendants tentent depuis quelques années de réagir. Cette réaction s'organise autour de trois axes principaux.

La constitution de moyens financiers

Les groupements d'indépendants ont pris conscience de façon précoce que la finance pouvait constituer leur talon d'Achille. Dès 1988, Le Galec (Leclerc) avait pris une participation minoritaire dans une banque (la banque Guiraud). Les adhérents ont été invités à renforcer leurs fonds propres (les instances nationales ou régionales peuvent même aller jusqu'à demander aux centres de ne pas procéder à la distribution de dividendes tant que le niveau de leurs fonds propres n'atteint pas au moins 20 % du chiffre d'affaires mensuel moyen (l'objectif est d'arriver à terme à 40 à 50 %). En cas de difficultés (dépassement des investissements prévus, résultats inférieurs aux prévisions), les magasins peuvent bénéficier d'une aide financière exceptionnelle. Les « parrains » interviennent et permettent à l'adhérent de négocier un plan de refinancement. Un pacte garantissant un droit de préférence lors de la cession d'un magasin (à prix et conditions identiques) a été élaboré en 1994 pour contrer les tentatives de débauchage des adhérents. Des pactes similaires ont été élaborés depuis dans la plupart des grands groupements de commerçants indépendants.

Aujourd'hui, plusieurs groupements d'indépendants du commerce non alimentaire se sont dotés (ou s'apprêtent à le faire) de structures financières leur facilitant l'accès au capital. Ainsi, M. Bricolage a créé en 1995 une structure financière en association avec la société de capital-risque 3I, afin de reprendre des magasins. Il s'agissait de préparer une introduction en Bourse qui a été effectuée en mai 2000. Cette introduction permettra au groupement de renforcer sa politique d'acquisition de magasins en propre (dont le nombre devrait passer de 22 à 60 en 2004), et d'aider le financement des agrandissements et des rénovations.

Avec le même souci d'épauler ses adhérents dans leur effort d'extension ou de réhabilitation de leur magasin (mais aussi pour faciliter les reprises), Expert France (électroménager) a créé en novembre 1997 un fonds commun de placement à risque en partenariat avec la SPEF, filiale des Banques populaires. Connexion s'est doté d'une société financière composée de la holding Connexion, d'une société regroupant les franchisés désireux d'investir dans leur réseau, et d'un partenaire financier. Cette société aura vocation à conforter les dossiers de franchisés fragilisés en prenant une participation minoritaire et de financer des reprises ou des créations. Intersport s'est doté de deux outils de financement : Financière Intersport, société en commandite dotée de 80 millions de francs de fonds propres, pour la prise de participations majoritaires dans des magasins adhérents ; Challenge

Intersport Investissement, un fonds commun de placement à risque pour les participations minoritaires. On réfléchit actuellement chez Sport 2000 à la création d'une « structure d'accompagnement financier » visant à épauler les adhérents pendant quelques années.

Optic 2000 a constitué en 1994 une société de capital-risque afin de faciliter la levée de capitaux permettant les implantations dans les centres commerciaux ; pour lutter contre les tentatives de débauchage de ses adhérents, un « pacte de défense » a été mis en place en juin 1997. La Guilde des Lunetiers (enseignes Kris, Vision Originale, Vision Plus) ont plus récemment suivi la même démarche avec la création de la holding Guilde Invest, dont la coopérative est actuellement actionnaire à 100 %, mais qui a vocation à ouvrir son capital aux adhérents et à des investisseurs (il est néanmoins inscrit dans les statuts que la coopérative restera majoritaire). C'est ce que vient de vivre Visual SA, la structure créée en 1998 par la coopérative Sacol : la banque Natexis est entrée à hauteur de 32,3 % dans son capital... Même processus dans la papeterie où Plein Ciel a cédé, en 1999, la majorité du capital de sa centrale d'achat au fonds de capital-risque américain Apax Partners.

L'engagement dans la politique de concentration

Afin de ne pas se laisser distancer par les groupes intégrés, les indépendants tentent de participer au mouvement de concentration. La voie qui leur est la plus naturelle est l'alliance, voire la fusion, avec un autre groupement. Par exemple, dans l'électroménager, Gitem se rapproche de Centrale Pro (enseigne Pro & Cie, 1 300 magasins) avec un projet de mise en commun d'actions au niveau du marketing et de l'animation du réseau[1]. Dans le sport, Trigano Sport a rejoint Intersport et S comme Sport a rejoint Sport 2000. Qui, lui-même s'est associé aux Techniciens du Sport dans la perspective de la création d'une centrale d'achat commune (Sportec). Dans l'optique, Visual et Atol ont créé en 1996 un GIE qui regroupe les achats, la gestion, l'informatique des points de vente et le juridique des deux enseignes... Dans le meuble, Mobiclub et Monsieur Meuble se sont rapprochés sur le plan du référencement, de l'informatique et de l'achat d'espaces publicitaire. Dans la librairie-papeterie, la coopérative La Voie du Livre a fusionné avec Plein Ciel... Il convient bien sûr de rappeler l'accord intervenu en 1998 entre Leclerc et Système U qui a conduit à la création de la centrale d'achat Opéra.

De tels rapprochements sont difficiles à opérer. Ils s'opposent fréquemment aux différences de cultures d'entreprises et de modes de fonctionnement entre des groupements le plus souvent jaloux de leur identité et de leur indépendance. La réussite d'un rapprochement

---

1. Il n'est pas prévu de procéder à des achats en commun car les enseignes seraient trop différentes.

présuppose, en outre, un minimum de convergence en termes de positionnement stratégique des enseignes et une forte complémentarité territoriale des parcs de points de vente afin de minimiser le risque de concurrence directe entre des magasins des réseaux engagés dans le rapprochement. Ces conditions ne sont pas toujours faciles à réunir et certains rapprochements se révèlent dans les faits assez peu féconds ou bien échouent purement et simplement, à l'image de la tentative de création en 1998 d'une centrale commune entre Expert et Connexion ou du projet de rapprochement des réseaux de Sport 2000 et les Techniciens du Sport autour d'une enseigne commune.

Cette approche « coopérative » de la concentration dans le commerce indépendant organisé laisse quelquefois la place à des pratiques plus conflictuelles : le débauchage d'adhérents de groupements concurrents. Par exemple, la montée en puissance d'Expert dans le secteur de l'électroménager n'est pas étrangère au fait qu'une partie des sociétaires de la Socadam (une des 5 coopératives affiliées au Gitem) ait rejoint Expert.

L'exemple de la grande distribution alimentaire montre que, par le biais de montages financiers complexes, les groupements d'indépendants peuvent mener des opérations d'envergure, telles que l'alliance conclue en mai 1997 entre ITM (Intermarché) et l'allemand Spar AG menant à la constitution d'un pôle qui est virtuellement le numéro deux européen (derrière Metro).

Mais à ce jour, il ne s'est pas produit (en tout cas à notre connaissance) de prise de contrôle d'un groupe succursaliste important par un groupement d'indépendants (alors que l'inverse est déjà arrivé).

La centralisation de la gestion

Pour résister à la concurrence des groupes intégrés, mais également pour être en mesure de mettre en œuvre les nouveaux positionnements stratégiques, les groupements d'indépendants tentent de réviser leur organisation interne en faveur d'un plus grand centralisme. Les modes de gestion des groupements d'indépendants se rapprochent ainsi de plus en plus de ceux des groupes intégrés. « Nous devons passer de l'association de commerçants indépendants née il y a trente ans à un véritable groupe de distribution moderne, dont les méthodes s'apparentent à celles du commerce intégré[1]. »

Le partage entre ce qui est confié aux organes centraux et ce qui continue de relever de la responsabilité du propriétaire du point de vente est très variable d'un groupement à un autre. À une extrémité, on trouve des groupements qui n'ont pour principale vocation que de constituer une centrale de référencement. Les adhérents bénéficient ainsi de conditions d'achat avantageuses, profitent d'échéances de paie-

1. Alain Molho, DG de Sport 2000, *Journal du textile*, n° 1472, 28 oct. 1996, p. 41.

ment et peuvent parfois bénéficier du soutien de la centrale sur le plan du conseil ou de la formation. Les adhérents accèdent aux services essentiels pour un coût minimum, tout en conservant un maximum d'autonomie. Si un pourcentage minimum de leurs achats doit obligatoirement transiter par la centrale, ce pourcentage n'est pas nécessairement très important et pas toujours appliqué avec une extrême rigueur. Certains magasins peuvent porter l'enseigne de la centrale sans qu'il y ait de politique d'enseigne au niveau national. Les magasins restent libres de la composition de leurs assortiments, du marchandisage, de la politique de prix... L'hétérogénéité des produits traités, des prix et des aménagements de magasins qui résulte de cette autonomie rend exceptionnelles les opérations de publicité ou de promotion communes. Les centrales de ces groupements développent rarement des gammes de produits à marque propre, ce qui n'exclut pas qu'elles puissent pratiquer l'importation directe pour certains produits basiques.

À l'opposé de ces groupements « minimalistes », on trouve des groupements dont la fonction dépasse très largement la simple centralisation des achats pour toucher la définition et la mise en œuvre d'une stratégie générale et des politiques spécifiques qui s'y rattachent. Il va de soi que, dans ce modèle, la tête du groupement est beaucoup plus directive et la marge d'indépendance de l'adhérent peut se trouver très fortement réduite.

Les modes de fonctionnement adaptés aux modalités de la concurrence du régime de croissance intensive nécessitent, on l'a vu au cours du chapitre précédent, la centralisation croissante de la prise de décision (achat, logistique, communication...). Il n'est donc pas surprenant que la tendance soit clairement à la concentration des groupements d'indépendants sur le pôle « directif », soit par évolution progressive du groupement, soit par « sélection naturelle », les groupements centralisés semblant dans l'ensemble mieux réussir leur développement que les groupements minimalistes[1]. C'est probablement les mêmes motifs qui sont à l'origine du reflux dont semble souffrir la franchise dans le commerce[2]. Un nombre important de

1. Les groupements « minimalistes » sont encore souvent prépondérants dans les secteurs du commerce les plus « traditionnels », c'est-à-dire ceux dans lesquels la pénétration de la distribution moderne est demeurée la plus modeste et où la pression concurrentielle est relativement contenue (les officines de pharmacie, les bijouteries, les opticiens...).

2. La formidable expansion du secteur de la franchise (10 % de croissance par an du nombre de franchisés durant la décennie 1980) s'est brutalement interrompue à la fin des années 1980. Une certaine reprise est perceptible depuis quelques années, à la faveur de la reprise de la consommation des ménages, et de l'assainissement des pratiques qu'a permis l'entrée en application de la loi Doubin (décret d'application du 4 avril 1991). Cette reprise profite cependant essentiellement aux secteurs des services (vidéo-clubs, hôtellerie-restauration, boulangerie...) et à des secteurs du commerce en voie de décollage (téléphonie, jeux vidéo...) dans lesquelles les stratégies d'occupation du terrain priment sur les logiques de rationalisation et de professionnalisation.

grands distributeurs[1] qui avaient adopté cette formule pour accélérer leur occupation du terrain et l'acquisition de la fameuse taille critique sont en train de réviser leur position (rachat de franchisés, non-renouvellement des contrats, basculement vers des contrats de « commission-affiliation » assurant un contrôle beaucoup plus étroit de la tête de réseau...). La franchise apparaît de plus en plus comme étant, soit une formule transitoire accélérant la phase de lancement d'un nouveau réseau et d'acquisition de la taille critique, soit comme une forme de commerce réservée aux secteurs du commerce les moins rentables où la compétitivité repose nécessairement sur la combinaison des effets d'échelle liés à la centralisation des fonctions vitales (en particulier les achats et la logistique) et de l'auto-exploitation du propriétaire du point de vente. Le PDG du groupe Tabur (Caténa, B3, Bricogite...) ne déclare-t-il pas, avec un certain cynisme : « En dessous de 15 MF de CA annuel, un magasin de bricolage ne peut pas supporter le coût d'un directeur salarié et des structures de suivi et de contrôle de gestion induits par cette forme de distribution. La franchise est plus adaptée pour les petits formats et les petites villes, dans la mesure où le franchisé peut se rémunérer sur le capital[2]. » C'est d'ailleurs la même analyse qui incite le groupe Casino à développer sa nouvelle enseigne Vital en franchise dans le commerce d'alimentation générale de proximité[3].

Une étape essentielle vers une plus grande centralisation consiste en l'adoption d'une enseigne commune par l'ensemble des adhérents. C'est ce qu'essaie d'obtenir Expert (électroménager) ; mais fin 1997, seuls 105 adhérents (sur 150) s'étaient laissé convaincre. Les 575 adhérents de Domaxel avaient jusqu'au 1er juin 1999 pour choisir entre quitter le groupement ou adopter une enseigne unique (Weldom). Simultanément, la centrale renforçait son « tronc commun d'assortiment » imposé aux magasins. Mais l'engagement dans des stratégies d'enseigne est souvent rendu plus difficile par l'hétérogénéité du parc de magasins. La gestion d'un portefeuille d'enseignes[4] est ainsi quelquefois plus la conséquence obligée de cette hétérogénéité que le choix délibéré d'une stratégie de segmentation/différenciation.

Cette volonté de réformer l'organisation des groupements vers des modes de gestion plus proches de ceux en vigueur chez les intégrés bute ainsi régulièrement sur la réticence des adhérents à abandonner

---

1. Évoquons, entre autres, Eurodif, Marcel Griffon, Devernois, Monoprix, But, Géant du Meuble, Boulanger...
2. Michel Tabur, PDG du groupe Tabur, *LSA*, n°1577, 26 mars 1998, p. 28.
3. Casino y voit une opportunité d'améliorer l'amortissement de son outil logistique et d'accroître la diffusion de ses produits à marque propre.
4. Intersport exploite ainsi pas moins de six enseignes différentes correspondant à des tailles de magasin et des types de localisation (centre-ville, périphérie, montagne...) différents.

certains aspects de leur « souveraineté ». Chez Intersport, par exemple, les adhérents (ou au moins certains d'entre eux) vivent mal la remise en cause de leur indépendance, ce qui s'est traduit notamment par une crise de succession à la direction du réseau au début de 1997. Cette réticence peut prendre dans les cas extrêmes des allures de fronde (« voice »), comme l'illustre la création en 1993 de l'Association pour la défense des adhérents du groupement Intermarché (ADAGI) qui compte une cinquantaine d'adhérents. L'opposition à la centralisation s'exprime le plus souvent de manière non organisée par la défection de certains adhérents (« exit ») qui retrouvent leur autonomie ou rejoignent les rangs de groupements moins directifs.

Au total, il semble que le commerce indépendant organisé ait dans l'ensemble bien perçu les risques que l'évolution structurelle du secteur de la distribution fait porter sur sa capacité à maintenir ses positions. Des politiques actives d'adaptation sont mises en œuvre. L'histoire montrera si elles sauront se révéler à la hauteur des enjeux. Il est cependant difficilement contestable qu'un certain nombre de groupements d'indépendants aient pris un dangereux retard sur des terrains aussi importants que l'internationalisation, la cohésion de l'appareil commercial autour de concepts au positionnement marketing clairement défini par rapport aux nouvelles attentes des clients, la mise en place de puissants systèmes d'information et de relations partenariales avec les fournisseurs[1]... Mais dans le contexte actuel, le premier handicap du commerce indépendant organisé est sans doute sa moindre flexibilité, c'est-à-dire sa moindre capacité à s'ajuster qualitativement aux évolutions intervenant dans le fonctionnement des marchés. Le commerce indépendant organisé, en s'efforçant de dépasser ses handicaps, adopte des logiques de fonctionnement très proches de celles des groupes intégrés[2]. Dans son effort d'adaptation, le commerce indépendant organisé risque ainsi, en quelque sorte, de « perdre son âme ». Le changement de génération qui est en train de s'effectuer à la tête des réseaux les plus anciens et les plus solides constitue, certes, un facteur de modernisation et une opportunité d'affaiblir certaines résistances au changement. Néanmoins, il fait aussi courir le risque d'une dilution de l'identité des groupements et d'affaiblissement de cultures d'entreprises qui ont joué un rôle capital dans leur succès passé.

---

1. Deloye [1998].

2. Il est à cet égard significatif que l'Union fédérale des coopératives de commerçants milite pour une révision de la loi de 1972 qui les régit afin que les groupements de commerçants indépendants puissent utiliser des armes identiques à celle du commerce intégré (pratique de prix identiques chez l'ensemble des adhérents du groupement, possibilité pour les structures centrales d'effectuer des prises de participation dans des entreprises commerciales...).

Conclusion

Les structures de l'appareil commercial national se transforment sous l'effet du changement de régime de croissance de la grande distribution. Ces transformations suivent deux mouvements apparemment contradictoires.

En premier lieu, l'appareil commercial est en train de vivre un processus de fragmentation, qui recouvre lui-même une double réalité : à l'éclatement des positionnements marketing d'enseigne dans l'espace stratégique, répond une tendance à la spécification des formes d'urbanisme commercial dans l'espace physique. Ce processus de fragmentation est une manifestation majeure de régime de croissance intensive en ce qu'il témoigne de la recherche par les firmes de la grande distribution des moyens leur permettant de procéder à l'exploitation intensive de chaque poche de marché. La fragmentation de l'appareil commercial s'accompagne ainsi d'une différenciation croissante des concepts commerciaux qui, en cherchant à se positionner par rapport à des besoins spécifiques, apparaissent souvent bien plus complémentaires que concurrents. Complémentarité entre commerce de périphérie et commerce de centre-ville, complémentarité entre commerce en grande surface et commerce en boutique, complémentarité entre une distribution discompte et un commerce plus qualitatif... La complémentarité devient ainsi une caractéristique d'un appareil commercial que l'on avait jusque-là pris l'habitude d'appréhender en termes de concurrence entre des formes de commerce rivales.

Le second mouvement que suivent les transformations de l'appareil commercial est celui de la concentration. Le visage de la concentration, lui aussi, est double : concentration spatiale avec l'approfondissement des logiques de polarisation des activités commerciales, mais aussi concentration économique avec l'emprise croissante qu'exerce un petit nombre de grands groupes sur le contrôle de l'appareil commercial national.

Fragmentation et concentration ne sont des mouvements contradictoires qu'en apparence. Ils sont le reflet, dans le monde du commerce, d'un trait caractéristique du système économique postfordien : la mise en œuvre de modes d'organisation économique qui, pilotés par l'aval, permettent de concilier une démarche de personnalisation des réponses aux besoins des clients, avec les bénéfices, en termes d'efficience, qui sont associés à la grande dimension et à la mise en œuvre de techniques de production sophistiquées. Un effet pervers de ces modes d'organisation économique et des structures qu'ils génèrent est que la diversité offerte aux consommateurs n'est souvent qu'une diversité de façade. Si l'éclatement des positionnements marketing d'enseigne apporte effectivement aux consommateurs une plus grande variété de formules commerciales et de contenu de l'offre des « produits magasins », les modes opératoires qui régissent, en « back office », le fonctionnement des entreprises de distribution, tendent à reposer sur des principes de plus en plus homogènes, car la « technicisation » de la production du service commercial doit laisser peu de place au hasard et à l'improvisation. Les difficultés dont semble souffrir le commerce indépendant organisé dans le nouveau contexte, ainsi que l'orientation que prennent ses efforts d'adaptation, témoignent d'un processus d'homogénéisation des logiques organisationnelles au sein du commerce. Pour le consommateur, le risque au final, c'est de se trouver face à un univers commercial, certes de plus en plus agréable et prompt à répondre efficacement à ses attentes, mais qui se contente de décliner le même air sur des tons différents, et qui se reproduit en tous lieux sur la base des mêmes principes.

CHAPITRE VII

Quelle place pour la distribution dans l'économie postfordienne : le retour du commerce

Au début des années 1960, P. Avril[1] distinguait deux grandes fonctions assurées par le commerce :

— Les « fonctions de distribution », qui consistent à conduire les biens du stade final de production vers le consommateur. Ces fonctions renvoient essentiellement aux aspects logistiques de la distribution.

— Les « fonctions commerciales », qui assurent l'adéquation entre l'offre et la demande, aux plans des quantités et des caractéristiques (information des fournisseurs sur les goûts des clients et stimulation du désir d'achat des nouveaux produits).

Dans le système fordien, le rôle de la grande distribution s'est nettement resserré sur les fonctions de distribution. La croissance soutenue jusque dans les années 1980 d'une demande au caractère relativement prévisible rendait aisé l'ajustement quantitatif entre l'offre et la demande par la mobilisation de techniques logistiques simples. L'ajustement qualitatif était, quant à lui, réalisé pour l'essentiel en amont, par les industriels, par le recours aux études de marché (identification des besoins) et à la communication (influence sur la demande).

Comme nous l'avons vu, le rôle de la distribution dans le système fordien pouvait se résumer très simplement : se faire la plus « petite » possible afin de réduire le coût de distribution des produits à leur plus strict minimum et participer ainsi à la diffusion du modèle de la consommation de masse. La fonction de la distribution se trouvait

1. Avril [1964].

ainsi en cohérence avec celle de l'industrie, c'est-à-dire optimiser la productivité pour assurer à la production les débouchés les plus larges. Ces distributeurs « répartiteurs » se devaient alors de limiter au maximum leur « valeur ajoutée » (davantage perçue d'ailleurs comme un « coût ajouté[1] »). La création de valeur (par la réponse aux besoins matériels ou immatériels des consommateurs, par l'innovation, par la communication) était concentrée dans la sphère industrielle. Bien sûr, la réalité n'a jamais été aussi tranchée. Très vite, la montée en puissance des entreprises de la grande distribution leur a permis d'affirmer un fort pouvoir de négociation vis-à-vis de leurs fournisseurs. Mais cette modification des rapports de force a pendant longtemps davantage modifié les modalités du partage de la rente que déplacé le lieu de production de la valeur[2].

Cette distribution « transparente » n'est plus de mise aujourd'hui. La production de masse a laissé place à la production de biens différenciés en renouvellement rapide. La saturation des besoins de base suscite le glissement de la demande des consommateurs de la valeur fonctionnelle vers la valeur immatérielle. La distribution doit redéfinir sa position entre cette offre et cette demande qualitativement modifiées. Le basculement de la grande distribution dans le régime de croissance intensive s'accompagne ainsi d'une redéfinition très profonde du rôle du commerce dans le système économique, du contenu de son « métier ». Elle continue, bien évidemment, à assurer les « fonctions de distribution ». Ces fonctions sont cependant de plus en plus souvent partagées avec les fournisseurs et avec des prestataires logistiques spécialisés, notamment pour l'application des principes de gestion en flux tendus. La « nouveauté », c'est la redécouverte des « fonctions commerciales », et plus particulièrement de la fonction d'ajustement qualitatif entre l'offre et la demande. La grande distribution tend en effet à devenir un agent actif de cet ajustement, bien au-delà du transfert d'information de l'amont vers l'aval, jusqu'à inter-

---

1. Cette optique est parfaitement conforme à l'analyse qui a longtemps prévalu d'un commerce comme secteur improductif, générateur de coûts mais non de valeur. Ainsi, Marx écrivait-il : « Il est évident que le profit commercial indépendant et pur ne peut absolument pas apparaître aussi longtemps que les produits sont vendus à leur valeur. La loi du commerce est d'acheter bon marché pour revendre cher. Il n'y a donc pas là échange d'équivalents » (*Le Capital*, *op. cit.*, p. 338). Cette vision de la marge commerciale comme le reflet de la malhonnêteté, de la tromperie, que la position du commerçant lui permet d'exercer au détriment des producteurs et des consommateurs, est d'ailleurs à l'origine de la dimension morale qu'un Édouard Leclerc donnera à l'application du principe du discompte.

2. Il est d'ailleurs significatif que, même durant les heures les plus noires du bras de fer industrie-commerce, les distributeurs se soient toujours efforcés de réduire au maximum leur taux de marge brute (c'est-à-dire, en gros, leur valeur ajoutée) et tiraient leur rentabilité des marges arrière obtenues des fournisseurs et des produits financiers issus des excédents de trésorerie.

venir dans la définition des caractéristiques physiques ou immatérielles des produits.

Les nouvelles stratégies à l'œuvre dans la grande distribution annoncent ainsi une transformation radicale de la place du commerce dans l'économie : *les distributeurs cherchent désormais à s'affirmer comme les créateurs d'une valeur ajoutée spécifique, que nous appellerons « valeur ajoutée commerciale »*. Ainsi, pour les consommateurs, acheter des produits revient de plus en plus à consommer simultanément un service commercial qui est source d'utilité en tant que tel. La distribution n'est donc plus un voile, un mal nécessaire pour écouler les produits ; elle devient un lieu de création de valeur à part entière.

La première section de ce chapitre est consacrée à l'analyse du contenu de cette valeur ajoutée commerciale. Dans la seconde section, nous nous interrogerons sur la modification de la répartition des rôles au sein des filières économiques qui accompagne cette mutation des fonctions de la distribution.

Le contenu de la « valeur ajoutée commerciale »

Les sources de la création de valeur par la distribution sont multiples. Cette multiplicité résulte tant du caractère inachevé de la construction du régime de croissance intensive et du tâtonnement auquel se livrent les distributeurs, qu'à la diversité des positionnements stratégiques d'enseigne. Je vais tenter de réduire cette diversité à trois grandes orientations dans la création de valeur ajoutée commerciale par les entreprises de la grande distribution : l'offre de services, l'affirmation d'une fonction de « sélectionneur », la contribution à l'immatériel de consommation.

L'offre de services connexes et la satisfaction de besoins « globaux »

L'enrichissement de la prestation commerciale par l'offre de services connexes constitue la source de valeur ajoutée commerciale la plus tangible, et sans doute celle vis-à-vis de laquelle les distributeurs se sont le plus nettement engagés.

À un premier niveau d'analyse, la démarche consiste à offrir aux clients un certain nombre de services visant à réduire la pénibilité de leurs achats et/ou de leur procurer davantage de satisfaction : réduction du temps d'attente aux caisses, facilité d'orientation et aisance de circulation dans le magasin, cadre agréable, assistance d'un personnel de vente formé à l'accueil, mise à disposition d'aires de repos, animations, services de livraison à domicile... Ces différentes formules ont été testées avec des bonheurs divers dans les différents secteurs du commerce. Nécessitant l'engagement de ressources, la production de ces services est génératrice de coûts, mais elle contribue à différencier l'enseigne, à élever le degré de satisfaction du client, à le fidéliser... Le point jusqu'où les distributeurs iront dans cette voie dépend à la fois de l'évolution de l'attitude des Français à l'égard du service (contrairement à leurs homologues anglo-saxons, ils sont généralement tout disposés à le consommer mais pas à le payer !) et de la capacité dont témoigneront les distributeurs à offrir ces services sans effets excessifs sur les prix. La résolution du problème repose pour une grande part sur l'ampleur des gains de productivité que réaliseront les distributeurs sur les aspects de leur activité les moins créateurs de valeur et qui permettront d'offrir plus de services sans augmenter les prix. Elle pourrait également se trouver favorisée par la diminution des charges sociales sur la main-d'œuvre peu qualifiée, abondamment employée dans la production de ce type de service[1].

De manière plus abstraite, la création de valeur par l'offre de services peut s'entendre comme la contribution du distributeur à la résolution des « problèmes de consommation » de ses clients par l'offre de « bouquets » cohérents. C'est, bien entendu, une voie qui est privilégiée par les enseignes positionnées « bouquet ». Ainsi le directeur général de Leroy Merlin déclare-t-il : « Notre métier doit associer très étroitement deux notions : nous devons faire du commerce, donc savoir vendre des produits, mais nous devons aussi vendre bien plus que des produits, c'est-à-dire offrir assistance et conseil dans la réalisation de projets liés à l'habitat et au cadre de vie en général[2]. » Cette assistance et ce conseil et, au-delà, la mise à disposition de l'ensemble des biens et services nécessaires à la résolution du problème de consommation du client, constituent une véritable création de valeur, distincte de la valeur associée à chacun des biens et des services pris séparément.

Chercher à dépasser la simple mise à disposition de produits pour se situer sur le plan des problèmes de consommation, suppose de s'adresser aux clients non pas comme à une masse indifférenciée mais comme à un ensemble de personnes individualisées avec des problèmes spécifiques. La nouvelle manière dont Darty segmente « l'univers » du petit ménager est très représentative de cette volonté de se présenter comme un partenaire qui aide la personne du client à résoudre ses problèmes de consommation : au lieu de la traditionnelle

1. Un récent rapport publié par la Fondation Saint-Simon (Piketty [1988]) évalue à 1,7 million le nombre d'emplois que pourrait générer le secteur du commerce si l'on réduisait les charges sociales en s'inspirant du modèle américain. Cette conclusion et la méthodologie dont elle est issue, ont été vivement critiquées. Voir notamment, Gadrey et Jany-Catrice F. [1998a, 1998b] et Moati [1998b].

2. Damien Deleplanque, DG, *Bricomag*, n° 38, juin-juillet 1997.

segmentation par produits (les robots, les rasoirs, les fers à repasser...), les articles sont regroupés sous des formules évocatrices : « équiper la cuisine », « prendre soin de son corps », « avoir une maison propre et agréable », « entretenir le linge »... J'ai déjà évoqué les nouveaux moyens dont disposent les distributeurs pour aller plus loin dans l'établissement de cette relation avec la personne du client. Une illustration tirée d'une expérience personnelle permettra peut-être de faire mieux percevoir la portée de la démarche. En 1998, j'ai procédé à l'achat d'une bicyclette pour ma fille chez Décathlon. Bien entendu, j'ai été aidé par un vendeur afin de trouver le modèle qui convenait le mieux à la taille de ma fille, à l'usage qu'elle été supposée faire de sa bicyclette et du budget que j'étais prêt à consacrer à cet achat. Le choix fait, et toujours aidés par le vendeur, nous avons retenu quelques accessoires supplémentaires permettant de « personnaliser » le produit. La bicyclette a ensuite été préparée devant nous, par un technicien spécialisé : montage de pièces, réglages, ajustement à la taille de la future utilisatrice, installation des accessoires. Nous repartons ainsi avec un produit, apte à résoudre le « problème de consommation » de ma fille : faire du vélo dès son retour à la maison. Cette histoire ne s'arrête pas là. Trois mois après l'achat, nous recevons un courrier personnalisé nous proposant une « visite de sécurité » gratuite, portant sur vingt-quatre points du vélo qui auraient pu se dérégler depuis la mise en service. Ce faisant, le distributeur joue simultanément sur trois tableaux. Il prolonge la démarche de personnalisation engagée dans le magasin en se montrant soucieux de notre vie avec le produit après la vente. Il joue, en second lieu, sur les valeurs de « rassurance » en s'inquiétant de notre sécurité (« il s'agit maintenant de continuer à rouler en toute sécurité sur un vélo performant », précise-t-on dans le courrier). Enfin, bien sûr, Décathlon tente de nous attirer une nouvelle fois dans ses points de vente : il serait étonnant qu'à l'occasion de cette visite pour profiter de la révision gratuite, aucun membre de la famille ne manifeste le besoin de satisfaire un besoin en matière d'articles de sport ! Par ailleurs, en attirant notre attention sur l'importance de l'entretien régulier de la bicyclette, Décathlon assure la promotion de son service de révision (payant !)[1].

Les exemples de prise en charge globale et personnalisée des problèmes de consommation des clients pourraient être multipliés. Ainsi, l'enseigne de jardinerie Botanic, bien en amont de l'acte d'achat, aide ses clients à définir leur besoin par des services d'analyse de la terre, de l'eau des aquariums, de diagnostic des maladies des plantes ainsi que par l'organisation de stages de formation (voir plus bas) ; elle

1. Pour la petite histoire, lorsque, deux ans plus tard, est venu le moment de remplacer ce vélo par un autre plus grand, la petite famille s'en est retournée dans le même point de vente...

assiste ensuite le client pendant l'acte d'achat par la mise à disposition d'une main-d'œuvre formée à l'accueil et au conseil, aide enfin le client à charger ses achats dans son véhicule (ou bien les lui livre à domicile) et lui propose d'effectuer des travaux de jardinage à façon chez lui...

Le stade extrême de cette démarche de création de valeur ajoutée commerciale par l'offre de services consiste donc pour les distributeurs à se positionner comme des « offreurs de bouquets », en articulant une offre de services à un assortiment composé en vue d'apporter des réponses globales et personnalisées à des problèmes de consommation ciblés.

L'affirmation d'une fonction de « sélectionneur de produits » et d'interface active entre l'offre et la demande

La distribution peut trouver une source importante de création de valeur dans la fonction d'interface active entre l'offre et la demande. Il s'agit de réussir la *mise en relation du bon produit avec le bon consommateur*. On remarquera que ce rôle d'ajustement qualitatif entre l'offre et la demande, qui fait partie intégrante des « fonctions commerciales » que P. Avril attribue à la distribution, était endossé par le petit commerce avant la naissance de la grande distribution. En effet, le « commerçant » d'alors (en tout cas, celui qui exerçait correctement son métier...) possédait une connaissance très fine de la demande d'une clientèle avec laquelle il entretenait une relation personnalisée. Il connaissait en outre parfaitement les produits et était en contact régulier avec leurs producteurs. Ce commerçant était donc en mesure de sélectionner, dans l'offre des fournisseurs, les produits lui paraissant les mieux adaptés à la demande de ses clients. La grande distribution s'est largement détachée de ce rôle, laissant l'ajustement entre l'offre et la demande s'opérer spontanément dans les magasins : en exposant une offre très étoffée de produits « markétés » par leurs fabricants, le distributeur laissait à chacun de ses clients le soin de sélectionner les produits en fonction de son degré d'identification au marketing des différentes marques en concurrence. Les distributeurs semblent aujourd'hui vouloir se réapproprier cette fonction essentielle du commerce.

Comme le rappelle Pascal Petit, « un marché n'est pas la conjonction spontanée d'une offre et d'une demande. Il lui faut pour exister, pour être opératoire, être doté en premier lieu d'un dispositif d'information qui précise aux intéressés les conditions et lieux de la transaction éventuelle[1] ». L'intervention d'intermédiaires — ou mieux, de médiateurs — assurant le caractère opératoire de ce dispositif d'information est rendu particulièrement nécessaire en regard de deux carac-

1. Petit [1999, p. 8].

tères majeurs du fonctionnement contemporain des marchés : la prolifération de l'offre et l'individualisation de la demande. Examinons successivement comment ces deux points appellent l'engagement actif de la distribution dans la fonction de sélectionneur.

La prolifération de l'offre. Afin de stimuler la demande et de répondre à l'individualisation de la consommation, les producteurs se sont engagés dans une logique de prolifération des produits (élargissement des gammes, offre de variété) dont le cycle de vie est sensiblement raccourci. Une simple comparaison entre les catalogues actuels des constructeurs automobiles et ceux d'il y a une quinzaine d'années suffit à illustrer cette tendance[1]. Selon Nielsen, le nombre moyen de références vendues par les hypers en alimentaire est passé de 5 988 en 1991 à 8 280 en 1996, soit une progression de près de 40 % en cinq ans. Selon le Panel de Gestion, ce nombre aurait progressé de 10 % rien qu'en 1997[2]. Rappelons que, selon Secodip, l'offre globale de produits dans la grande distribution porte sur quelque 424 000 références actives (dotées d'un code EAN, le fameux code à barres), dont 180 000 pour l'alimentaire et 244 000 pour le non-alimentaire. Face à cette profusion, il est de plus en plus malaisé pour les consommateurs d'effectuer leur choix, de sélectionner rapidement les produits répondant le mieux à leurs attentes. Il est surtout de plus en plus difficile pour les distributeurs de mettre en rayon l'ensemble de l'offre des industriels et de laisser les clients choisir. Il devient nécessaire de sélectionner.

L'individualisation de la demande des consommateurs. Cet aspect a déjà été abordé, je ne m'y attarderai pas. Il implique qu'il est de plus en plus difficile de satisfaire pleinement l'ensemble des consommateurs avec les mêmes produits et constitue à ce titre l'une des causes de la prolifération des produits de la part des industriels. Il est ainsi de plus en plus difficile pour ces derniers d'identifier et d'atteindre les consommateurs les plus susceptibles de se retrouver dans leur offre et, plus encore, de repérer la nature précise des besoins que leurs produits doivent s'efforcer de satisfaire.

Dans ce contexte, la contribution que la distribution peut apporter à la mise face à face du bon produit et du bon consommateur est source de valeur, tant pour les consommateurs que pour les fournisseurs. La pertinence d'une telle médiation se trouve renforcée par deux ordres de considération. En premier lieu, face au fondement de plus en plus immatériel de la demande des consommateurs, il s'agit de construire une offre d'une manière qui soit à la fois réactive (réponse aux demandes) et proactive (susciter la demande). Le consommateur

---

1. Selon Thomas, Shane et Weigelt [1998], le nombre de modèles de voiture disponibles sur le marché américain a progressé de 85 % entre 1980 et 1989. Il s'est cependant contracté de 15 % entre 1989 et 1993).

2. Remarquons cependant que ces chiffres sont également influencés par la tendance à l'élargissement et à l'approfondissement de l'offre des hypers.

qui a déjà satisfait ses besoins de base n'est pas toujours capable de formuler de manière explicite ses attentes et ses envies. Tout l'art du marketing (celui des industriels, mais de plus en plus aussi celui des distributeurs) consiste à aller au-devant des besoins des clients, à provoquer l'expression de la demande, à stimuler l'acte d'achat[1]. En second lieu, les consommateurs sont exposés à une incertitude croissante sur la qualité des biens. Les produits mis sur le marché par les industriels sont non seulement de plus en plus nombreux, mais également de plus en plus complexes. Cette complexité tient pour une bonne part au fait qu'ils incorporent une quantité croissante de technologie, ce qui est particulièrement vrai des produits qui bénéficient actuellement des marchés les plus dynamiques. Il est ainsi de plus en plus difficile pour le consommateur médian d'évaluer la qualité ou les performances des produits ou, plus fondamentalement encore, la capacité de ces derniers à contribuer efficacement à la résolution de ses problèmes de consommation : il ne dispose pas toujours de l'information pertinente, du temps pour réunir cette information, ou du capital technique pour l'interpréter. Son choix, qui s'opère alors très largement en situation d'information imparfaite et d'incertitude, s'en trouve compliqué et peut devenir un facteur d'anxiété. Cette difficulté à évaluer les produits se trouve renforcée par les logiques d'extension de gammes suivies par les industriels qui posent la question de l'identification des caractéristiques distinctives pertinentes des différentes variétés d'un même bien[2]. Enfin, afin de rencontrer les attentes de plus en plus immatérielles des consommateurs, les industriels s'efforcent d'améliorer leur offre sur les plans de la fiabilité, de la sécurité, du caractère « bienfaisant » (en particulier dans l'alimentaire)... autant de caractéristiques intangibles que le consommateur ne pourra réellement évaluer qu'après l'achat (et encore !). Cette incertitude qui pèse sur les consommateurs dans la réalisation de leurs achats de biens et de services devient critique dans le contexte des années 1980-1990, marqué par la montée générale du sentiment d'inquiétude et l'expression d'une demande de « rassurance ». Cette demande porte en particulier sur les garanties d'hygiène et de sécurité, alors que la succession de « crises alimentaires » renforce la méfiance des consommateurs. Ces derniers sont donc susceptibles de valoriser un service de sélection assuré par les distributeurs permettant à la fois la simplification de la

1. « C'est cela le métier de commerçant : savoir offrir au public ce qu'il attend sans qu'il soit conscient de ses envies. Nous sommes des psychanalystes de la société. Il faut commencer par gagner le cœur des clients pour pouvoir trouver la clé de leur porte-monnaie », François Lemarchand, PDG de Nature et Découverte (*LSA*, n° 1666, 2 mars 2000, p. 13).

2. Par exemple, qu'est-ce qui distingue fondamentalement (en terme de valeur pour le client) le fer à repasser à vapeur Calor 2030.00 Turbo Pro 300 du fer Calor 2035.05 ?

prise de décision d'achat et l'obtention de garanties sur la qualité des produits et l'adaptation de ces derniers à leurs besoins fonctionnels et immatériels[1].

Pour créer de la valeur ajoutée commerciale par la prise en charge de cette fonction d'interface active entre l'offre et la demande, les distributeurs doivent se montrer capables de tenir à leurs clients un discours du type : « Je connais vos besoins. Je connais les produits. Je vous permets d'accéder au produit qu'il vous faut. » Facile à dire... En confiant au distributeur la charge de la « sélection » des produits, le consommateur lui délègue (partiellement seulement !) un élément important de sa souveraineté[2]. En contrepartie, le distributeur doit apporter aux clients la preuve de sa capacité à prendre effectivement en compte leurs attentes et à identifier les produits les plus à même de les satisfaire.

Le distributeur doit d'abord *crédibiliser son expertise des besoins des clients*. Il peut pour cela emprunter deux voies différentes (mais non antagoniques).

La première voie consiste à donner la parole aux clients. Le distributeur peut, en premier lieu, laisser les clients « voter avec leurs pieds ». C'est en quelque sorte la démarche implicite adoptée dès l'origine par la grande distribution : la configuration des linéaires est ajustée en fonction des ventes, et les produits qui ne se vendent pas suffisamment (ce qui devrait signifier qu'ils ne conviennent pas aux clients) sont éliminés. Ne subsistent donc en rayon que des produits « approuvés » par les clients. Cette démarche, appliquée à l'origine dans le seul souci d'améliorer le rendement des linéaires, tend aujourd'hui à être systématisée au travers de la pratique de l'ECR (« Efficient Consumer Response »)[3]. Les distributeurs, aidés des fournisseurs, en s'appuyant sur des quantités considérables de données sur

1. Cette dimension de la fonction de la distribution a été clairement perçue par H. Lepage [1982]. Partant lui aussi du constat de la prolifération des produits et de leur hétérogénéité croissante, il déduit que « l'activité de choix du consommateur porte sur un ensemble d'alternatives de plus en plus complexes, cependant que, simultanément, la hausse des coûts d'opportunité du temps individuel élève sans cesse le niveau des coûts de recherche liés à la formation des choix ». Selon l'auteur, la conséquence en est que « nous nous trouvons dans une situation où la croissance, si elle a pour effet de multiplier les occasions qui s'offrent à chacun de réaliser ses aspirations dans des conditions d'efficience plus grande, a aussi pour conséquence de compliquer la tâche individuelle du consommateur en rendant plus difficile la décision de choix et en renchérissant sans cesse le coût d'acquisition des informations nécessaires à la formation de ces choix » (p. 144-145), et de conclure à l'utilité du service d'assistance au choix que la distribution apporte au consommateur. À l'époque où écrit H. Lepage, cette assistance repose principalement sur la massification en un seul point de l'essentiel de l'offre de produits prévendus.

2. « Nous faisons le travail de recherche à la place des parents, comme nous le ferions pour nos propres enfants » (Margaret Milan, fondatrice de Éveil & Jeux, *Le Figaro Économie*, lundi 18 mai 1998, p. 12).

3. Voir chapitre V.

les comportements et les préférences des consommateurs, resserrent leurs assortiments sur les produits qui paraissent les mieux adaptés aux attentes de leurs clients. Si, *in fine*, c'est toujours le comportement effectif des clients qui tranche, l'ECR est une démarche qui consiste à mettre le souci de se situer au plus près de la demande des clients comme point de départ de la démarche de composition des assortiments. En second lieu, le distributeur peut choisir de donner la parole aux clients en leur demandant explicitement de s'exprimer ! Au-delà de la boîte à idées et du service consommateur, certains distributeurs font jouer un rôle actif aux consommateurs dans la sélection des produits. Éveil & Jeux (vente par correspondance de jeux et jouets) justifie la sélection présentée dans son catalogue par la manière dont les produits ont été accueillis par des « familles tests ». Ainsi, la description des produits dans le catalogue est-elle régulièrement agrémentée de commentaires de ces consommateurs représentatifs[1]. La jeune enseigne Apache, dédiée à l'univers de l'enfance, suit une politique similaire. Selon ses responsables, chaque produit vendu a été approuvé en comités de sélection avec des parents pilotes, et a été testé auprès d'enfants. Ce qui permet à l'enseigne de limiter l'étendue de son offre (contrainte d'espace) tout en assurant à ses clients l'adaptation des produits proposés à leurs attentes. La même démarche a été appliquée, à une tout autre échelle, par Casino dans le cadre de l'opération « Clients-Experts ». Pour la troisième année consécutive, Casino a lancé en 1999, avec un fort soutien médiatique[2], le recrutement de 10 000 consommateurs volontaires pour tester des produits Casino (peintures, articles de cuisine, aliments pour animaux...). En en-tête des annonces, on pouvait lire des formules aussi évocatrices que : « Essayez la gamme peinture Casino. Et ne nuancez pas vos critiques ! » ou : « Testez la gamme cuisine Casino. Et mettez-nous sur le grill ! » Et le distributeur stéphanois de rappeler que, sur la base des vagues précédentes de la même opération, sur 315 produits testés, 16 ont pu être améliorés grâce aux remarques des consommateurs testeurs et 4 ont été supprimés... Avec cette opération, Casino fait coup double : il crédibilise l'affirmation de l'adaptation de ses produits aux attentes de ses clients ; il témoigne de son souci d'engager un dialogue avec ses clients, d'être à l'écoute de leurs besoins (d'où le slogan : « Produits Casino : Aucun doute, Casino m'écoute » !).

La seconde manière pour un distributeur d'assurer la crédibilisation de la connaissance qu'il a de ses clients consiste à laisser venir à lui les consommateurs qui se retrouvent dans le concept commercial que cherche à développer le distributeur. La démarche ici est très

1. Par exemple, au sujet du « football tournant » une maman raconte : « À peine Thibaud a-t-il commencé à jouer devant la maison que tous les petits voisins se sont précipités pour taper dans le ballon avec lui. »
2. Notamment, six pages pleines dans *Télé 7 Jours*.

proche de celle appliquée depuis longtemps par les producteurs de biens de grande consommation : élaborer un produit en fonction des attentes supposées (appréhendées au travers d'études de marché) de la catégorie de clientèle visée ; développer un marketing (un design, un code couleur, un référentiel symbolique, une communication...) capable de toucher spécifiquement la clientèle visée afin que celle-ci se reconnaisse dans l'offre qui lui est faite. Appliquée à la distribution, cette démarche passe par un marketing d'enseigne intensif, visant à conférer à l'enseigne une identité très marquée et discriminante quant à l'adhésion qu'elle suscite ou non auprès des différentes catégories de consommateurs. Éveil & Jeux peut une nouvelle fois servir d'illustration. Sur un marché des jeux et jouets où la plupart des distributeurs (hypers et grandes surfaces spécialisées) n'opèrent aucun ciblage de la clientèle, le vépéciste a résolument choisi de s'adresser à un public beaucoup plus restreint, issu de catégories socio-culturelles supérieures, quelque peu non conformiste, et qui recherche avant tout des jouets dotés de fortes qualités ludiques et éducatives. La démarche d'ensemble du distributeur tend vers l'émission d'une image apte à séduire cette cible de clientèle : les mots qui composent l'enseigne elle-même, le sous-titre figurant sur le catalogue (« découvrir, créer, rire... et grandir ! »), la présence d'un chapitre intitulé « croire en son enfant », une iconographie fondée sur la mise en situation des produits avec des enfants, une très faible exposition des jouets de grandes marques très présents en grandes surfaces au profit de produits orignaux et créatifs qui viennent souligner la capacité du distributeur à dénicher des produits de qualité... Cette démarche est assez courante dans le commerce non alimentaire, et en particulier dans le commerce de l'habillement, où les enseignes composent leurs assortiments par rapport à des cibles de clientèles définies de plus en plus précisément[1]. Elle est beaucoup moins adaptée à la grande distribution alimentaire qui éprouve beaucoup de difficulté à cibler des segments de consommateurs. Celle-ci, cependant, s'aventure timidement depuis peu dans cette voie en s'efforçant de composer des assortiments spécifiques pour chaque concept de points de vente en portefeuille (magasin de proximité, maxi-discompte, supermarché qualitatif, hypermarché...) et en donnant à chaque concept une spécificité croissante.

Le distributeur doit également *crédibiliser son expertise des produits*, garantir sa capacité à dégoter l'offre qui répondra de manière pertinente aux besoins de ses clients. Pour cela, il peut en premier lieu signaler sa connaissance des produits par la transmission d'infor-

1. Par exemple, les responsables de la nouvelle enseigne Terre et Décoration définissent leur cible de la manière suivante : jeunes actifs, autour de 35 ans, urbains, en quête de personnalisation de leur intérieur, et dont le revenu n'est pas compatible avec les prix d'Habitat... (*LSA*, n° 1631, 20 mai 1999, p. 64).

mations permettant d'aider les clients à effectuer par eux-mêmes la sélection des articles les plus adaptés à leurs besoins. Cette voie, qui est empruntée depuis longtemps notamment par Darty, présente le mérite de respecter la souveraineté du consommateur, de le considérer comme une personne responsable, qu'il convient simplement d'aider dans la recherche d'une solution personnalisée à son problème de consommation. Le revers de cette démarche est qu'elle présuppose un consommateur à la fois suffisamment compétent pour décrypter l'information qui lui est communiquée par le distributeur, et suffisamment impliqué dans l'achat pour accepter de se livrer au traitement de cette information. Aborder le client comme une personne peut alors conduire à l'aider à être en mesure de traiter l'information. La connaissance des caractéristiques techniques d'un produit n'intéresse le consommateur que si elle lui permet d'évaluer la capacité du produit à satisfaire la spécificité de son besoin (sachant que je souhaite acquérir un micro-ordinateur pour faire de la photo numérique, la machine doit-elle être dotée d'un processeur PIII, Celeron ou G3 ? Est-il utile que le micro soit équipé d'un lecteur de DVD-Rom ? La carte son « nec plus ultra » me sera-t-elle nécessaire ? De quel type de carte vidéo ai-je besoin ?...). Ainsi voit-on se multiplier les initiatives consistant, au-delà de la transmission d'informations techniques objectives, à préciser le type d'usage propre à chaque article. L'acheteur de chaussures de randonnée chez Décathlon trouvera pour chaque modèle une fiche signalétique précisant pour quel type de randonnée (durée, nature du sol, montagne *versus* chemin, exposition à l'eau, température...) ce modèle est le mieux indiqué. De plus en plus d'hypers proposent à leurs clients les services d'un œnologue virtuel (borne informatique) permettant de choisir un vin en fonction d'un plat. Plus en amont encore, certains distributeurs se lancent dans la proposition d'activités pédagogiques à leurs clients, ceci afin de les aider à être plus « compétents » pour bien choisir. Dans le secteur de la jardinerie, Truffaut et Botanic, devant le caractère de plus en plus novice de la clientèle que leur amène l'engouement des Français pour le jardinage, proposent des ateliers thématiques permettant de se familiariser avec les techniques de base[1]. La Fnac se montre également très active dans le domaine de formation de ses clients à l'usage d'Internet...

Il reste que, même formé pour mieux choisir, le client se retrouve encore seul au moment du choix... Pour l'aider dans ce moment critique à porter son choix sur le produit qui correspond le mieux à ses besoins, certains distributeurs expriment un avis sur les qualités des produits vendus. Les guides d'achat de la Fnac, livrant une analyse comparative de l'ensemble des modèles vendus dans un rayon, ont

1. Botanic va jusqu'à proposer à ses clients (moyennant participation financière) des formations s'étendant sur un week-end entier...

rencontré un vif succès[1]. Intersport a engagé en 1996 un plan ambitieux d'information des consommateurs sur le lieu de vente : fiches produits, fiches d'informations plus générales du type « comment choisir ses chaussures de ski », catalogues thématiques comportant des avis d'experts (vendeurs, médecins)... La principale limite à ce type de démarche tient naturellement au soupçon de biais dans l'information délivrée par le distributeur[2] : comment justifier de vendre un produit si celui-ci n'est pas de qualité optimale ? le jugement d'un distributeur sur la qualité des produits n'est-il pas influencé par l'importance du taux de marge réalisé sur ce produit ou la marge arrière accordée par le fournisseur ? Il existe cependant des moyens de crédibiliser le jugement du distributeur. La plus ancienne (et pas forcément la moins efficace) est d'affirmer haut et fort que le distributeur engage son nom[3] ! Associer à cette affirmation la clause de garantie du « satisfait ou remboursé[4] » ou, mieux encore, « tout le monde peut se tromper[5] ! » ne peut que renforcer la crédibilité du distributeur. Ce dernier peut également utiliser un mode interpersonnel de diffusion de l'information sur les produits : ce n'est pas l'entreprise-distributeur qui donne ses conseils d'achat, mais la *personne* du vendeur qui oriente la *personne* du client (ce qui, en outre, présente l'avantage de faciliter la transmission d'informations difficilement codifiables). Cette démarche, qui est appliquée de manière informelle depuis que le commerce existe, est aujourd'hui systématisée par certaines enseignes. Ainsi dans les rayons librairie d'Extrapole les livres lus et appréciés par le personnel sont signalés par un bandeau spécial (« La préférence des libraires d'Extrapole »). Dans les pages du site Web de Darty qui précèdent la présentation des produits de chaque catégorie figure la photo d'un « conseiller » (différente selon les catégories) qui pose à l'internaute les questions clés permettant d'effectuer une sélection d'articles répondant à la spécificité du besoin du client.

La crédibilisation de la sélection effectuée par le distributeur peut également provenir de labels apposés aux produits et délivrés par des institutions reconnues pour leur expertise. Les labels généraux (NF,

1. La lecture de l'ouvrage d'E. Thil [1966] rappelle que, dès les années 1960, la Fnac assurait sa fonction de « sélectionneur crédible » par la publication d'une revue mensuelle (*Contact*) tirée à 200 000 exemplaires. Cette revue comportait des articles de fond sur le commerce et les pratiques nuisibles aux intérêts des consommateurs ainsi que des bancs d'essai de produits avec, le cas échéant, dénonciation de la publicité abusive des fabricants.

2. Le reportage diffusé en 2000 par le magazine télévisé « Capital » sur le laboratoire d'essai de la Fnac contribue largement à entretenir ce soupçon.

3. Ainsi, André Essel, cofondateur de la Fnac, déclarait-il au sujet des informations publiées dans *Conctact* : « On ne peut mentir dans un journal tiré à 200 000 exemplaires. Nos adversaires seraient trop heureux de nous poursuivre pour diffamation » (in Thil [1966]).

4. Ou même, « remboursé 2 fois » comme le promet Casino...

5. Carrefour.

Label Rouge, ou les AOC), qui assurent aux consommateurs la garantie du respect de standards de qualité, s'inscrivent principalement dans le cadre de la relation producteurs/consommateurs. Accessibles à tous les distributeurs, ces produits n'apportent qu'une faible contribution à la différenciation des enseignes. Cette différenciation et la création de valeur qui en découle peuvent être obtenues au moyen de labels exclusifs. La marque Gault-Millaut exploitée par Monoprix-Prisunic et qui couvre aujourd'hui près de 250 références alimentaires est une bonne illustration de cette démarche. Le concept repose sur la sélection des produits par un jury présidé par Henri Gault. La caution apportée aux produits ainsi labellisés par une personnalité reconnue pour la sûreté de son goût est censée crédibiliser l'offre de l'enseigne sur les qualités gustatives des produits. Cette logique de labélisation trouve son aboutissement dans les stratégies d'offre de produits à marques de distributeurs sur lesquelles nous reviendrons dans la prochaine section.

DONNER UN « SUPPLÉMENT DE SENS » AUX PRODUITS : PARTICIPER À LA CONSTRUCTION DE L'IMMATÉRIEL DE LA CONSOMMATION

J'ai déjà eu l'occasion d'évoquer le fossé qui s'était progressivement creusé entre des industriels de plus en plus engagés dans la création de valeur immatérielle afin de rencontrer les « besoins supérieurs » des consommateurs, et une grande distribution solidement arrimée à des formules de vente pensées pour l'écoulement de valeurs fonctionnelles, et ayant pour principal souci l'efficacité dans la compression des coûts de distribution.

Les nouveaux positionnements marketing d'enseigne caractéristiques du régime de croissance intensive amènent de plus en plus de distributeurs à intervenir dans la construction de l'immatériel de consommation. « Au-delà des produits, nous devons vendre des valeurs », déclarait récemment Philippe Houzé, président de Monoprix[1]. Au moyen d'un certain nombre de dispositifs que nous allons rapidement examiner, les distributeurs s'efforcent de doter les produits vendus d'un supplément de valeur immatérielle. La création de valeur immatérielle est un puissant levier de différenciation de l'enseigne. Elle est au cœur des positionnements stratégiques « bouquets à principe de cohérence symbolique ».

La création de valeur immatérielle par le distributeur passe par la communication de l'enseigne, la cohésion de l'assortiment et un aménagement du point de vente qui vise à « mettre en scène les produits », à « théâtraliser l'offre ». Évoquons l'exemple de l'enseigne italienne d'arti-

1. *LSA*, n° 1681, 15 juin 2000, p. 75.

cles de sport, Giacomelli, qui vient de faire son entrée sur le marché français. La conception des magasins a été résolument tournée vers l'évocation d'un immatériel sportif orienté vers une cible jeune : vitrines balayées de lasers qui éclairent des photos géantes de champions médiatiques ; projecteurs dans le magasin (comme sur un stade) ; projections permanentes d'images d'événements sportifs ; pistes, murs, rings, terrain de basket d'essai... sans oublier une animation sonore très présente, composée de musique techno mais aussi de bruits d'ambiance recréant l'univers du sport. Comme le déclare Aurezio Guimelli, l'architecte de ces mégastores : « Nous avons mis au point une véritable mise en scène qui stimule la consommation[1]. » Les magasins Nature et Découverte sont l'exemple type de ce que l'action du distributeur est capable d'apporter à l'immatériel des produits. Il est probable (je ne l'ai pas vérifié !) que plusieurs des produits vendus par Nature et Découverte le soient également par des « bazars » ou des « solderies », et sans doute à meilleur prix ! Pourtant, la signification que revêt l'achat de ces produits chez Nature et Découverte est tout autre : l'aménagement du magasin, l'élaboration savante de l'assortiment, la présence du personnel, l'image de l'enseigne... contribuent à l'évocation d'un immatériel de consommation qui recouvre chacun des produits présents en magasin. Le même produit vendu, par exemple, à la Foir'Fouille perd totalement cette dimension immatérielle (ou en acquiert une tout autre, bien moins valorisante) et est essentiellement perçu par les consommateurs sous l'angle de la valeur fonctionnelle (qui est, dans le cas d'espèce, bien souvent modeste !). Paré du « supplément d'âme » qui lui est insufflé par Nature et Découverte, le produit stimule l'envie d'acheter (tout au moins de la clientèle sensible à l'immatériel développé par l'enseigne) et permet de vendre plus cher... Ce mécanisme est loin d'être nouveau ; il est même à la base de tout le commerce de luxe.

Dans le nouveau régime de croissance intensive, les entreprises de la grande distribution tireront leur expansion et leur rentabilité de leur capacité à créer de la « valeur ajoutée commerciale ». Il s'agit là d'une évolution profonde par rapport à la situation qui a prévalu durant les trente premières années d'existence de ce secteur. Loin de se contenter de susciter du trafic de clientèle par l'offre de prix bas, la grande distribution est en train de prendre une part active dans la stimulation de la demande, en apportant sa contribution à la construction de réponses aux attentes des clients. Offre de services connexes orientés vers la personne du client, rôle de sélectionneur de produits jouant un rôle actif dans l'ajustement qualitatif entre les offres et les demandes, contribution à la création d'un immatériel de consommation... ces composantes de la valeur ajoutée commerciale révèlent à quel point la grande distribution est en train de s'écarter de son modèle originel

1. *LSA*, n° 1568, 22 janvier 1998, p. 72

pour... renouer avec un certain nombre de valeurs fortes qui caractérisaient le commerce. La grande distribution redécouvre ainsi le commerce, c'est-à-dire une activité qui crée de la valeur par sa capacité à répondre au besoin de ses clients. Alors que le distributeur n'est souvent qu'un intermédiaire, le commerçant est un médiateur. Mais l'histoire revient rarement en arrière, et cette mise en avant des « fonctions commerciales » ne signifie pas le retour du petit commerce... Loin de là ! Dans l'industrie, l'élargissement des gammes de produits et la réduction de la taille des séries de production, l'orientation des systèmes techniques vers une production « sur-mesure », le raccourcissement du cycle de vie des produits... n'a pas sonné le glas de la grande entreprise au profit d'un retour vers des formes d'activité plus artisanales[1]. Les grandes entreprises ont dû s'adapter aux nouvelles conditions de la demande tout en continuant à améliorer leur niveau de productivité. À son tour, la grande distribution est en train d'apprendre à créer la valeur ajoutée que lui demandent ses clients, mais tout en conservant le bénéfice des effets de dimension ainsi que de l'application de techniques et de l'usage de technologies de plus en plus sophistiquées. Elle contribue ainsi, à son tour, à la construction d'un modèle économique de « consommation de masse personnalisée », et à l'élaboration des modes d'organisation qui lui sont associés.

Poussée par l'épuisement du régime de croissance extensive, la grande distribution est donc en train de dépasser ses facteurs d'inertie et d'inventer un commerce adapté au système économique et social postfordien en voie de formation. La modification de ses fonctions dans le circuit économique bouleverse naturellement la structuration des filières faisant le lien entre la production et la consommation et redistribue les rôles et les relations de pouvoir.

La remise en cause de la répartition des rôles le long des filières

Avec l'engagement de la distribution dans une logique de production de valeur ajoutée commerciale, producteurs et distributeurs entrent ouvertement en conflit sur deux aspects essentiels de l'organisation des marchés : la responsabilité de la marque, et le pilotage de la production.

---

1. C'est ce qu'avaient pensé notamment Piore et Sabel [1987] au début des années 1980. Pour une réflexion prospective sur l'évolution des formes d'entreprises, voir Moati *et alii* [2000].

LE COMBAT POUR LA MARQUE

Chacune des trois sources de création de valeur ajoutée commerciale qui viennent d'être étudiées constitue une incitation spécifique pour les entreprises de la grande distribution à s'aventurer sur le terrain de la gestion de marques. Reprenons-les une à une.

La marque de distributeur pour emballer le bouquet

Seule, la production de services connexes n'implique pas que le distributeur s'engage dans une logique de marque. Tout au plus peut-il s'agir d'approfondir la politique de promotion de l'enseigne (la marque du « produit magasin ») qui résume l'ensemble des promesses du distributeur à ses clients. L'engagement du distributeur dans une stratégie d'offre de bouquets peut cependant l'inciter à franchir une étape décisive en apposant sa marque sur tout ou partie des produits composant son offre. La marque du distributeur, en recouvrant chacune des composantes de son bouquet, contribue à rassurer le client sur la cohérence de l'ensemble, que ce soit, selon les cas, sur le plan du style, de la technologie, de la qualité, ou de l'immatériel de consommation. La marque de distributeur devient alors un précieux auxiliaire d'intégration. Elle contribue en outre à forger l'identité du bouquet et à sa différenciation face aux bouquets concurrents.

La marque de distributeur pour crédibiliser la fonction de sélectionneur

La marque de distributeur aide l'entreprise de commerce à affirmer sa fonction d'interface active entre l'offre et la demande. Nous avons examiné, au cours de la section précédente, plusieurs voies accessibles aux distributeurs pour prendre en charge cette fonction. En apposant sa marque sur des produits, le distributeur engage sa crédibilité. Il garantit ainsi que ses produits sont aptes à satisfaire les attentes de ses clients[1]. Cette stratégie se révèle particulièrement per-

---

1. Les économistes ont montré depuis longtemps que, d'une manière générale, la marque pouvait fournir un signal crédible de qualité aux acheteurs (voir Nelson [1974]). « Les dépenses de publicité et de promotion de marque constituent à la fois un engagement moral de bien livrer les caractéristiques promises, et en même temps une sorte d'autosanction éventuelle si ce qui est vendu n'a plus rien à voir avec ce qui était promis » (Lepage [1985, p. 271]). En effet, une promesse non tenue viendrait ternir la réputation de la marque et risquerait de réduire à néant la valeur de l'actif immatériel qu'elle constitue. D'ailleurs, les consommateurs ne s'y trompent pas : selon un sondage IPSOS Insight (*LSA* n°1575, 12 mars 1998), pour 82 % d'entre eux, la « marque apporte une garantie de qualité » (16 % seulement ne sont pas d'accord avec cette affirmation).

formante pour la vente de produits peu impliquants[1] d'usage standardisé (qui appellent donc peu de besoin de personnalisation). Pour cette catégorie de produits, dont relèvent la plupart des produits de grande consommation vendus dans les rayons alimentaires des grandes surfaces, les consommateurs sont spontanément plutôt enclins à déléguer les phases les plus coûteuses en ressources cognitives du processus de choix. C'est précisément sur ce type d'attitude que s'appuient les produits à marque de distributeur (MDD) de la deuxième génération[2], « clones » des produits de grandes marques, vendus sensiblement moins chers, et bénéficiant d'un packaging attractif sur lequel est portée la marque du distributeur[3]. Dans une certaine mesure, pour cette catégorie de produits, les MDD bénéficient d'un avantage comparatif vis-à-vis des marques d'industriels car elles sont des vecteurs d'information plus performants pour le consommateur. En effet, selon l'analyse de F. Bobrie[4], ce qui fait l'efficacité d'une marque, c'est la quantité et la qualité de l'information qu'elle transmet aux consommateurs, c'est-à-dire la mesure dans laquelle la marque fournit une information fiable sur les caractéristiques (objectives et immatérielles) des produits, tout en minimisant l'effort du consommateur. Or, la marque éponyme, qui couvre un large ensemble de produits appartenant à des catégories différentes, permet à l'aide d'une seule marque de donner de l'information sur de nombreux produits. Si le distributeur a conquis de manière générale la confiance de ses clients, cette confiance peut ainsi se transposer avec une grande facilité sur l'ensemble des produits couverts par sa marque. Le consommateur économise en ressources

1. Produits peu onéreux, peu porteurs de signes, à faible contenu en valeur immatérielle...

2. Les MDD de la première génération étaient des produits d'entrée de gamme débarrassés de toute dimension immatérielle. Voir chapitre I.

3. Cette démarche, inaugurée par Carrefour et Euromarché en 1986, n'a pas été immédiatement suivie par l'ensemble des distributeurs. Beaucoup ont préféré adopter une autre voie consistant à proposer à leurs clients des « marques exclusives », c'est-à-dire des produits portant une marque uniquement vendue dans les magasins de l'enseigne. La différence entre les deux options est plus importante qu'il n'y paraît. La marque exclusive, qui n'est d'ailleurs pas toujours clairement rattachée à l'enseigne par les clients, est beaucoup moins performante comme émetteur de signaux sur la fonction de sélectionneur du distributeur : celui-ci n'engageant pas son nom, ne met pas sa crédibilité en jeu. Les consommateurs percevaient d'ailleurs souvent ces produits comme étant de qualité inférieure à celle des grandes marques. Il est significatif qu'Auchan, en 1993 (et avant de se rallier définitivement à l'option de la marque éponyme), ait ressenti le besoin de porter l'estampille « Auchan Sélection et Qualité » sur ses produits à marques exclusives — un peu à l'image de la patte de chat assortie de la mention « goûté et approuvé » qui figurait sur les boîtes d'une grande marque d'aliments pour animaux. Progressivement, la plupart des distributeurs (y compris dans le non-alimentaire) se sont ralliés à la stratégie de la marque éponyme (ou, pour certaines catégories de produits, des marques spécifiques mais apparaissant clairement comme issues de l'enseigne).

4. Bobrie [1998].

cognitives. Et le distributeur économise... en ressources financières car il est bien sûr moins coûteux de promouvoir une marque d'enseigne plutôt que *n* marques couvrant *n* catégories de produits. Cette économie contribue à la formation d'un rapport qualité-prix performant qui renforce encore l'attractivité des MDD. Au total, avec ces MDD de la deuxième génération, la grande distribution a effectivement réussi à s'imposer sur un terrain habituellement réservé aux industriels : la part de marché des MDD progresse régulièrement et dépasse désormais les 20 % du marché de l'ensemble des produits de grande consommation. Les trois quarts des clients des grandes surfaces alimentaires reconnaissent que les produits de la marque de leur magasin sont d'une qualité identique à celle des grandes marques de fabricants[1]. En dépit de ce succès, la stratégie de la marque éponyme révèle un certain nombre de limites. Tout d'abord, elle n'a pas véritablement réussi à fidéliser les clients : environ 50 % des acheteurs de MDD déclarent qu'ils ne les achèteraient plus s'ils étaient au même prix que les grandes marques de fabricants[2]. Ensuite, la contribution des MDD à la différenciation des enseignes (qui était l'une des motivations avancées par les distributeurs) s'est révélée bien modeste : chaque MDD visant à cloner l'offre de référence sur son marché, et chaque distributeur ayant la même démarche... les consommateurs ont assez vite compris que peu de chose différenciait les MDD des différentes enseignes[3] ! Enfin, et c'est sans doute sa limite la plus importante, la stratégie de MDD se révèle de moins en moins payante à mesure que l'on s'écarte du champ des produits peu impliquants[4], qui ne sont pas généralement associés aux marchés les plus dynamiques. Lorsque les produits exposent l'acheteur à une incertitude technologique ou sanitaire, lorsqu'ils véhiculent une forte composante immatérielle, ou tout simplement lorsqu'ils impliquent une lourde dépense... les consommateurs se montrent plus réticents à faire confiance au distributeur sur la simple foi en sa marque. Le distributeur, dans ce cas, doit aller plus avant dans sa démarche de crédibilisation de sa capacité à proposer à ses clients les produits adaptés à leur besoin.

---

1. Étude Institut Fournier-PHB Consultant/LSA (mars 1998).
2. Étude Institut Fournier-PHB Consultant/LSA (mars 1998).
3. On notera à cet égard l'exception notoire de la marque propre alimentaire St Michael de Marks & Spencer. Si, dans ce cas, la MDD constitue un fort levier de différenciation du distributeur, c'est parce qu'elle recouvre des produits exclusifs et innovants.
4. Kapferer [1999].

La marque de distributeur pour contribuer à la création de valeur immatérielle

Enfin, la gestion de la marque se révèle souvent comme la pièce maîtresse de l'engagement du distributeur dans une démarche de création de valeur immatérielle.

En effet, si l'enseigne, par elle-même, peut être porteuse de sens (voir la Fnac), et favoriser l'expression de la valeur immatérielle des produits de marque de fournisseurs (voir le rayon habillement féminin des Galeries Lafayette, ou la jeune enseigne Made in Sport), il existe un risque de conflit entre l'immatériel des marques de fournisseurs et celui de l'enseigne, ou tout au moins un risque d'affaiblissement de leur portée respective vis-à-vis du consommateur[1]. Ce risque est d'ailleurs encouru dès que le distributeur réunit des produits portant des marques différentes qui tablent sur des immatériels de consommation spécifiques, et plus encore lorsque ses clients peuvent retrouver les mêmes produits avec les mêmes marques sous l'enseigne d'un concurrent. Certaines grandes marques de fournisseurs, très différenciées, ont parfaitement perçu ce risque de voir annihiler au sein du point de vente une part importante de leur effort de différenciation. Cette crainte a motivé des stratégies d'intégration de la distribution de leurs produits[2], par la création d'un réseau de points de vente ou par l'implantation de « corners » chez des distributeurs multimarques : Levi's, Nike, Reebok, Bang & Olufsen, Guerlain, Aigle, Guy Degrenne, Swatch... Exactement de la même manière, un distributeur qui désire maximiser sa capacité à créer de la valeur immatérielle recherche une cohérence totale entre l'immatériel de l'enseigne et l'immatériel des produits et se trouve incité à apposer la marque de son enseigne sur les produits (ou, ce qui revient à peu près au même, en faisant disparaître toute référence explicite à une marque sur les produits). Étonnante convergence entre producteurs et distributeurs...

---

1. Il est vrai que ces immatériels peuvent aussi se féconder mutuellement et leur rencontre favoriser la démultiplication de leur efficacité. Ainsi, les grandes griffes de prêt-à-porter tirent largement profit du prestige des Galeries Lafayette dans le domaine de la mode et, de façon symétrique, le prestige des Galeries Lafayette doit beaucoup aux grandes griffes qui y sont vendues...

2. Les grandes marques de cosmétiques se sentiraient atteintes dans leur effort de création de valeur immatérielle par le merchandising adopté par Sephora qui, reposant sur une logique d'univers (les produits pour le visage, les produits pour les mains...), disloque les gammes de chaque marque et force leurs produits à côtoyer directement ceux des concurrents, selon un ordre alphabétique, sans aucun égard pour la compatibilité des registres immatériels exploités par chaque marque... On prête à certaines grandes marques l'intention d'intégrer la distribution pour exercer la maîtrise de l'articulation entre l'immatériel des produits et celui des conditions de leur mise en vente dans le magasin.

Cette convergence est à son comble dans le commerce de l'habillement. Le point de vente multimarque, qui constituait encore l'archétype du magasin de vêtements il y a seulement une quinzaine d'années, a progressivement cédé la place à des chaînes ne vendant que des produits à la marque de l'enseigne. Cette évolution a accompagné l'obligation d'affûter les stratégies marketing pour faire face à un marché de l'habillement en récession. Chaque enseigne cherche à se différencier de ses concurrents et à offrir un concept taillé sur mesure par rapport à la cible de clientèle adoptée. Tous les éléments de l'offre doivent converger vers la constitution d'une image forte à destination de cette clientèle et, dans le domaine de l'habillement — produit signifiant par excellence — cette image repose très fortement sur l'évocation d'un immatériel de consommation. La plupart des chaînes ont ainsi progressivement été amenées à considérer qu'elles devaient traiter leur enseigne comme une véritable marque, facilitant le processus de reconnaissance des clients dans leurs produits. Cette appropriation de la marque du produit par l'enseigne n'est pas limitée à l'habillement. On la retrouve, à des degrés divers, dans l'ensemble des enseignes ayant adopté un positionnement « bouquet à cohérence symbolique » : Décathlon réalise environ la moitié de son chiffre d'affaires par la vente de produits à sa marque ; Nature et Découverte ne vend que des produits portant des marques anonymes ; les produits vendus par Ikea et Habitat ne portent pas explicitement la marque de l'enseigne mais apparaissent à l'évidence comme des exclusivités... La Fnac est sans doute la seule grande enseigne « bouquet » à être restée à l'écart de cette stratégie de marque propre. Cette exception tient sans doute, d'une part, à la nature des produits vendus (leur technicité ou leur contenu culturel risquerait de rendre peu crédible la marque du distributeur) et, d'autre part, à la tradition consumériste qui constitue une composante essentielle de la valeur immatérielle associée à l'enseigne et qui s'exprime en particulier dans la volonté de faire accéder les consommateurs aux produits de marque aux meilleurs prix[1].

La stratégie de création de valeur immatérielle au moyen de la marque éponyme est de moins en moins performante à mesure que le positionnement de l'enseigne se rapproche des pôles « généraliste » et « produit », ce qui est typiquement le cas des hypermarchés. La marque éponyme, à supposer que le distributeur ait réussi à lui accoler un quelconque immatériel de consommation, véhicule alors le même immatériel sur des catégories de produits qui peuvent s'inscrire dans

1. Cette même tradition consumériste contribue sans doute à expliquer la résistance de Leclerc devant l'engagement dans une politique de MDD. Il faudra attendre la loi Galland de 1996 et les restrictions qu'elle porte à la capacité des distributeurs à se battre sur le prix des grandes marques pour que Leclerc se décide à lancer ses « Marques repères », toujours d'ailleurs avec le souci consumériste proclamé haut et fort de poursuivre par ce moyen la volonté d'offrir les prix les plus bas aux consommateurs.

des champs symboliques très différents. Appliquer la même marque à un produit de beauté, une boîte de petits pois, un rôti de bœuf, une jupe et un marteau limite nécessairement la capacité du distributeur à participer à la création de valeur immatérielle ! D'où l'option alors souvent adoptée de développer plusieurs marques de distributeurs, que le consommateur doit pouvoir clairement associer à l'enseigne (pour conserver le bénéfice de l'engagement du distributeur), chacune couvrant des champs de consommation spécifiques (par exemple, chez Carrefour, la marque Tex pour le textile, MS-Net pour l'informatique, First-Line pour l'électroménager). Les hypers dégagent ainsi une certaine marge de manœuvre pour développer une stratégie de création de valeur immatérielle. La meilleure réussite à ce jour est sans doute la marque Reflets de France développée par Promodès sur une gamme sans cesse élargie de produits du terroir[1]. Couvrant pourtant un champ beaucoup plus homogène, Décathlon est en train de développer des marques propres spécialisées par univers sportifs : Queshua (randonnée), Tribord (sports d'eau), Inesis (Sports de raquettes), Greenway (Golf), Kypsta (sports de stade)[2]. Décathlon aura ainsi les coudées plus franches pour développer un immatériel plus précisément adapté à chacun des univers sportifs abordés (l'immatériel du golf peut-il être confondu avec celui des sports de stade ?). Ainsi la distribution se rapproche-t-elle progressivement des politiques de « marques emboîtées » devenues courantes chez les producteurs de produits de grande consommation : des marques produits (Petit Écolier) couvertes par des marques gammes où s'exprime l'immatériel de consommation (LU), elles-mêmes estampillées d'une marque caution (Danone), garantie de qualité... Une autre convergence du monde de la production et de celui de la distribution.

Qui pilote la production ?

Le combat pour la gestion de la marque est le premier élément de brouillage des rôles respectifs des distributeurs et de leurs fournisseurs. Mais derrière ce combat s'en trouve un autre, aux enjeux sans doute plus grands encore. Il porte sur le contrôle du pilotage de la production, c'est-à-dire la responsabilité de la définition des caractéristi-

---

1. Encouragé par ce succès, Promodès tente de récidiver avec la marque Destinations Saveurs destinée à couvrir une gamme transversale de produits alimentaires fondée sur un immatériel ethnique.

2. Cette stratégie est d'ailleurs articulée à celle consistant à décliner les formats de magasins par l'ouverture de petits magasins spécialisés par sport. Ainsi, chacune de ces nouvelles marques thématiques a vocation à devenir l'enseigne des « magasins zoom » du leader de la distribution sport. Un premier magasin Queshua a ouvert ses portes en 1998 à Paris à côté du Décathlon Wagram.

ques des produits et du lancement de la production. Ce rôle, qui semblait attaché de manière inaliénable au statut du producteur, est de plus en plus fréquemment endossé par des distributeurs. Cette tendance est indissociable de l'engagement de la grande distribution dans une logique de création de valeur ajoutée commerciale[1].

Le pilotage de la production, stade suprême de l'ajustement offre-demande

Certains distributeurs s'intéressent au contrôle de la production afin de se montrer plus performants dans la fonction d'interface active entre l'offre et la demande. Ce contrôle est un moyen supplémentaire de crédibiliser la fonction de sélectionneur. Le distributeur devient capable de dire : « Ce produit est le produit qu'il vous faut ; je vous le garantis parce que j'en contrôle les phases critiques du processus de production. » L'engagement des distributeurs dans le pilotage de la production est en réalité aussi ancien que les MDD, car ces produits ont toujours été fabriqués en sous-traitance, à l'initiative des distributeurs et conformément à leurs cahiers des charges. Mais ces cahiers des charges, pendant très longtemps, pouvaient se résumer d'une manière très simple : « Faites-moi le même produit que celui de la marque qui domine le marché. » L'engagement du distributeur dans la production se cantonnait donc pour l'essentiel à ordonner le lancement de la production et à assurer le contrôle-qualité final. Certains distributeurs vont aujourd'hui beaucoup plus loin. Il ne s'agit plus pour eux de sélectionner des fournisseurs s'engageant à respecter un cahier des charges calqué sur les normes en vigueur dans les usines des grandes marques, mais d'entrer résolument dans une démarche de « co-innovation » avec des fabricants partenaires. L'objectif est de réussir à mettre sur le marché des produits présentant des caractéristiques exclusives apportant une réponse plus pertinente aux besoins des clients tels qu'ils ont été appréhendés par le distributeur. Cette démarche est particulièrement adaptée lorsque les structures du secteur en amont sont telles que les producteurs se révèlent peu performants dans leurs capacités à « sentir » les besoins du marché et à orienter rapidement leur production dans ce sens. En vertu de son contact direct avec les clients, et grâce aux moyens de plus en plus sophistiqués de connaissance du marché dont il s'est doté, le distributeur se trouve quelquefois en meilleure position pour identifier de

1. C'est la raison pour laquelle nous ne confondrons pas la propension de certains distributeurs à s'aventurer dans le contrôle des filières de production avec les stratégies d'intégration d'activités industrielles qu'ont menées la plupart des groupes de la grande distribution alimentaire dans les années 1970 et 1980. Ces stratégies, souvent motivées par le désir de capter les marges aux deux stades de la filière et d'affirmer une certaine indépendance vis-à-vis des fournisseurs, consistaient davantage dans l'exercice simultané des métiers de producteur et de distributeur que dans une dilution des frontières entre les deux.

nouveaux besoins et concevoir l'offre susceptible d'y répondre. L'épisode de la « vache folle » fournit une excellente illustration de ce propos. Les premiers cas d'encéphalopathie spongiforme bovine ont fait subitement prendre conscience à un grand nombre de consommateurs qu'ils se trouvaient bien incapables d'évaluer par eux-mêmes la qualité réelle de la viande qui leur était proposée. La faible structuration de la filière bovine (production atomisée, quasi-absence des marques...) est sans doute à l'origine des difficultés éprouvées par la profession dans la gestion de cette crise et, finalement, de la faible efficacité du label créé pour l'occasion. Certains distributeurs se sont emparés de cette situation pour promouvoir leur rôle de « rassureur ». C'est probablement Carrefour qui s'est montré le plus actif sur ce front. Dès 1994, il offrait à ses clients de la viande de bœuf portant la mention « race normande, sélectionnée par Carrefour ». L'engagement de qualité de l'enseigne était crédibilisé par l'organisation d'un partenariat avec un ensemble d'éleveurs s'engageant à respecter le cahier des charges de l'enseigne, portant notamment sur l'alimentation donnée au bétail et son contrôle sanitaire. En contrepartie, l'enseigne assurait aux éleveurs une plus-value contractuelle (de 0,8 à 1,3 F au kilo au-delà de la cotation nationale moyenne constatée chaque semaine sur les marchés de gros). À l'occasion de la crise de la vache folle, Carrefour a approfondi sa démarche dans ce sens par la mise en place du label « Filière Qualité ». Il fait ainsi coup double : il manifeste sa promptitude à identifier les besoins et attentes de ses clients (ici, être rassuré sur les qualités sanitaires de la viande), et apporte la preuve de sa capacité à construire l'offre capable de répondre à ces besoins. Si l'on en juge par les résultats d'une enquête réalisée par le CRÉDOC[1], les résultats ont été au rendez-vous : 91 % des consommateurs interrogés font confiance à la viande de bœuf Filière Qualité de Carrefour, dont 43 % « tout à fait[2] ». Fort de ce succès, Carrefour étend régulièrement le champ des produits couverts par son label, notamment dans les fruits et légumes où la garantie porte moins sur les normes sanitaires que sur les qualités gustatives. La même politique sous-tend le label Monoprix Gourmet qui, par exemple, engage le distributeur sur une teneur minimum des fruits en sucre. En 1996, Prisunic de son côté lançait la marque « La vie » couvrant un ensemble de produits « bio » répartis dans plusieurs rayons ; le profil des consommateurs de produits bio présente certaines similitudes avec celui des clients de l'enseigne, et la révélation du marché du bio souffre encore d'une insuffisante structuration de l'offre...

1. Cités par *LSA*.

2. Le développement de la marque Gault & Millaut par Prisunic (depuis 1982, mais relancée seulement en 1995) peut également s'interpréter comme une politique de rassurance des consommateurs sur la qualité gustative des produits. « Il s'agit de sécuriser les clients sur la qualité des produits afin de mieux les fidéliser » (Christian Pimont, DG de Prisunic, *Linéaires*, n°109, nov. 1996, p. 18).

La nouveauté de ce type de démarche est moins dans la garantie du respect de certains standards de qualité que dans la prise en main par les distributeurs de la régulation de la production (par l'établissement de normes, la mise en place de procédures de contrôles, l'exigence d'une « traçabilité » de plus en plus complète...), en particulier dans des filières peu structurées où ce rôle, généralement assuré par les grandes marques nationales, est laissé vacant. Ce n'est plus seulement le produit qui est garanti, c'est sa production, et le distributeur crédibilise son expertise des produits par l'affirmation de sa maîtrise de la production. De manière très symptomatique, le lancement en 1996 des « Produits sélectionnés Mammouth » par la centrale Paridoc était accompagné du slogan : « L'assurance du meilleur fabricant dans chaque catégorie de produits [...] »

Ce type d'initiative est pour l'instant moins fréquent sur les marchés très structurés et dominés par de grandes firmes multinationales dont les marques assurent efficacement l'émission de signes de qualité[1]. Dans ce cas, la démarche du distributeur consiste plutôt dans l'identification d'un besoin peu ou mal satisfait par l'offre actuelle des grandes marques et dans l'initiative de la création d'une offre adaptée. Le distributeur s'engage alors ici dans une démarche de co-innovation avec un industriel partenaire, dont l'aboutissement est la mise sur le marché d'un produit exclusif, sans équivalent strict dans l'offre des marques nationales. Un saut qualitatif est ici franchi par rapport aux MDD de la deuxième génération, qui n'étaient que des produits d'imitation (« me too products[2] »). En 1997, Casino lançait la marque « Casino Palmarès » destinée à labelliser cette catégorie de produits exclusifs et innovants (parmi les premiers produits vendus sous cette marque, on trouvait des barquettes individuelles de frites prêtes à passer au micro-ondes, des sodas incolores vendus dans des cannettes transparentes). La logique même de la démarche veut que dès qu'un produit de cette gamme se trouve copié, il réintègre la marque Casino qui recouvre les MDD « ordinaires ».

Des stratégies similaires sont observées dans le commerce non alimentaire. Dans l'habillement, par exemple, elles sont motivées, en autres, par le désir d'accroître la réactivité face à une demande particulièrement versatile. Le distributeur est placé aux premières loges pour analyser comment les clients réagissent aux produits qui leur sont proposés, et déceler les modifications intervenant dans la demande. En intégrant la conception des produits, il est capable de traduire plus rapidement cette information en nouveaux produits. Là encore, en s'engageant plus avant dans le pilotage de la production, le distributeur

---

1. La crise du Coca-Cola intervenue en juin 1999 pourrait peut-être contribuer à jeter un doute sur la fiabilité de la garantie apportée par la marque seule.
2. Avec des délais d'imitation, il est vrai, de plus en plus courts.

est en mesure d'assurer plus efficacement son rôle d'interface active entre l'offre et la demande. C'est ainsi, parmi bien d'autres exemples, que progressivement chacune des centrales d'achat du groupe André s'est dotée d'une équipe de stylistes. Trente-cinq personnes travaillent à la conception des produits textile chez Auchan qui, de manière significative, a entrepris en 1998 une profonde redéfinition de sa stratégie sur ce marché en fédérant les quelque 25 marques propres qui couvraient l'ensemble du champ textile-chaussure de l'enseigne nordiste sous la marque « In extenso » appelée à être gérée comme un label. Il est à noter qu'à cette occasion, Auchan a également renforcé son emprise sur la production en intégrant l'achat de matières. L'enquête sur les réseaux de commercialisation de l'habillement réalisée par l'INSEE en 1994[1] a confirmé sur le plan statistique l'implication des distributeurs de ce secteur dans la sphère de la production. Ainsi, 82 % des réseaux de distribution de l'habillement assuraient la création des modèles en 1994 (contre seulement 71 % cinq ans auparavant) ; 57 % pratiquaient l'achat des matières (48 % cinq ans auparavant et 65 % déclaraient qu'ils pensaient le faire dans les cinq ans à venir). Par contre, seulement 13 % des réseaux assuraient la fabrication directe des produits, proportion stable au cours des cinq dernières années, et qui, selon les déclarations des interviewés, était plutôt appelée à diminuer.

Enfin, dans certaines circonstances, le pilotage de la production permet au distributeur d'offrir à ses clients la meilleure des garanties de l'adaptation des produits à leur besoin : leur fabrication sur mesure. On a déjà évoqué le cas de Levi's, dont les boutiques transmettent les mensurations et les préférences de chaque client à l'usine en vue d'une production personnalisée. Fin 2000, Décathlon a mis en place dans certains de ses magasins une toise électronique permettant de proposer des vélos fabriqués quasiment sur mesure. Si la production industrielle sur mesure est appelée à se développer (ce qui devrait être favorisé tant par l'évolution des technologies de production que par les nouvelles possibilités ouvertes par le commerce électronique), la maîtrise de la liaison directe entre l'expression de la demande et l'outil de production sera source d'un avantage concurrentiel.

L'engagement croissant des distributeurs dans le pilotage de la production n'implique pas effectivement, loin s'en faut, l'intégration de la production elle-même. Nous reviendrons plus bas sur ce point important qui aide à mieux percevoir où pourrait se fixer la nouvelle frontière entre la sphère de la production et celle du commerce.

Le pilotage de la production pour plus de valeur immatérielle

Le désir de maîtriser le pilotage de la production est également motivé pour certains distributeurs par leur engagement dans une stra-

1. Le Bot et Philippe [1997].

tégie de création de valeur immatérielle. J'ai déjà souligné la nécessité de veiller à la cohésion entre l'immatériel des produits et l'immatériel de l'enseigne. Ce souci de cohésion peut motiver la mise en avant de marques propres. Il peut également justifier une volonté de contrôle de la filière de production. L'intégration de la conception des produits donne au distributeur la maîtrise du design des produits, dont on connaît l'importance dans l'évocation d'un immatériel de consommation. La maîtrise du design peut également aider le distributeur à renforcer la cohésion de son assortiment, qui est particulièrement recherchée dans le cas de positionnements d'enseigne « bouquet ». Par exemple, cette maîtrise de la conception des produits compte pour beaucoup dans l'identité forte dont bénéficie l'offre d'Ikea et contribue ainsi activement à la différenciation de l'enseigne.

Le pilotage de la production par le distributeur peut également favoriser l'expression des valeurs immatérielles associées à l'enseigne. Par exemple, le fort engagement de Décathlon dans l'activité de production (qui en fait le premier « fabricant » d'articles de sport en France) lui permet de renforcer son image de spécialiste-technicien ; la démarche empruntée par Carrefour avec son label Qualité Filière contribue à l'édification d'un immatériel associé à l'enseigne et qui porte sur la contribution du distributeur au bien-être de la personne.

De nouvelles relations de pouvoir

L'engagement de la grande distribution dans une démarche de création de valeur ajoutée commerciale la conduit, on vient de le voir, à sortir du champ d'action relativement étroit qui était le sien jusque là. Cette évolution, qui est cohérente avec l'importance croissante que prend l'aval dans le fonctionnement des marchés, est à l'origine une redéfinition des relations de pouvoir en faveur de la distribution.

La grande distribution a acquis, on l'a vu, un poids considérable et toujours en progression dans l'ensemble du commerce de détail. Elle est, en outre, engagée dans un processus de concentration qui conduit à ce que l'appareil commercial se trouve contrôlé par un nombre de plus en plus faible d'acteurs de plus en plus puissants. Ainsi, après les rapprochements intervenus entre Leclerc et Système U, Carrefour et les Comptoirs modernes puis Carrefour et Promodès, Casino et Cora, la concentration des achats atteint des niveaux inégalés en Europe : les cinq premières centrales représentent près de... 100 % du marché des grandes surfaces alimentaires. Carrefour à lui seul (après la fusion avec Promodès) pèse près de 30 % et Lucie, la centrale d'achat née du rapprochement de Leclerc et de Système U, couvre plus de 21 % du marché... Contrôlant la ressource essentielle que constituent les linéaires (qui conditionnent l'accès des produits au client final), les distributeurs bénéficient d'un rapport de force extrêmement favorable dans leurs négociations avec les fournisseurs. Pour une PME, un groupe de la grande distribution peut rapidement représenter la majeure partie de son activité, ce qui est à l'origine d'une situation de dépendance extrême. Les grandes firmes à la tête de « marques nationales » ne sont pas à l'abri, bien au contraire. Pour elles, « chaque distributeur est une porte d'entrée nécessaire mais non suffisante pour aller sur le marché » (Philippe [1999]). Le développement d'une marque nationale impose des coûts fixes considérables sur le plan de la communication comme sur celui de la recherche-développement, dont l'amortissement exige de vendre les produits sur une grande échelle. Dès lors, une grande marque peut difficilement se passer d'un client qui, à lui seul, assure la couverture de 10, 15, voire 25 ou 30 % de son marché.

Les centrales d'achat de la grande distribution n'ont pas attendu les années récentes pour user, et quelquefois abuser, de cette position dominante collective[1]. Elles œuvrent de multiples façons afin de monnayer l'accès des fournisseurs à leurs linéaires : droits de référencement, remises quantitatives, ristournes de gamme, ristournes de test et de lancement pour les nouveaux produits, « coopération commerciale » (participation plus ou moins forcée du fournisseur aux opérations promotionnelles du distributeur : vente de têtes de gondole, inscription dans le prospectus promotionnel)... La loi Galland de 1996 a tenté de réguler ces pratiques et de rééquilibrer les relations industrie-commerce au profit des industriels : alors que la loi reconnaît le refus de vente de la part de l'industriel, elle sanctionne le « déréférencement abusif » de la part du distributeur[2], lequel ne peut donc théoriquement plus utiliser cette menace pour obtenir des conditions avantageuses de ses fournisseurs ; la loi prohibe également les « droits de référencement » (c'est-à-dire la pratique qui consiste à faire payer explicitement au fournisseur le simple droit d'accès aux linéaires) s'ils ne sont pas assortis d'un engagement écrit du distributeur sur un « volume d'achat proportionné » à ceux-ci ; enfin, la loi Galland donne un cadre juridique à la coopération commerciale : désormais, pour un distributeur, la coopération commerciale consiste à se faire rémunérer par un fournisseur en contrepartie d'un service spécifique parfaitement défini et faisant l'objet d'un contrat écrit. L'administration peut intervenir si le prix facturé pour ces services paraît exagéré. Les dispositions de la loi Galland sont appelées à être renforcées et complétées par la loi sur les nouvelles régulations économiques qui devait être définitivement adoptée en 2001. Le projet de loi est inspiré par la volonté de préciser le cadre dans lequel s'inscrivent les relations entre

1. Qui est pourtant rarement reconnue comme telle par les autorités chargées de l'application du droit de la concurrence.

2. Sauf force majeure ou manquement des parties au contrat, la rupture d'une relation commerciale doit s'accompagner d'un « préavis écrit » dont la durée est fonction des relations antérieures ou des usages professionnels.

les distributeurs et leurs fournisseurs et de sanctionner plus sévèrement l'« abus de dépendance économique et de puissance économique », notamment à l'égard des PME. Le texte prévoit en particulier de resserrer encore le contrôle sur le contenu de la coopération commerciale afin d'éviter la pratique des « avantages discriminatoires » (marge arrière sans contrepartie). Une commission des pratiques commerciales et des relations contractuelles entre fournisseurs et distributeurs sera créée. Composée de magistrats, de représentants des fournisseurs, des distributeurs et de l'administration ainsi que de personnalités qualifiées, elle devra formuler des recommandations sur les relations fournisseurs-distributeurs. En outre, le projet de loi prévoit que la Justice pourra se saisir elle-même en cas d'abus de puissance. Deux amendements ont été apportés par les députés en première lecture, qui resserrent encore le corset réglementaire pour les distributeurs : l'obligation de dédommager les fournisseurs en cas de délai de paiement excessif, et la possibilité de fixer temporairement un prix minimum payé aux producteurs de fruits et légumes lorsque les prix tombent en dessous du niveau des coûts de production.

Mais, paradoxalement, au moment où la loi Galland s'efforçait de réduire le pouvoir de la grande distribution sur ses fournisseurs, la loi Raffarin venait renforcer le caractère de rareté des linéaires en ralentissant le flux des ouvertures de nouveaux points de vente. Cette loi a favorisé la consolidation de la position des réseaux en place dont il est de moins en moins probable qu'elle puisse se trouver contestée par l'émergence de nouveaux concurrents français ou étrangers d'envergure : la taille critique à atteindre aujourd'hui dans la distribution (en tout cas dans ses secteurs les plus mûrs) pour assurer sa compétitivité est telle qu'un nouvel entrant ne pourrait pénétrer le marché national qu'en installant très rapidement un réseau de points de vente important : face aux obstacles réglementaires, la constitution d'un tel réseau par l'ouverture de points de vente *ex nihilo* est difficilement envisageable. C'est donc par le rachat de réseaux existants que de nouveaux acteurs pourraient tenter de faire leur entrée... sans aucun effet sur le degré de concentration du secteur, car de telles entrées n'engendreraient que le changement de mains de titres de propriété et laisseraient inchangé le nombre d'acteurs en concurrence.

Le ralentissement de la croissance des linéaires intervient alors que le nombre des produits mis sur le marché par les industriels demeure inflationniste. La tension entre la rareté des linéaires et l'importance du nombre des produits candidats à la vente est encore renforcée, d'un côté, par la part de marché croissante enregistrée par les MDD, qui bénéficient naturellement d'un accès automatique et privilégié aux linéaires des distributeurs et, d'un autre côté, par la diffusion des pratiques d'ECR[1] qui

1. « Efficient consumer response ». Voir chapitre V.

tend à concentrer l'offre des magasins sur les produits qui se vendent le mieux. Il est donc de plus en plus difficile pour les industriels de faire pénétrer leurs produits dans les réseaux de distribution. Une étude de Ernst & Young[1] sur près de 85 000 références lancées par les industriels sur le marché français en 1997 révèle que dans 44 % des cas, ces nouveaux produits ne parviennent pas à être distribués dans plus de 5 % des points de vente. Seuls 17 % ont réussi à s'imposer dans plus de 50 % des magasins... Le mouvement de mondialisation des achats provoque en outre la concentration des approvisionnements auprès d'un nombre décroissant de fournisseurs. Les PME sont les premières victimes[2]...

Mais peut-être plus encore que la difficulté croissante d'accès aux linéaires, c'est la redéfinition des fonctions du commerce dans l'économie moderne qui est la plus lourde de menaces sur le rapport de force industrie-commerce.

Avec le lancement des MDD, les entreprises de la grande distribution ont commencé à s'affirmer comme des concurrents directs de leurs fournisseurs. Cette concurrence est perçue comme particulièrement déloyale par ces derniers car, outre que la compétitivité des MDD est renforcée par le fait qu'elles sont dispensées de tous frais de commercialisation, elles bénéficient d'un accès automatique aux rayons où elles bénéficient d'un traitement de faveur en termes de valorisation (largeur du « facing », placement assurant une visibilité maximale...). Mais la menace que fait peser la distribution sur les industriels est beaucoup plus grave encore avec le lancement des MDD de la troisième génération et, plus fondamentalement encore, avec ses velléités d'endosser de nouvelles responsabilités dans l'ajustement entre l'offre et la demande et dans la création de valeur immatérielle pour les clients.

En schématisant quelque peu, la redéfinition en cours du rôle de la distribution dans le circuit économique devrait provoquer une différenciation des rapports industrie-commerce selon trois modalités.

Les relations des distributeurs avec les producteurs de grandes marques

Les producteurs de grandes marques continuent incontestablement d'être la catégorie de producteurs la mieux armée dans ce bras de fer avec la distribution. La plupart des distributeurs, même parmi ceux qui sont les plus engagés dans des politiques de marques propres, ressentent toujours le besoin d'assurer l'accès de leurs clients aux grandes marques, à leur image, à leur qualité, à leur caractère inno-

1. Voir *LSA*, n°1634, 10 juin 1999.

2. Selon les données de l'Observatoire des relations PME-Commerce, le nombre de références produites par des PME et vendues dans la grande distribution alimentaire se réduit en moyenne de 50 unités par an depuis 1992, alors que le nombre de références produit par les multinationales augmente de 150 (*LSA*, n° 1648, 14 octobre 1999, p. 46-47).

vant. Même Décathlon sait qu'il y a des limites à ne pas franchir dans l'éviction des grandes marques en faveur de ses marques propres, car autrement le risque est réel de voir s'évader une part importante de la clientèle vers des enseignes concurrentes. Je viens cependant de rappeler que, même pour ces grandes marques difficilement contournables par les distributeurs, le rapport de force est souvent défavorable tant la dépendance économique est asymétrique. Les plus grands producteurs mondiaux de biens de grande consommation s'efforcent de consolider leur pouvoir de négociation en tentant de prendre de vitesse les distributeurs dans la course à la concentration. Les uns après les autres, ils entreprennent une profonde restructuration de leur portefeuille de marques, cédant celles qui ne sont pas en mesure de figurer dans les listes des incontournables pour les distributeurs pour se concentrer sur celles qui leur permettent d'établir un rapport de forces favorable. C'est ainsi que Unilever a annoncé en 1999 son intention de se défaire des trois quarts de ses marques d'ici trois à cinq ans. Sur le marché du dentifrice, par exemple, cette stratégie se traduit par la disparition des marques Très-Près, Gibbs et Pepsodent au profit de Signal. Dans le but d'être le numéro un ou numéro deux mondial sur chacun de ses « métiers » prioritaires, Danone s'est récemment délesté de ses activités dans l'épicerie, les plats cuisinés, les condiments... Ces stratégies d'adaptation ne suffisent pas toujours à mettre les producteurs de grandes marques à l'abri du pouvoir des distributeurs, comme en témoigne le déréférencement par Spar (la filiale allemande d'Intermarché), durant l'été 2000, de marques aussi puissantes que Coca-Cola ou Cadbury, en représailles au refus de ces fournisseurs de consentir de nouvelles ristournes.

L'évolution des fonctions de la distribution laisse pourtant supposer que l'expression du pouvoir de négociation des distributeurs change progressivement de terrain. Pour le dire vite, et sans doute d'une manière quelque peu provocante, la nature de la relation de la grande distribution à l'égard de cette catégorie de fournisseurs est en train de s'inverser : les industriels sont de moins en moins les fournisseurs de la grande distribution, ils deviennent ses clients. En effet, l'évolution du métier de distributeur, qui s'accompagne d'une connaissance de plus en plus fine du marché et du type de prestations attendu par les clients de l'enseigne, d'une compétence de plus en plus pointue dans le domaine du marchandisage, de la politique promotionnelle et, plus généralement, des techniques de vente, permet aux distributeurs de s'affirmer comme de véritables prestataires de services à l'égard de leurs « clients-fournisseurs ». Cette prestation de service est polymorphe : remontée d'information sur le contenu de la demande ; offre d'un portefeuille de formules de points de vente diversifié, chaque formule ciblant une catégorie particulière de clients ou d'occasions d'achat, qui permet au distributeur d'assurer la commercialisation optimale des produits eu égard au type de clientèle visé ; optimisation du marchandisage dans le point de vente (notamment en termes de catégorie de rattachement) ; soutien à l'immatériel de la marque par un cadre de vente adapté, par l'intervention d'un personnel de vente... ; montage d'opérations promotionnelles ; contribution à la réduction des coûts logistiques ; participation à la démarche d'innovation (remontée d'information, tests, etc.)... Ces prestations de services, qui apporteront une contribution de plus en plus décisive aux résultats des industriels au fur et à mesure que les distributeurs fonderont leur métier sur des compétences distinctives, ont bien sûr un prix. L'expression du rapport de force tend de plus en plus à s'exprimer dans la tarification de cette prestation de service, qui le plus souvent est sans relation avec son coût de production et tend à s'ajuster au niveau de valeur qu'elle crée pour le fournisseur. Il est clair que l'extrême concentration qui règne sur ce marché de la prestation de service commerciale confère un important pouvoir aux distributeurs qui les met ainsi en mesure de capter une part plus ou moins importante de la rente issue des stratégies de différenciation des grands industriels.

Les relations des distributeurs avec les industriels propriétaires de marques de second rang

J'appelle marques de second rang les marques qui, bien que reconnues par les consommateurs, ne se placent sur les marchés qu'en position d'outsiders face aux grandes marques nationales. Elles sont les premières victimes du resserrement de l'offre de la grande distribution autour, d'un côté, des grandes marques leaders sur leur marché, et de l'autre, de leur MDD. Il leur est de plus en plus difficile de conserver leur place sur des linéaires très disputés. Les distributeurs ne courent pas un grand risque d'évasion de leur clientèle en cas d'élimination de ces produits. Le pouvoir de négociation des fournisseurs est alors très défavorable et l'accès au linéaire se monnaye au prix fort, au point quelquefois de remettre en cause l'équilibre financier de l'industriel et sa capacité à mobiliser les moyens nécessaires à la promotion de sa marque et, en amont, au niveau de qualité des produits ou à leur caractère innovant.

Pour ce type de fournisseurs, la situation actuelle relève de l'équilibre instable et, pour beaucoup, la pérennité de l'entreprise consiste soit à se donner les moyens de s'affirmer parmi les leaders de leurs marchés (ce qui, étant donné l'ampleur des moyens nécessaires, est généralement réservé à de grandes entreprises), soit de se résigner à rejoindre les rangs de la troisième catégorie de fournisseurs.

Les relations des distributeurs avec les fournisseurs concentrés sur l'outil industriel

Les fournisseurs de cette troisième catégorie ne poursuivent pas de politique de marque. Leur activité est concentrée sur les seuls aspects industriels. Ils produisent soit des MDD en sous-traitance pour les distributeurs, soit des gammes de produits « premiers prix » dont la marque, inconnue du grand public, n'est l'objet d'aucun effort de promotion, n'émet aucun signal de qualité et n'est porteuse d'aucune valeur immatérielle.

Certaines entreprises ont enregistré de très belles trajectoires en s'inscrivant de manière offensive dans cette troisième catégorie de fournisseurs. On évoque souvent le fabricant de chocolat Cantalou ou le spécialiste des produits laitiers Senoble qui ont réussi à s'affirmer parmi les poids lourds de leur secteur tout en étant quasiment inconnus du grand public.

La position de ce type de fournisseurs à l'égard de la grande distribution est très inégale. Elle dépend fondamentalement de leur capacité à mettre en avant des avantages exclusifs en termes de productivité, de qualité, de flexibilité, ou de capacité innovatrice. Les producteurs dépourvus de tels éléments de différenciation, et donc facilement interchangeables par les distributeurs, se trouvent cantonnés dans le rôle de simples exécutants, en position de quasi-intégration vis-à-vis des distributeurs qui les font travailler. Leur apport principal est d'éviter au distributeur d'avoir à s'engager dans la gestion directe de la production et dans la propriété de l'outil, qui comporterait pour lui l'inconvénient d'une excessive rigidité entravant sa capacité de redéploiement. Ainsi, le fournisseur qui n'a que son outil industriel à mettre au service du distributeur se trouve perpétuellement menacé de ne pas voir renouveler son contrat, au profit d'un autre sous-traitant plus productif, plus réactif, prêt à se contenter de profits plus modestes encore... que le distributeur aura de plus en plus de facilités à dénicher à l'autre bout de la planète au moyen de ses centrales d'achat internationales ou par le recours à une « place de marché » virtuelle. L'étude réalisée par Michel Santi[1] sur un échantillon de 75 producteurs de biens de grande consommation travaillant en MDD montre que plus les segments travaillés en MDD sont banals, à fort volume et en phase de maturité, plus le taux de rentabilité des transactions est faible pour les fabricants.

Le statut de producteurs de MDD peut cependant se révéler pertinent et rentable lorsque le producteur est capable de se hisser au statut de partenaire du distributeur contribuant activement à la stratégie de création de valeur ajoutée commerciale de ce dernier. Au-delà de l'outil de production, ce que l'industriel peut apporter de plus précieux au distributeur est une forte capacité d'innovation permettant d'engager ensemble un processus de co-innovation devant aboutir à la mise sur le marché de produits exclusifs et innovants, se démarquant de ceux des grandes marques. La mise en avant d'une forte capacité d'innovation

1. Santi [1997].

renforce la position de l'industriel lors des négociations en lui conférant des éléments de différenciation par rapport à ses concurrents. L'engagement dans une démarche partenariale avec le distributeur mène à la construction d'une « rente relationnelle », c'est-à-dire à l'apprentissage des besoins et des contraintes des deux parties, à l'élaboration d'une compréhension mutuelle et de codes de conduite, et la construction progressive d'une relation de confiance... autant d'éléments qui incitent les deux contractants à inscrire la relation dans la durée, sur la base d'un partage équitable des bénéfices qui en découlent.

VERS UN DÉPASSEMENT DE LA DISTINCTION PRODUCTEURS-DISTRIBUTEURS

On vient de le voir, la catégorie générique de fournisseur est en train de voler en éclats au profit d'une nouvelle segmentation fondée sur la vocation des producteurs à développer des marques fortes ou à se replier sur leur fonction strictement productive.

Les entreprises de la grande distribution, on l'a également vu plus haut, sont de plus en plus nombreuses à porter leurs marques sur les articles qu'elles vendent et à prendre en charge la spécification des produits et le pilotage de la production. Elles s'écartent ainsi, chaque année davantage, des fonctions traditionnelles du « détaillant ». De nombreux industriels ont, de leur côté, intégré la distribution de leurs produits, et parmi eux, certains se sont sérieusement détachés de la production au sens strict au profit du statut de donneur d'ordres. On a également assisté au développement d'acteurs d'un autre type, venus grossir les rangs des franchiseurs, qui ne sont ni distributeurs (au sens d'exploitants de magasins détenus en propre), ni producteurs, mais simples animateurs de réseaux, prestataires de services à l'égard de commerçants indépendants[1].

Toutes ces évolutions questionnent la pertinence de la distinction traditionnelle entre producteurs et distributeurs : de plus en plus d'acteurs révèlent une activité qui couvre différents stades (pas nécessairement contigus) de la chaîne qui va de la conception de produits jusqu'à leur mise à disposition des consommateurs. L'INSEE éprouve de plus en plus de difficultés à classer les acteurs économiques par rapport à ce clivage pour établir ses statistiques.

Continuer à raisonner à partir de la distinction producteur-distributeur risque de masquer le sens profond de mutations en cours et d'induire de mauvaises façons de poser certains problèmes (on verra

1. On peut à cet égard considérer que peu de chose distingue le franchiseur des organes centraux d'un groupement de commerçants indépendants, et cette proximité est appelée à se renforcer à mesure qu'évoluent les modes de fonctionnement des groupements (chapitre VI).

dans le prochain chapitre que c'est le cas notamment avec le développement du commerce électronique).

La remise en cause de cette distinction me paraît s'inscrire dans un mouvement beaucoup plus large de redéfinition des modes d'organisation de l'activité économique qui marque le passage à une économie postfordienne.

Des compétences à la base du nouveau « métier » de distributeur

Au cours du chapitre II, j'ai présenté quelles me semblaient être les principales voies de dépassement des modes d'organisation hérités du fordisme. Le basculement vers une « économie fondée sur la connaissance », dans laquelle chaque acteur de l'économie tend à définir son activité sur la base des compétences qu'il se montre apte à maîtriser, nous était apparu comme un trait majeur du système économique émergent. La grande distribution, bien que tardivement, est elle aussi de plus en plus portée à définir son métier, non plus par rapport à la position intermédiaire — entre producteurs et consommateurs — qu'elle occupe dans les filières d'approvisionnement, mais par rapport à la maîtrise de compétences sur un certain nombre de blocs de savoirs spécifiques, qui sont nécessaires à l'élargissement de ses fonctions de base vers la production de valeur ajoutée commerciale.

Ces compétences sont relatives à la gestion et au traitement des flux d'information : information sur les consommateurs, information sur les produits, information sur les fournisseurs...

La maîtrise de l'information sur les consommateurs est un point essentiel de la redéfinition des fondements du métier de distributeur. Elle se trouve au carrefour de plusieurs chantiers stratégiques. La rationalisation de la logistique — avec l'exploitation du gisement de productivité et d'amélioration du service au client qui en découle — repose fondamentalement sur la collecte et le traitement à l'aide de techniques de plus en plus sophistiquées des informations sur les ventes. Bien connaître les comportements, les besoins, les attentes des clients est également essentiel pour offrir les bons services, pour sélectionner les bons produits, pour confectionner les bons bouquets, pour orienter la création de valeur immatérielle dans la bonne direction...

La maîtrise de l'information sur les produits et, au-delà, sur les producteurs eux-mêmes, est essentielle pour la capacité du distributeur à crédibiliser sa fonction de sélectionneur. Elle lui est nécessaire pour réussir à déceler quels sont les produits les plus aptes à répondre aux besoins de la clientèle et pour être en mesure de garantir la qualité des produits. Elle doit lui permettre d'identifier, dans l'ensemble des producteurs (de plus en plus souvent défini à l'échelle de la planète[1])

---

1. Les sous-traitants de Décathlon exercent leur activité dans dix-huit pays !

ceux qui disposent des compétences clés pour répondre au cahier des charges, ou plus encore, pour entrer dans une logique de co-innovation avec lui. La maîtrise de l'information sur les produits est également essentielle pour assurer la cohésion, voire la compatibilité, entre les différents produits composant un bouquet.

La maîtrise du traitement de l'information est enfin indispensable pour assurer le bon fonctionnement de réseaux de points de vente de plus en plus étendus et diversifiés, pour assurer la remontée des informations pertinentes à partir des magasins, pour faire descendre les indicateurs permettant d'optimiser la gestion, pour assurer la coordination de l'activité des points de vente avec le rythme de production des fournisseurs...

La maîtrise des compétences relatives à la gestion et au traitement des flux d'information ne contribue pas seulement à faire entrer la distribution dans l'économie fondée sur la connaissance ; elle lui ouvre l'opportunité d'endosser les habits neufs d'une nouvelle catégorie d'acteurs économiques rendue nécessaire par les exigences contradictoires du nouveau système économique.

De la nécessité des « intégrateurs », ou « confectionneurs de bouquets »

En effet, d'un côté, les acteurs économiques sont incités à concentrer leur activité autour de compétences homogènes afin d'être en mesure de rester à la pointe de « l'état de l'art » sur les technologies mises en œuvre et de se montrer capables de repousser les limites des savoirs actuels dans une dynamique de l'innovation permanente. J'ai déjà suggéré que la conséquence de ce fondement cognitif de l'activité des firmes est une profonde révision de leurs portefeuilles d'activité qui sont de moins en moins régis par une logique de branche ou de marché, mais de plus en plus par le souci de valorisation des compétences. Les firmes sont donc portées à développer des activités hétérogènes sur le plan des produits et des marchés, mais très cohérentes par rapport à la nature des savoirs réclamés dans l'acte de production. Cependant, d'un autre côté, les nouvelles règles de la concurrence font que l'activité des entreprises doit être orientée vers l'objectif de satisfaction des clients, ce qui incite à offrir à ces deniers des solutions globales qui soit contribuent activement à leur chaîne de valeur lorsqu'il s'agit d'une clientèle d'entreprise soit, pour les consommateurs finals, apporte une réponse efficace à leurs problèmes de consommation.

Les entreprises sont donc soumises à deux forces qui se révèlent généralement contradictoires : constituer un portefeuille d'activités selon une logique de compétences et ne pouvoir apporter que des éléments partiels de solutions à une clientèle hétérogène, ou bien privilégier la satisfaction des clients par la construction de solutions complètes mais en courant le risque de s'engager dans des activités hétéroclites nécessitant des compétences dissemblables que l'entreprise ne sera sans doute pas en mesure de toutes les maîtriser avec le degré d'excellence que lui impose la concurrence.

Lorsque cette tension est trop forte, les entreprises sont contraintes d'opérer un choix fondamental entre donner un fondement technologique ou un fondement commercial à la définition du périmètre de leur activité. Le secteur de l'informatique est éclairant sur ce point. L'intensité de la compétition technologique à laquelle se livrent les industriels de ce secteur est si intense et exige la mobilisation de moyens tels, que ceux-ci sont naturellement incités à concentrer leur activité sur un petit nombre de composantes de l'ordinateur pour lesquels la capacité d'innovation repose sur la maîtrise des mêmes blocs de savoirs : microprocesseur, mémoires, cartes son, modem, système d'exploitation[1]... La conséquence de cette spécialisation cognitive des entreprises du secteur est qu'aucune d'entre elles n'est capable d'offrir la « solution complète » (disposer d'un système informatique complet, prêt à l'emploi) que réclament pourtant la plupart des clients. L'intégration des composantes en vue de construire des « solutions » est précisément le cœur de l'activité des assembleurs. La principale compétence technologique de ces derniers porte sur la conception de l'architecture générale du système. Le fondement de leur métier ne réside pas tant dans la maîtrise de cette compétence (laquelle, relativement banale, ne semble pas discriminante sur le marché), mais dans la capacité à concevoir, à construire et à promouvoir des « bouquets » performants par rapport aux attentes des clients. L'industrie automobile se conforme elle aussi de plus en plus à ce schéma. L'hybridation, au sein du véhicule, de technologies aussi différentes que la mécanique, l'électronique ou les nouveaux matériaux a favorisé l'établissement d'une « division cognitive du travail » entre des producteurs spécialisés sur des technologies homogènes. Mais le consommateur, qui réclame un véhicule intégré et semble de plus en plus apprécier que la vente du véhicule soit accompagnée de l'offre de services connexes, rend nécessaire le rôle d'intégrateur que joue le constructeur. L'activité de ce dernier s'écarte de plus en plus d'une stricte activité de production (une part croissante des éléments entrant dans la production des voitures est sous-traitée à des « partenaires » spécialisés) pour se concentrer sur la conception, l'assemblage et la promotion de « bouquets automobiles ».

---

1. On remarquera que les producteurs de composantes interviennent souvent également sur d'autres marchés qui réclament les mêmes compétences. Les producteurs de cartes son sont souvent également présents sur le marché des instruments de musique électroniques, certains producteurs de graveurs sont issus de l'industrie de l'enregistrement de haute-fidélité...

Les compétences qui définissent le métier du confectionneur de bouquets

On pourrait multiplier les exemples qui témoignent de l'affirmation au sein de l'économie moderne d'une organisation en réseau caractérisée par une division du travail entre les entreprises, fondée sur les compétences technologiques. Cette division du travail est coordonnée, en fonction des demandes du marché, par un « intégrateur », un « confectionneur de bouquets ». *La fonction de ces intégrateurs peut s'énoncer très simplement : elle est d'assurer l'intermédiation entre des producteurs spécialisés sur une base technologique et des clients à la recherche de solutions globales.* Les firmes qui assurent cette fonction d'intégrateur sont elles aussi, d'une certaine manière, spécialisées autour de compétences spécifiques. En effet, assurer de manière performante cette fonction implique la maîtrise d'un certain nombre de capacités.

L'intégrateur doit disposer, en premier lieu, de la *capacité à définir très précisément quelle doit être la configuration des bouquets attendus par les clients*. Cette capacité repose sur des qualités d'écoute et d'observation des marchés afin d'identifier quels sont les besoins des différentes catégories de clients et d'être en mesure de spécifier les caractéristiques des bouquets les plus susceptibles de répondre de façon pertinente à ces besoins.

L'intégrateur doit ensuite être capable, en partant des caractéristiques du bouquet final qu'il cherche à construire, de *définir quelles doivent être les spécifications de chacune des composantes du bouquet*, ce qui nécessite une bonne connaissance de chacun des biens et services qui entre dans la composition du bouquet. À ce stade, l'intégrateur doit également s'assurer des conditions de compatibilité entre les composantes du bouquet. Cette tâche peut être plus ou moins difficile selon la nature du bouquet. Elle est aisée dans le cas de bouquets « simples ». On dira d'un bouquet qu'il est « simple » lorsqu'il est composé d'un nombre limité de composantes et, surtout, lorsque leur mise en bouquet ne réclame pas d'ajustements importants entre ces composantes qui se trouvent de fait plus superposées qu'intégrées. Dans cette perspective, le micro-ordinateur est un bouquet relativement simple puisqu'il est généralement le produit de l'assemblage de composantes plus ou moins standardisées. Dans ce type de situations, la coordination par les mécanismes ordinaires de marché (relation d'achat-vente) suffit à la constitution de bouquets. L'assembleur de micro-ordinateurs n'entretient généralement que des relations de fourniture avec les producteurs de composantes. Les problèmes de coordination deviennent plus aigus lorsque les éléments du bouquet doivent s'ajuster mutuellement, doivent être conçus les uns par rapport aux autres. Par exemple, le constructeur automobile qui cherche à intégrer de l'électronique dans les véhicules pour répondre à la demande de sécurité de ses clients ne peut pas acheter cet électronique sur catalogue dans le cadre d'une simple relation de marché, car les composantes électroniques du véhicule doivent être organiquement intégrées aux composantes mécaniques fabriquées par le constructeur. Le constructeur et l'électronicien ont besoin de coordonner étroitement la conception et la production de leurs produits afin de parvenir au résultat souhaité. Le besoin de coordination est plus fort encore lorsque l'on considère, pour continuer avec le même exemple, que la qualité et les performances du véhicule automobile doivent s'améliorer continuellement, ce qui impose que ses parties électroniques puissent se perfectionner au cours du temps, mais d'une façon parfaitement coordonnée aux perfectionnements engagés dans les parties mécaniques. Une mauvaise articulation des trajectoires technologiques des composantes fait courir le risque de l'apparition de goulets d'étranglement technologique (la dynamique de progrès des pièces mécaniques est entravée par certaines limites, non dépassées, de composantes électroniques). Les mécanismes de coordination qui sont nécessaires lorsque se pose la question de la *compatibilité statique et dynamique* des composantes d'un produit ou d'un bouquet reposant sur des blocs de savoirs différents impliquent des relations qui vont bien au-delà de la transaction marchande ordinaire : échange d'information, co-innovation, construction d'un langage commun, engagement d'investissements spécifiques à la relation... Faire converger l'ensemble de manière efficace dans un projet productif en évolution constante exige une plus forte centralisation de l'animation du réseau. L'intégrateur doit être capable d'édicter les règles de fonctionnement, de construire le langage commun, de définir le périmètre d'intervention de chacun, de bâtir les principes de répartition de la rente... Dans le cas des bouquets complexes, la capacité à piloter le réseau est une composante essentielle des compétences distinctives qui fondent le métier d'intégrateur et qui conditionnent sa compétitivité.

Un autre aspect essentiel des compétences de l'intégrateur réside dans sa *capacité à sélectionner les producteurs des différentes composantes du bouquet*. Dans le cas des bouquets simples, cette capacité se confond avec celle d'évaluation des composantes elles-mêmes. Dans le cas des bouquets complexes, où la spécification des composantes n'est pas connue *ex ante* mais est définie en coopération entre le producteur et l'intégrateur, ce sont les compétences elles-mêmes des producteurs des composantes qui doivent être l'objet de l'évaluation et de la sélection. L'intégrateur devra reconnaître les producteurs (« know who ») qui, par leur maîtrise des compétences clés associées à la production de chaque élément du bouquet, seront les plus à même d'apporter une contribution décisive à la qualité du bouquet final et à son amélioration au cours du temps par l'apport d'un flux continu d'innovations.

L'intégrateur doit ensuite *assurer la promotion du bouquet auprès de la cible de clientèle*. Il doit d'abord pour cela ajouter au bouquet une composante essentielle que les fournisseurs de composantes ne sont généralement pas en mesure d'apporter : la valeur immatérielle. Dans la micro-informatique, l'écart de valeur immatériel est le principal élément de différenciation entre les grandes marques (en particulier Apple[1], mais aussi Compaq ou IBM) et le petit assembleur de quartier ou la machine de marque anonyme vendue en grandes surfaces. La capacité de création de cet immatériel repose de nouveau sur des qualités d'écoute du marché et sur la maîtrise de la communication. Dès lors, il est fréquent que la gestion d'une marque (ou de plusieurs) constitue l'un des aspects essentiels de la fonction de l'intégrateur. Outre qu'elle constitue le canal privilégié d'expression de la valeur immatérielle du bouquet, la marque constitue aussi un moyen de crédibilisation du bouquet lui-même. Le client final est rarement en position de pouvoir évaluer pleinement les qualités d'un bouquet. Au-delà de la difficulté à évaluer la qualité de chacune des composantes, il bute aussi sur la complexité de l'évaluation du degré de compatibilité des composantes, sur le degré d'exploitation des synergies entre elles, et, plus fondamentalement, sur l'aptitude du bouquet à répondre à son problème de consommation. La mise en avant d'une marque forte peut être le moyen d'offrir au consommateur une information compacte et crédible sur les qualités du bouquet. Par exemple, l'étiquette Clubmed sur un bouquet « vacances » suffit à transmettre une grande quantité d'informations sur les caractéristiques et le niveau de qualité des composantes du bouquet. La crédibilisation qu'apporte la marque est renforcée par le fait que c'est en général le confectionneur de bouquet qui assure (au moins aux yeux du client) la garantie du bouquet et de ses composantes. L'intervention du confectionneur de bouquet permet ainsi une importante réduction des coûts de transaction sur le marché final. La promotion efficace du bouquet peut exiger la maîtrise de sa distribution.

Enfin, le confectionneur de bouquet doit se montrer capable de *valoriser et de capitaliser l'intérêt qu'il aura réussi à susciter auprès des clients*. La valorisation signifie de chercher l'exploitation intensive de chaque poche de clientèle. C'est la finalité de l'activité de l'intégrateur. La création de valeur immatérielle dont il vient d'être question est un

---

1. Le redressement spectaculaire d'Apple consécutif au lancement de l'I-mac doit beaucoup moins, semble-t-il, à la valeur intrinsèque de la machine qu'au renouveau de la capacité de création de valeur immatérielle par la firme de Cupertino, symboliquement associé au retour aux commandes du créateur d'Apple (Steeve Jobs). La valeur immatérielle de l'I-mac repose sur un faisceau cohérent de facteurs : une « collection de caractéristiques » originale, un design en rupture, une communication audacieuse (« Think different »), une politique de distribution différenciatrice, une stratégie de prix élevée contribuant à l'image du produit...

élément essentiel de la valorisation. Mais elle peut également être tirée de la personnalisation de la composition du bouquet afin de l'adapter au plus près de la demande de chaque client. Cette personnalisation, souvent, peut être obtenue à bon compte en jouant sur la combinatoire de composantes qui continuent d'être produites en grandes séries (voir la gamme des « bouquets numériques » proposée par les opérateurs câble ou satellite, ou les formules « vacances à la carte » offertes par un nombre croissant de tour-opérateurs). La valorisation peut également passer par l'élargissement du champ d'intervention de l'intégrateur dans l'espace des besoins de ses clients, c'est-à-dire par sa diversification vers de nouveaux bouquets s'adressant à la même cible de clientèle ou répondant à des besoins connexes. La valorisation durable des bouquets implique la capitalisation de l'« audience » de l'intégrateur sur son marché, c'est-à-dire la fidélisation. Celle-ci passe tant par la force de la valeur immatérielle associée à la marque, au-delà de chaque bouquet pris individuellement, que par l'entretien de relations personnalisées avec le client (en particulier avant et après la vente), ainsi, bien sûr, que par la capacité de l'intégrateur à apporter des innovations permanentes à ses bouquets et de les faire évoluer au plus près des changements intervenus dans les besoins de la clientèle.

La grande distribution parmi les « confectionneurs de bouquets »

À partir de cette grille d'analyse, on peut avancer l'idée que la pertinence de la distinction producteurs/distributeurs est en train de s'effacer devant une distinction beaucoup plus large qui se trouve au cœur du système économique émergent. Cette distinction opposerait les « producteurs de valeur fonctionnelle » qui s'inscrivent dans une logique productive et se spécialisent étroitement sur la base de compétences technologiques, aux « intégrateurs » ou « confectionneurs de bouquets » qui, privilégiant une logique de marché, élaborent des bouquets aptes à satisfaire une clientèle de plus en plus exigeante. Les distributeurs les plus avancés dans le régime de croissance intensive ont vocation à nourrir les rangs des confectionneurs de bouquets. La description du métier et des compétences des distributeurs les plus engagés dans la démarche de création de valeur ajoutée commerciale présente en effet d'importantes similitudes avec celle que nous venons de faire du confectionneur de bouquets. Ikea, Décathlon, voire Carrefour ou Casino ont ainsi vocation à rejoindre le clan pour l'instant assez fermé des Walt Disney, ClubMed et autres Nike. On aurait tort cependant d'assimiler l'intégrateur au distributeur. D'une part, de nombreux distributeurs sont encore loin d'être en mesure d'endosser ce rôle. Ceux qui restent cantonnés aux fonctions traditionnelles de la grande distribution sont davantage assimilables à des producteurs de valeurs fonctionnelles (la production efficace d'un service de répartition des produits). D'autre part, la fonction d'intégrateur est également exercée par des acteurs provenant d'horizon divers : industriels, prestataires de services. Ce qui distingue le plus visiblement les distributeurs des autres confectionneurs de bouquets est l'exploitation (directe ou indirecte) d'un réseau de points de vente, source d'un pouvoir de marché considérable. Ce point distinctif est appelé à s'affaiblir avec le développement du commerce électronique. Nous verrons effectivement au cours du prochain chapitre que la menace que constitue le commerce électronique n'est pas seulement de détourner des magasins un volume de ventes sans doute non négligeable ; elle est peut-être plus encore de permettre la constitution et le développement rapide de nouvelles catégories d'intégrateurs qui compensent l'incapacité d'accéder aux clients par l'exploitation d'un réseau de points de vente par une capacité à susciter l'audience du public par l'offre d'un contenu non exclusivement commercial.

Conclusion

« Nous ne sommes pas des distributeurs mais des commerçants. La différence ? Les premiers se contentent de mettre à la disposition du consommateur des produits. Être commerçant suppose de bien comprendre ce dont il a besoin[1]. » Cette récente déclaration du directeur marketing de Carrefour témoigne de l'ampleur de la redéfinition des fonctions de la distribution qui accompagne le basculement dans le nouveau régime de croissance. Si le terme de « commerçant » est séduisant pour souligner le retour de la grande distribution sur des fonctions traditionnelles du commerce, il ne doit pas laisser penser que l'on en revient au fonctionnement des marchés qui prévalait avant la naissance de la grande distribution. Loin de là.

Les caractéristiques précises du système postfordien sont encore incertaines. Il semble clair cependant que, sur le plan de l'organisation de la production et du fonctionnement des marchés, le nouveau système se distingue par l'importance des compétences dans la définition du champ d'activité des entreprises, ainsi que par le pilotage des marchés par l'aval en raison du souci d'une prise en compte la plus fine possible des besoins des clients. Cette mutation générale du système économique provoque une gigantesque redistribution des cartes en ce qui concerne le rôle des différents intervenants le long des filières de production. Cette redistribution est l'occasion pour les entreprises de la grande distribution d'élargir considérablement leurs fonctions. De

1. Alain Thieffry, directeur du marketing de Carrefour, *Courrier Cadres*, n°1307, 2 juillet 1999, p. 29.

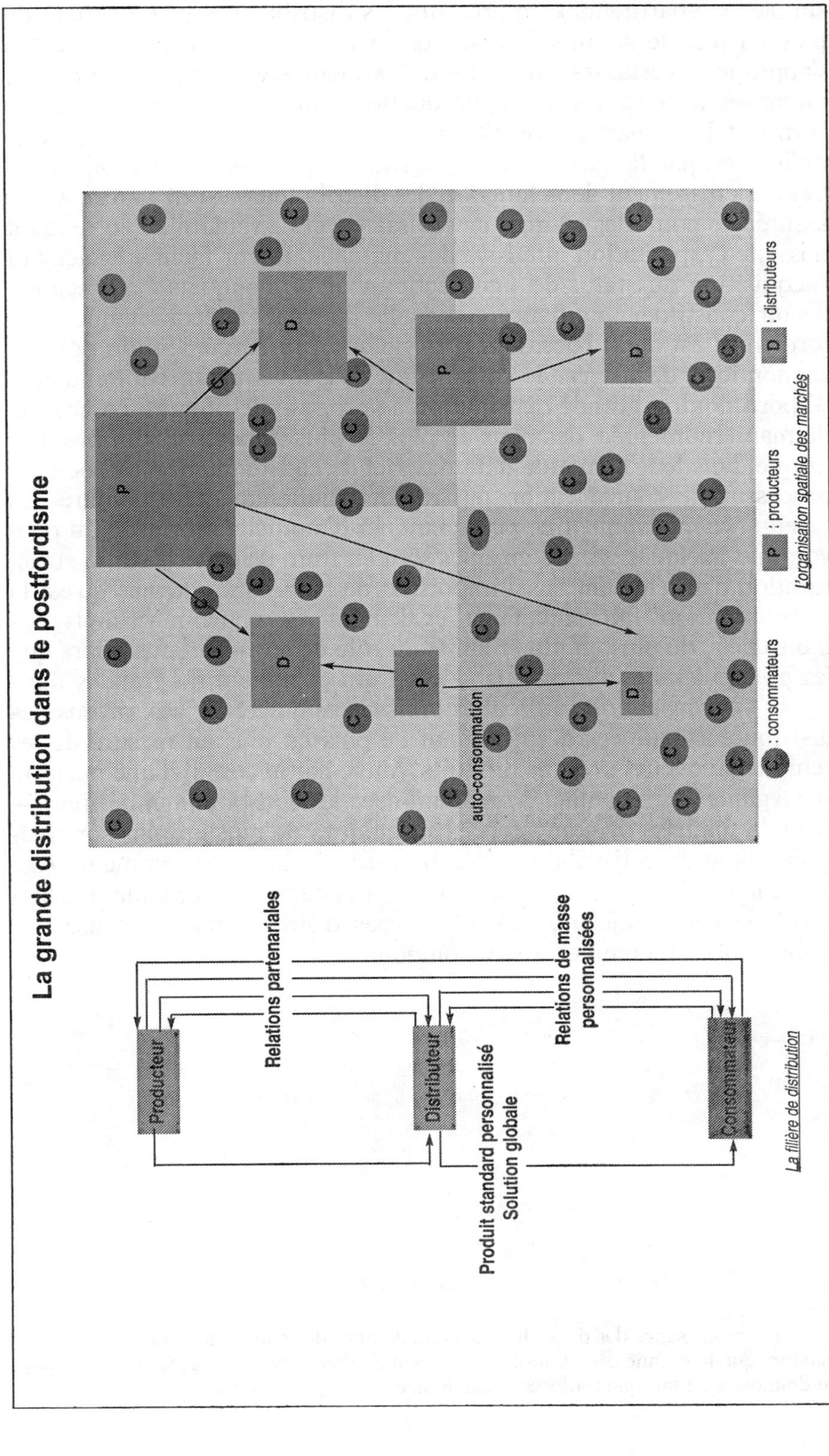
La grande distribution dans le postfordisme
Relations partenariales
Relations de masse personnalisées
Producteur
Distributeur
Consommateur
Produit standard personnalisé
Solution globale
La filière de distribution
auto-consommation
P
D
C
C : consommateurs
P : producteurs
D : distributeurs
L'organisation spatiale des marchés

simples « répartiteurs » de produits, les distributeurs revendiquent de plus en plus le statut de créateurs de valeur et pour cela tendent à s'approprier certaines fonctions qui avaient été, durant le fordisme, imparties à la sphère de la production : ajustement qualitatif entre l'offre et la demande, contribution à la création de valeur immatérielle... et, par là, gestion de la marque et pilotage de la production. Cet enrichissement de la fonction des distributeurs est de nature à leur assurer de nouvelles sources de croissance et de rentabilité en rendant possible l'exploitation intensive des marchés. Il leur facilite également l'acquisition du statut de « confectionneur de bouquets » qui semble devoir constituer une figure essentielle du système économique post-fordien. Il est enfin l'occasion d'un nouveau renforcement du pouvoir économique de la grande distribution. Vis-à-vis des consommateurs d'abord dont la grande distribution se propose de prendre en charge, de manière intégrée, des pans de plus en plus importants des besoins, jusque dans leur demande d'immatériel de consommation. Associé au processus de concentration qui réduit régulièrement le nombre des acteurs, ce mouvement ne peut manquer d'inquiéter en raison du pouvoir que quelques grands groupes sont en train d'acquérir sur la structuration d'un élément aussi important de la vie des citoyens qu'est la consommation[1]. Renforcement également du pouvoir vis-à-vis des industriels, de plus en plus réduits au rôle de sous-traitants, alors que les plus puissants d'entre eux — ceux qui exploitent de grandes marques — éprouvent des difficultés croissantes à accéder aux rayons des distributeurs que ces derniers sont de plus en plus en mesure de les remplir avec leurs propres produits. Ainsi, par le cumul d'une position stratégique — en contact permanent avec les consommateurs finals — et de la maîtrise de compétences spécifiques de plus en plus sophistiquées, la grande distribution est en passe de s'imposer comme un secteur majeur (au sens de structurant) du système économique. Reste à savoir si cette trajectoire ne risque pas d'être remise en cause par l'émergence du commerce électronique.

1. La puissance des dispositifs de connaissance des comportements des consommateurs que la grande distribution est en train de mettre en place avec les « entrepôts de données » ne fait que renforcer cette image de « big brother ».

CHAPITRE VIII

Négocier l'entrée dans le « cybercommerce »

Le montant des ventes réalisées sur Internet est aujourd'hui modeste[1]. Cependant, au-delà des divergences dans les prévisions, un consensus s'établit autour de l'idée que nous sommes en train de vivre les premiers soubresauts d'une nouvelle révolution commerciale, au moins aussi importante que celle qui a accompagné l'apparition des grands magasins ou des grandes surfaces alimentaires[2]. Certains jouent les Cassandre et prédisent la déconfiture du commerce « physique » en général et de la grande distribution en particulier. D'autres estiment que le développement du commerce électronique se cantonnera à des marchés bien spécifiques, aujourd'hui peu ou mal traités par le commerce « physique », et ne remettra pas en cause les fondements du paysage commercial contemporain car les consommateurs ne seraient pas prêt à troquer les plaisirs de l'achat en magasin contre des heures à passer en solitaire devant leur écran. La réalité se situe sans doute entre ces deux positions. En tout état de cause, l'apparition et le développement du commerce électronique constituent un choc

1. Voir chapitre II.

2. Bien au-delà du seul secteur du commerce, nombreux sont ceux qui voient dans Internet le fondement de la « nouvelle économie », le moteur de la phase ascendante d'un nouveau cycle long. C'est ainsi que, pour E. Quainon de la banque Paribas, « il ne s'agit déjà plus de se demander si l'on doit se développer *online* ! Tout acteur se doit de réfléchir à sa nouvelle stratégie *online* car le monde de l'Internet n'est que la partie émergée d'un iceberg, dont le nom générique pourrait être "changement de civilisation" » (Quainon [1999]).

qui affectera d'une manière ou d'une autre la trajectoire de la grande distribution. Toute réflexion prospective sur le commerce et la distribution se doit donc aujourd'hui d'intégrer le commerce électronique.

Nous manquons bien sûr de recul pour analyser l'avenir du commerce électronique et son impact sur le secteur de la distribution. Les informations disponibles à ce jour sont rares et de qualité inégale. Surtout, elles portent sur une réalité en constante évolution, si bien que les enseignements que l'on peut en tirer ne sont pas nécessairement des guides pertinents pour l'analyse de moyen et long terme.

Par exemple, les enquêtes disponibles sur le profil des « cyberconsommateurs » s'accordent sur un portrait type défini avec une netteté que l'on observe rarement lors de l'étude de phénomènes sociaux. En schématisant à peine, disons que début 2000, le cyberconsommateur est un homme de 25-40 ans, cadre, disposant de revenus confortables, habitant la région parisienne et rompu à l'utilisation de micro-informatique (en particulier dans le cadre de son activité professionnelle). Autrement dit, sur le plan statistique, acheter sur Internet requiert aujourd'hui de cumuler capital technique, capital culturel et capital économique.

Les facteurs qui motivent cette spécificité socio-démographique du « cyberconsommateur » sont aisément identifiables : familiarité avec le micro-ordinateur, possibilité de disposer à domicile d'un ordinateur suffisamment puissant et équipé d'un modem, moyens financiers permettant de supporter la charge des connexions au réseau... disposition à régler ses achats à distance par transmission de son numéro de carte bancaire, absence de craintes métaphysiques à l'égard de la technologie, capacités cognitives permettant de naviguer avec aisance sur le Web, de faire l'apprentissage de nouveaux comportements d'achat... Plusieurs de ces facteurs sont appelés à s'estomper, voire à disparaître, à courte échéance : le coût d'accès (en termes d'équipement et coûts de télécommunications) au commerce électronique devrait diminuer rapidement (les premières offres d'« abonnement » gratuit sont apparues en France en 1999, et le modèle économique de l'accès totalement gratuit est testé aux États-Unis), le prix des micro-ordinateurs diminue régulièrement... L'ergonomie de la navigation sur le réseau doit encore se simplifier. Les ménages peuvent déjà, ou pourront bientôt, accéder à Internet sans le recours à un micro-ordinateur, en utilisant leur téléphone mobile, un terminal spécialisé, leur poste de télévision raccordé à une antenne satellite ou au réseau câblé... Déjà sensiblement améliorée, la sécurité sur Internet (en particulier en matière de paiement à distance) devrait se renforcer encore très prochainement et le risque tomber à un niveau négligeable... Ces évolutions vont favoriser la diffusion de l'accès à Internet et multiplier le nombre des cyberconsommateurs. La spécificité du profil socio-démographique des pionniers s'estompera alors progressivement, comme s'est estompé celui (très différent) des pionniers de l'achat en grandes surfaces. Déjà un net mouvement de féminisation de la population des acheteurs sur Internet est perceptible, pendant que la proportion des seniors ayant rejoint les rangs des internautes progresse rapidement.

La réflexion prospective sur le commerce électronique doit être fondée, moins sur les observations disponibles, que sur l'analyse de ce qui fait la spécificité de ce nouveau circuit de distribution et de son degré d'adaptation aux nouvelles caractéristiques du système économique et social.

Je commencerai par identifier quelle pourrait être la position du commerce électronique dans le paysage commercial de demain. J'adopterai pour cela une approche macroéconomique consistant à resituer l'émergence du commerce électronique dans la dynamique de long terme d'adaptation du commerce aux mutations du système économique. Je compléterai ensuite cette première approche en adoptant le point de vue du consommateur afin d'analyser comment celui-ci est susceptible d'appréhender les caractéristiques distinctives du commerce électronique et de réagir à elles. Je pourrai alors préciser quelles seront les zones de concurrence et les zones de complémentarité entre commerce électronique et commerce physique.

Les distributeurs actuels risquent de perdre des parts de marchés face au développement de ce nouveau circuit ; ils seront naturellement portés (ce qu'ils font déjà) à y prendre position afin de tenter de retrouver les ventes perdues et de conquérir de nouveaux clients. Ils auront cependant à faire face à la concurrence d'autres prétendants de natures aussi variées que des distributeurs étrangers, des producteurs à la recherche de relations directes avec leurs clients, des spécialistes de l'informatique ou des télécommunications, ou encore des « jeunes pousses » (les fameuses « starts-ups ») porteuses d'une approche nouvelle du commerce, comme Boucicaud ou Leclerc en leur temps. Je réfléchirai à la place que les acteurs de la grande distribution sont susceptibles d'occuper dans un cybercommerce que tous s'accordent à anticiper comme très fortement concurrentiel.

Enfin, j'analyserai la manière dont la révolution du commerce virtuel risque d'influencer les évolutions en cours dans le commerce réel, telles que je les ai décrites tout au long de cet ouvrage.

Quelle place pour le commerce électronique ?

La prévision est particulièrement difficile quand le recul manque pour permettre le repérage de tendances et la mise à jour des déterminants du phénomène étudié. Le commerce électronique n'a réellement décollé que depuis une poignée d'années et l'état « préhistorique » dans lequel il se trouve ne nous renseigne que très imparfaitement, et probablement de manière biaisée, sur les caractéristiques qu'il présentera lorsqu'il aura atteint le régime de croisière. Mon analyse de la place que pourrait tenir le commerce électronique se situe dans le moyen et le long terme, par une double approche macro et microéconomique.

Le commerce électronique : un modèle de commerce associé à un nouveau cycle long de croissance ?

L'observation historique révèle qu'il s'est toujours établi une correspondance étroite entre la manière de produire et de consommer les richesses et les modalités de leur distribution (voir chapitre I). C'est d'ailleurs sur cette base que j'ai construit mon analyse de la « crise » de la grande distribution. Force est de constater que le commerce électronique présente un certain nombre de caractéristiques qui paraissent le rendre particulièrement adapté au système postfordien en formation.

Une forme de commerce associée à la technologie clé du nouveau régime de croissance

À chaque grande phase de l'histoire économique peuvent être rattachées un petit nombre de « technologies clés » qui, non seulement se situent au cœur des produits associés aux marchés les plus dynamiques, mais également affectent en profondeur la manière de produire, de consommer et de distribuer les richesses.

Ainsi, la première révolution industrielle (approximativement 1780-1840) était-elle fondée sur la machine à vapeur. L'industrialisation de la production permit l'extension des débouchés et mit fin à la personnalisation caractéristique de la relation que les artisans entretenaient avec leurs clients. La seconde révolution industrielle (1840-1880) a reposé sur la technologie des moteurs, le charbon et le transport ferroviaire. Les progrès de l'automatisation, couplés à la réduction très importante des coûts de transport, accentuèrent la dissociation spatiale entre production et consommation amorcée au cours de la période précédente, ce qui fut favorable au développement du commerce de gros et de détail. La troisième révolution industrielle (1880-1940), articulée autour de l'acier, de la chimie et de l'électricité (à l'origine de premières formes de télécommunications), prolongea les tendances précédentes, favorisa le développement de grandes sociétés de commerce exploitant des réseaux de succursales sur un espace géographique étendu, et marqua les premières étapes de la société de consommation. Avec la quatrième révolution industrielle, fondée sur l'automobile, le pétrole, et les industries de biens de consommation durables, la mobilité accrue de consommateurs au pouvoir d'achat en croissance rapide permit l'amorce d'une séparation entre les lieux de consommation et les lieux d'achat, rendant possible la massification de la distribution et la compression des coûts d'écoulement des produits.

Les technologies de l'information et de la communication constituent la technologie clé de la cinquième révolution industrielle en cours. Nous avons déjà pu constater comment ces technologies étaient en train de transformer le métier de distributeur en autorisant la rationalisation de l'organisation des flux logistiques, et en offrant la possibilité d'acquérir une connaissance beaucoup plus fine des comportements des consommateurs permettant d'engager avec eux des relations plus personnalisées. Mais, plus fondamentalement encore, les technologies de l'information et de la communication rendent aujourd'hui possible le développement de manières totalement inédites de distribuer les richesses, dont l'efficacité — et donc la compétitivité — est appelée à se nourrir des progrès rapides réalisés dans ce champ technologique. Le commerce électronique permet de franchir une étape de plus dans la dissociation spatiale entre les lieux de production, de distribution et de consommation ; l'espace à l'intérieur duquel le consommateur peut définir sa stratégie d'approvisionnement n'est plus limité par le temps et la distance, mais se définit potentiellement à l'échelle de la planète[1].

Mais gardons-nous d'un déterminisme technologique excessif. Si, à n'en pas douter, les technologies de l'information et de la communication ne peuvent qu'affecter en profondeur la sphère de la distribution (comme elles affectent en profondeur celles de la production et de la consommation), les modalités de cette action peuvent être extrêmement variées. À ce stade, la virtualité du commerce électronique — son inscription organique dans les technologies de l'information — n'est sans doute pas suffisante pour lui garantir le statut de nouvelle forme dominante de distribution. Par contre, il est frappant de constater que le commerce électronique présente un certain nombre de caractères distinctifs qui semblent particulièrement en phase avec des aspects importants du système économique et social contemporain.

La fin de la « pénurie de linéaires »

Le commerce électronique fait voler en éclats la rareté de l'espace commercial. Face au nombre sans cesse croissant de produits mis sur le marché par les industriels, les « linéaires » des distributeurs apparaissent de plus en plus comme une ressource rare et essentielle, génératrice d'une rente pour les distributeurs qui en organisent l'accès. Avec le commerce électronique, la pénurie d'espace commercial disparaît et il ne semble

1. En réalité, si le consommateur placé devant son terminal peut effectivement éprouver un sentiment d'ubiquité lors de la consultation des sites, la dure réalité de la spatialisation des activités se rappelle à lui lors du passage de la commande, lorsque entre en jeu le coût de l'acheminement jusqu'à lui du produit acheté. Ce coût est évidemment très inégal selon les produits (voir plus bas), et s'inscrit dans une tendance structurelle à la baisse.

plus exister de limites à la capacité d'exposition des produits. Les producteurs y voient donc une nouvelle voie d'accès au marché ; les candidats à l'entrée dans le commerce de détail trouvent ici un moyen de contourner les obstacles réglementaires (autorisations d'ouverture), économiques (saturation du potentiel d'ouvertures) et capitalistiques (coût de la création d'un réseau disposant de la taille critique) ; pour le consommateur, c'est (ou plutôt, ce sera) l'accès à un choix sans commune mesure avec celui qu'est capable de lui offrir le commerce physique dans sa zone d'approvisionnement, ce choix lui garantissant de trouver des offres répondant le plus précisément possible à la spécificité de ses besoins.

Un circuit de distribution cohérent avec le brouillage des espaces-temps des modes de vie

De manière générale, comme l'écrit D. Wolton[1], les technologies de l'information « sont le symbole de la liberté et de la capacité à maîtriser le temps et l'espace, un peu comme la voiture dans les années 1930. Trois mots sont essentiels pour comprendre le succès des nouvelles techniques : autonomie, maîtrise et vitesse. » C'est le cyberconsommateur qui effectue la démarche active de visiter un site marchand. Il est libre de s'y connecter à toute heure du jour ou de la nuit, à partir du lieu qui lui sied le mieux, d'organiser sa visite à son gré, de demeurer une minute ou une heure dans la boutique... et de quitter le site quand bon lui semble par un simple clic de souris... Il est significatif que 54 % des clients de la vente par correspondance pointent le fait de pouvoir « commander quand on veut » comme un des « avantages les plus marquants » de cette forme de vente (ils sont également 38 % à considérer comme un « avantage des plus marquants » le fait de n'avoir pas à subir l'influence d'un vendeur)[2]. De la même façon, la praticité arrive en tête des motivations des abonnés du site d'assistance à l'achat LeGuide interrogés par l'Institut Louis Harris en décembre 2000 et se déclarant prêts à réaliser des achats de Noël sur Internet. Là où le commerce en magasin témoigne d'importantes rigidités spatiales et temporelles, le commerce électronique est capable de s'insinuer dans chacun des couples espace-temps de la vie des individus, de répondre ainsi à l'hétérogénéité croissante des situations individuelles à l'égard du temps. Il devrait donc s'inscrire naturellement dans la tendance à la réduction du temps que les consommateurs consacrent aux courses. 58 % des clients de la vente par correspondance considèrent le gain de temps comme l'un des « avantages les plus marquants » de cette forme de vente sur les formes concurrentes[3].

---

1. Wolton [1999].
2. Enquête de la Fédération des entreprises de la vente à distance, 1994.
3. Il s'agit de l'« avantage » qui se classe en première position. Enquête de la Fédération des entreprises de la vente à distance, 1994.

Un instrument de pouvoir au service du consommateur stratège

Face à un consommateur de plus en plus capable et désireux de construire ses stratégies de consommation, de se montrer maître dans l'acte d'achat, Internet se présente comme un outil formidable tant par sa puissance que par son adaptabilité à l'usage que chacun veut en faire. Le consommateur accède à un univers de choix sans commune mesure avec celui que lui offre le commerce en magasin ; il bénéficie d'une information d'une grande richesse sur les produits et dispose d'instruments ou de l'assistance d'intermédiaires qui l'aident à traiter cette information pour simplifier la prise de décision et réaliser un achat très précisément adapté à son besoin. En autorisant « un transfert de pouvoir au profit des acheteurs[1] », le commerce électronique s'inscrit dans une tendance lourde des comportements de consommation. Déjà, Internet a fait naître de nouveaux intermédiaires qui organisent ce pouvoir des consommateurs :

— Les « agents intelligents » aident le consommateur à réunir l'information sur l'offre disponible, sur les prix en particulier. Ces logiciels de recherche, qui peuvent être chargés sur le micro-ordinateur de l'internaute ou bien être utilisés en ligne sur un site spécialisé, confèrent au consommateur un véritable don d'ubiquité en lui permettant de réunir en quelques secondes l'information sur l'ensemble des offres présentées sur le Web. Là où, dans le monde physique, les contraintes d'espace et de temps limitent en général à quelques unités le nombre de points de vente que le consommateur est susceptible de mettre en concurrence, sur Internet, l'information dont dispose l'acheteur le met en position de faire jouer pleinement les mécanismes de concurrence.

— Internet a donné une nouvelle jeunesse aux ventes aux enchères. Sur les sites d'enchères, c'est le consommateur qui fixe le prix. Si la plupart des ventes aux enchères sur Internet portent sur des produits d'occasion entre particuliers — une forme moderne de petites annonces —, elles se développent également sur le marché du neuf. Le cabinet américain Forrester Resarch estime qu'en 2003, 70 % des enchères sur le Net seront directement offertes par les fabricants ou les distributeurs. Ce sont les voyagistes (vols, mais aussi séjours) qui ont ouvert la voie afin de favoriser l'écoulement de leurs excédents peu de temps avant l'échéance. On voit également se multiplier les sites spécialisés dans la vente aux enchères de produits neufs. Par exemple, sur AvosPrix.com, le prix de chaque bien ou service vendu diminue au cours du temps. L'acheteur décide du prix auquel il souhaite acheter mais court le risque que le produit convoité ait été déjà vendu à un acheteur moins exigeant sur le prix.

1. Introduction du second rapport Lorenz.

— Internet facilite la syndication d'acheteurs, au travers de sites d'achats groupés, sorte de centrales d'achat virtuelles où le prix des produits vendus décroît en fonction du nombre des acheteurs selon les termes des négociations entre l'intermédiaire et les fournisseurs.

Au-delà de l'action de ces intermédiaires, dont le nombre et la diversité s'accroissent chaque jour, le pouvoir des consommateurs se trouve renforcé sur Internet par la facilité de communication entre les cyberconsommateurs eux-mêmes. Au moyen de « listes de diffusion », de « forum », de « chat room »... l'information se diffuse sur une base interpersonnelle avec une facilité et une rapidité déconcertantes. Un client insatisfait par la prestation d'un site marchand peut très facilement « prendre la parole » et faire partager l'objet de son ressentiment à une large population de cyberconsommateurs. De la même manière peuvent se diffuser les informations sur les bonnes affaires du moment.

Un puissant instrument de personnalisation de la relation distributeur-consommateur

Le commerce électronique facilite l'établissement d'une relation de « un à un » (« one to one ») entre le cybercommerçant et chacun de ses clients. En suivant et en mémorisant le cheminement du client sur le site (temps passé, produits examinés, information consultée...), en collectant des informations directes sur son identité et son profil (notamment au moment du paiement), en mémorisant ses achats passés, en sollicitant ses réactions et opinions..., le cybercommerçant dispose des moyens de parvenir à une connaissance assez précise de chacun de ses clients. Le coût de constitution d'une telle information au sein des points de vente physique serait tout simplement prohibitif. C'est en se fondant sur ces informations et en les traitant au moyen de technologies de plus en plus puissantes, que le cybercommerçant peut tenter d'établir une relation d'« un à un » dans des conditions de coûts qui restent acceptables dans une logique de marchés de masse. Le commerce électronique jouit donc d'atouts incontestables dans la capacité à répondre à la demande de personnalisation des consommateurs.

Cette personnalisation de la relation, dont nous ne sommes très certainement qu'aux balbutiements, emprunte des voies variées et complémentaires : traitement nominatif du client, adaptation du « marchandisage » (de la structure du site et de la présentation de l'offre), mise en avant de produits spécifiques, fidélisation, promotions personnalisées, expédition d'informations spécifiques à l'adresse électronique du client... Le cyberdistributeur dispose de la possibilité de moduler ses tarifs en fonction du profil des consommateurs, selon la concurrence locale[1], le niveau de ses stocks... Le consommateur en

1. Ooshop, l'hypermarché virtuel de Carrefour-Promodès, aligne ses prix sur ceux des hypers de la zone d'approvisionnement du client, identifiée à partir de son adresse.

tire non seulement le sentiment d'être traité comme une personne parfaitement individualisée, mais il bénéficie d'offres, de tarifs, de services annexes définis en fonction de la spécificité de ses besoins.

Une vocation naturelle à s'inscrire dans une logique de bouquets

Le commerce électronique bénéficie d'une vocation naturelle à s'inscrire dans une autre dimension du nouveau modèle de consommation : la proposition de solutions globales par l'offre de bouquets. Le commerce électronique dispose sur ce point de trois grands avantages par rapport au commerce physique :

— Une plus grande malléabilité de la composition des assortiments. J'ai évoqué au cours du chapitre IV les difficultés de marchandisage associées à l'introduction des logiques d'univers dans les grandes surfaces : un même produit pouvant être rattaché à des univers différents, le nombre de ses points d'implantation dans le magasin doit être multiplié d'autant, ce qui pose naturellement des problèmes de gestion de la surface commerciale. Sur Internet, les contraintes d'espace n'existent pas. Mieux, les univers ou les bouquets peuvent être composés et recomposés à l'infini (par de simples liens hypertext) et de manière personnalisée en fonction des caractéristiques de chaque client. En outre, à cette plasticité de l'assortiment de chaque site marchand s'ajoute la grande diversité de bouquets qui est proposée aux consommateurs par l'ensemble des sites. Cette diversité est gage d'une plus grande différenciation des bouquets proposés et, partant, d'une adaptation plus fine à la spécificité des besoins, des attentes, de l'immatériel de consommation de chaque consommateur.

— Une plus grande facilité à construire les réseaux produisant les bouquets. Composer et offrir un bouquet implique, on l'a vu, de réunir et d'articuler des composantes qui émanent souvent de filières de production très différentes. Les « confectionneurs de bouquets » doivent donc aussi être des animateurs de réseaux, c'est-à-dire coordonner et intégrer l'offre des producteurs de chacun des éléments du bouquet. Ce travail de mise en réseau est grandement facilité sur Internet. Outre qu'alliances et accords de coopération sont des éléments ordinaires de l'économie des activités liées aux technologies de l'information et de la communication, la mise en œuvre effective d'une démarche coopérative en vue de la constitution de bouquets est d'une relative facilité. Au niveau le plus élémentaire, elle passe par l'établissement de liens entre des sites offrant des prestations complémentaires. C'est alors au consommateur qu'incombe la charge de procéder à l'assemblage du bouquet à partir des éléments qui auront été mis en réseau. De manière plus élaborée, l'offre de chaque cybercommerçant se présentant sous la forme d'une base de données, il est facile de constituer des bouquets par l'établissement de liens, non pas entre les sites, mais entre les bases de données des sites. Cette pratique est déjà courante dans le domaine des petites annonces sur Internet où certains « généralistes » des annonces (en particulier, les grands portails) assurent la convergence de différentes bases de données qui sont généralement consultables sur le site de leur producteur. Il est donc relativement aisé pour un site marchand désireux de se positionner comme un offreur de bouquets de présenter une offre d'une grande diversité sans avoir à supporter la complexité de la gestion que cela impliquerait dans un commerce en magasin : l'offre est rassemblée sur le site, mais la gestion (sélection des fournisseurs et des produits, logistique de l'achat, et pourquoi pas, logistique de la vente...) est assurée, pour sa partie, par chacun des partenaires du réseau[1].

— Des bouquets qui mêlent facilement éléments marchands et non marchands. Un univers de consommation comporte généralement un nombre important de dimensions qui impliquent, bien sûr, le besoin d'acquérir un ensemble plus ou moins étendu de biens et services, mais qui renvoient également à des composantes non marchandes : information, discussion, éléments de culture communautaire... Certaines enseignes du commerce en magasin (par exemple la Fnac ou Ikea) s'efforcent d'intégrer ces dimensions dans leur offre. Cette démarche est cependant beaucoup plus naturelle et généralement moins coûteuse sur Internet. Un site marchand peut facilement offrir un ensemble de prestations non marchandes s'inscrivant dans l'univers de consommation retenu et venant enrichir les bouquets proposés. Le site de la Fnac en fournit une bonne illustration. En supplément des services destinés à conseiller et à accompagner le client dans l'acte d'achat, le site propose un vaste ensemble de rubriques sans vocation commerciale immédiate : actualité culturelle, portraits et interviews d'artistes, chronique des nouveaux produits, exposition de photos, accès à des radios en ligne ainsi qu'à des événements-conférences organisés par la Fnac que l'internaute peut écouter et visionner en direct ou en différé (« canal Fnac Interactive »). Le tout est complété par un service de messagerie, de forum et de « chat ». Avec l'ensemble de ces rubriques, la Fnac offre à ses visiteurs la possibilité de se constituer un bouquet de services personnalisé autour de la culture. Les visites sur le site ne sont plus exclusivement motivées par le souci d'acheter, mais la fidélisation qui est opérée grâce à la richesse et à la cohésion du contenu fait que la Fnac se place naturellement en situation privilégiée lorsque le visiteur exprimera le besoin de réaliser un achat. Autre exemple : la jardinerie virtuelle Plantes-et-jardins.com. Ce site créé en 1999 par une start-up ne se contente pas d'offrir une gamme d'articles plus large que les plus grandes jardineries physiques ; il cherche à s'imposer comme un véritable portail

1. On est ici dans une logique assez proche de celle de grands magasins qui accueillent les « corners » de certains de leurs fournisseurs exploitant de grandes marques.

dédié au jardinage. Pour cela, le visiteur peut accéder librement à de multiples conseils et informations sur les plantes et leur culture. Un magazine en ligne lui est proposé. En consultant l'agenda, il peut suivre le calendrier des travaux et connaître les différentes manifestations par département. Enfin, grâce au forum, il peut soumettre ses problèmes aux autres visiteurs du site et s'enrichir à la lecture des échanges qui s'y déroulent. On voit au travers de ces exemples que, non seulement, la logique de bouquet peut être poussée beaucoup plus loin sur le Web que dans le cadre de magasins, mais aussi que le commerce électronique engage le distributeur à s'écarter sensiblement du cœur de son métier de commerçant. Il devient donc parfaitement envisageable que cette fonction de confectionneur de bouquets sur le Net puisse être endossée par des acteurs qui ne sont pas distributeurs, le rôle de ces derniers se limitant à la fourniture de tout ou partie des éléments marchands de bouquets conçus, animés et diffusés par d'autres. De tels acteurs existent déjà et constituent vraisemblablement la menace la plus sérieuse qui pèse sur la capacité des distributeurs à retrouver sur le Net les clients (ou tout au moins les transactions) qu'ils auront perdus dans leurs magasins. Je reviendrai sur cette question essentielle.

Le commerce électronique, accélérateur de la mondialisation

Le commerce électronique participe du processus de mondialisation de l'économie, qui constitue l'un des caractères forts du nouveau système économique. En dépit de l'engagement récent des grands groupes de distribution dans des stratégies d'internationalisation tous azimuts, la distribution est un secteur encore peu internationalisé en comparaison de l'automobile, de la pharmacie, ou de l'informatique. La convergence (relative) des modèles de consommation à travers le monde, la « globalisation » des multinationales produisant les biens de consommation, la poursuite du processus de réduction des coûts de transport... rendent possible aujourd'hui dans de nombreux secteurs une organisation mondiale des marchés. La contrainte de proximité physique entre les lieux de consommation et les lieux de distribution constitue cependant un frein important à la mondialisation des marchés que le commerce électronique permet, pour partie, de desserrer. Pour les produits commercialisables sur le Net (voir plus bas), les marchés auront ainsi tendance à se définir au niveau mondial... Les segmentations de clientèles accorderont de moins en moins d'importance au critère géographique, pour se fonder sur les communautés réunissant, à travers le monde, des consommateurs partageant des centres d'intérêt, des attentes, des normes de comportement... L'activité de cyberdistributeurs tels que CDNow ou Amazon s'est, dès l'origine, constituée sur une base internationale, alors que l'internationalisation d'un groupe de distribution physique comme la Fnac est un processus beaucoup plus complexe et qui, aujourd'hui, est nettement moins avancé en dépit d'un démarrage antérieur.

Enfin, dans sa dimension « BtoB » (entreprise à entreprise), le commerce électronique est promis à un avenir radieux. Les transactions interentreprises représentent près de 80 % du commerce sur Internet. Le cabinet Gartner Group estime le montant du marché à 145 milliards de dollars pour 1999 et prévoit qu'il atteindra 7 290 milliards de dollars en 2004... La presse spécialisée se fait chaque jour l'écho de la création de « portails d'achat » à l'initiative, individuelle ou collective, de grandes entreprises. L'échelle spatiale de la mise en relation des offres et des demandes devient alors naturellement mondiale. La grande distribution, comme on l'a vu (chapitre III), a été parmi les premiers secteurs à exploiter l'opportunité offerte par Internet pour accélérer le processus de globalisation de ses achats.

Le commerce électronique réunit ainsi un certain nombre de caractéristiques qui semblent le désigner comme un mode de distribution particulièrement adapté au système postfordien fondé sur la personnalisation de masse. À ce titre, il est certainement appelé à occuper une place non marginale dans la distribution de demain. Reste à préciser de manière plus qualitative la nature de cette place. Comment le commerce électronique se positionnera-t-il par rapport au commerce physique ? Sur quels produits et vis-à-vis de quelles clientèles devrait-il parvenir à s'imposer avec le plus de facilité ?

DES FORMES DE COMMERCE COMPLÉMENTAIRES DU POINT DE VUE DE LA VALEUR D'USAGE DE L'ACTE D'ACHAT

Si le commerce électronique semble suffisamment bien inscrit dans les tendances de fond de l'économie, il est peu vraisemblable qu'il parvienne dans un temps raisonnable à marginaliser le commerce physique. Manifestement, ces deux formes de distribution présentent des caractéristiques très différentes qui devraient les rendre plus complémentaires que concurrentes.

Afin d'explorer cette question de la complémentarité, j'adopterai une approche microéconomique consistant à partir de ce qui constitue les fondements de l'acte d'achat. Pour un consommateur, faire un achat, c'est acquérir de l'utilité. Cette utilité est d'abord tirée de la valeur d'usage du bien ou du service acquis. La contrepartie est la dépense de revenu que suscite le fait de devoir payer le prix du produit pour s'en porter acquéreur et qui implique de renoncer à l'utilité qu'aurait pu procurer la consommation d'autres produits[1]. En première analyse, la décision d'achat repose donc sur la comparaison de l'utilité anticipée de la consommation d'un produit avec son prix.

---

1. Ce que les économistes appellent le « coût d'opportunité ».

Avant de consommer un produit (en d'en tirer l'utilité projetée) il faut l'acquérir, c'est-à-dire effectuer un acte d'achat. En tant que tel, l'acte d'achat est générateur de plaisirs et de peines, d'utilité et de désutilité. Généralement, les économistes s'intéressent surtout aux peines associées à l'acte d'achat : besoin de réunir de l'information, de se déplacer, d'effectuer des comparaisons, de prendre une décision, le cas échéant au terme d'une négociation. En bref, acheter induit une dépense de ressources : temps, argent, fatigue, capacités cognitives et résolutoires... Mais l'acte d'achat est également générateur d'utilité[1] : plaisir de sortir, de rencontrer du monde, de communiquer avec un vendeur ou une caissière, de découvrir des produits, de bénéficier de conseils, d'essayer les produits, d'en devenir acquéreur et d'en prendre possession... Le bilan des facteurs d'utilité et de désutilité définit la « valeur d'usage de l'acte d'achat ». Celle-ci peut être positive ou négative. Lorsqu'elle est négative, elle peut conduire à l'absence d'achat, l'utilité attendue de la consommation du produit ne suffisant pas à compenser l'ensemble des facteurs de désutilité. Inversement, une valeur d'usage de l'acte d'achat positive peut conduire un consommateur à acquérir un produit évalué défavorablement sur la seule base du rapport utilité/prix.

Il est intuitivement clair que la manière dont est perçu et évalué chaque facteur d'utilité ou de désutilité qui compose la valeur d'usage de l'acte d'achat est variable selon les individus et les produits. Elle diffère également en fonction des circuits de distribution. C'est sur la base de la comparaison de la valeur d'usage de l'acte d'achat associée à chaque circuit que le consommateur détermine où le produit sera acquis.

J'ai tenté de situer les différentes formes de distribution, classées selon leur degré de « matérialité », par rapport à quelques-uns des facteurs générateurs d'utilité ou de désutilité. Comme le montre le tableau ci-dessous, l'avantage comparatif du commerce physique par rapport aux formes dématérialisées consiste fondamentalement dans la convivialité et l'accès immédiat au produit, ainsi que — dans une moindre mesure — dans la facilité d'exploration de l'offre. Le commerce traditionnel souffre, par contre, d'un fort désavantage comparatif concernant le déplacement et la consommation de temps. Le commerce électronique est quasiment l'image inversée du commerce traditionnel. Il jouit d'un avantage comparatif aux plans du déplacement et du

---

1. Les deux sources d'utilité (celle issue de la consommation du produit et celle qui découle simplement de l'acte d'achat) ne sont bien sûr pas indépendantes, et l'un des caractères les plus novateurs des stratégies en voie de diffusion dans la grande distribution consiste précisément à accroître l'utilité tirée de l'acquisition des produits par un service commercial à même d'accroître la valeur symbolique des produits. Ainsi, la consommation d'un même produit peut ne pas restituer la même « utilité » au consommateur selon le point de vente dans lequel il a été acheté.

temps. Ses désavantages comparatifs résident principalement dans l'accès non immédiat au produit et dans le manque de convivialité. Cette opposition entre les formes de commerce situées aux extrémités de l'échelle de la dématérialisation incite à penser qu'elles sont plus complémentaires que concurrentes. Chaque forme de commerce devra avoir son « terrain de chasse privilégié » en termes de catégories de produits et de consommateurs. L'émergence du commerce électronique s'inscrit ainsi de manière parfaitement cohérente avec le mouvement de « fragmentation » de l'appareil commercial, caractéristique du régime de croissance intensive, que j'ai décrit dans les chapitres IV et VI.

Valeur d'usage du service commercial et avantage comparatif des formes commerciales selon leur degré de matérialité

	Se déplacer	Consommer du temps	Explorer (découvrir, voir, toucher...)	Mobiliser des ressources cognitives	Convivialité	Accéder au produit
Point de vente traditionnel	– – –	– – –	++	–	+++	+++
Magasin d'exposition	– – –	– –	+++	– –	+++	– –
VPC	++	++	– – –	+	– – –	– –
TV-achat	+	–	– – –	++	– –	– –
Internet	+++	+++	–	– –	– –	– –

Les formes de commerce présentant un degré de dématérialisation intermédiaire souffrent d'avantages comparatifs moins marqués. Par exemple, le magasin d'exposition (où l'offre n'est disponible que sur commande) est plus proche du commerce traditionnel. Il offre la convivialité et peut même surclasser le point de vente traditionnel sur le registre de l'exploration (plus de produits présentés, théâtralisation de l'offre...). Il souffre des mêmes désavantages comparatifs mais y ajoute la non-disponibilité immédiate du produit. La vente par correspondance (VPC) présente de nombreuses similitudes avec le commerce électronique tout en étant sans doute moins efficace du point de vue du déplacement, de la consommation de temps et du potentiel d'exploration, étant donné la capacité qu'offre (ou en tout cas qu'offrira) Internet d'accéder simultanément à tous les « catalogues » dont le contenu pourra être beaucoup plus riche que celui des supports papier. Ce n'est sans doute pas un hasard si les sociétés de VPC se sont lancées les premières dans le commerce électronique : outre la proximité avec leur « métier traditionnel », elles seront sans doute les plus exposées à la concurrence du commerce électronique, lorsque l'affaiblissement des freins actuels permettra une démocratisation de l'accès à Internet vers les cibles privilégiées de la VPC. Enfin, le TV-achat semble être relativement mal positionné par rapport aux autres formes de commerce. S'il évite le déplacement et permet d'économiser du temps par rapport au commerce « traditionnel », il est beaucoup moins efficace sur ce registre que la VPC ou le commerce électronique. Il souffre d'un franc désavantage comparatif sur le plan de la capacité d'exploration (offre très limitée, position très passive du consommateur). Son principal atout est de permettre une faible mobilisation des ressources cognitives de l'acheteur...

Si commerce traditionnel et commerce électronique doivent s'affirmer comme complémentaires, il convient de rechercher quelles seront les segmentations dans l'univers des caractéristiques des consommateurs et dans celui des produits à partir desquels se définiront les territoires respectifs. Dans ce dessein, il est nécessaire d'affiner l'analyse des fondements de l'acte d'achat et de la valeur d'usage du service commercial.

Une approche par la décomposition du processus d'achat

On peut schématiser le processus qui conduit le consommateur à se porter acquéreur d'un bien ou d'un service particulier de la manière suivante. Un bien ou un service n'est jamais demandé pour lui-même mais toujours pour sa capacité à résoudre, de manière autonome ou en combinaison avec d'autres biens ou services, un « problème de consommation » : se nourrir, se distraire, éduquer ses enfants, affirmer sa personnalité... Le point de départ du processus d'achat est donc l'émergence d'un « problème de consommation » et le désir de le résoudre. La seconde étape consiste dans la définition de la « solution » à ce problème de consommation, c'est-à-dire l'identification de la nature des biens et services susceptibles d'apporter une réponse pertinente au problème de consommation. La définition de la solution oriente donc le consommateur vers un certain nombre de biens ou de services « génériques », c'est-à-dire définis comme autant de paquets de caractéristiques recherchées en raison de leur capacité à contribuer à la solution du problème de consommation. Enfin, le consommateur explore l'offre disponible pour chaque bien ou service générique qui entre dans la définition de la solution ; de l'ensemble des variétés disponibles, il sélectionne ainsi l'« article » (une « référence » dans le langage des professionnels des marchés de grande consommation) qui sera l'objet de son achat et de sa consommation.

Pour le consommateur, chaque étape du processus d'achat soulève des problèmes à résoudre spécifiques et suscite des attentes particulières à l'égard du commerce. Autrement dit, la composition de la valeur d'usage du service commercial est définie différemment par le consommateur selon qu'il en est au stade de la définition de la solution, à celui de l'identification du ou des produits génériques, ou enfin à celui de la sélection des articles. Les avantages comparatifs des différentes formes de commerce font que leur capacité à générer de la valeur d'usage pour le consommateur est inégale aux différentes étapes du processus.

Reprenons chacune des étapes du processus d'achat à rebours, c'est-à-dire en partant de l'article pour remonter vers la solution.

L'acquisition de l'article

Partons donc d'une situation dans laquelle le consommateur connaît précisément l'article dont il veut se porter acquéreur : un matelas Merinos L2000, le dernier CD d'Elton John, une boîte de raviolis Buitoni, ou une carte d'extension pour un synthétiseur Roland JV1080... Le très fort degré de formalisation de la demande avant l'engagement du processus d'achat peut résulter de la publicité sur des marques fortes, d'un effet d'imitation, d'une préconisation dans un magazine, du remplacement d'un article dont la consommation a donné satisfaction, de l'aboutissement d'un processus plus ou moins long de recherche d'information de la part du consommateur (voir étapes antérieures du processus d'achat)... Les principaux facteurs intervenant dans la valeur d'usage de l'acte d'achat sont alors principalement : le prix auquel le consommateur peut accéder à l'article, l'accessibilité du point de vente et la disponibilité de l'article ainsi, éventuellement, que les services connexes proposés par le distributeur (service après-vente, reprise, financement...).

Il est difficile de définir de manière univoque quelles sont les positions respectives du commerce en magasin et du commerce électronique vis-à-vis de ces différents facteurs.

Sur le plan de la disponibilité, les délais de livraison pénalisent le commerce électronique face à des magasins disposant du produit en stock.

L'accessibilité du commerce matériel dépend de la localisation du client : celui qui réside dans une grande agglomération se trouve très favorisé par rapport à celui qui habite au sein d'une zone rurale. Elle dépend aussi de la densité du circuit de distribution du produit considéré, qui est d'autant plus réduite que l'article en question s'adresse à une cible de clientèle restreinte (on trouve plus facilement une boulangerie qu'un marchand de bonsaïs). L'une des forces majeures du commerce électronique est que chaque cyberboutique se trouve aisément accessible à chaque cyberconsommateur. Amazon.com propose aux États-Unis plus de 2 millions de références de livres, soit près de 10 fois plus que les plus grandes librairies du monde... Et chacun n'a pas la chance de disposer d'une des plus grandes librairies du monde dans sa zone d'approvisionnement !

On peut supposer que le commerce physique dispose d'un avantage comparatif sur le plan des services connexes, en tout cas lorsque ceux-ci impliquent la proximité physique et le contact interpersonnel et que le cybercommerçant ne dispose pas de relais locaux. Le commerce électronique peut, par contre, se révéler plus performant dans la minimisation des coûts de transaction pour l'acheteur : plus d'attente aux caisses, le paiement s'effectue d'un clic[1] ; pas de temps de déplacement, l'accès aux sites marchands pouvant se faire du domicile, du lieu de travail, de lieux publics (couloirs du métro, stations-service...) et, désormais, de n'importe où, grâce au téléphone mobile. Il sera de plus en plus facile d'effectuer des achats sur le Net sans avoir à prévoir un budget temps spécifique pour cela, par l'exploitation des « temps morts » associés à un déplacement, une pause dans son travail...

Enfin, concernant la question capitale du prix[2], la position des deux circuits est *a priori* indéterminée. Bien entendu, le cybercommerçant économise sur les coûts de vente en magasin (loyer, aménagement, main-d'œuvre de vente...). Chez Amazon.com, l'effectif employé par unité de chiffre d'affaires est inférieur d'un tiers à celui du leader américain de la librairie « physique », Barnes & Noble. Soulignons cependant que le personnel d'une « cyberboutique », qui compte de nombreux informaticiens, est en moyenne sensiblement plus qualifié que celui d'une boutique traditionnelle. Mais l'économie que réalise le cyber-commerçant par la virtualisation de la boutique est surtout à mettre en regard des coûts logistiques[3]. Contrairement au commerce physique, le commerce électronique (comme la plupart des formes de commerce à distance) doit traiter chaque client individuellement, sur le plan de la manutention comme sur celui de l'expédition. Là où la grande distribution optimise des flux logistiques amont massifiés, fait venir à elle les clients, leur laisse le soin de « préparer leur commande » et de repartir avec les produits achetés, le commerce électronique doit, pour être en mesure de traiter individuellement chaque commande, déployer une logistique aval qui s'ajoute à la logistique amont et qui est nécessairement génératrice d'un surcoût par rapport au commerce physique[4]. On relèvera cependant deux exceptions notables à ce schéma général : les produits lourds et/ou encombrants que

---

1. Tout au moins pour les clients réguliers qui ont déjà saisi toutes leurs coordonnées.

2. Lorsqu'il s'agit d'un article parfaitement identifié, le consommateur n'est disposé à supporter un écart de prix entre deux distributeurs que si celui-ci est totalement contrebalancé par l'évaluation qui est faite du supplément de service commercial fourni.

3. On notera de nouveau la grande proximité du commerce électronique et de la vente par correspondance. L'exploitation d'un site Web peut cependant très certainement permettre d'économiser sur les frais de fabrication et d'expédition des catalogues et autres courriers publicitaires, qui représentent près de 22 % du montant des ventes des entreprises de vente par correspondance.

4. La Fédération de la vente à distance évalue les frais d'expédition des colis à un montant équivalent à environ 8 % des ventes des entreprises de vente par correspondance.

les consommateurs en général se font livrer par le magasin ; les produits « numérisés » que le cybervendeur peut (ou pourra) livrer à son client directement par le réseau (musique, textes, images, logiciels...).

Enfin, le prix auquel est vendu un produit n'est pas seulement fonction des coûts de vente et de distribution ; il dépend également de la politique tarifaire des distributeurs, laquelle est elle-même fonction de l'intensité de la concurrence. La faible mobilité spatiale des consommateurs réduit le nombre de commerçants mis directement en concurrence. Internet autorise la mise en concurrence frontale de l'ensemble des cyberdistributeurs, quelle que soit leur localisation. Comme nous l'avons vu, des outils sont créés pour aider le cyberconsommateur dans la tâche de comparer les offres qui lui sont faites. En quelques secondes, c'est l'ensemble du monde virtuel (ou presque) qui est parcouru ; le consommateur découvre le don d'ubiquité et devient capable de dénicher le prix le plus bas où qu'il se trouve... La technologie des agents intelligents n'en est qu'à ses balbutiements. Ces logiciels assistants d'achat sont appelés à devenir de plus en plus conviviaux, de plus en plus rapides, de plus en plus exhaustifs, de plus en plus pertinents... À n'en pas douter, ils seront à l'origine du plus massif des avantages comparatifs du commerce électronique sur le commerce physique.

À partir de ce qui vient d'être dit, on perçoit un peu mieux où pourrait s'établir la ligne de partage entre les deux formes de commerce en termes de produits et de profils de consommateurs.

Le commerce électronique jouit très certainement d'un important potentiel pour l'ensemble des articles « rares », c'est-à-dire s'adressant à une clientèle trop peu nombreuse pour être facilement disponibles dans les circuits traditionnels attentifs à la vitesse de rotation de leurs stocks. Il est significatif à cet égard que les styles (commercialement) mineurs, tels que la musique classique et le jazz, représentent une part des ventes sensiblement plus importante sur Internet que dans l'ensemble du marché du disque. Internet permettra, à n'en pas douter, de révéler un grand nombre de marchés de niche que l'étroitesse des zones de chalandise du commerce physique n'avait pas permis jusque-là d'exploiter dans des conditions économiquement acceptables. Internet confortera ainsi la tendance à l'individualisation des modèles de consommation.

Le commerce électronique devrait également se développer dans la vente d'articles pour lesquels il sera capable de bénéficier d'un avantage de prix : valeur unitaire relativement importante, caractère peu pondéreux ou, au contraire, suffisamment pondéreux pour obliger le commerce physique à livrer ses clients, circuits de distribution physique mal organisés ou peu concurrentiels (marges élevées). Les livres, les disques, les matelas, le gros électroménager... rassemblent tout ou partie de ces attributs. Ce n'est pas par hasard s'ils sont aujourd'hui les produits les plus vendus sur Internet. En négatif, les produits de consommation courante, dont les produits alimentaires et en particulier les produits frais, sont moins naturellement prédisposés à être vendus en ligne. Ce sont effectivement les coûts logistiques qui constituent aujourd'hui le principal obstacle au développement des supermarchés virtuels. Toutefois, les progrès de la logistique permettent d'espérer que le handicap de coût des supermarchés virtuels pourrait rapidement se réduire (sans doute sans jamais parvenir à se résorber totalement). Aux États-Unis, Webvan.com, qui dessert la région de San Francisco, grâce à des investissements lourds dans l'automatisation de l'entrepôt, est capable de livrer ses clients dans les cinq heures qui suivent l'expédition de la commande, avec une fenêtre de précision de l'ordre de 30 minutes. Les frais de transport ne sont que de 4,95 $ et sont même offerts à partir de 50 $ de commande. Les prix pratiqués par Webvan sont déclarés comme étant équivalents ou 5 % supérieurs à ceux d'une chaîne alimentaire moyenne. C'est sans doute encore trop pour étendre le micromarché du cybermarché au-delà de la clientèle des cadres aisés et pressés. En outre, les coûts logistiques peuvent devenir rédhibitoires lorsqu'il s'agit de livrer des clients localisés dans des zones à très faible densité de population ou d'accès difficile[1].

Les services, par nature non exposés à la question de coûts logistiques aval, sont potentiellement particulièrement concernés, tout au moins lorsqu'ils sont définissables en termes d'« articles » parfaitement prédéfinis pour le consommateur et dont la vente n'implique qu'un simple transfert de droit de propriété (billets de spectacle, billets d'avion, crédit...).

Sous l'hypothèse d'une levée des obstacles d'ordre techniques et réglementaires à la diffusion du commerce électronique, les consommateurs les plus enclins à utiliser Internet pour l'achat d'articles seront ceux qui se trouvent les plus éloignés des zones à forte densité commerciale (zones rurales ou petites villes), les personnes souffrant d'une faible mobilité, ceux valorisant peu les aspects de la valeur d'usage de l'acte d'achat tenant à la convivialité, à la sortie, au plaisir... mais accordant, à l'inverse, une valeur importante à leur temps, à l'opportunité de s'épargner stress et fatigue[2]...

---

1. « En fait, la seule limite à l'expansion réside dans les coûts logistiques. On peut en effet douter de la rentabilité de la couverture de la région de Brives-la-Gaillarde » (Olivier Garcin, directeur général de C-mescourses, *Linéaires*, n° 142, novembre 1999, p. 37).

2. Houra n'a-t-il pas fait du « droit à la paresse » l'axe de sa campagne de communication de lancement ? Notons que les familles avec jeunes enfants constituent une part importante de la clientèle de Ooshop, qui, pour l'instant ne couvre que la région parisienne. Cette clientèle est sans doute d'abord motivée par la praticité et le gain de temps. Notons que 50 % des commandes sont passées le week-end mais que seulement 10 % des livraisons interviennent le samedi. Les clients de Ooshop préfèrent sans doute profiter pleinement de leur temps libre plutôt que de le passer à écumer les hypers pour ravitailler le ménage, ou même à attendre une livraison à domicile.

Enfin, une certaine complémentarité entre les deux formes de commerce existe également sur le plan des contextes dans lesquels s'effectue l'achat de l'article. Un achat s'inscrivant dans une logique de dépannage peut rarement s'accommoder des délais de livraison du commerce électronique. De même, le commerce physique semble (tout au moins à l'heure qu'il est et dans l'état actuel des techniques de marketing sur le Web) plus efficace que le commerce électronique pour stimuler l'achat d'impulsion. C'est sans doute dans le domaine des achats réfléchis que réside l'avantage comparatif du commerce électronique.

Le tableau ci-dessous résume les principaux termes de l'arbitrage entre commerce en magasin et commerce électronique lorsqu'il s'agit d'acquérir un article préalablement identifié.

Reprenons nos exemples. Dans le cas du matelas Merinos, le besoin (ou même simplement l'envie) de disposer immédiatement de l'article est rarement irrépressible. Le réseau de distribution est suffisamment dense pour que la plupart des consommateurs bénéficient d'un ou de plusieurs points de vente à proximité. Les coûts logistiques sont équivalents dans les deux circuits car le client repart rarement avec le matelas sur le dos... Le choix entre l'achat en ligne ou en magasin dépendra alors, outre les préférences individuelles, des écarts de prix, qui ont toute chance d'être à l'avantage des boutiques virtuelles. Le même raisonnement s'applique au CD d'Elton John : si l'achat en ligne est pénalisé par le délai et le coût de livraison, la possibilité d'acheter aux États-Unis (où pour un ensemble de raisons, le prix des disques est en général sensiblement plus faible qu'en Europe) peut donner un avantage comparatif au commerce électronique pour les consommateurs les plus attentifs aux prix. L'accessibilité des points de vente d'une carte d'extension pour synthétiseur Roland JV 1080 risque de s'avérer problématique pour de nombreux consommateurs. Le coût de livraison est négligeable et le service après-vente peut largement être effectué à distance. Le commerce électronique risque donc d'être préféré par de nombreux consommateurs, en particulier s'il permet d'obtenir le prix le plus bas. Enfin, l'accès à un point de vente de raviolis Buitoni n'est pas un problème pour la grande majorité des consommateurs ; le coût de livraison à domicile est très important par rapport au prix du produit. Beaucoup de consommateurs continueront d'acheter leurs raviolis préférés dans leur magasin d'alimentation.

La recherche du produit

Nous avons admis jusque-là que le consommateur cherchait à acquérir un article parfaitement identifié. Ce n'est pas toujours le cas. Tout d'abord, l'article peut ne pas préexister à l'achat. C'est le cas lorsque le client participe à la définition du produit dans une logique de « coproduction » ou de « production sur mesure ». Avec la généralisa-

Les territoires respectifs du commerce en magasin
et du commerce électronique au stade de l'« article »

	Commerce en magasin	Commerce électronique
Facteurs d'utilité ou de désutilité		
Prix	?	?
Accessibilité du point de vente	-	+
Délai de mise à disposition de l'article	+	-
Services connexes	+	-
Caractéristiques du client		
Lieu de résidence	Grande agglomération	Zone rurale ou petite ville
Mobilité	Forte	Faible
Propension à payer le service commercial	Forte	Faible
Valeur accordée au temps	Faible	Forte
Occasion d'achat		
	Commerce en magasin	Commerce électronique
Dépannage	+	-
Achat réfléchi	-	+
Achat d'impulsion	+	-
Caractéristiques du produit		
Forte densité du réseau de distribution physique	+	-
Coût logistique/coût du produit	Fort	Faible

tion de la production de masse, ce cas de figure s'est marginalisé. Il semble cependant actuellement en rapide développement avec l'émergence du paradigme de la « personnalisation de masse ». L'article peut également ne pas être encore identifié par le consommateur qui se situe au démarrage du processus d'achat. Je désire acheter un disque, mais je ne sais pas encore précisément lequel. Je veux changer mon matelas, mais je n'ai pas d'idée précise du modèle qui sera l'objet de mon achat. J'envisage d'acquérir un nouveau synthétiseur, mais ne connaissant pas très bien l'état de l'offre disponible, je ne sais pas encore quel sera l'article que j'achèterai. Je souhaite m'approvisionner en conserves de plats cuisinés, mais je ne sais pas encore de quel type... En bref, il s'agit ici de passer de l'expression du besoin d'un produit générique (un disque, un matelas, un synthétiseur, une conserve de plat cuisiné) à la sélection d'un article (le dernier album d'Elton John, le matelas Merinos L2000, la carte d'extension pour le synthétiseur Roland JV 1080, la boîte de raviolis Buitoni...). Les éléments entrant dans la définition de la valeur d'usage de l'acte d'achat diffèrent de ceux que nous venons d'examiner au stade de l'article. Le soutien que le « point de vente » apporte au consommateur dans l'exploration de l'offre et l'évaluation des produits devient un élément particulièrement important.

Il est de nouveau difficile de hiérarchiser de manière univoque commerce physique et commerce électronique par rapport à cette dimension de la valeur d'usage de l'acte d'achat. Le commerce électronique, incontestablement, a pour lui d'être capable d'offrir aux consommateurs, pour chaque produit, un choix d'articles beaucoup plus important que chaque point de vente physique. Il reste à définir précisément si l'hyperchoix constitue effectivement un élément positif de la valeur d'usage de l'acte d'achat. Certains indices laissent penser que l'hyperchoix peut se montrer contre-productif. L'attitude des consommateurs à l'égard du choix a été abordée dans le cadre de l'enquête « Consommation » du CRÉDOC réalisée à la fin de 1998. Une (courte) majorité de consommateurs estime que « d'une manière générale, lorsqu'ils désirent acheter un produit », il y a trop de choix. Seulement environ 4 % des consommateurs pensent au contraire que le choix qui leur est actuellement offert par le commerce est insuffisant[1]. Certaines entreprises de la grande distribution ont clairement perçu l'effet de gêne que peut susciter l'abondance du choix pour le consommateur obligé alors de consacrer davantage de ressources cognitives et de temps à la sélection des articles. L'extrême resserrement de l'offre est l'une des recettes du succès du maxi-discompte. Carrefour a entrepris, dès le début des années 1990, de réduire la profondeur des assortiments dans l'univers de la grande consommation. Auchan a cessé de faire du choix l'axe majeur de son marketing d'enseigne... L'engagement croissant de la grande distribution dans la fonction d'ajustement qualitatif entre l'offre et la demande (voir chapitre précédent) pousse aujourd'hui les distributeurs à assurer une sélection de plus en plus serrée dans l'offre des produits afin de tenter de répondre de la manière la plus fine possible aux besoins de leurs clients et de leur simplifier ainsi la charge du choix. De manière significative, parmi les abonnés du site LeGuide s'étant déclarés prêts, en décembre 2000, à faire des achats de Noël sur Internet, l'étendue du choix ne se classe qu'en troisième position des principales motiva-

1. 41 % estiment qu'on leur propose « juste le choix qu'il faut ».

tions, avec seulement 13 % des suffrages. Il n'est donc pas certain que l'offre prolifique que peuvent mettre en avant les cybercommerçants constitue un réel avantage concurrentiel sur le commerce physique, tout au moins pour ce qui concerne la grande masse des consommateurs exprimant une demande suffisamment standard pour pouvoir être satisfaite à partir d'articles rassemblant les caractéristiques usuelles du produit. Les consommateurs, animés par des besoins très spécifiques, qui sont à la recherche de spécifications rares du produit, valoriseront pleinement l'opportunité que leur offre le commerce électronique de pouvoir dénicher dans une offre hyperabondante, l'article rare répondant à leur besoin. On retrouve l'avantage comparatif du commerce électronique sur les marchés de niches.

Le passage du produit à l'article implique en général une démarche d'évaluation par le consommateur des articles disponibles. L'intensité et les modalités de cette évaluation sont très variables selon les produits. D'une manière générale, l'activité d'évaluation est d'autant plus intense que l'achat est impliquant pour le consommateur. L'achat revêt un caractère d'autant plus impliquant qu'il porte sur un article à forte valeur unitaire (l'intensité de la recherche d'information est beaucoup plus importante pour l'achat d'une voiture ou d'une maison que pour celui d'une sucette ou d'une boîte de trombones) et qu'il répond à des motivations à fort contenu en immatériel (un vêtement ou un bijou et l'expression de la personnalité, l'automobile et l'affirmation du statut social ou la recherche de la sécurité pour la famille, un meuble et la qualité du cadre de vie...). Les modalités de l'évaluation dépendent très largement de la nature du produit et, en particulier, de la manière dont celui-ci livre au consommateur l'information sur ses caractéristiques essentielles. Certains produits ont fait l'objet d'une telle normalisation que l'énoncé de leur nom suffit à transmettre au consommateur l'essentiel de l'information nécessaire à son évaluation : le papier toilette en rouleau double épaisseur, un flacon d'alcool à 90°, un litre d'huile de tournesol... Pour la plupart des produits, cependant, l'évaluation des caractéristiques exige la mobilisation d'informations. Il peut s'agir d'une information codifiée : la nature du microprocesseur équipant un micro-ordinateur, la capacité mémoire, la taille du disque dur..., l'autonomie d'un téléphone mobile, son poids... D'autres produits, souvent plus complexes, livrent plus difficilement l'information pertinente aux consommateurs. Certains types d'informations, difficilement codifiables, se transmettent plus efficacement par une médiation interpersonnelle (intervention d'un vendeur, mais aussi bouche-à-oreille). Ce besoin d'intermédiation est particulièrement important lorsque le consommateur, face à la complexité du produit, éprouve des difficultés à identifier par lui-même la spécification du produit la plus adaptée à la nature de son besoin. Ainsi, le néophyte en matière de micro-informatique aura bien du mal à déterminer s'il doit choisir une machine équipée d'un processeur Pentium III, Celeron ou G4. En outre, lorsque l'acheteur n'est pas en mesure d'évaluer par lui-même la qualité des articles, il se trouve en situation d'asymétrie d'information vis-à-vis du vendeur qui, lui (tout au moins peut-on le supposer), dispose d'une meilleure information sur la qualité des produits qu'il vend. L'acheteur cherche à réduire son exposition à l'incertitude. D'une manière générale, l'immatérialité du réseau est plus anxiogène que le contact de personne à personne au sein d'un point de vente ayant « pignon sur rue ». On entrevoit ici l'importance que revêt le fait de pouvoir se prévaloir sur Internet d'une marque qui inspire confiance. Enfin, bien entendu, certains produits appellent une expérimentation directe de la part du consommateur au moyen d'un contact physique avec le produit : goûter (fruits, produits alimentaires non normalisés), voir (produits alimentaires frais, bijoux), toucher (produits textiles), et, surtout, essayer (habillement, matelas, automobile...). Le commerce en magasin bénéficie d'un avantage naturel pour ce type de produits.

Le commerce électronique ne semble pas être défavorisé par rapport au commerce en magasin sur le plan de la réponse à l'intensité du besoin d'évaluation. Au contraire, le consommateur peut facilement sur le Net réunir une quantité importante d'informations sur les articles disponibles. Le handicap du e-commerce porte plutôt sur un éventail beaucoup plus fermé de modalités d'évaluation offertes au consommateur. Actuellement, les cybercommerçants, contraints par la nature même du média utilisé, diffusent quasi exclusivement de l'information codifiée sur les articles (de type « fiches techniques »). Il est significatif que le risque de déception par rapport au produit commandé soit classé au premier rang des « inconvénients les plus marquants » de la vente par correspondance par les clients de cette forme de vente[1]. Par sa capacité à présenter physiquement les produits et grâce à l'assistance d'un personnel de vente, le commerce physique est en mesure d'offrir bien plus que de l'information codifiée et propose donc une palette beaucoup plus riche de moyens d'évaluation. Notons cependant que les cybercommerçants consacrent une énergie importante à compenser ce désavantage comparatif. On assiste aux premières expériences d'assistance interactive du client lors de son exploration de l'offre. Des systèmes experts suivent le cyberconsommateur dans sa visite du site, dans sa consultation de l'offre, analysent ses temps d'arrêt et spontanément prennent l'initiative de venir proposer une aide. En confrontant le profil d'un visiteur à celui d'autres clients, le cybercommerçant est capable d'orienter le visiteur vers les articles qui ont été achetés par des clients ayant un profil similaire au sien. Le dispositif peut être complété par la sollicitation de l'avis des

1. Source : Fédération des entreprises de la vente à distance, 1994.

clients passés, de manière à organiser un « bouche-à-oreille virtuel ». Aux États-Unis, le site de vente de jouets Smarterkids.com, positionné sur les jouets éducatifs, propose aux parents un service de recommandation fondé sur l'évaluation de la personnalité et du stade de développement de l'enfant, évaluation effectuée en ligne au moyen de questionnaires et de tests auto-administrés. Les cybercommerçants peuvent également tenter de recréer une relation interpersonnelle. Des sites de ventes de grands crus on-line offrent à leurs clients la possibilité de bénéficier sous 24 heures des conseils d'un sommelier par l'échange de courriers électroniques. Certains sites, dont en France celui des 3 Suisses, ont expérimenté des formules permettant aux visiteurs en quête de renseignements d'être assistés d'un « conseiller de vente » dont l'image web-cam s'incruste alors à l'écran. Pour de nombreux observateurs, l'avenir est aux « web-call centers », c'est-à-dire au couplage d'un site web et d'un centre d'appel téléphonique, permettant d'établir un contact direct et interpersonnel entre le client qui le désire et un télévendeur capable d'apporter une assistance personnalisée.

Le commerce électronique semble donc bénéficier d'un avantage comparatif pour les produits relativement peu impliquants, réclamant relativement peu d'assistance à l'évaluation, ou en tout cas impliquant peu de besoins en informations tacites (particulièrement lorsque celles-ci requièrent un contact physique avec le produit). En reprenant nos exemples, Internet présente un certain attrait pour l'achat d'un disque et, dans une moindre mesure, d'un plat cuisiné en conserve. Il paraît à l'inverse désavantagé face au commerce physique pour la sélection d'un matelas (besoin d'essayer) ou celle d'un synthétiseur (besoin d'écouter et de manipuler).

Sur le plan des occasions d'achat, le commerce physique devrait pour longtemps encore bénéficier d'un avantage comparatif pour l'achat de produits se situant dans une logique d'achat-plaisir, dans laquelle le déplacement, l'exploration de l'offre, la recherche d'information sur les produits, l'évaluation ou l'expérimentation... génèrent plus d'utilité que de gêne. À l'inverse, en facilitant l'accès à l'information pertinente, le commerce électronique peut s'avérer compétitif pour les achats-corvée pour lesquels la recherche d'une réduction des facteurs de désutilité prime pour le consommateur sur celle consistant à maximiser le plaisir. Ainsi, le plaisir qu'éprouvent de nombreux consommateurs à explorer les bacs des disquaires constitue un frein puissant à l'évasion de la clientèle vers les cybermarchands en dépit d'un différentiel de prix très attractif. À l'inverse, toutes choses égales par ailleurs, la capacité du commerce électronique à économiser les ressources physiques, cognitives, temporelles... du consommateur lui donne virtuellement l'avantage sur le commerce physique pour l'achat d'un plat cuisiné en conserve.

Pour ce qui est du profil de consommateur, au stade de la sélection de l'article dans une famille de produits prédéfinie, une localisation à distance de grands pôles commerciaux et une faible mobilité continuent de jouer en faveur du commerce électronique. S'ajoute ici, le degré d'expertise du client à l'égard du produit (qui définit son degré d'autonomie dans le choix) et son attitude à l'égard du risque (l'achat à distance se fait en information plus imparfaite que dans le commerce physique).

	Commerce en magasin	Commerce électronique
Facteurs d'utilité ou de désutilité		
Assistance à l'évaluation	+	-
Exploration de l'offre	-	+
Sortie, distraction, convivialité	+	-
Services connexes	+	-
Caractéristiques du client		
Degré d'expertise à l'égard du produit	Faible	Fort
Degré d'aversion pour le risque	Fort	Faible
Lieu de résidence	Grande agglomération	Zone rurale ou petit ville
Mobilité	Forte	Faible
Propension à payer le service commercial	Forte	Faible
Occasions d'achat		
Achat-plaisir	+	-
Achat-corvée	-	+
Caractéristiques du produit		
Caractère impliquant du produit	+	-
Degré de standardisation du produit	-	+
Caractère codifié de l'information nécessaire à l'évaluation	-	+
Caractère tacite de l'information nécessaire à l'évaluation	+	-

La sélection de la solution

Enfin, plus en amont encore du processus d'achat, se pose la question de la sélection d'une solution à même d'apporter une réponse efficace au problème de consommation que se pose le consommateur : je dors mal et je recherche une literie adaptée ; je désire faire un cadeau culturel autour de 100 F mais je n'ai pas d'idée très précise du produit (et encore moins de l'article) ; je voudrais faire de la musique pour me détendre le soir à la maison et je recherche un instrument peu bruyant capable de m'apporter rapidement du plaisir ; je cherche à disposer d'un moyen simple et peu onéreux de me nourrir à domicile quand je suis pressé et que je n'ai pas envie de cuisiner.

La définition d'une solution relève le plus souvent d'une « autoproduction » de la part du consommateur, tant son contenu dépend intimement de la spécificité du problème à résoudre. Pour nombre de problèmes de consommation, la solution est triviale : le dentifrice est la solution naturelle au « problème » de l'hygiène dentaire. Mais la solution est quelquefois plus complexe à déterminer. C'est le cas en particulier lorsque plusieurs produits ou services très différents peuvent apporter une réponse particulière au problème. Par exemple, résoudre mon problème de sommeil peut passer par le changement de mon matelas, ou de mon sommier, ou par le remplacement de mon lit au profit d'un futon... voire par la modification de mon alimentation ou la prise de somnifère. La solution peut également être difficile à déterminer lorsqu'elle implique de combiner des biens et des services différents mais complémentaires : quel type de matelas avec quel type de sommier et quel type d'oreiller. On retrouve ici la problématique des « bouquets » dont il a été déjà question à plusieurs reprises. Pour un consommateur, autoproduire un bouquet signifie être capable de définir quels sont les produits qui doivent figurer dans le bouquet, mais aussi s'assurer des conditions de leur compatibilité (fonctionnelle, esthétique, symbolique...). Ainsi, lorsque la définition d'une solution à un problème de consommation exige la mobilisation d'informations, d'expertises et de ressources cognitives, le commerce peut aider le consommateur à définir la solution et à l'orienter vers les familles de biens ou de services pertinentes. Dans ce cadre, la contribution du commerce à la valeur d'usage de l'acte d'achat porte principalement sur l'information relative aux propriétés des produits, la disponibilité des produits complémentaires, l'information et les garanties concernant la compatibilité des produits, l'assistance à l'assemblage, l'offre de bouquets « préfabriqués »... Plus en amont, le commerce peut assister le consommateur dans la spécification de son problème de consommation afin de l'aider à définir une solution réellement pertinente...

Une nouvelle fois, commerce physique et commerce électronique révèlent des avantages spécifiques dans leur capacité à contribuer à la valeur d'usage de l'acte d'achat au stade de la solution.

Le cybercommerce jouit d'une supériorité évidente sur le commerce physique dans sa capacité à offrir simultanément l'accès à une offre extrêmement étendue. Il s'affirme ainsi comme un « facilitateur » d'autoproduction de bouquets. Mais l'autoproduction de bouquets suppose que le consommateur ait la capacité à définir seul la solution pertinente à son problème de consommation et à assembler de manière autonome les produits et services complémentaires. Lorsque le problème à résoudre est trop complexe et que le consommateur recherche l'assistance du commerçant, le commerce physique, grâce à l'intervention du vendeur, paraît plus adapté que le commerce électronique. Le développement des positionnements stratégiques « bouquet » (chapitre IV) dans la grande distribution, de même que la création de nouvelles catégories de personnels de vente explicitement dédiées à l'assistance du consommateur dans la recherche de solutions, renforce l'avantage comparatif du commerce physique dans ce domaine. Les forums (ou les listes de diffusion et autres « communautés virtuelles ») organisés sur Internet, qui permettent la mise en relation et le dialogue entre personnes partageant les mêmes préoccupations, pourraient jouer comme un dispositif performant d'assistance des consommateurs à la recherche d'une solution à un problème de consommation dans un champ particulier. À l'heure actuelle, la plupart des forums se situent en dehors des logiques de commerce électronique. Certains sites marchands ou communautaires ont cependant pris l'initiative d'animer des forums thématiques favorisant le partage direct d'expérience entre consommateurs. De même, il n'est pas douteux que les sites marchands (ou les intermédiaires) seront en mesure de mettre à disposition des internautes des systèmes experts performants facilitant le diagnostic et la prise de décision. Ainsi, si le commerce physique semble globalement plus adapté à la problématique de recherche de solutions, le commerce électronique n'a pas dit son dernier mot et pourrait être à l'origine de formes inédites et performantes d'assistance à la définition de solution et à la confection de bouquets personnalisés.

C'est pour les problèmes de consommation les plus impliquants, les plus complexes, vis-à-vis desquels le consommateur est le plus désarmé, pour lesquels le passage de la solution aux produits n'est pas trivial... que la supériorité du commerce physique est la plus manifeste. On peut ainsi supposer que c'est dans la recherche d'une solution à mon problème de sommeil ou dans celle d'une réponse à mon envie de faire de la musique que je valoriserai particulièrement le type de service commercial que le commerce physique est susceptible de me fournir. Dans ma recherche d'un cadeau culturel, comme dans mon désir de trouver un moyen de me nourrir à domicile sans faire la cuisine, le commerce électronique se révèle sensiblement moins désavantagé, et peut même présenter des spécificités attrayantes (en particulier la richesse de l'offre).

En termes de profil de consommateur, il semble clair que plus le consommateur se sent incompétent face au problème de consommation à résoudre plus il pourra être tenté de se tourner vers le commerce physique pour y trouver une assistance rassurante.

	Commerce en magasin	Commerce électronique
Facteurs d'utilité ou de désutilité		
Assistance à la définition de la solution	+	-
Assistance à la confection du bouquet	+	?
Exploration de l'offre	-	+
Sortie, distraction, convivialité	+	-
Services connexes	+	-
Caractéristiques du client		
Degré d'expertise vis-à-vis du problème de consommation	Faible	Fort
Degré d'aversion pour le risque	Fort	Faible
Lieu de résidence	Grande agglomération	Zone rurale ou petite ville
Mobilité	Forte	Faible
Propension à payer le service commercial	Forte	Faible
Caractéristiques du produit		
Caractère impliquant du problème de consommation à résoudre	+	-
Complexité de la relation « problème-produits »	+	-
Existence de bouquets « préfabriqués »	-	+
Caractère codifié de l'information nécessaire à la définition de la solution	-	+
Caractère tacite de l'information nécessaire à la définition de la solution	+	-

Cette rapide décomposition du processus d'achat montre que commerce physique et commerce électronique se révèlent complémentaires à chacune des étapes du processus mais avec des éléments de supériorité ou d'infériorité qui devraient conduire à un subtil partage du marché en fonction des caractéristiques des produits, des profils de consommateurs, et des occasions d'achat.

Trois variables semblent devoir jouer un rôle déterminant dans la démarcation des territoires de chacun des deux types de commerce dans l'espace des produits :

— Plus le consommateur est capable de définir précisément l'article dont il souhaite se porter acquéreur plus, toutes choses égales par ailleurs, il est porté à se tourner vers le commerce électronique.

— Plus l'achat est vécu par le consommateur comme « impliquant », plus le commerce physique paraît attractif.

— Enfin, plus l'évaluation du produit réclame un contact physique entre le consommateur et les articles, plus le commerce électronique est défavorisé face au commerce physique.

L'action combinée de ces trois variables est représentée dans le schéma ci-dessous.

Incertitude sur les produits
et propension à recourir au commerce électronique

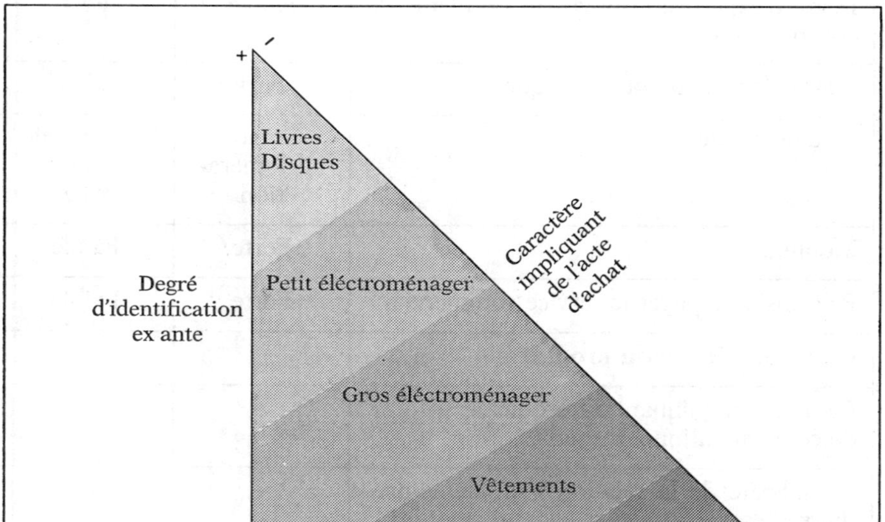

L'espace ainsi constitué aide à repérer quelles sont les catégories de produits les plus susceptibles d'être les plus massivement touchées par le développement du commerce électronique. Le disque est un parfait candidat : chaque album est totalement identifiable, l'achat est peu impliquant et la transmission de l'information sur les qualités du produit n'exige pas un contact physique avec le consommateur (l'audition d'extraits peut se faire à distance). À l'opposé, le commerce électronique devrait éprouver beaucoup plus de difficultés à pénétrer, par exemple, le marché des gros meubles. Le consommateur est rarement capable de définir la référence précise de l'article dont il cherche à se porter acquéreur (profusion d'articles fabriqués en petites séries, faible présence des marques...). L'achat est impliquant par son coût, sa durabilité et par l'importance que ce gros meuble va avoir dans l'aménagement de la maison. Le processus d'achat s'inscrit ainsi plutôt dans une logique de plaisir. Enfin, l'évaluation du produit (qualité des matériaux, de la finition, appréhension du design, évaluation du confort...) est facilitée par un contact physique.

Ce type de classification des produits ne doit pas être envisagé de manière déterministe, dans une optique de « tout ou rien ». À ces caractéristiques de produits se greffent des variables relatives au profil des consommateurs et aux occasions d'achat. Ainsi, il existera toujours des consommateurs réticents à l'achat d'un disque à distance, par exemple parce qu'ils désirent en prendre possession sans délai ou parce qu'ils apprécient de baigner dans l'ambiance du magasin, le contact physique avec l'offre et les conseils du vendeur... Inversement, les consommateurs les moins sensibles au caractère impliquant de l'achat d'un grand meuble, peu mobiles (du fait de leur localisation ou de leur état de santé), soucieux d'économiser leur temps... pourront préférer acquérir leur meuble via Internet. De la même manière, l'achat du disque continuera de se faire en magasin lorsque cet achat s'inscrira dans un temps de sortie-loisir, alors que l'achat d'un grand meuble pourra s'opérer à distance lorsqu'il répondra à une pure logique utilitaire (un meuble de bureau).

L'analyse qui vient d'être menée tend à montrer que c'est en aval du processus d'achat, en particulier au stade de l'article, que le commerce électronique concentre ses meilleurs atouts, alors que les avantages comparatifs du commerce physique résident plutôt en amont, en particulier au stade de la solution. Or, bien sûr, dans la réalité, les trois étapes du processus d'achat sont souvent indissociables, ce qui laisse à penser que l'avantage comparatif du commerce physique au stade de la solution doit lui permettre de conquérir le client au stade de l'article. Ainsi, si pour résoudre mon problème de sommeil je me décide à me rendre dans un magasin spécialisé dans la literie pour pouvoir bénéficier des conseils des vendeurs, mais aussi pour pouvoir explorer l'univers des possibles et, *in fine*, essayer les produits, il est probable que je conclurai mon processus d'achat dans ce point de vente. Ainsi, la diffusion des positionnements marketing « bouquet » (dans le commerce physique), dépassant le produit au profit des solutions, le renforcement de l'assistance commerciale dans les points de vente, l'enrichissement de l'offre, la tendance à mettre les produits en situation... sont très favorables à l'accentuation de la force du commerce physique par rapport au cybercommerce et au renforcement de sa capacité à capter les consommateurs en amont du processus d'achat et de les accompagner ainsi jusqu'à l'acte final d'achat.

Pourtant, cette vision quelque peu idéaliste risque de buter sur une difficulté considérable. Revenons, pour expliciter ce point, sur mon problème de sommeil. J'estime effectivement que me rendre dans un magasin spécialisé m'apportera une meilleure assistance que la visite de cyberboutiques. Je me fais conseiller par un vendeur qui m'aide à définir la solution appropriée à mon problème. Admettons que, en raison de mon poids, de ma taille, du poids et de la taille de mon épouse, de mes problèmes de dos... le vendeur (ou « conseiller ») me conduise à opter pour un bouquet « sommier à latte + matelas extra-ferme », le tout dans un niveau de gamme élevé. Il me reste alors à choisir les articles sur lesquels s'arrêtera mon choix final. Avec l'assistance du vendeur, en consultant les fiches techniques, mais surtout en essayant les produits, je me décide finalement pour le matelas Merinos L2000 et un sommier Bidul X20. Mais là, précisément au moment où, dans le déroulement normal du processus d'achat, je suis censé me diriger vers la caisse pour conclure mon achat... je rentre chez moi (en ayant pris grand soin au préalable de noter les références précises du matelas et du sommier), je me connecte au réseau et demande à mon « agent intelligent » de partir à la recherche des meilleures conditions pour le matelas Merinos L2000 et le sommier Bidul X20... Peu de temps après, je me connecte sur le site « Superhardiscountmatelas.com » et je commande mes articles qui me seront livrés sous 10 jours (un délai similaire à celui proposé par le magasin) pour un prix 20 % moins élevé que celui pratiqué par le magasin[1]. Qu'est-ce qui rend possible cet avantage de prix ? Superhardiscountmatelas.com n'a pas de boutique à entretenir, pas de marchandise à présenter, pas de conseillers à rémunérer... Peut-être même n'a-t-il aucun stock, son rôle se bornant à transmettre la commande au fabricant qui assurera l'expédition. On peut même imaginer qu'il ne prélève aucune marge sur la vente de ces articles, le but de Superhardiscountmatelas.com étant de me faire venir sur son site (donc, de susciter de l'audience) afin de valoriser son espace publicitaire...

Ce type de risque existe également au sein du commerce physique. Superhardiscountmatelas peut être une boutique de 50 m² implantée face au magasin spécialisé dans lequel je me suis rendu

---

1. Ne s'est-il pas créé, début 2000, un site LevisDiscount.com, proposant les jeans de la célèbre marque américaine près de 30 % moins cher que dans les réseaux traditionnels ? Ce site, ouvert par un détaillant, limite son offre à un petit nombre de produits parfaitement standardisés de la gamme Levi's (contrairement au site que le fabricant lui-même avait lancé, qui commercialisait des jeans fabriqués sur mesure) : ce site s'adresse donc à des consommateurs parvenus au terme du processus d'achat, à la recherche des meilleures conditions d'acquisition de l'article sélectionné.

pour effectuer mon choix. Cette boutique est capable de vendre 10 % moins cher car les articles sont empilés dans leur emballage, parce qu'aucun vendeur ne vient assister le client et que ce dernier ne peut essayer les produits. Si cette éventualité est réelle, la contrainte de proximité physique est telle, que la zone géographique au sein de laquelle le client peut tenter de rechercher le même article moins cher est relativement restreinte. Par ailleurs, c'est précisément pour éviter ce comportement de « passager clandestin » de la part de Superhardiscountmatelas (le discounter profite de l'effort de conseil et de démonstration de son concurrent) que le droit de la concurrence reconnaît le principe de la distribution sélective qui autorise les fournisseurs à n'approvisionner que les distributeurs qui s'engagent à respecter un niveau minimum de service commercial nécessaire à l'optimisation des ventes du produit.

Avec le commerce électronique, le problème devient beaucoup plus aigu. Notre magasin se trouve virtuellement en concurrence avec les cybervendeurs de matelas du monde entier... De fortes incertitudes règnent aujourd'hui sur le devenir de la distribution sélective avec le commerce électronique. À supposer que le principe soit maintenu (ce qui ne va pas de soi, cette « restriction verticale » étant souvent perçue comme une limitation de la concurrence), les circuits parallèles d'approvisionnement seront extrêmement difficiles à contrôler.

Ainsi, l'avantage comparatif dont bénéficie (pour certains types de produits et certaines catégories de consommateurs) le commerce électronique sur le plan des articles — donc très en aval du processus d'achat — risque de le mettre en mesure de capter une part importante des flux d'achat. Potentiellement, les conséquences sont fortes. Dans notre exemple, si mon comportement est partagé par un nombre important de consommateurs, les ventes du magasin spécialisé vont diminuer dangereusement. Les responsables du magasin seront tentés de chercher leur salut dans une réduction de l'écart de prix vis-à-vis du cyberdiscounter. Le moyen le plus simple d'atteindre cet objectif est d'éliminer tous les foyers de coûts à l'origine du handicap de prix : la présence des produits, leur mise en scène, l'assistance des vendeurs... bref, tout ce qui m'a aidé à effectuer mon choix. Si l'on mène jusqu'au bout ce raisonnement, on entrevoit que l'exacerbation de la concurrence par les prix au stade des articles, portée en germe par le commerce électronique, risque d'engager le commerce dans une spirale de régression sur le plan de l'intensité et de la qualité du service commercial, dont le consommateur sera la première victime (il sera difficile d'acheter une literie adaptée lorsqu'il ne sera plus possible de trouver un endroit où l'essayer...). Les producteurs en seront à leur tour gravement affectés : comment mettre en avant la qualité des produits si le service commercial fait défaut ? La concurrence entre producteurs de matelas risque alors de se déplacer sur des terrains plus directement

« visibles » pour le consommateur, la publicité et les prix, probablement au détriment de la qualité des produits.

Difficilement imaginable il y a seulement une dizaine d'années, le commerce électronique s'impose rapidement comme un nouveau circuit de distribution. À chaque phase historique du développement du capitalisme a correspondu l'émergence d'une nouvelle forme de commerce articulée autour des technologies clés du moment. Le commerce électronique présente des spécificités qui paraissent particulièrement adaptées aux caractéristiques du système économique contemporain, aux nouveaux modèles de consommation en particulier. Pourtant, l'analyse menée dans cette partie souligne la forte complémentarité qui existe entre le commerce électronique et le commerce physique en magasin. Le e-commerce, selon toute vraisemblance, devrait venir enrichir le spectre des formules commerciales accessibles aux consommateurs, et participer ainsi du mouvement de fragmentation de l'espace stratégique, symptomatique du régime de croissance intensive, et que nous avons analysé au cours du chapitre IV. Le commerce sur Internet fait cependant courir un risque important d'exacerbation de la concurrence par les prix sur le marché des produits parfaitement identifiables, dont les conséquences pourraient être catastrophiques, non seulement pour les distributeurs en magasin, mais pour le bon fonctionnement des marchés dans la durée. La perspective d'un tel risque peut heureusement suffire à déclencher des stratégies de réponse qui permettront peut-être de le rendre improbable. Examinons ces stratégies.

Quelle réplique pour le commerce en magasin ?

Je me suis efforcé de montrer en quoi commerce électronique et commerce en magasin sont en fait des formes de commerce plus complémentaires que concurrentes. La menace que représente le commerce électronique pour la grande distribution n'en est pas pour autant négligeable car chaque point de part de marché qui sera gagné par cette nouvelle forme de commerce accentuera les effets de la saturation du potentiel de croissance sur l'équilibre du secteur. La grande distribution ne peut pas rester passive face à cette menace. Elle dispose de deux voies de réponse. La première consiste à prendre position dans ce nouveau circuit de distribution afin d'accompagner sa clientèle dans la diversification de ses pratiques d'achat. Nous étudierons ces stratégies dans la prochaine section ; nous verrons que si la grande distribution bénéficie d'atouts importants, sa capacité à régner sans partage sur le commerce électronique n'est pas acquise : le nouvel eldorado du e-commerce excite la convoitise d'acteurs d'origines variées, quelquefois capables d'engager des moyens considérables, et qui témoignent souvent d'une extraordinaire créativité. La seconde voie de réponse de la grande distribution à l'irruption du cybercommerce consiste dans le renforcement de la compétitivité du commerce physique et l'exploitation les synergies possibles avec le commerce électronique.

Renforcer la compétitivité des magasins

La manière la plus naturelle de procéder au renforcement de la compétitivité du commerce en magasin est de cultiver ce qui constitue sa spécificité : convivialité, plaisir de l'achat, assistance à l'évaluation des produits, contribution à la valeur immatérielle... La peine du déplacement doit être compensée par un plaisir accru à séjourner dans le magasin ; le temps des courses doit de plus en plus se confondre avec le temps des loisirs ; les magasins se doivent d'être de plus en plus séduisants afin de susciter des achats d'impulsion, peu réfléchis ; les vendeurs formés à l'accueil et compétents sur les produits, doivent apporter les services et les relations interpersonnelles qui font défaut sur Internet... La concurrence du commerce électronique engendre donc une incitation supplémentaire à s'engager dans des positionnements stratégiques en rupture avec le discompte des origines et qui sont plus adaptés aux exigences du régime de croissance intensive.

Une autre voie consiste dans un effort accru afin d'apporter davantage de praticité aux clients. Cette voie, qui concerne au premier chef les commerces à vocation de service, peut être poursuivie par l'aménagement des horaires d'ouverture, l'enrichissement de l'offre au profit de services complémentaires... Elle comporte également des implications en termes de localisation et incite les distributeurs concernés à s'implanter au sein des différents lieux de la vie quotidienne fréquentés par les consommateurs, et en particulier dans les « lieux de transit ».

Le renforcement des avantages comparatifs du commerce physique risque pourtant de se révéler insuffisant pour faire face à la concurrence des « cyber-hard discounters » engagés dans des logiques de « passager clandestin ». Comme nous l'avons vu, le risque est réel que les consommateurs initient le processus d'achat dans le commerce physique (définition de la solution, identification des produits, sélection des articles), mais concrétisent ensuite l'achat sur Internet par la recherche des conditions les plus avantageuses. Les distributeurs en magasin devront donc développer des stratégies de parade à ce risque d'hémorragie d'une clientèle qu'ils auront accompagnée dans les premières phases du processus d'achat. Plusieurs axes sont envisageables.

Le plus évident est de tenter de maintenir une forte compétitivité-prix face aux cybercommerçants. La grande distribution trouvera là une raison supplémentaire d'accélérer la révision de ses principes organisationnels, en particulier sur le plan de la logistique, afin d'exploiter au mieux chaque gisement de productivité. Cependant, la valorisation même des avantages comparatifs du commerce en magasin (qualité du cadre, conseil...) est génératrice de surcoûts qui sont de nature à approfondir le handicap face au commerce électronique en termes de prix. Il faudra donc trouver d'autres moyens de retenir le client au moment de conclure l'acte d'achat.

Le meilleur moyen d'éviter la fuite du client est encore de faire en sorte que celui-ci ne quitte pas le magasin après avoir fixé son choix sur un article, et de le pousser à concrétiser immédiatement son acte d'achat. Dans cette tâche, le vendeur joue un rôle capital. Il doit avoir réussi à créer un lien suffisamment fort avec le client dans les premières étapes du processus d'achat pour que ce dernier se sente obligé d'aller jusqu'au terme de processus. Outre sa force de séduction et de conviction personnelle, le vendeur peut utiliser des techniques bien connues telles que l'offre d'une remise, la mise du produit entre les mains du client, la stimulation de l'envie naturelle de prendre possession du produit sans délai... La figure du vendeur, déjà fortement revalorisée par les positionnements stratégiques caractéristiques du nouveau régime de croissance, s'en trouve renforcée. Il en va de même de chacun des stimulants de l'acte d'achat associés à l'aménagement du point de vente ainsi que de la capacité de cet aménagement à susciter un immatériel de consommation qui valorise l'article recherché. On le voit, c'est de nouveau en renforçant ce qui fait sa spécificité que le commerce en magasin réussira le plus efficacement à exploiter sa capacité d'attraction de la clientèle.

Enfin, la parade sans doute la plus radicale à la menace des « cyber hard-discounters » réside dans le développement d'une offre exclusive. L'idée générale est de faire en sorte que les articles vendus par un distributeur ne soient disponibles qu'à l'intérieur de son réseau. Impossible dans ces conditions de retrouver le même article sur le Web, sauf, éventuellement... sur le site exploité par le distributeur lui-même ! Il y a deux façons pour un distributeur d'obtenir cette exclusivité qui l'abrite d'une concurrence frontale au stade des articles. La première est d'obtenir des modèles exclusifs de la part des fournisseurs. Je risque fort de m'en retourner vers le magasin où j'ai repéré le matelas Merinos L2000 si ma recherche sur le Web se révèle vaine, car seule l'enseigne du magasin en question commercialise ce modèle de matelas Merinos... Cette manière de « brouiller les cartes » et d'entraver la recherche du meilleur prix requiert bien évidemment la « complicité » du fournisseur. Il est probable que celui-ci ne se montrera prêt à jouer le jeu qu'avec des réseaux importants, capables d'assurer des débouchés conséquents à chaque modèle exclusif. En tout état de cause, il existe un risque que les consommateurs prennent conscience de ce que le modèle en question n'est qu'une déclinaison superficielle d'un « produit de base » présentant des caractéristiques essentielles identiques et disponible dans d'autres circuits. La seconde manière de construire une offre exclusive passe par les produits à marques propres. L'identité du producteur s'effaçant alors devant celle du distributeur, la comparabilité des offres est encore plus incertaine et le « ferrage » du client beaucoup plus radical. Le fait que la marque propre puisse s'affirmer comme l'abri le plus efficace pour les distributeurs physiques face au risque de concurrence destructrice des cybercommerçants sur les articles de marque constitue un argument supplémentaire — et à mon sens, très important — qui incite à penser que les marques de distributeurs sont appelées à jouer un rôle croissant dans le fonctionnement des marchés de biens de consommation.

Exploiter les synergies entre le magasin et le site

Enfin, la grande distribution ne doit pas nécessairement considérer le commerce électronique comme une forme de vente concurrente. La vente en ligne peut constituer pour une enseigne un complément pertinent au commerce en magasin.

Le site Internet d'un distributeur peut, en premier lieu, être utilisé comme un vecteur de communication. Il constitue une manière supplémentaire d'entretenir le contact avec les clients, hors de leur présence dans le magasin, par l'offre de services spécifiques : aide à la mise en service des produits, à la maintenance, conseils d'utilisation, accès à des produits complémentaires... Le caractère interactif d'Internet offre au distributeur un outil performant au profit de sa politique de personnalisation et de fidélisation.

Le site Internet d'un distributeur peut également aider le consommateur à préparer son achat par la consultation de fiches techniques, de tableaux comparatifs, de conseils d'experts... Le défrichement de l'offre effectué tranquillement à domicile, le client pourra, s'il le souhaite, se tourner vers un magasin afin d'approfondir son évaluation (informations tacites) ou, tout simplement, pour avoir le plaisir de se rendre dans le point de vente, de flâner au milieu des produits, de prendre possession personnellement et immédiatement de l'article désiré, de poursuivre ensuite sa « balade commerciale » dans les boutiques environnantes... Inversement, Internet peut constituer un moyen de conclure une vente engagée en magasin : le consommateur est entré dans un point de vente, a établi un premier contact avec l'offre, a demandé conseil à un vendeur mais, pour une raison ou pour une autre (le besoin de réfléchir, de prendre des mesures, de consulter un tiers, d'étudier les données techniques, ou tout simplement par manque de temps, par souci de ne pas sortir encombré...), l'acte d'achat n'est pas conclu immédiatement. Le client pourra alors, une fois sa décision prise, passer sa commande de son domicile, à partir de son terminal connecté sur le site du commerçant.

L'exploitation d'un site sur Internet peut également permettre d'étoffer l'offre en magasin et résoudre le conflit entre le besoin de surfaces de vente de taille croissante (plus de références, plus d'espace pour les mettre en valeur) et la difficulté d'obtenir des autorisations d'agrandissement. Ainsi, « le commerce électronique va permettre de sauter la barrière des mètres carrés imposée par la loi Raffarin. Les petits magasins pourront avoir une offre d'hyper, et les hypers celle d'un magasin spécialisé[1] ». Internet facilite en effet la virtualisation de l'offre en magasin. Un certain nombre de produits (les plus encombrants et/ou ceux qui, plus rarement demandés, souffrent d'une rotation trop lente) pourront ne faire l'objet que d'une présentation en magasin, par l'exposition d'un échantillon ou simplement sur catalogue (papier ou, mieux, électronique). Le consommateur désirant acquérir l'un de ces produits pourra adresser sa commande via Internet, de chez lui ou du point de vente. Cette association commerce physique-commerce électronique permettant d'élargir l'offre de points de vente de dimension relativement modeste devrait être particulièrement recherchée par les groupements d'indépendants souvent pénalisés dans la course à l'augmentation de la taille moyenne des points de vente et dont on a vu qu'ils avaient été à l'origine des premières expériences de « virtualisation » de certains rayons d'hypers. Cette association peut également être exploitée par des enseignes ayant adopté un positionnement stratégique de type « bouquet » et faisant évoluer leurs points de vente vers le modèle du « magasin d'exposition », lieu de mise en situation des produits, où tout l'espace est mis au service de l'évocation de l'immatériel qui est à la base du concept, du confort du consommateur, de la convivialité... De tels points de vente fonctionneraient avec un stock minimum, les consommateurs étant invités, une fois leur choix effectué, à passer leur commande sur un terminal[2]. Enfin, la virtualisation de l'offre pourrait être particulièrement recherchée par des réseaux encore peu étoffés et couvrant mal le territoire national (jeune enseigne, enseigne étrangère tentant de s'implanter en France...) : les magasins joueraient en quelque sorte le rôle de porte-drapeau, de vitrine de l'enseigne ; le défaut de capillarité du réseau serait compensé par la

1. M.-E. Leclerc, *Libération*, 30 avril 1999.

2. Il y a tout lieu de penser que cette virtualisation de l'offre sera inégale selon les produits et que les distributeurs présents sur les deux circuits exploiteront leurs spécificités lors de la définition des assortiments respectifs des points de vente physiques et virtuels (accent, dans les magasins, sur les produits nécessitant un service personnalisé, articles pour lesquels un accès immédiat est recherché par les clients...).

présence sur Internet. Ce couplage permet au petit réseau d'accroître rapidement sa présence commerciale tout en minimisant le risque et l'engagement en capital. Habitat, face à ses mauvais résultats sur le marché américain, avait dû revendre ses 17 magasins. En 1997, l'enseigne de meubles engageait une nouvelle offensive sur ce marché, articulée autour de l'expédition de 300 000 catalogues et de l'ouverture d'un site Internet. L'investissement total ne s'est élevé qu'à un million de francs. Dans le même ordre d'idée, l'exploitation d'un site marchand permet aux distributeurs de toucher les consommateurs situés dans des secteurs géographiques à trop faible densité de population pour justifier l'implantation d'un magasin ou qui sont déjà en situation de surcapacité en équipement commercial. 70 % des internautes qui se connectent sur le site de la Fnac ne fréquentent jamais les magasins de l'enseigne, faute de pouvoir y accéder[1].

Internet apparaît à plusieurs égards comme un puissant levier de mise en œuvre des nouvelles stratégies associées au régime de croissance intensive. C'est, pour les entreprises de la grande distribution, une incitation supplémentaire à tenter de prendre dès aujourd'hui des positions importantes sur ce nouveau circuit. Elles ne sont cependant pas seules à afficher cette ambition...

Qui contrôlera le commerce électronique ?

Le commerce électronique repose sur des bases technologiques, organisationnelles, commerciales très différentes de celles qui sont associées au commerce physique. Les entreprises de la grande distribution ne sont pas nécessairement les mieux armées pour s'emparer de ce nouveau circuit qui suscite l'irruption, dans la sphère du commerce, de nombreux nouveaux entrants au profil hétérogène. En effet, l'importance des enjeux du e-commerce, couplée à des conditions d'entrée jusque-là peu exigeantes, a suscité des vocations parmi une grande diversité de catégories d'acteurs :

— Des distributeurs du monde physique, on l'a vu.

— Des producteurs, qui voient dans le commerce électronique l'opportunité de contourner le pouvoir de négociation des distributeurs et de nouer une relation directe avec leurs clients.

— Des entreprises nouvelles (les fameuses « starts-ups ») spécialisées dans le commerce électronique, nées de la volonté de prendre des positions rapides sur ce nouveau circuit.

---

1. *Les Échos*, 25 avril 2000, p. 48.

— Des entreprises dont la première fonction est de jouer le rôle d'intermédiaire sur Internet et qui se diversifient vers le commerce en ligne (fournisseurs d'accès, moteurs de recherche...).

Le jeu concurrentiel est pour l'instant très ouvert, et chaque catégorie d'acteurs semble pouvoir légitimement réclamer sa part du pactole. Réfléchir d'une manière prospective à la place que les entreprises de la grande distribution seront susceptibles d'occuper lorsque le commerce électronique aura atteint son régime de croisière nécessite d'analyser quels sont les critères de compétitivité qui s'imposent aux cyber-distributeurs et d'évaluer les avantages comparatifs des distributeurs « traditionnels » vis-à-vis de ces critères. Il sera possible alors d'évaluer la position des entreprises de la grande distribution vis-à-vis de ces critères par rapport aux autres catégories d'intervenants dans le commerce virtuel.

Les règles de la compétitivité sur Internet

La compétitivité d'un site de commerce électronique dépend bien sûr, avant tout autre chose, de la pertinence de son offre en regard de la demande des consommateurs. Chaque jour de nouveaux sites font leur apparition sur la toile, souvent à l'initiative de jeunes créateurs qui auront su convaincre des investisseurs sur la base d'une idée originale. Ces premières années d'existence du commerce électronique resteront comme une phase d'effervescence et de créativité intense. Les projets les plus fous sont expérimentés, et leur lancement est rarement précédé par des études permettant de tester l'accueil du marché... D'ailleurs, lorsqu'il s'agit de biens et services ou de formules de vente totalement inédits, les déclarations d'intention livrées par des consommateurs qui ne sont pas encore en situation constituent en général une aide à la décision peu fiable. C'est donc le propre des activités émergeantes que de baigner dans un épais brouillard d'incertitude et de se développer selon un processus d'essais et d'erreurs qui contribue à la construction du marché et mène à la sélection des modes d'organisation appelés à dominer.

En tout état de cause, une bonne idée, un concept pertinent ne suffisent pas. De très nombreuses « starts-ups » en font l'amère expérience quelques mois après leur création. La pérennité d'une activité de commerce électronique suppose aussi que l'entreprise soit en mesure de réunir quatre conditions fondamentales : disposer d'une visibilité suffisante auprès des consommateurs ; être en mesure de rassurer des cyberconsommateurs confrontés à une forte incertitude ; mettre en œuvre une logistique sans faille ; assurer une gestion commerciale et une relation clientèle de qualité et tirant parti de tout le potentiel que les technologies de l'information et de la communication offrent en matière de personnalisation.

Le commerce électronique impose une nouvelle forme de visibilité

Les distributeurs connaissent bien la problématique de la visibilité. C'est elle qui les a conduits à implanter systématiquement leurs points de vente dans des emplacements bénéficiant d'un flux nourri de clients potentiels. Dans le commerce physique, la visibilité est liée à des considérations spatiales, impliquant une concurrence entre distributeurs pour l'occupation des emplacements les plus stratégiques. Cette concurrence prend la forme d'une course de vitesse et suscite le renchérissement du foncier dans les zones les plus recherchées. La situation est très différente sur Internet. Il n'existe *a priori* aucune limite physique au nombre de sites marchands susceptibles d'être présents sur la toile ; il n'existe aucun « emplacement » qui confère un avantage de visibilité. L'un des problèmes majeurs auxquels doivent faire face les cyberdistributeurs est, d'abord, de faire connaître leur existence aux clients potentiels, puis de demeurer suffisamment « visibles » pour entretenir et développer leur audience.

Il existe trois moyens principaux par lesquels un cyberconsommateur peut être amené à se rendre sur un site marchand :

— Il connaît déjà le site et son adresse : le site peut bénéficier d'une marque à forte notoriété, ou des effets de la publicité vue en ligne ou hors ligne, ou tout simplement de l'acquisition d'une habitude de la part de l'internaute après plusieurs visites sur ce site.

— L'adresse du site a été obtenue à la suite d'une recherche à l'aide d'un moteur ou d'un répertoire, par la déclaration d'un mot clé (généralement, le produit recherché).

— Le cyberconsommateur a été « rabattu » sur le site marchand par un intermédiaire virtuel (assistant d'achat, système de liens entre sites, échanges de bannières, recommandation, parrainage...).

À mesure que s'accroît le nombre de sites marchands, le recours aux moteurs de recherche pour assurer la visibilité d'un site devient de plus en plus problématique. Face à ce nombre potentiellement très important de sites marchands répondant aux critères d'une demande, la position du site dans la liste délivrée par le moteur de recherche revêt une importance capitale[1] (un peu comme la position d'une entreprise dans un annuaire téléphonique, ce qui a provoqué une inflation des raisons sociales commençant par « A » ou même par « AA »...). La position du site dans la liste dépend généralement de la manière dont son exploitant a organisé son référencement par les moteurs de recherche. Des prestataires spécialisés se sont créés pour offrir ce type de service aux gestionnaires de sites ; il en coûte aujourd'hui un minimum de 5 000 F

1. 80 % des Internautes ne consultent pas au-delà de la deuxième page. C'est dire qu'il est crucial de figurer parmi les 20 premiers sites affichés par le moteur de recherche ou le répertoire.

pour assurer le référencement (ce qui assure juste que le site sera correctement identifié par les principaux moteurs de recherche, mais ne garantit aucunement une position favorable dans le classement), mais ce montant peut s'élever jusqu'à 100 000 F pour un référencement très complet avec contrat de maintenance régulier. En tout état de cause, tout le monde ne peut pas être en première position sur la liste...

La publicité constitue un moyen évident de faire connaître le site, de tenter de le rendre plus visible que les sites concurrents. Internet constitue un nouvel espace publicitaire, qui est utilisé de manière privilégiée par les cyberdistributeurs[1]. Mais les médias classiques sont à leur tour de plus en plus sollicités. Au total, les dépenses de publicité engagées par les acteurs d'Internet sont déjà très importantes (eu égard à la taille de ce nouveau secteur) et forte croissance. En 1999, ces dépenses, en France, se sont élevées à 1,6 milliard de francs. Cette somme est à rapprocher des quelque 9 milliards dépensés en publicité par la grande distribution, pour un volume d'activité sans commune mesure. Les grands sites marchands consentent un effort de communication considérable. Aquarelle, le leader de la vente de fleurs sur le Net, prévoyait de dépenser 1,6 million de francs en 2000. Amazon ne consacre pas moins de 20 % de son chiffre d'affaires aux dépenses de marketing. Le lancement du « cybermarché » Houra par Cora a été soutenu par 25 millions de francs de dépenses de publicité. Cette inflation des dépenses publicitaires pourrait s'accélérer si l'autorisation était finalement donnée aux sites marchands de faire de la publicité à la télévision[2]. Il devient donc de plus en plus coûteux d'assurer la visibilité d'un site marchand par la publicité, et la disproportion qui existe

1. La forme principale que prend la publicité sur Internet est celle de bannières ou de bandeaux que l'internaute rencontre au hasard de ses déambulations sur la toile. La portée commerciale de ces bannières et bandeaux dépend bien évidemment de l'intensité du passage sur les pages où ils sont présents. On retrouve en réalité une logique d'audience, très proche de celle qui caractérise la publicité dans les autres médias. La principale différence réside sans doute dans ce qu'il est possible sur Internet de facturer l'espace publicitaire en fonction directe de son efficacité, par la comptabilisation du nombre de « clics » sur les bannières conduisant le prospect vers le site annonceur, voire par le versement d'une commission sur les ventes ainsi réalisées. La publicité sur Internet peut également s'effectuer par l'envoi de messages électroniques aux populations d'internautes prospectées. La vente de listes d'adresses électroniques, plus ou moins ciblées, constitue une nouvelle activité associée au développement d'Internet. Ce type de publicité doit cependant être utilisé avec beaucoup de prudence par les annonceurs, car l'envoi intempestif de messages publicitaires sans l'accord du destinataire (« spam ») étant contraire à la « nétiquette » (règles d'éthique en vigueur sur le Net), il peut provoquer des réactions agressives, individuelles ou collectives, contre-productives pour l'annonceur.

2. Rappelons qu'en France la publicité télévisée pour les enseignes de distribution est interdite. Dans son communiqué du 22 février 2000, le Conseil supérieur de l'audiovisuel avait cependant exprimé son intention d'ouvrir l'accès à la publicité télévisée pour les sites de commerce électronique. Face aux protestations (notamment du monde du cinéma et de la radio), le Conseil d'État a procédé à l'annulation de ces dispositions en juillet 2000.

entre les dépenses publicitaires et le volume d'activité commerciale effective de la plupart des sites pose la question de la capacité financière des cyberdistributeurs à supporter un retour sur investissement aussi long et incertain.

Le recours à des intermédiaires chargés de rabattre les internautes vers le site du cybermarchand est généralement un moyen d'atteindre une certaine visibilité, beaucoup moins coûteux qu'une politique de publicité tous azimuts. La nature de ces intermédiaires est extrêmement variable. Leur point commun réside dans leur capacité à susciter une audience qui, quantitativement ou qualitativement (profil des visiteurs), intéresse le site marchand en quête de visibilité.

— L'intermédiaire le plus proche de ce que l'on connaît dans le commerce physique est la « galerie commerciale » : ensemble plus ou moins cohérent de sites marchands regroupés sous une même bannière, la galerie commerciale mise, pour attirer les clients, sur un effet de masse qui enrichit la palette des services proposés : portail d'accueil riche en contenu, moteur de recherche, possibilité de grouper les achats et le règlement, sécurisation du paiement, offre de garanties... Amazon.com a récemment procédé à la création d'une galerie commerciale : Zshops. En contrepartie des services offerts (système de paiement, garanties...) et des flux de clients que le leader du commerce électronique canalise vers les sites affiliés, Amazon fait payer un loyer fixe et perçoit une commission sur les ventes. Reconnaissons cependant que si, dans le monde physique, les centres commerciaux permettent aux consommateurs de rationaliser leurs déplacements par le rassemblement en un seul point d'une offre commerciale dense et diversifiée, cet avantage est beaucoup moins évident sur Internet où le cyberconsommateur peut, d'un simple clic, rallier n'importe quels sites, et où la « proximité » entre les sites marchands d'une même galerie génère *a priori* peu d'externalités pour chacun d'eux. La principale vertu de la galerie commerciale virtuelle est peut-être l'intervention d'un « tiers de confiance » — le gestionnaire de la galerie — qui, en édictant des règles et en veillant à leur respect, est en mesure de réduire l'incertitude à laquelle est soumis le cyberconsommateur. Le capital de confiance que constitue une marque forte est alors un atout pour s'affirmer comme gestionnaire de galeries.

— Les sites proposant des « bonnes affaires » à leurs visiteurs constituent une autre forme, elle aussi très « commerciale », de ce type d'intermédiation. Par exemple Acheter-moins-cher.com, Promosold.com ou LastMinute.com sont des sites spécialisés dans la diffusion de promotions proposées par un ensemble de sites marchands partenaires. Le cyberconsommateur intéressé par une offre présentée par l'intermédiaire est automatiquement connecté au site marchand correspondant. Les internautes peuvent également bénéficier d'un service d'alerte par courrier électronique leur permettant d'être tenus informés en temps réel des nouvelles promotions.

— On peut également ranger ici les liens qui réorientent les visiteurs d'un site marchand vers un autre site marchand « affilié » ou « partenaire », proposant une offre complémentaire. Cette formule connaît actuellement un rapide développement : le rabatteur se rémunère généralement par le prélèvement d'un certain pourcentage sur le produit de la vente. La même démarche est en cours de généralisation parmi les fournisseurs d'accès et les moteurs de recherche qui, au moyen des commissions touchées (et de la vente d'espaces publicitaires), cherchent à viabiliser un modèle économique fondé sur la gratuité pour l'internaute.

— Enfin, le rôle de rabatteur peut être joué par un site non commercial qui, de par la nature de son contenu, suscite un flux d'internautes dont la spécificité du profil intéresse des cybercommerçants. Les communautés virtuelles sont à cet égard particulièrement intéressantes dans la mesure où elles sont capables de réunir des consommateurs potentiels homogènes au profil très marqué, ce qui autorise une politique de promotion extrêmement ciblée. Résolument non marchands à l'origine et très respectueux de la nétiquette consistant à tenir les marchands hors du temple, les sites communautaires auront de plus en plus de mal à résister aux sirènes du commerce électronique. Certains ont d'ores et déjà négocié le virage (entrée en Bourse de Multimania) et les acteurs marchands du Web sont de plus en plus à l'origine de la création de sites communautaires... Les plus grandes manœuvres en cours sur Internet portent sur les « portails » thématiques qui cherchent à capter l'audience d'un public ciblé auquel seront proposées des offres commerciales sous des formes variées. On voit par exemple se multiplier les portails destinés aux femmes (dont on sait qu'elles vont prendre un poids croissant dans les ventes sur Internet) : des sites comme Planetfemmes.com ou Femmeonline.fr, qui n'ont pas une vocation commerciale affichée, offrent à leurs visiteuses une large palette de contenus (des recettes de cuisine aux conseils sur la sexualité conjugale, en passant par la mode et les sujets d'actualité) et de services (petites annonces, courrier électronique, « chat »...). La majeure partie des pages de ces sites contient des liens renvoyant à des sites marchands. Neuf cents boutiques électroniques sont ainsi « associées » à Femmeonline[1].

Au total, assurer la visibilité d'un site marchand risque de se révéler de plus en plus difficile. Des budgets croissants devront y être consa-

1. Le développement des portails et le rôle majeur qu'ils jouent déjà sur Internet témoignent de la grande proximité du « modèle économique » d'Internet avec celui de la presse. Aussi, le fondement de ce modèle est-il l'audience, ce qui situe la concurrence entre les sites sur le plan de la qualité et de la quantité du contenu et des services offerts. Soumis (en tout cas, pour l'instant) à la règle de la gratuité, ces sites se rémunèrent précisément par la valorisation de l'audience qu'ils ont réussi à susciter et cette valorisation est d'autant plus forte que cette audience est importante et/ou ciblée. Rappelons que la majeure partie des recettes des journaux provient de la publicité dont le tarif est fixé en fonction de l'audience du journal.

crés, ce qui donnera l'avantage à ceux qui disposent d'importantes ressources financières. La facilité avec laquelle se forment des communautés sur Internet devrait cependant faciliter l'obtention d'une visibilité sélective (c'est-à-dire auprès de catégories très ciblées de cyber-consommateurs) par les sites positionnés sur des niches étroites de marché et proposant des produits rares.

Devant la difficulté croissante qu'il y a à assurer la visibilité d'un site sur Internet, la capacité d'un cyberdistributeur de disposer d'une marque forte, qui permet d'attirer les internautes sans intermédiation, constitue un atout considérable.

Être en mesure de rassurer les cyberconsommateurs

Face à la pléthore de sites proposant des prestations similaires en apparence, dont on ne sait généralement pas grand-chose lorsque est effectuée une première visite, dont l'identité et la nature de l'entreprise qui se cache derrière sont souvent inconnues, l'achat sur Internet est facteur d'inquiétude. Ai-je acheté le bon produit ? Que me livrera-t-on effectivement et dans quel délai ? La sécurisation de mon paiement par carte bancaire est-elle réellement efficace ? Quelles sont les garanties dont je dispose concernant l'utilisation qui sera faite des données personnelles que j'ai communiquées à l'occasion de mon achat ?... Il existe certes des dispositifs en voie d'institutionnalisation qui visent à apporter des garanties sur ces points aux cyberconsommateurs : à la classique charte émise unilatéralement par le vendeur se substitue progressivement une logique de labélisation par des « tiers de confiance ». Des sociétés spécialisées dans la labélisation de sites se sont créées. Par exemple, le concepteur suisse de logiciel Multimo a créé le label de qualité Premiumwebsite. Un comité de sélection, composé de professionnels du Web, a été mis en place afin de délivrer le label aux sites qui en font la demande (qui paient pour cela) et qui respectent un certain nombre de critères de sécurité et de qualité. La portée du label dépendant du capital de confiance du « labellisateur », ce type d'initiative aura à faire face à la concurrence, d'une part, des gestionnaires de galeries commerciales virtuelles (comme yahoo !, Amazon, ou encore Télécommerce qui peut se prévaloir d'être une filiale de France-Télécom) et, d'autre part,

---

Internet constitue un gisement extraordinaire d'innovations visant à capter l'audience (et le pouvoir d'achat !) des consommateurs. À la multitude de portails, des plus généralistes (les sites des fournisseurs d'accès ou des moteurs de recherche) aux plus pointus (sur l'horticulture, les animaux de compagnie...) s'ajoutent chaque jour de nouvelles formules permettant de rabattre les internautes vers des sites marchands. Par exemple, le site MilleMercis.com, créé en 2000, propose à l'internaute de constituer une liste de souhaits à l'occasion de ses visites sur les sites marchands (un utilitaire — le « facilitateur » — est installé à cet effet sur la barre de liens du navigateur de l'internaute). Cette liste, consultable en ligne, permettra aux amis de notre internaute d'être sûrs d'offrir un cadeau qui fera plaisir. MilleMercis se rémunère par la perception d'une commission sur les ventes générées...

d'institutions indépendantes. C'est ainsi que l'Ordre des experts-comptables a créé le label Webtrust et que la Fédération du commerce et de la distribution[1], associée à la Fédération des entreprises de vente à distance, délivre le label L@belsite[2]. Mais à l'image de la situation que l'on connaît sur le marché alimentaire, la multiplication des labels, délivrés par des organismes souvent inconnus du grand public, risque de créer une grande confusion qui en réduira la portée.

Le label le plus efficace est très certainement une grande marque. Les économistes et les spécialistes du marketing ont depuis longtemps expliqué en quoi une marque constitue un engagement crédible de respect des promesses formulées de la part de celui qui a investi en elle. L'idée de base est très simple : si une grande marque tentait d'exploiter la confiance qu'elle inspire au consommateur et ne respectait ses engagements, les clients se détourneraient d'elle et les investissements dans sa promotion seraient perdus. Autrement dit, en investissant dans une marque, une entreprise se condamne à être plus rentable en respectant ses engagements qu'en recherchant l'avantage immédiat de la tromperie. Ce rôle de caution joué par les marques est particulièrement important sur les marchés où les acheteurs sont soumis à une forte incertitude (services de conseil, produits technologiques complexes, produits soumis aux risques alimentaires...). Dans ces premières heures de l'histoire du commerce électronique, durant lesquelles les cyberconsommateurs sont victimes de l'accumulation des facteurs d'incertitude — voire d'insécurité — la capacité de mettre en avant une marque forte constitue un avantage déterminant qui s'ajoute à celui de la visibilité qui a été discuté plus haut[3]. Je concluais mon analyse du déroulement du processus d'achat et me mettant en scène dans le rôle du cyberconsommateur, me précipitant sur mon assistant d'achat afin de rechercher le site capable de m'offrir le matelas Merinos L2000 au meilleur prix. En réalité, et même s'il est effectivement possible d'identifier en quelques secondes le site capable d'offrir le meilleur prix sur le Net, ce n'est pas nécessairement les sites qui pratiquent les prix les plus bas qui bénéficient des plus fortes parts de marché. Une étude américaine s'est livrée à une analyse des écarts de prix sur un échantillon de sites et de boutiques physiques aux États-Unis pour un certain nombre de livres et de disques parfaitement identifiés. L'étude débouche d'abord sur le constat d'un niveau moyen de prix inférieur sur le Net.

---

1. L'organisation professionnelle des entreprises de grande distribution succursalistes.

2. En décembre 2000, un an après sa création, seuls trois sites peuvent présenter le label L@belsite sur leur home page : la Camif, Quelle et Haléco (site de commerce interentreprises).

3. Une enquête IPSOS-Médiangles, réalisée en avril 2000 auprès d'un échantillon d'internautes, montre qu'« une marque connue » constitue le premier facteur incitatif à l'achat sur Internet.

Elle met également en évidence l'importante dispersion des prix pratiqués par les différents sites concurrents. Le plus étonnant est que l'on n'observe pas de corrélation entre la compétitivité-prix des sites[1] et leur part de marché. Par exemple, il est de notoriété publique qu'Amazon, leader incontesté sur le marché du livre et du disque sur Internet, ne pratique pas les prix les plus bas. Comment expliquer cette « irrationalité » des cyberconsommateurs, alors que l'information sur les prix est disponible si facilement et qu'il s'agit là de produits parfaitement normalisés dont la qualité ne dépend aucunement de l'identité de celui qui les vend ? On peut évoquer la richesse des services complémentaires offerts par les leaders, la qualité de la relation clientèle qui est mise en œuvre. Mais il y a aussi qu'effectuer son achat auprès d'un cybercommerçant connu, affichant une marque ou une enseigne reconnue, est réducteur d'incertitude et rassurant.

La nécessité d'une logistique sans faille

Être suffisamment visible sur la toile pour susciter un flux suffisant de cyberconsommateurs est donc la condition numéro un de la pérennité d'un site marchand. Mais il ne s'agit pas seulement de parvenir à vendre ; encore faut-il faire parvenir au client l'objet de son achat. C'est là qu'intervient la logistique[2].

Les produits d'information, numériques et totalement dématérialisés, comme les logiciels, la musique, les images, les informations... sont ici grandement favorisés : ils peuvent être livrés directement sur le micro-ordinateur du client par le réseau. Les services dont la vente ne suppose qu'un simple transfert de titre de propriété (billets d'avion, places de spectacle...) ne posent pas non plus de problèmes logistiques considérables, l'expédition par courrier d'un imprimé produit dans la foulée de la transaction étant en général suffisant.

L'importance des considérations logistiques s'impose par contre avec évidence pour ce qui est de la vente de la plupart des produits manufacturés. Comme je l'ai rappelé plus haut, la complexité de la logistique associée au commerce électronique est qu'elle implique généralement la livraison individualisée de chaque client. Là où le commerce en magasin s'attache à une logistique de « gros », le commerce électronique implique une logistique de « détail » consistant à livrer les clients un à un. Ceci, alors que la concurrence et les exigences des clients imposent un coût très bas et un délai très court... Le coût de la livraison peut disqualifier le commerce électronique face au commerce en magasin ;

---

1. Pour ne pas fausser le calcul, le calcul des prix incorpore les frais de livraison, qui sont très variables d'un site à l'autre pour un même produit et peuvent modifier de manière sensible le classement des sites selon leur compétitivité-prix.

2. « Les difficultés commencent le jour où vous recevez une commande », Marc Réfabert, PDG de Fromages.com, in Infologistique, *Médiation*, n°23, IREPP-ACSEL, 2000.

5 francs de trop sur le tarif de la livraison peut suffire à susciter la désaffection des clients au profit de sites concurrents (ou de l'achat en magasin) ; une livraison requérant la présence du client à son domicile pendant un temps jugé trop long peut conduire au même résultat ; une livraison ne respectant pas les délais annoncés, un colis incomplet, une marchandise endommagée au cours du transport… peuvent conduire le cyberclient à tirer un bilan négatif de son expérience avec ce site qui le portera vers un site concurrent à la prochaine occasion… L'enjeu concurrentiel de la logistique est donc fondamental[1] : celle-ci doit être la moins coûteuse possible, fiable et rapide. L'énergie déployée par certaines entreprises de commerce électronique pour se différencier sur le front de la livraison est en train de donner un brutal coup de vieux au fameux « 48 heures chrono » de La Redoute qui avait forcé l'admiration de tous lors de son lancement en 1984. Aujourd'hui, C-mescourses, le supermarché en ligne de Casino, est en mesure de garantir une « fenêtre » de plus ou moins 30 minutes. Son concurrent, Télémarket, peut livrer sous moins de 24 heures. En août 2000, La Redoute annonçait pouvoir bientôt livrer dans la journée même[2]. Le site koobuycity.com propose aux Franciliens quelque 130 produits (CD, livres, fleurs, alcool…) livrés gratuitement en une heure, et ce jusqu'à 1 heure du matin… La concurrence place ainsi la barre de plus en plus haut.

De manière générale, la chaîne des opérations logistiques est la suivante :

— Réception des marchandises des fournisseurs.

— Préparation des colis en fonction des commandes.

— Acheminement des colis vers chaque client.

La gestion de la chaîne logistique implique donc des opérations d'entreposage, de colisage et de transport, auxquelles il ne faut pas oublier d'ajouter l'édition et le traitement de l'ensemble des documents administratifs et comptables qui accompagnent ces opérations et qui mobilisent une technologie sophistiquée.

Il n'existe pas un modèle unique de gestion de chacun des éléments de la chaîne logistique. La diversité des pratiques observables doit beaucoup au fait que chaque catégorie de produits pose des problèmes logistiques spécifiques. Les vendeurs de livres ou de disques ont à gérer des dizaines de milliers de références dont la plupart ne sont l'objet que d'une demande sporadique. L'activité d'entreposage et de confection de colis est donc particulièrement complexe. Par contre, ces produits peuvent

---

1. Les cybercommerçants ne semblent pas toujours avoir pris conscience de ce point. Selon un enquête réalisée par Syrcom-Gmsa pour l'Afcee-Ireep auprès d'un échantillon d'acteurs du commerce électronique, la logistique n'était perçue en 1998 comme « une condition préalable au développement du commerce électronique » que par 7 % des sociétés interrogées (onzième position), loin derrière les paiements sécurisés et la qualité du réseau.

2. Dans des points relais.

être adressés aux clients sous la forme de colis postaux, alors que d'autres (électroménager, jouets...) nécessitent l'intervention d'un livreur. Le transport des articles fragiles et des produits périssables comporte des exigences particulières en termes de manutention, d'emballage, d'équipements spécialisés, de délais à respecter... Il n'est alors pas rare que, pour éviter des manipulations et des délais qui seraient nuisibles aux produits, le cyberdistributeur se contente d'enregistrer les commandes et de les transmettre à ses fournisseurs qui assurent directement la livraison aux clients. Certains produits spécifiés selon la demande de chaque client (vêtements sur mesure, ordinateurs assemblés à la carte...) ne peuvent pas être stockés à l'avance et exigent la réalisation en un temps très court d'opérations de « différenciation retardée »...

La diversité des modes de gestion des contraintes logistiques parmi les cyberdistributeurs s'explique aussi par leurs caractéristiques propres. Le volume d'activité, par exemple, est un puissant déterminant de ce que l'entreprise est susceptible de gérer par elle-même ou plutôt de confier à un spécialiste bénéficiant de la taille critique. De même, l'expérience dont dispose l'entreprise en matière de logistique s'avère déterminante : les entreprises issues du commerce en magasin, ou même de la production, sont plus spontanément portées à gérer en interne les aspects logistiques de leur activité sur Internet que les « starts-ups » qui n'ont généralement aucune expérience de la logistique et qui sont plus promptes à les sous-traiter. Les leaders mondiaux de la logistique (en particulier les américains UPS et Fedex) mettent progressivement en place des solutions logistiques dédiées au commerce électronique.

Enfin, pour la logistique comme pour les autres aspects du commerce électronique, nous vivons une phase d'expérimentation durant laquelle des modes d'organisation alternatifs sont éprouvés. Ainsi observe-t-on des pratiques différentes au sein de l'ensemble (pourtant relativement homogène) des entreprises de la grande distribution alimentaire ayant ouvert un cybermarché. Par exemple, chez Houra, le stockage des produits et la préparation des colis sont effectués dans un entrepôt spécialisé, dont la gestion a été confiée à Géodis. De là, les colis sont acheminés par camions entiers vers les centres d'éclatement d'où ils repartent en véhicule utilitaire (opération souvent confiée à de petits transporteurs indépendants) vers les clients. Le Britannique Tesco, quant à lui, a fait le choix de préparer les colis au sein même du supermarché le plus proche du client à l'origine de la commande et l'acheminement est assuré par le service de livraison à domicile du magasin. De ces expérimentations émergeront sans doute un certain nombre de « meilleures pratiques[1] ». Ici comme ailleurs, avoir adopté

1. Casino a rapidement abandonné le colisage en magasin tel que le pratique Tesco (en raison de la gêne occasionnée dans les magasins) au profit d'une organisation proche de celle de Houra.

de manière précoce la bonne option et avoir développé les compétences afférentes sera source d'un avantage concurrentiel. La complexité des opérations logistiques, qui font appel à des compétences de plus en plus spécialisées et exigent de lourds investissements dans les nouvelles technologies, plaide en faveur de solutions externalisées auprès de spécialistes (cette tendance est d'ailleurs observable à l'échelle de l'ensemble de l'économie). En outre, le développement du commerce électronique encourage les alliances stratégiques entre logisticiens et spécialistes des technologies de l'information (et, quelquefois, banquiers)[1] afin d'être en mesure de proposer des solutions intégrées « clés en main » aux clients. Le commerce électronique pourrait ainsi accélérer une tendance au « recentrage » de l'activité des distributeurs sur les aspects les plus commerciaux de leur métier (achat et vente).

Inventer de nouvelles relations avec les clients

Internet constitue — au moins potentiellement — une manière totalement nouvelle d'entrer en relation avec les consommateurs. Alors que l'avènement de la grande distribution avait conduit à l'effacement de la figure du commerçant au profit d'un face-à-face direct entre les produits et les clients, le commerce sur Internet offre une formidable opportunité au commerçant de revenir sur le devant de la scène en répondant à la demande par les consommateurs d'un traitement personnalisé. J'ai déjà évoqué plus haut quelques-uns des moyens à la disposition des cybercommerçants pour mettre en place cette relation personnalisée. Nous sommes, là encore, dans une phase préhistorique promise à un dépassement rapide à mesure que les moyens technologiques gagneront en performance et que la connaissance des ressorts du « marketing relationnel » aura progressé.

On évoque parfois le terme de révolution pour désigner l'importance des implications d'Internet sur les conceptions et la pratique du marketing. Pour Bertrand Bathelot[2], « la vraie révolution se situe surtout au niveau des coûts, de la gestion du temps et de l'absence de dimension géographique ». Il en veut pour preuve que la plupart des techniques appliquées sur Internet ne sont en fait que des adaptations de techniques marketing traditionnelles (voir tableau ci-dessous). C'est précisément sur les techniques marketing « traditionnelles » les plus récentes — et qui marquent une évolution vers un marketing relationnel — que l'adaptation à Internet a été à la fois la plus rapide et la plus profonde. Si les principes qui sous-tendent ces pratiques sont identi-

---

1. UPS avec Oracle, Federal Express avec SAP, Bull avec Danzas et la Société générale...

2. Bertrand Bathelot est le créateur et le modérateur d'une liste de diffusion relative au net-marketing. Il a aussi créé le site www.abc-netmarketing où est consultable son « manuel » du commerce électronique.

ques, qu'il s'agisse du monde « réel » et d'Internet, leur application sur le réseau demande bien plus qu'une simple transposition. Elle implique à la fois la maîtrise des technologies disponibles (voire la capacité à en orienter le développement) et l'aptitude à comprendre des comportements d'internautes et de cyberconsommateurs encore peu stabilisés. Si Internet n'est pas à l'origine d'une révolution dans les principes du marketing, il constitue à tout le moins une rupture dans les bases d'expérience des spécialistes de cette discipline qui se trouvent, eux aussi, plongés dans un processus d'essais et d'erreurs duquel émergeront de nouvelles « lois » et de nouvelles pratiques.

La transposition des techniques marketing traditionnelles sur Internet

Marketing traditionnel	**Application Internet**
La plaquette d'entreprise	Le site web
La publicité média	Internet sixième média publicitaire (bandeaux)
Merchandising	Applications aux boutiques en ligne
Le publipostage (mailing)	Le courrier électronique commercial
Le consumer magazine	Liste de diffusion d'information
L'échantillon	Extraits de CD ou de livre téléchargeable Logiciels téléchargeables en version limitée.
Le coupon de réduction	Le coupon électronique
Études quantitatives	Enquête en ligne sur site ou par e-mail
Marketing personnalisé	Marketing one to one en ligne
L'entretien d'achat-vente	Premier pas de la visiophonie
Marketing téléphonique	Passerelles web/centres d'appels
Veille commerciale	Nouveaux outils de veille sur Internet

Source : Bertrand Bathelot, http://www.abc-netmarketing.com/manuel/cadplan.htm.

Par définition, les techniques de conception de sites, les principes d'ergonomie de la navigation, le « marchandisage » des produits sur le site... constituent des champs de connaissance vierges. On ne connaîtra sans doute jamais combien de visites sur un site marchand ne se concluent pas par une transaction par la faute d'un site mal conçu[1]. À en juger par l'écart très important entre le nombre de visiteurs et le nombre d'acheteurs annoncés par de nombreux sites, il ne s'agit pas d'un phénomène marginal. Le dispositif d'enquête en ligne, B@ronet, du cabinet Raffour-Interactif, confirme que les internautes sont très sensibles à la rapidité avec laquelle ils accèdent à ce qu'ils recherchent, ce qui plaide pour la simplicité technique des sites. La patience des internautes semble pouvoir se résumer par la recette suivante : trois secondes pour une apparition complète de la page d'accueil, trois minutes dans le site pour y trouver ce que l'on y cherche, et trois sites différents par recherche.

Les enquêtes nous présentent également un cyberconsommateur dont la « zone d'approvisionnement » (qui se matérialise par la liste des signets ou des « favoris » constituée à l'aide du navigateur) se révèle finalement assez limitée. Toujours, selon B@ronet, les cyberconsommateurs fréquentent en moyenne trois sites par types de produits achetés régulièrement. C'est dire que les habitudes se prennent vite, d'autant que la répétition de l'action économise du temps et des ressources cognitives au cyberconsommateur. Un consommateur déçu par sa première expérience sur un site a peu de chance de réitérer sa démarche.

Au-delà du site lui-même, c'est la nature de la relation que le cybercommerçant est capable d'établir avec son client qui est déterminante. Besoin d'être rassuré ? Soif de convivialité ? Le cyber-consommateur ne doit pas avoir le sentiment d'effectuer une transaction avec une machine. Il veut pouvoir identifier, « ressentir » l'organisation, les hommes qui se trouvent derrière l'écran. Il est donc essentiel d'établir des passerelles de communication entre le site et les clients. Ces passerelles sont pour la plupart, par nature, personnalisées (le client s'adresse au commerçant, ou le commerçant s'adresse à chaque client pris individuellement). Le courrier électronique est la plus évidente de ces passerelles. Par son intermédiaire, le client peut prendre la parole, poser des questions, exprimer des suggestions, formuler des réclamations. Mais il est alors essentiel qu'il obtienne une réaction rapide et personnalisée. L'entreprise de commerce électronique doit donc disposer d'un service assumant la charge de la gestion des réponses[2]. Une autre formule est

---

1. On sait par contre que les difficultés de navigation rencontrées par les visiteurs de Boo.com — le site britannique de vente d'habillement lancé avec fracas en 1999 — ont compté pour beaucoup dans l'échec et, finalement, la fermeture du site. La conception, très ambitieuse, n'avait pas suffisamment pris en compte la modestie des moyens informatiques dont disposent la plupart des cyberconsommateurs...

2. Le magazine *LSA* évoquait dans son numéro du 13 avril 2000 le cas d'un employé du magasin de la chaîne de bricolage La Boîte à Outils qui, tous les soirs, répondait aux questions des internautes. « Selon la demande et les sujets à traiter, il répond par écrit ou réalise un film avec sa caméra numérique, puis il suggère les outils et produits nécessaires, accompagnés d'un devis. »

en train de bénéficier d'un rapide développement : les « Web call center », c'est-à-dire les centres d'appels téléphoniques qui assurent aux internautes un accès immédiat au cybercommerçant et lui garantissent un traitement personnalisé.

Internet permet également d'étendre la relation avec les clients à la fois en amont et en aval de l'acte d'achat. Comme on l'a vu, en amont (avant l'achat), le site peut délivrer un ensemble d'informations facilitant le déroulement du processus d'achat par le client. En aval (après l'achat), le site peut servir de support technique, fournir des conseils d'utilisation, émettre des courriers électroniques rappelant les échéances d'entretien... Mais plus encore, le cybercommerçant, par le traitement de l'ensemble des informations dont il dispose sur son client (son profil socio-démographique — s'il le lui a demandé —, sa localisation, l'historique de ses achats et tout ce qu'il révèle de ses habitudes de consommation et de son mode de vie...), peut régulièrement le relancer par la suggestion de produits complémentaires, par l'offre de promotions personnalisées... Bref, la palette des instruments de fidélisation est d'une grande richesse et peut être gérée avec infiniment plus de précision que dans le commerce physique où il est toujours difficile de démêler l'écheveau que forme l'ensemble des clients. Mais, là encore, l'apprentissage de nouvelles pratiques s'impose.

L'enjeu attaché à la maîtrise de ces nouvelles techniques de marketing est donc considérable. Les erreurs en la matière peuvent coûter très cher ; la découverte précoce de nouvelles recettes peut rapporter gros (voir le cas Amazon). À l'image de la technicisation des méthodes de vente et de gestion qui est progressivement intervenue dans la grande distribution, l'instinct, la créativité et le bricolage astucieux, céderont progressivement la place à un appareillage technologique et méthodologique de plus en plus sophistiqué et spécifique[1].

Des facteurs de compétitivité cumulatifs

Les facteurs de compétitivité que nous venons d'examiner présentent la particularité d'être sensibles au jeu de rendements croissants, de processus cumulatifs. Autrement dit, bien souvent, la compétitivité appelle la compétitivité, alors qu'une faiblesse dans l'un des compartiments du jeu comporte le risque de déclencher un cercle vicieux de déclin qu'il est très difficile d'enrayer.

Considérons la question de la visibilité. Les sites les plus visibles sont naturellement ceux qui peuvent se prévaloir d'une marque forte, reconnue dans son domaine. Pour les sites ne pouvant se prévaloir d'une marque construite dans le monde réel, la visibilité est d'abord

1. Les formations supérieures spécialisées se multiplient d'ailleurs à un rythme rapide, de même que les publications académiques dans les revues de marketing ou de gestion.

une question d'argent, de budgets de communication. Mais l'argent seul brûle comme un feu de paille. L'internaute attiré sur un site marchand par la publicité n'y retournera pas s'il sort déçu de sa visite. La qualité du site repose sur la pertinence du concept, mais aussi sur son ergonomie, la richesse du contenu et la pertinence de son offre : autant d'ingrédients qu'il est coûteux de réunir. Les capitaux ne peuvent affluer durablement que vers les sites offrant une perspective raisonnable de rentabilité. La rentabilité dépend (mais ce n'est pas une condition suffisante) du trafic[1]. Autrement dit, ce sont les sites qui suscitent le plus de trafic qui sont les plus à même de bénéficier durablement des moyens financiers leur permettant de se montrer attractif et ainsi de générer... du trafic. La « rationalité limitée » du cyberconsommateur — c'est-à-dire sa propension à ne pas optimiser systématiquement ses achats et à préférer le confort de l'habitude au stress de la recherche de la meilleure offre — le conduit à privilégier les achats sur les sites déjà inscrits dans la liste de ses « favoris », et entretient cette logique cumulative, de même que le bouche-à-oreille qui s'opère entre les cyberconsommateurs.

Sur le plan de la logistique, la qualité et le coût du service dépendent de la capacité du cybercommerçant à gérer des stocks importants, à disposer des équipements de pointe nécessaires, à maîtriser des techniques de plus en plus sophistiquées, à nouer et à gérer les partenariats indispensables... L'ensemble de ces conditions est généralement plus facile à réunir lorsqu'une certaine dimension est atteinte. De même, s'agissant de modes d'organisation relativement nouveaux, les effets d'apprentissage sont importants : ceux qui sont partis les premiers ont accumulé davantage d'expérience (les autres peuvent se rassurer en se disant que les pionniers ont essuyé les plâtres et qu'eux-mêmes ne commettront pas les mêmes erreurs).

Les économies d'apprentissage sont sans doute plus importantes encore dans le domaine de la gestion clientèle où les « modèles » sont encore largement à inventer. Une gestion clientèle réussie fidélise la clientèle, ce qui réduit la fluidité du marché et gêne sa pénétration par de nouveaux entrants.

Amazon fournit une formidable illustration du jeu de ces mécanismes cumulatifs. Pionnier du marketing relationnel sur Internet, Amazon a réussi à fidéliser sa clientèle. Son poids économique lui permet la mobilisation de budgets de communication considérables. Il facilite également l'amortissement de l'entretien d'un site au contenu

1. L'essentiel des coûts de conception, maintenance et promotion d'un site marchand sont des coûts fixes, c'est-à-dire qui sont indépendants du montant des transactions réalisées. Il en résulte que le niveau des profits, comme celui des pertes, est très sensible au volume d'activité. Pour une analyse économique des conséquences de cette structure de coût sur le fonctionnement des marchés électroniques, voir le remarquable ouvrage de Shapiro et Varian [1999].

très riche, aussi bien en profondeur de l'offre qu'en services annexes. Le volume d'activité justifie l'exploitation d'un appareil logistique lourd et efficace. Il permet également la multiplication du nombre d'entrepôts, ce qui facilite la fourniture d'un service de qualité à un coût raisonnable sur un espace géographique étendu. La combinaison de tous les facteurs à rendements croissants exerce une force d'une telle puissance que des sites, disposant pourtant d'atouts et de moyens considérables, comme BarnesandNoble (premier libraire du monde physique aux États-Unis) ou Bol (groupe Havas), partis plus tard, éprouvent bien des difficultés à contester la position du leader. Ce dernier, de son côté, met à profit sa notoriété, sa capacité à générer de l'audience, ses compétences en matière de logistique et de marketing, pour étendre régulièrement son champ d'activité bien au-delà du livre ou même des produits culturels.

La compétitivité sur Internet est ainsi assimilable, à de nombreux égards, à une course de vitesse. Il s'agit de prendre position avant les autres afin que les forces cumulatives dont il vient d'être question jouent en sa faveur et compromettent la viabilité des autres postulants. Ceci contribue à expliquer la frénésie avec laquelle des acteurs économiques de tous les horizons se sont jetés sur un marché aux dimensions encore négligeables, y ont englouti des sommes souvent faramineuses, pour y accumuler des pertes qui, ramenées au volume d'activité, sont littéralement abyssales[1]. Les quelques-uns qui sortiront gagnants de ce jeu peuvent espérer prospérer à l'abri des assauts des candidats à l'entrée. Reste à évaluer la solidité de l'abri...

À la fin des années 1990, de très nombreux sites de commerce électronique se sont créés à l'initiative de petits créateurs d'entreprise, de commerçants ou d'industriels avec quelques dizaines de milliers de francs. Pour certains, cela a été le point de départ des grandes aventures comme il s'en déroule toujours dans les premières années d'un secteur neuf et qui fondent ses mythes. Mais, pour la plupart, l'expérience s'est révélée décevante. Il faut bien se résoudre à l'évidence : il ne suffit pas d'ouvrir un site sur Internet pour développer un courant d'affaires significatif. Autrement dit, les barrières à l'entrée du marché du commerce électronique sont bien plus importantes que beaucoup (moi y compris) l'ont pensé au démarrage de cette activité. Il apparaît de plus en plus clairement que la compétitivité pour les sites de commerce électronique[2] supposera que soient réunis : le franchissement d'une taille critique, la détention d'une marque forte, la maîtrise de compétences

1. Rappelons que, en dépit de sa position commerciale si enviée, Amazon n'a jamais encaissé un dollar de bénéfice et continue d'enregistrer des pertes considérables. Au second trimestre 2000, les pertes représentaient l'équivalent de 20 % du montant des ventes...

2. En tout cas pour ceux qui visent plus que de simples marchés de niche.

spécifiques. Ces trois facteurs sont tenus en étroite interdépendance par le jeu de mécanismes cumulatifs.

Nous sommes prêts à engager l'analyse des forces et des faiblesses des entreprises de la grande distribution vis-à-vis de ces critères de compétitivité.

ATOUTS ET HANDICAPS DES ENTREPRISES DE LA GRANDE DISTRIBUTION DANS LE COMMERCE ÉLECTRONIQUE

Des atouts incontestables...

Les entreprises de la grande distribution disposent d'atouts importants dans la bataille qui les oppose aux autres prétendants à la maîtrise du commerce électronique.

La marque. Le fait de disposer d'une marque forte offre un avantage considérable en termes de visibilité et de capacité à rassurer les cyber-consommateurs. Partir à l'assaut du cyberconsommateur avec une marque déjà connue dans le monde physique peut permettre de réduire le risque de l'initiative et d'économiser beaucoup de temps et d'argent. Qui dispose aujourd'hui de grandes marques capables de jouer ce rôle de caution sur le Net ? Certains industriels, et quelques entreprises de la grande distribution.

On pourrait légitimement s'étonner de constater qu'il n'existe pas de site Danone, Mars, Philips ou Valentine proposant la vente en ligne des produits de la marque. L'explication réside pour l'essentiel dans l'étroitesse de l'offre de ces marques par rapport aux besoins des consommateurs. On s'imagine mal faire la démarche d'aller sur le site de Mars pour commander une barre chocolatée... Il est davantage envisageable d'aller se porter acquéreur des pots de peinture nécessaires à la rénovation de la salle à manger auprès du site Valentine ou bien de combiner l'achat d'eau d'Évian, de yaourts brassés, de biscuits LU... dans une même transaction sur le site Danone. Pourtant, il est fréquent que le besoin de peinture soit accompagné de celui d'enduit, de pinceaux, voire de papiers peints ou de planches de bois... De la même manière, les besoins alimentaires d'un ménage débordent très largement de la gamme, pourtant étendue, des produits Danone et, quelles que soient les qualités reconnues aux produits de ce leader de l'agroalimentaire, le consommateur peut légitimement vouloir ajouter à son panier les yaourts aux fruits d'une marque concurrente. Même si la notion de massification des achats perd une partie de son sens sur Internet (puisqu'il est presque aussi facile de passer d'un site à un autre que d'un « rayon » à un autre dans un même site), il demeure plus pratique de concentrer ses achats sur un petit nombre de sites afin de réduire les coûts de transaction et de faciliter la livraison. Ainsi, ce qui entrave la présence des industriels sur le Net est que, bien souvent, leur portefeuille d'activités est fondé sur une logique industrielle (partage d'équipements, de savoir-faire) plus que sur une logique de marché et de réponse globale aux besoins des clients. Autrement dit, les bouquets qu'ils sont capables d'offrir sont généralement trop partiels pour séduire les consommateurs. Les grandes marques de fournisseurs qui disposent du plus grand potentiel de valorisation sur le Net sont celles qui concernent des produits à achat unitaire (qui sont généralement le seul objet, ou l'objet principal, d'un acte d'achat) ou celles qui d'ores et déjà couvrent une fonction de consommation complète dans une logique de bouquet. Dans la première catégorie se trouvent les constructeurs automobiles, les producteurs de biens d'équipement ménager, de matériel informatique... Dans la seconde, des grandes marques de l'habillement, du mobilier et de la décoration, du divertissement et des loisirs (édition, articles de sport)... Mais les producteurs auront également à faire face au risque de représailles que leurs tentatives d'accès direct au client pourraient susciter de la part des distributeurs en magasin, avec lesquels ils réalisent encore la quasi-totalité de leurs ventes. L'arrêt de l'activité marchande du site Levi's a été justifié par les réactions d'hostilité des détaillants à cette initiative ayant vocation à détourner des flux de vente. Dans ces conditions, il est probable que les producteurs qui se montreront les plus offensifs sur Internet seront, d'une part, ceux dont le pouvoir de négociation vis-à-vis de la distribution est tel qu'ils se sentent à l'abri des représailles (mais auront-ils alors la motivation nécessaire pour faire l'apprentissage du commerce électronique ?) et, d'autre part, ceux qui éprouvent actuellement des difficultés à franchir le barrage de la distribution pour accéder à leurs clients potentiels (notamment les PME produisant des articles spécialisés). Tous seront encouragés à redéfinir la composition de leur offre et, en amont, de leur portefeuille d'activités, en faveur d'une logique de bouquet.

Sur le plan de la capacité à exploiter une marque forte, les starts-ups semblent encore plus défavorisées que les entreprises industrielles. Certes, il existe déjà des marques mythiques nées sur Internet : Amazon, e-bay, i-bazar, CDNow... Parties de rien, elles ont acquis en très peu de temps une très forte notoriété, souvent, directement à l'échelle internationale. Il ne s'agit en réalité que d'une infime minorité des sites marchands qui, de surcroît, ont été des pionniers sur leur marché. Sans être impossible, la création *ex nihilo* d'une marque sur Internet exigera des budgets de communication de plus en plus important mettant en valeur un concept différenciateur. Une puissante assise financière sera ainsi exigée des candidats à l'aventure. Les distributeurs qui se sont engagés au cours des dernières années dans une stratégie de marketing d'enseigne disposent d'un atout considérable. La marque d'enseigne constitue *a priori* une excellente caution de la qualité du service commercial car elle couvre une image de commerçant, là où la marque de producteurs cautionne en premier lieu les produits[1]. Notons cependant une grande limite à l'avantage concurrentiel que les distributeurs pourraient tirer de leur marque d'enseigne : son caractère national dans la plupart des cas. Des enseignes comme la Fnac, Darty ou Décathlon peuvent constituer un puissant levier de crédibilisation de l'activité Internet en France, mais sont de peu d'utilité pour capter les achats des cyberconsommateurs étrangers. Il n'existe en fait que très peu de marques d'enseigne à rayonnement mondial à l'image de Ford, IBM, Sony, ou Levi's dans le monde industriel. Le marché du commerce électronique transcende très largement les frontières ; il suscitera la création de marques mondiales (c'est déjà le cas d'Amazon, de Yahoo !, de Bol...). En dépit de l'accent mis sur l'internalisation au cours des dernières années, la plupart de nos distributeurs nationaux sont encore loin de disposer d'un tel actif stratégique. Une autre limite dans la capacité des distributeurs à exploiter leurs marques sur Internet réside dans le décalage qui est susceptible d'exister entre l'image dont dispose l'enseigne dans le monde physique et celle qu'il serait souhaitable de donner sur Internet. Par exemple, il est possible que l'image de grandes entreprises généralistes de vente par correspondance, peu en phase avec les caractéristiques socio-démographiques des premiers cyberconsommateurs, contribue à expliquer les résultats, pour l'instant, relativement décevants qu'ils ont réalisés sur le Web. L'image préalable d'un distributeur peut également contraindre celui-ci quant à la nature de l'offre et au positionnement marketing adoptés sur le Web, en particulier au plan de la politique de prix. Avancer sur les terres inconnues d'Internet à visage découvert, c'est-à-dire par l'exploitation d'une enseigne du monde physique, peut se révéler dangereux si la qualité de la prestation sur Internet n'est pas à la hauteur de l'image de l'enseigne ; un échec sur le Net pour alors entraîner la dépréciation d'un actif stratégique dont les conséquences peuvent s'étendre au réseau de magasins. Et ce risque est réel : l'enquête menée en 1999 par le Boston Consulting Group auprès des internautes américains révèle que 60 % des acheteurs en ligne déclarent que, s'ils ne sont pas contents du site d'un distributeur, ils seront moins enclins à acheter dans ses magasins. C'est précisément en raison de la difficulté d'assurer aux clients aujourd'hui une qualité de service équivalente à celle offerte en magasin que la plupart des groupes de la grande distribution alimentaire ont fait le choix de développer une « enseigne » spécifique pour leur « cybermarché » (Houra pour Cora, Ooshop pour Promodès-Carrefour, C-mescourses pour Casino...).

1. Ce que peut également faire la marque d'enseigne lorsqu'elle couvre des produits exclusifs.

Les compétences logistiques. La spécificité des contraintes logistiques associées au commerce électronique fait que la plupart des cybercommerçants, quelle que soit leur origine, se trouvent à peu près à égalité devant la nécessité de faire l'apprentissage de nouveaux modèles d'organisation.

Les entreprises de commerce électronique créées *ex nihilo* disposent rarement de l'expérience de la logistique nécessaire à la gestion de la chaîne allant de l'approvisionnement à la livraison au client. C'est là l'un de leurs principaux handicaps. Ce handicap peut devenir un avantage lorsque cette inexpérience leur permet d'imaginer des modes d'organisation inédits ou lorsqu'il les contraint, dès l'origine, à nouer des partenariats avec des entreprises spécialisées compétentes. Certains cybercommerçants se contentent de transmettre à leurs fournisseurs les commandes reçues sur le site ; ils se déchargent ainsi totalement de la nécessité de constituer et de gérer un stock. La contrepartie peut résider dans un allongement des délais et dans la non-maîtrise de la qualité.

Les industriels sont généralement expérimentés en matière de gestion logistique, en particulier ceux qui sont organisés en « juste-à-temps ». La maîtrise de l'outil industriel leur donne un atout considérable dans la mise en œuvre de politiques de personnalisation des produits. Sur le modèle du fabricant d'ordinateurs Dell, des industriels comme Kickers, Levi's (avant la fermeture de son site), Kindy[1] et bientôt les constructeurs automobiles, offrent la possibilité à leurs cyberclients de définir leurs produits sur mesure. Les spécifications sont automatiquement transmises à l'usine où des équipements programmables sont capables de produire à la demande, dans les meilleures conditions de coût et de délai. La prise directe sur le marché qu'autorise la présence sur le Web autorise ainsi, dans l'idéal, le pilotage direct de l'activité productive par la demande des consommateurs, à la fois en quantité et en variété, par simple transfert automatique d'informations numérisées. L'intégration de l'activité commerciale améliore ainsi la compétitivité de l'activité industrielle et, en sens inverse, la maîtrise de l'outil industriel accroît l'attractivité de l'offre commerciale. Il reste aux industriels à réaliser leur apprentissage de la « logistique de détail » impliquée par la livraison des clients un à un.

Ce même impératif d'apprentissage s'applique à la plupart des distributeurs. Une seule catégorie de distributeurs en est dispensée et, au contraire, bénéficie en la matière d'une avance qui devrait leur donner un avantage compétitif déterminant : les entreprises de vente par

1. Le site de Kindy autorise, depuis septembre 2000, l'achat en ligne de chaussettes personnalisées : le client peut choisir le type de broderie et faire porter ses initiales sur ses chaussettes. On notera que la limitation de l'activité marchande du site à cette seule gamme de produits faits sur mesure désamorce les éventuelles protestations des détaillants clients du producteurs de chaussettes.

correspondance. Confrontées depuis l'origine à la nécessité de livrer chaque client dans les meilleures conditions de coût et de délai, elles ont progressivement mis en place des modes d'organisation complexes, facilement adaptables à la problématique du commerce électronique. C'est bien sûr l'une des raisons qui expliquent que les entreprises de vente par correspondance aient été parmi les premiers distributeurs à se positionner sur Internet et que c'est au sein de ce secteur que l'on compte la plus forte proportion d'entreprises engagées sur ce nouveau circuit. Ce n'est pas hasard si Pinault-Printemps-Redoute[1] a décidé, dans le cadre de son projet Saturne, de regrouper la logistique de l'ensemble des catalogues spécialisés du groupe et d'utiliser la flotte de La Redoute pour l'ensemble du pôle grand public et Internet.

Si les distributeurs en magasins ne peuvent se prévaloir d'une telle expérience de la livraison à domicile, ils devraient bénéficier des retombées de la « révolution logistique » engagée il y a une dizaine d'années afin d'optimiser les flux d'approvisionnement des magasins. Il s'agit là cependant d'une « logistique de gros », dont l'organisation n'est pas directement transposable à la « logistique de détail » vers le consommateur. Un certain nombre de distributeurs partent cependant avec des atouts dans leur jeu. Une enseigne comme Darty a toujours fait de la livraison et du service après-vente un point nodal de son positionnement stratégique. Les enseignes de la grande distribution alimentaire qui se sont lancées de manière précoce dans la livraison à domicile à partir de leurs points de vente disposent aujourd'hui d'une base d'expérience précieuse. Par ailleurs, il n'est pas du tout certain que la livraison au domicile du client demeure pour les cyberconsommateurs le mode quasi exclusif d'accès aux produits commandés. Afin d'éviter l'immobilisation du client à son domicile, et surtout pour réduire les coûts de livraison, de nombreux distributeurs réfléchissent à l'opportunité de recourir à l'utilisation de « points service » ou de « dépôts relais » où seraient déposés les colis et où les clients viendraient prendre possession de leurs achats. Là encore, les entreprises de vente par correspondance ont montré la voie, il y a déjà bien longtemps, en procédant à l'installation de tels dépôts de proximité au moyen d'accords avec des commerçants de quartier ou par la création de boutiques ad hoc. Ooshop expérimente actuellement cette formule, avec l'ouverture de trois « points service » dans la grande couronne parisienne. La Poste, France-Télécom, la RATP, la SNCF, les compagnies pétrolières réfléchissent à la manière de valoriser grâce au commerce électronique des réseaux dotés d'une remarquable capillarité. Si cette logique d'ouverture de points service devait se révéler per-

1. Rappelons que, outre le Printemps et La Redoute, le groupe exploite des enseignes aussi variées que Conforama, la Fnac, Vert Baudet, Orcanta, Somewhere, Made in Sport...

tinente, les distributeurs exploitant un réseau dense de points de vente disposeraient d'emblée des infrastructures nécessaires. En outre, rappelons — mais est-ce un phénomène appelé à perdurer ? — que nombre d'internautes ne visitent les sites marchands que dans la phase de préachat, afin de réunir l'information nécessaire à la sélection de l'article et viennent terminer la transaction et prendre possession du produit en magasin. Un responsable de la Fnac précisait récemment que près d'un billet de spectacle sur deux vendus sur le site Fnac.com est retiré en magasin alors que la Fnac propose un service (il est vrai onéreux) de livraison par voie postale. Enfin, les magasins peuvent également servir de point de départ de la livraison vers le client et éviter la constitution de dépôts spécifiques. En tout état de cause, l'exploitation d'un réseau de points de vente semble ne présenter que des avantages sur le plan de la capacité des distributeurs à faire face à la contrainte logistique.

La gestion de l'activité commerciale et de la relation clientèle. En matière de techniques de vente et de gestion de la relation clientèle, les entreprises de la grande distribution semblent *a priori* détenir un avantage déterminant sur les autres catégories d'intervenants dans le commerce électronique : vendre est leur métier ! Alors que « starts-ups » et fabricants doivent apprendre le « b-a ba » de la vente, les distributeurs peuvent se concentrer sur l'apprentissage de ce qui fait la spécificité de la vente sur Internet.

De même, n'oublions pas qu'avant de vendre, il faut acheter. Les entreprises de la grande distribution disposent ici certainement d'un avantage décisif. L'optimisation des conditions d'achat a constitué, dès l'origine, un facteur essentiel de compétitivité des entreprises de la grande distribution. Elle est toujours l'une des principales justifications des opérations de concentration et de la course à la « taille critique ». Les chefs de file de la grande distribution, en ajoutant leurs ventes sur Internet au volume d'activité (sans commune mesure) qui est réalisé en magasins, sont capables d'obtenir d'importantes concessions tarifaires de la part des fournisseurs. Ce pouvoir de marché, renforcé par l'expérience accumulée dans les « négociations », permet d'« encourager » les fournisseurs à se plier aux exigences organisationnelles de leurs puissants clients. Alors que la concurrence par les prix promet d'être intense sur le Web, être en mesure dès les premières heures se prévaloir du pouvoir de négociation d'un grand distributeur constitue un gage de la capacité à offrir des prix attractifs, comparé en particulier aux starts-ups dont le volume d'achat se réduira à ce qu'elles seront capables de vendre sur Internet. De la même façon, les distributeurs ont dû apprendre à faire face à la versatilité de la demande et à ajuster très rapidement la composition de leurs achats et de leurs assortiments en fonction des comportements effectifs des clients. Cet apprentissage sera précieux sur Internet où l'on attend une adaptation quasiment en temps réel de l'offre en fonction du contenu de la demande exprimée.

On peut cependant s'interroger sur le degré de transposabilité vers le commerce électronique de la base d'expérience constituée dans le commerce physique dans le domaine de la vente et de la relation clientèle. Les compétences acquises en matière de marchandisage ne sont quasiment d'aucune utilité pour optimiser la présentation de l'offre sur un site marchand (notons, là encore, que les entreprises de vente par correspondance, qui ont dû apprendre à rendre attractive une offre présentée figée sur les deux dimensions des feuilles d'un catalogue, partent avec un avantage). De même, les compétences associées à l'optimisation de l'occupation des rayons par la sélection des produits bénéficiant des plus forts taux de rotation sont en grande partie inutile sur Internet où sont absentes les contraintes d'espace de vente. Dans quelle mesure les dispositifs éprouvés pour susciter l'achat d'impulsion en magasin (têtes de gondole, « stops rayons », allées saisonnières...) trouvent-ils leur contrepartie dans une boutique virtuelle ? Enfin, le type de relation clientèle mis en œuvre par les distributeurs est pour l'essentiel basé sur une relation « un à nombreux[1] » considérant les clients comme un ensemble, qu'il est éventuellement possible de segmenter, mais qu'il est très difficile de ramener à chacun de ses éléments... Certaines enseignes (en particulier de vente par correspondance) disposent déjà d'une certaine expérience du marketing relationnel. Même si celui-ci ne correspond pas exactement aux types de relations personnalisées qu'autorise Internet, ces entreprises ont déjà fait leurs premières armes, par exemple, dans la gestion et l'exploitation à des fins marketing de « mégabases de données » sur leur clientèle.

Disposer d'un réseau de magasins donne la possibilité au distributeur présent sur le Web d'enrichir et de diversifier les modalités des relations avec les clients en jouant simultanément sur la convivialité, la proximité, la communication tacite qu'autorisent les rapports interpersonnels, et sur la réactivité, l'interactivité et la personnalisation.

... mais des challengers dangereux

Résumons-nous. Dans le combat pour la maîtrise du marché associé au commerce électronique, les entreprises de la grande distribution vont devoir lutter contre les fabricants et les « entreprises Internet ». Elles disposent d'atouts importants : une enseigne, l'expérience de la logistique des biens de consommation et, surtout, la maîtrise de l'achat et de la vente. Les distributeurs pourront en outre exploiter tous les bénéfices de la combinaison d'une présence en ligne et de la

1. Publicité et prospectus distribués sur l'ensemble de la zone de chalandise, promotions accordées à tous sans discernement...

possession d'un réseau physique de magasins (facilitation de la logistique, de la livraison, enrichissement du service...). Les entreprises de la grande distribution semblent ainsi *a priori* très bien placées pour occuper une position dominante dans le commerce électronique de produits pour lesquels la capacité d'achat et la maîtrise d'une logistique complexe constituent une importante barrière à l'entrée. Il est probable, ainsi, que le marché de la vente de produits alimentaires sur Internet demeure pour la majeure partie entre les mains des entreprises de la grande distribution alimentaire.

Notons cependant que, les critères de compétitivité sur Internet n'étant pas exactement ceux du commerce physique, un certain nombre de points forts des entreprises de la grande distribution ne leur seront que d'une faible utilité pour s'affirmer sur le réseau : contrôle des meilleurs emplacements, savoir-faire en matière de gestion des magasins et de leurs personnels, de marchandisage... En outre, alors que les distributeurs sont habitués à affronter la concurrence localement (chaque magasin n'est en concurrence directe qu'avec un petit nombre de points de vente situés dans la même zone de chalandise), ils auront sur Internet à faire face à une concurrence tous azimuts. Si les coûts de livraison (mais aussi l'impératif de qualité du service) rendent illusoire de penser qu'Internet réussira l'abolition des frontières pour mener à l'intégration mondiale des marchés, l'internationalisation des cybercommerçants est beaucoup plus aisée que celle des distributeurs « de briques et de mortier ». En effet, pour ces derniers, aborder un marché étranger implique d'y constituer un réseau de points de vente disposant de la densité critique pour amortir un appareil logistique efficace et assurer des budgets de communication suffisants. La saturation progressive du potentiel commercial dans de nombreux pays industrialisés, doublée dans certains d'entre eux d'un cadre réglementaire contraignant, fait qu'il est de plus en plus difficile, long et coûteux de constituer des réseaux sur les grands marchés occidentaux. Sur Internet, l'internationalisation passe pour l'essentiel par l'ouverture d'un bureau à l'étranger, voire par la constitution d'un entrepôt, et par la négociation d'un ensemble d'alliances avec des prestataires compétents. C'est la raison pour laquelle les cybercommerçants ne mettent quelquefois que quelques mois pour atteindre un niveau d'internationalisation que certains distributeurs « classiques » n'ont pas acquis en plusieurs dizaines d'années. C'est dire que la concurrence promet d'être intense. Si les entreprises de la grande distribution française parviennent effectivement à valoriser leurs atouts et à se positionner sur ce nouveau circuit, elles devront très rapidement faire face à la concurrence d'un nombre potentiellement important de concurrents étrangers. Le marché français, qui est devenu dans de nombreux secteurs, grâce à la loi Raffarin, une chasse gardée pour les distributeurs en place, va brutalement se trouver exposé à la convoitise de distributeurs du monde entier qui verront dans Internet le cheval de Troie leur donnant accès au marché hexagonal.

Mais les entreprises françaises de la grande distribution n'ont pas seulement à craindre la concurrence de distributeurs étrangers. Elles ont également à s'affirmer face aux producteurs et aux « entreprises Internet ». Il semble finalement qu'assez peu de producteurs devraient être capables de s'imposer dans le commerce électronique[1], tant les conditions de compétitivité sont éloignées de leur « métier ». Selon une étude réalisée en 1999 par IBM auprès de 600 sites de 106 industriels de biens de consommation alimentaire et non alimentaire, moins de 9 % des industriels interrogés s'étaient lancés dans la vente en ligne... Certains producteurs risquent cependant de consacrer beaucoup d'énergie et de moyens à conquérir les cyberconsommateurs car il s'agit pour eux d'une occasion inespérée de s'affranchir du pouvoir de négociation de la grande distribution et de se garantir un accès au marché.

Les « entreprises Internet » apparaissent *a priori* désavantagées sur l'ensemble des critères de compétitivité qui s'imposent sur le marché du commerce électronique. Elles disposent cependant d'un atout qui peut se révéler décisif : l'absence d'héritage à assumer. Partant de rien, avec l'enthousiasme des pionniers, elles peuvent se montrer particulièrement innovantes, promptes à découvrir et à mettre en œuvre les « business models de la nouvelle économie[2] ». Leur petite taille, leur mode de management, leur propension à conclure des alliances et à travailler en réseau, le profil de leurs cadres, favorisent un apprentissage très rapide et leur confère une flexibilité, une capacité à corriger rapidement les erreurs, à saisir les opportunités à la volée, qui fait souvent défaut aux grandes entreprises installées. Les plus crédibles des starts-ups sont parvenues à convaincre de puissants partenaires financiers lesquels, à l'affût de plus-values spectaculaires, apportent les moyens financiers nécessaires en dépit d'une rentabilité immédiate pour le moins problématique. Certaines entreprises Internet sont déjà devenues de grandes entreprises dont la capitalisation boursière excède de beaucoup celle de fleurons de l'« ancienne économie[3] ». Elles ont quelquefois réussi à construire sur Internet des positions de force sur des activités qui ne sont pas nécessairement du commerce électronique (portail, moteur de recherche, communautés...), mais qui pourraient leur servir de tremplin et leur conférer un important pouvoir de régulation de l'activité commerciale sur Internet. Ce que les

1. Tout au moins dans le commerce électronique à destination des ménages (« BtoC », Business to Consumer), la donne étant très différente dans le commerce électronique interentreprises (« BtoB », Business to Business).

2. Maître et Aladjidi [1999].

3. Voir le choc provoqué par la prise de contrôle de Time Warner par American On Line.

entreprises de la grande distribution ont le plus à craindre des entreprises Internet est l'irruption de concurrents fondant leur activité sur un « modèle économique » très éloigné du leur. Deux types de concurrents paraissent particulièrement dangereux :

— Les « cyber-hard-discounters ». Un certain nombre de sites marchands sont en mesure de casser radicalement les prix, non pas parce qu'ils appliquent sur le Net la recette du discompte[1], mais parce qu'ils se rémunèrent par la valorisation de l'audience (vente d'espaces publicitaires) que les prix pratiqués apportent au site.

— Les « portails thématiques ». Ces portails, dont la vocation marchande n'est pas toujours clairement affichée, bénéficient (potentiellement) d'une précieuse capacité à capter l'audience de publics ciblés grâce à l'offre d'un contenu et de services attractifs. Un portail thématique ayant réussi à se faire accepter par la communauté ciblée est en mesure d'exiger une rente des acteurs qui souhaitent exploiter cette audience (dont, bien sûr, les cybercommerçants), sur le modèle des marges arrière que la grande distribution est capable d'arracher aux fournisseurs en raison du contrôle qu'elle exerce sur les linéaires. À l'image de la grande distribution avec les produits à marque de distributeur, ces portails pourraient bien se montrer désireux d'exploiter par eux-mêmes le potentiel commercial associé à l'audience qu'ils auront suscitée, court-circuitant par là même les cybercommerçants.

Les entreprises de la grande distribution sont donc, globalement, plutôt bien placées pour s'affirmer sur ce nouveau circuit de distribution. Mais la partie est encore loin d'être gagnée. Dans le combat qu'elles devront livrer contre les autres catégories de prétendants, leur principal handicap réside dans les facteurs d'inertie qui pourraient ralentir leur marche et réduire le spectre des modèles et des stratégies mis en œuvre. Les facteurs d'inertie sont nombreux :

— L'inertie mentale. Elle renvoie à la difficulté à appréhender la spécificité d'Internet comme circuit de distribution. Elle peut conduire à une sous-estimation des menaces et des opportunités associées à ce nouveau circuit. On a vu comment l'attachement au modèle du discompte a ralenti le basculement vers le régime de croissance intensive.

— L'inertie organisationnelle. Les entreprises de la grande distribution sont devenues de grandes organisations avec tout ce que cela implique sur le plan des lourdeurs bureaucratiques, des risques d'étouffement de la créativité individuelle, de la lenteur des processus de décision, de la difficulté à opérer des bifurcations brutales impliquant de nouveaux modes d'organisation, de nouvelles compétences...

— L'inertie économique. Le commerce électronique n'est pas, loin s'en faut, la seule préoccupation stratégique des acteurs de la grande

---

1. La rentabilité est obtenue, non de la marge unitaire, mais de la rotation de l'actif.

distribution. Mener à bien l'internationalisation et négocier l'entrée dans le régime de croissance intensive absorbe l'essentiel des ressources humaines et financières des distributeurs. Ils ont en outre à faire face au risque de « cannibalisation » des ventes des magasins par leur activité sur le Net.

Le marché de courtage en ligne d'opérations boursières est particulièrement révélateur des rigidités dont peuvent souffrir les poids lourds de l'« ancienne économie ». Les grandes banques de réseaux, qui assurent la gestion de l'essentiel des comptes titres de particuliers, n'ont pas su anticiper comment Internet pouvait bouleverser leur métier. Les « brokers en ligne » qui ont défriché le marché ont profité de l'excellente conjoncture boursière et de l'engouement des ménages pour la Bourse. Ils ont su apporter la souplesse et l'autonomie qu'attendaient de nombreux petits porteurs, tout en offrant des services connexes (cotations, conseils...) et des tarifs surclassant de très loin la plupart des banques de réseaux. Il aura fallu plusieurs années, et la perte de nombreux clients, pour que les banques finissent par s'engager sur Internet. La crainte de provoquer une situation de surcapacité dans le réseau d'agences joue comme un frein à un basculement rapide vers une logique de banque à domicile.

La conjugaison de ces différents facteurs d'inertie comporte le risque de pénaliser les distributeurs, alors que les processus cumulatifs à l'œuvre sur Internet font de la vitesse un critère de compétitivité essentiel. Ce risque semble particulièrement important concernant les groupements d'indépendants et les réseaux de franchise. Ils cumulent la difficulté à obtenir rapidement un consensus sur une stratégie Internet claire, à celle de réunir les fonds nécessaires. En outre, la crainte de cannibalisation des ventes des magasins se révèle ici particulièrement inhibante dans la mesure où Internet risque de provoquer un détournement d'activité des adhérents en faveur d'une activité qui sera vraisemblablement gérée par les instances centrales[1]. Cette difficulté amènera très certainement les groupements d'indépendants désireux de partir à la conquête du commerce électronique à élaborer des modes d'organisation permettant d'impliquer directement les magasins[2]. Reste à savoir si ces modes d'organisation se révéleront suffisamment compétitifs.

1. Une enquête réalisée par *Franchise Magazine* en mars 2000 auprès d'un échantillon de 160 réseaux de franchise révèle que si les deux tiers des réseaux ayant accepté de répondre disposent d'un site sur Internet, dans trois cas sur quatre il ne s'agit que d'un « site vitrine » ne pratiquant pas la vente en ligne (*Franchise Magazine*, n° 158, juin-juillet 2000).

2. Par exemple, les commandes recueillies sur le site sont transférées au point de vente le plus proche qui assure la préparation des colis et la livraison.

Conclusion

L'apparition du commerce électronique est-elle de nature à remettre en cause la dynamique de la grande distribution telle que nous l'avons analysée tout au long de cet ouvrage ? La réponse est vraisemblablement négative et ceci pour deux raisons principales.

Premièrement, comme on l'a vu, la meilleure réponse du commerce en magasin à la menace du commerce électronique consiste à cultiver ses avantages comparatifs en termes de plaisir d'achat, de convivialité, de capacité à transmettre des informations tacites et sensorielles... autant d'attributs du service commercial qui sont associés aux positionnements stratégiques d'enseigne caractéristiques du régime de croissance intensive (différenciation/segmentation, logique de bouquets, achat-plaisir...). En intensifiant la concurrence, le commerce électronique incitera probablement les distributeurs en magasin à accélérer la mise en œuvre des nouvelles stratégies. Le principal danger réside dans le risque de voir des entreprises de la grande distribution réagir à cette nouvelle concurrence par le repli sur le modèle du discompte. C'est ce à quoi nous avions assisté au début des années 1990 lors de l'offensive des enseignes allemandes de maxidiscompte sur le territoire national. On peut cependant espérer que la conjoncture de la consommation très favorable dont bénéficie actuellement la distribution (qui contraste fortement avec la déprime du début des années 1990) affaiblisse ces velléités passéistes en amortissant l'impact de la croissance du e-commerce sur les résultats des points de vente.

Deuxièmement, le commerce électronique offre à la distribution de nouveaux moyens pour assurer les fonctions nouvelles dont elle cherche à s'emparer, de nouveaux instruments au service de la création de « valeur ajoutée commerciale ».

En premier lieu, le commerce électronique constitue une formidable opportunité d'accroître la quantité et la qualité des *services rendus à la clientèle*. Ces services qui, jusque-là, se trouvaient concentrés sur le point de vente et au moment de l'achat, vont pouvoir s'étendre considérablement dans l'espace et dans le temps, permettant au distributeur de nouer une relation beaucoup plus profonde avec ses clients. Grâce en particulier à la mise en œuvre de sites portails thématiques, les distributeurs disposent de moyens supplémentaires leur permettant de s'affirmer comme des « partenaires » des clients, capables d'apporter des solutions globales à leurs problèmes de consommation.

En deuxième lieu, le commerce électronique va rendre encore plus critique l'intervention de médiateurs assurant l'*interface entre les produits et les consommateurs* en raison de l'élargissement extraordinaire de l'éventail du choix que permet Internet. Parallèlement, les distributeurs vont disposer des moyens d'aller beaucoup plus loin dans cette fonction d'appariement du bon produit (ou, mieux, de la bonne solution) au bon consommateur. Avec Internet, ils acquièrent une connaissance beaucoup plus fine des attentes des clients. Avec la généralisation de l'EDI et la mondialisation des achats dans le cadre des « places de marché » électroniques qui sont en train de se mettre en place, ils disposent d'une amélioration très sensible de leur capacité d'observation et d'évaluation de l'offre disponible à partir de laquelle ils sélectionnent leurs assortiments. Un site marchand permet de mettre à disposition des clients une quantité d'information beaucoup plus importante sur les produits proposés, sur le type d'usage auquel ils sont destinés, et donc sur leur degré d'adéquation aux besoins de chacun...

Enfin, en troisième lieu, Internet peut aider les distributeurs dans leurs efforts de *création de valeur immatérielle*. Comme nous l'avons vu au cours du chapitre VII, ces efforts se concentrent pour l'instant sur l'image de l'enseigne, l'aménagement du point de vente, la « théâtralisation » de l'offre... Un site Web semble *a priori* beaucoup moins adapté qu'un magasin pour réussir à doter l'offre d'attributs immatériels. À maints égards, le commerce électronique renvoie à une logique d'accès à la valeur fonctionnelle des produits. Il est bien plus difficile de faire rêver le consommateur devant une paire de chaussures de sport, un bijou, ou un meuble perçu au travers d'un écran que dans le cadre d'un point de vente où tout aura été mis en œuvre pour évoquer un univers symbolique valorisant le produit. Le caractère multimédia d'Internet, son interactivité, son potentiel de personnalisation devraient cependant permettre de découvrir des voies inédites d'évocation d'immatériels de consommation[1]. Après tout, immatériel et virtuel sont des mots qui vont très bien ensemble... Mais peut-être que la contribution essentielle qu'Internet apportera à la volonté des distributeurs de participer à la création de valeur immatérielle résidera dans sa capacité à fédérer des clients en communautés. On retrouve de nouveau l'importance des sites portails thématiques. En offrant aux internautes une riche palette de services s'étendant bien au-delà de la simple vente, ces sites sont susceptibles de constituer le lieu de rassemblement d'individus partageant les mêmes besoins, se reconnaissant dans les mêmes valeurs (subtilement cultivées par le site) et disposés à communiquer ensemble, à échanger expériences et conseils... Ce faisant, l'enseigne ne se contente plus de conférer un supplément d'âme aux produits vendus, elle peut se présenter comme un « totem » autour duquel se regroupent les individus qui s'y reconnaissent.

---

1. L'exemple malheureux de Boo.com, dans le domaine du vêtement, a constitué une expérience intéressante sur ce point, mais qui souligne la dépendance de cet effort d'évocation symbolique à l'égard de la technologie.

J'avais montré comment l'exploitation de ces trois sources de valeur ajoutée commerciale devait inciter les distributeurs à remettre en cause le partage traditionnel des tâches entre la production et la distribution par la promotion de produits à marques de distributeurs et le pilotage de la production. De nouveau, Internet semble devoir accélérer les évolutions dans ce sens.

Concernant la question de la marque, j'ai souligné l'importance du risque d'exacerbation de la concurrence par les prix que comporte le développement du e-commerce, en raison de la réduction drastique des coûts d'information pour les consommateurs. Les conséquences virtuellement catastrophiques qu'accompagnerait ce nivellement des marchés vers le bas, accélérera la diffusion de stratégies d'évitement. La mise en vente de produits exclusifs constitue la meilleure parade à la menace des « cyber-hard-discounters ». Les distributeurs ont donc tout intérêt à développer l'offre de produits à marques propres, qu'ils sont par définition seuls à vendre, au détriment de celle de produits de marque d'industriels, que les cyberconsommateurs seront tentés de vouloir acquérir là où ils pourront obtenir le meilleur prix.

Pour ce qui est du pilotage de la production, Internet est un puissant instrument de personnalisation de l'offre, d'adaptation des produits à la demande de chaque client. Pour que ce potentiel soit pleinement exploité, il faut bien sûr s'assurer des conditions d'une transmission directe des informations sur la spécification du produit réclamé par le client vers la production. Dans certain cas, cette personnalisation de l'offre pourra être effectuée directement par le distributeur, en entrepôt, par la réalisation d'opérations de « différenciation retardée » : assemblage final de composants standards en fonction de la demande (cas du bouquet de fleurs) ou réalisation de la touche finale à la demande. Mais, souvent, la véritable personnalisation du produit implique la prise en compte de la demande du client au cours de différentes étapes du processus de production. Une étroite coordination de la vente et de la production est alors indispensable. Si celle-ci n'implique pas nécessairement l'intégration capitalistique des deux stades (le producteur assure sa distribution, ou le distributeur exploite ses propres usines), elle rend nécessaires des relations partenariales entre les deux catégories d'acteurs, qui vont bien au-delà de la traditionnelle relation d'achat-vente. La demande du client constituant l'impulsion de la production, il est clair que le distributeur se trouve en position de force pour piloter le réseau ainsi constitué avec des producteurs partenaires. Ce pilotage de la production s'impose plus encore s'il s'agit de vendre les produits à la marque de distributeurs...

Loin d'entraver les mutations en cours dans le secteur de la distribution, l'apparition du commerce électronique est au contraire susceptible d'accélérer le basculement dans le régime de croissance intensive et conforter le rôle du commerce dans l'organisation de l'économie.

L'impact du commerce électronique sur la position des entreprises de la grande distribution est quant à lui plus incertain. Ces entreprises disposent d'atouts considérables pour espérer pouvoir récupérer sur le Net le volume d'affaires qui sera détourné au fur et à mesure que s'affirmera ce nouveau circuit. Cependant, il y a loin de la coupe aux lèvres. Selon la nature de leur positionnement stratégique, le capital d'expérience acquis dans le marketing relationnel, la logistique, l'utilisation des technologies de l'information, selon également la flexibilité cognitive et organisationnelle dont ils sauront faire preuve, certains distributeurs trouveront dans Internet un nouveau levier de croissance alors que d'autres ne survivront pas aux nouvelles règles du jeu concurrentiel. Internet favorisera l'entrée de nouveaux acteurs dans le secteur du commerce. N'ayant aucun héritage à assumer, aucune transition à négocier, ces acteurs pourront prendre de vitesse les spécialistes de la distribution et, surtout, inventer des formes inédites de commerce. Le plus grand danger qu'Internet fait courir aux entreprises de la grande distribution est qu'il conduise à modifier radicalement les conditions d'attraction de l'intérêt des consommateurs en faisant intervenir une part importante de contenu non marchand dont les distributeurs ne sont pas familiers. Ceux qui sauront capter de la sorte l'audience des individus seront en mesure d'exercer les nouvelles fonctions du commerce selon des modalités inédites. Ils seront alors en position de régner sur l'activité commerciale, et de reléguer les distributeurs au rang de prestataires de services.

Conclusion générale

La « crise » de la grande distribution est en train de faire de ce secteur un élément majeur du système économique et social. C'est en ce sens qu'étudier et comprendre les mutations du commerce présente un intérêt qui dépasse très largement les frontières de ce secteur. Le commerce est, avec les industries de l'information et de la communication, le secteur clé qui fonde l'organisation du système productif postfordien. Bel exemple de dialectique : la grande distribution, qui est née du fordisme et que la crise du fordisme a contraint à se remettre en cause, est en train d'inventer de nouveaux modèles qui structurent l'ensemble du champ économique et social et qui participent à l'élaboration d'une nouvelle cohérence d'ensemble.

L'appareil commercial est entraîné dans un mouvement de reconfiguration qui devrait conduire à davantage d'équilibre et de diversité. Le symbole de la distribution de masse que constitue l'hypermarché est mis à mal. Il a, au cours des dernières années, vécu d'importantes transformations qui lui ont fait prendre quelque distance avec le modèle des origines et qui témoigne d'une capacité d'adaptation certaine. L'incertitude réside sur les limites de cette capacité d'adaptation. Alors que les chiffres de vente semblent indiquer depuis plusieurs mois un certain affaiblissement du dynamisme des hypers au profit notamment des supers, on peut s'interroger sur l'avenir d'une formule si peu appropriée au « réglage fin » de l'activité commerciale qu'imposent les règles du jeu concurrentiel du régime de croissance intensive.

Les mutations qui accompagnent la crise de la grande distribution font gagner au consommateur un commerce plus attentif à ses besoins, soucieux de lui apporter des produits de qualité, du choix et des services, toujours avec le souci des prix bas. Il bénéficie aussi d'un appareil commercial plus dense et plus diversifié où la multiplication des enseignes, des concepts et des formats lui donne l'assurance de trouver un type de prestation commerciale adapté à chacun de ses besoins, à chacune de ses envies. La contrepartie est que, derrière cette diversité de façade, se cachent des acteurs de plus en plus puissants, en nombre de moins en moins important qui, justement au travers de ces stratégies d'élargissement de la gamme des produits et des services offerts et de déclinaison des formules, exercent de fait une emprise croissante sur la consommation des ménages et, plus généralement, sur leurs modes de vie. Cette situation ne semble pas, pour l'instant, provoquer de réactions de la part des consommateurs-citoyens. Mais, alors que les campagnes de communication des grandes enseignes de la distribution alimentaire se positionnent de plus en plus sur leur capacité a contribuer à l'existence de leurs clients bien au-delà du fait de leur faciliter l'accès aux biens de consommation (voir le dernier slogan de Auchan : « la vie, la vraie »), alors que les distributeurs ont désormais l'opportunité de s'insinuer dans l'intimité des foyers par Internet interposé, on ne peut exclure que cette emprise croissante de la grande distribution ne finisse par provoquer des résistances.

Plus encore que dans ses relations avec les ménages, c'est dans l'influence que la grande distribution exerce sur l'ensemble du système productif que la crise a apporté les transformations les plus radicales.

Après sa victoire totale sur les formes traditionnelles de commerce, la grande distribution a réussi à exercer un contrôle sur l'accès à la demande finale des ménages, à s'imposer comme le point de passage obligé pour quiconque souhaite écouler, sur une échelle significative, sa production auprès des consommateurs. La concentration du secteur est telle que ce contrôle est exercé par un petit nombre d'acteurs qui se trouvent ainsi en mesure d'exploiter à sa juste valeur cette position critique. Les entreprises de la grande distribution se sont appuyées sur cette situation pour remettre en cause le partage des tâches entre l'industrie et le commerce tel qu'il résultait de l'organisation fordienne de l'économie : aux industriels de concevoir des produits conformément à l'image de la demande donnée par les études marketing (ajustement *ex ante* entre l'offre et la demande), de les fabriquer dans les meilleures conditions de coût afin d'en favoriser la vente en masse, et de favoriser cette vente par l'application des politiques commerciales et marketing permettant d'assurer *ex post* l'ajustement qualitatif entre l'offre et la demande. La distribution devait, quant à elle, mettre en œuvre les conditions favorisant la mise à disposition de ces produits au meilleur prix pour les consommateurs.

Face aux mutations des modèles de consommation, ce mode d'organisation des marchés révèle de plus en plus clairement ses limites. L'ajustement qualitatif entre l'offre et la demande s'opère difficilement alors que la demande s'individualise. La logique de « produit » qui sous-tend l'organisation industrielle fordienne s'oppose à celle de « solution » qu'exprime la demande des consommateurs et qui appelle l'offre de « bouquets ». L'évolution des modes de vie et des aspirations des consommateurs dans les pays industrialisés impose le dépassement de la logique de masse qui fonde le fordisme au profit d'une reconnaissance de l'individu et de sa demande d'un traitement personnalisé. Dans un tel contexte, être en contact direct avec le client, contrôler la dernière étape avant la consommation, revêt une importance stratégique nouvelle laquelle, couplée au pouvoir de négociation acquis par les distributeurs, confère à ces derniers une position clé dans l'organisation du système productif leur permettant de revendiquer une nouvelle répartition des tâches.

Alors que les marchés sont désormais commandés par la demande des clients, les acteurs qui réceptionnent cette demande sont particulièrement bien placés pour piloter l'activité productive. Dans la nouvelle répartition des tâches, c'est de plus en plus au distributeur qu'échoie la responsabilité de l'ajustement quantitatif et qualitatif de l'offre à la demande en assumant la spécification des produits, en les fédérant en bouquets aptes à apporter des réponses performantes aux besoins des consommateurs, en dictant les quantités à produire, en mettant en œuvre les conditions matérielles et immatérielles permettant de stimuler la demande... L'industriel, lui, se trouve de plus en plus cantonné à la fonction productive au sens strict, devenant le sous-traitant du distributeur. Retour à ce que fut la norme pendant des millénaires, feront remarquer les historiens, tant il est vrai que la période fordienne n'est en réalité qu'une parenthèse face à une situation où les marchands exerçaient le pouvoir de piloter l'activité de production.

Bien évidemment, ce retournement de situation ne se produit pas sans susciter la résistance de ses principales victimes. Les industriels ont jusque-là réagi en employant trois voies principales :

— Entrer dans un rapport de forces avec les distributeurs. Cela passe par la promotion de marques incontournables pour les distributeurs et par la tentative de les prendre de vitesse dans la course à la concentration et au pouvoir économique.

— Exercer une pression sur l'opinion et sur les pouvoirs publics consistant à dénoncer les pratiques des distributeurs et les risques qu'elles comportent pour la vie économique et sociale, l'objectif étant d'obtenir un cadre réglementaire venant entraver les visées hégémoniques des distributeurs.

— Partant de la reconnaissance du caractère structurel du nouveau partage des rôles que tentent d'imposer les distributeurs, réviser leur conception de leur propre statut d'industriel. Ainsi peut-on repérer un certain nombre de tentatives de redéfinir le métier de producteur, moins sur une base industrielle ou technologique qu'en référence à la demande des consommateurs. Certains fournisseurs tentent ainsi de se poser, comme les distributeurs, en « confectionneurs de bouquets ».

Et nous voilà devant ce qui devrait constituer l'enjeu majeur des prochaines années, au sein du secteur de la distribution, mais plus généralement sur les marchés de grande consommation : le combat pour réussir à s'imposer comme confectionneurs de bouquets et acquérir une position de force au sein du système productif.

Les entreprises de la grande distribution les plus engagées dans les nouvelles stratégies associées au régime de croissance intensive sont, semble-t-il, très bien parties pour réussir cette mue du statut de distributeur à celui d'intégrateur-confectionneur de bouquets. Elles ont d'ores et déjà appris à satisfaire des fonctions de consommation entières par une offre diversifiée de produits et de services complémentaires du point de vue des clients ; elles font l'apprentissage du dépassement de la logique de distribution de masse qui considère les consommateurs comme un ensemble homogène, et mettent en œuvre des modes de relation à la clientèle beaucoup plus personnalisés. En amont, elles savent souvent tirer profit de la connaissance de plus en plus fine des besoins des clients pour définir les spécifications pertinentes des produits et des bouquets. Elles tentent de dépasser la tradition de conflictualité dans les relations industrie-commerce au profit d'une approche partenariale visant à former et à animer des réseaux au sein desquels les fournisseurs apportent le soutien de leurs compétences à la construction des bouquets. Elles ont compris le pouvoir de rassurance, d'identification et d'évocation d'immatériels de consommation que contient une marque d'enseigne bien gérée et l'intérêt qu'il y a à apposer cette marque sur les produits vendus... Jusque-là, la concurrence entre distributeurs a d'abord porté sur la capacité à offrir des prix plus bas ; elle consistera de plus en plus dans l'aptitude à cumuler les compétences nécessaires à la conception de bouquets pertinents eu égard aux besoins et désirs des consommateurs, à l'animation des réseaux de partenaires concourant à leur fabrication, et à la commercialisation de ces bouquets auprès des cibles visées. À son tour, la distribution est en train d'opérer le saut périlleux qui consiste à sortir d'une simple logique d'exploitation des effets de dimension pour entrer dans une logique de compétences et de mise en réseau.

La difficulté, pour les distributeurs, est renforcée par le fait que la transformation de la position du commerce dans l'économie et le renouvellement des facteurs de compétitivité qui lui est associé, constitue une opportunité pour d'autres acteurs de tenter de prendre pied dans cette activité, de s'affirmer eux aussi comme confectionneurs de bouquets. Jusque-là, les offensives ont surtout porté sur des marchés de services n'impliquant pas l'exploitation d'un réseau dense de points de vente (qui serait très difficile à constituer dans l'état actuel de l'appareil commercial et du cadre réglementaire) : tourisme (Nouvelles Frontières), loisirs (Club Med, Disney...), audiovisuel et communication (Noos, Vivendi)...

Mais déjà, certains industriels, dont l'offre s'inscrit dans une logique de bouquet, ont entrepris de constituer des réseaux de distribution. Entre ces producteurs (dont l'activité industrielle se ramène de plus en plus souvent au rôle de donneur d'ordres) engagés dans la distribution et les distributeurs qui pilotent une activité industrielle, c'est la distinction même entre producteur et distributeur qui est mise à mal par les évolutions en cours. L'irruption du commerce électronique devrait provoquer une brusque accélération en la matière. Internet autorise l'accès à une clientèle qui est virtuellement mondiale sans avoir à ouvrir un seul point de vente ; Internet fait naître de nouvelles perspectives en matière de conception, de fabrication et de commercialisation de bouquets intégrant de nombreux éléments non marchands ; le commerce sur Internet est associé à des facteurs de compétitivité qui neutralisent en partie les positions de force des distributeurs et appellent de nouvelles compétences, contexte favorable aux nouveaux entrants...

Internet risque donc de jouer le rôle de cheval de Troie pour des acteurs ayant compris les nouveaux enjeux du commerce. Des producteurs d'abord, qui trouveront dans le commerce électronique un moyen plus abordable de court-circuiter cette distribution si puissante. Ils devront pour cela partir de l'exploitation d'une marque forte pour étendre leur offre de manière à entrer dans une logique de bouquet. Des firmes comme Nike, Sony, L'Oréal ou LVMH semblent prédisposées à évoluer dans ce sens. Mais la menace vient également d'entreprises nouvelles, créées (de manière entrepreneuriale ou à l'instigation de grands groupes) dans la mouvance de la net-économie. Internet introduit une économie de l'audience dans un secteur qui obéit traditionnellement à une logique de trafic et de flux. Les cybercommerçants qui domineront le commerce électronique n'auront peut-être pas grand-chose à voir avec l'idée ordinaire que l'on se fait du métier de commerçant. Si l'on retient l'hypothèse que le commerce se définira de moins en moins par sa position d'intermédiaire logistique entre les producteurs et les consommateurs, mais aura pour fonction d'offrir des bouquets apportant des solutions globales et individualisées aux problèmes de consommation des clients, alors on peut imaginer qu'Internet offrira des opportunités d'exercer ces fonctions sous des formes totalement inédites. J. Hagel et M. Singer[1] soutiennent que le commerce électronique sera dominé par des « infomédiaires » appelés à révolutionner le contenu de la médiation commerciale. Selon ces consultants de la McKinsey Company, les « infomédiaires » se comporteront comme les « agents » (au sens d'agents artistiques) de leurs consommateurs-clients. Ces derniers livreront à leur infomédiaire une grande quantité d'informations sur leur profil, leurs goûts, leurs habitudes, leurs attentes... sous couvert de la garantie de la plus stricte confidentialité. L'infomédiaire aura pour mandat de valoriser

1. Hagel et Singer [2000].

à sa juste valeur cette information. Grâce à la connaissance très fine des besoins de ses mandants, il pourra émettre des « appels d'offre » très précis auprès de fournisseurs sélectionnés. Ces fournisseurs bénéficieront ainsi d'un accès privilégié à une clientèle très ciblée, sans avoir à encourir les dépenses de marketing et de communication habituellement engagées plus ou moins à l'aveuglette dans l'espoir de toucher sa cible. En contrepartie de cet accès direct aux clients, le fournisseur versera une commission à l'infomédiaire et s'engagera à proposer des offres préférentielles à ses mandants. Dans un tel schéma, il est clair que les infomédiaires acquièrent le pouvoir de régulation des marchés et que les distributeurs, coupés de la relation directe avec les consommateurs, se voient relégués au statut de fournisseur. On peut certes s'interroger sur le réalisme de cette vision prospective, notamment sur le plan des comportements de consommation qu'elle implique, et douter de son caractère généralisable (le modèle des infomédiaires est sans doute plus applicable aux achats unitaires à faible répétition qu'aux achats courants, en particulier les courses alimentaires). Il n'en demeure pas moins que certaines évolutions en cours semblent conforter ce scénario, notamment la montée des sites d'assistances à l'achat qui dépassent de plus en plus la simple information sur les prix, ou la stratégie de personnalisation du service suivie par les grands portails généralistes (voir Mon Yahoo !).

Les distributeurs sont également menacés par la multiplication des portails thématiques qui tentent de rassembler les internautes-consommateurs qui partagent les mêmes préoccupations, éprouvent les mêmes besoins, vivent les mêmes passions. Ces portails s'inscrivent totalement dans la logique des bouquets et sont en mesure d'offrir une grande diversité de services (dont le commerce n'est qu'une composante) permettant une couverture très complète des besoins visés. Certaines entreprises de la grande distribution ont parfaitement saisi l'importance du potentiel du commerce électronique, pas seulement comme nouveau circuit de commercialisation, mais comme élément central d'une stratégie d'intégrateur. Toutefois, Internet les fait passer de l'habituelle logique de trafic, à une logique d'audience qui repose sur des ressorts fort différents. Le trafic naît d'un emplacement de qualité et d'une offre commerciale attractive. L'audience est provoquée par la qualité et la pertinence du *contenu* offert vis-à-vis de la clientèle. Ce contenu ne peut être exclusivement commercial. Il est même possible que les portails qui se montreront les plus attractifs seront ceux dans lesquels la finalité marchande saura se faire la plus discrète. Et voilà les entreprises de la grande distribution devant un paradoxe : au moment même où elles font l'apprentissage de la redéfinition de leur offre dans une logique de bouquet qui les amène à étendre leur zone d'influence à de nouveaux produits et services, l'offre commerciale risque de se voir ramenée au statut d'élément constitutif de bouquets beaucoup plus larges, au contenu non exclusivement commercial et marchand. Le potentiel des sites portails vient de ce qu'ils abordent les individus non pas directement comme des consommateurs à la recherche d'un produit mais comme des personnes complexes, caractérisées par des centres d'intérêts, des passions, des interrogations, des humeurs, l'adhésion à des valeurs, le besoin d'appartenance communautaire... Les entreprises qui sauront s'imposer dans ces nouvelles relations avec les individus bénéficieront d'une audience importante et auront toutes chances de devenir des acteurs majeurs du commerce.

Les distributeurs sauront-ils élaborer de tels bouquets et bâtir de tels portails ? Disposent-ils des compétences leurs permettant de jouer au moins le rôle de maître d'œuvre dans l'élaboration des contenus non commerciaux ? Les positions clés dans la maîtrise de tels bouquets ne risquent-elles pas plutôt d'aller vers les acteurs capables de concevoir les contenus pertinents, de gérer les relations avec les « clients » de manière à renforcer le sentiment d'appartenance communautaire, d'animer des réseaux éphémères de coopérations avec des partenaires issus d'horizons extrêmement hétérogènes ? Le risque, pour les distributeurs, est donc de se voir cantonnés, par ces nouveaux confectionneurs de bouquets, au rôle qu'eux-mêmes tentent de faire jouer à leur propres fournisseurs : contribuer de manière plus ou moins anonymes (du point de vue des consommateurs) aux bouquets imaginés et promus par d'autres, par l'apport d'une compétence spécifique dans la gestion des aspects techniques de l'activité commerciale. Cette position ne sera probablement pas la plus enviable. D'où l'urgence pour les chefs de file de la grande distribution de comprendre qu'Internet n'est pas seulement un nouveau circuit qu'il convient d'occuper en complément des magasins. Internet offre un puissant levier pour aller plus vite et plus loin dans la recomposition des filières et la redistribution des fonctions. Certains (à l'image de Carrefour[1] ou de Casino) semblent l'avoir compris et, au-delà de l'ouverture de sites marchands, visent la constitution de portails devant leur assurer la pérennité de la relation directe avec la clientèle en même temps que la maîtrise de l'activité commerciale sous-jacente. Mais la guerre des portails s'annonce violente. Elle opposera des poids lourds venus de tous les grands secteurs de l'économie[2], et du

1. Fin 2000, l'activité de Carrefour en matière de commerce électronique débordait déjà largement le cybermarché (Ooshop) pour couvrir également le vin (VeryWine), le meuble (Meubles.com), le jardin (Carrefour-Jardins) et les cosmétiques (NetBeauté). Cette activité devait s'étendre, dès le premier semestre 2001, aux vacances, au multimédia et aux produits culturels. Tous ses sites seront accessibles à partir de Carrefour.fr, dont une nouvelle version, plus riche en contenu, devait voir le jour début 2000.

2. Les grandes entreprises de réseau comme Vivendi ou Suez, les groupes de presse et de communication (voir les offensives de TF1 et de M6), les opérateurs de télécommunications... (« France-Télécom a pour ambition de devenir une grande entreprise de commerce électronique qui agrégera du contenu et de l'audience », Nicolas Dufourq, Directeur général de France-Télécom Multimedia, *Connectis*, Supplément au n° 18099 des *Échos*, 25 février 2000, p. 12).

monde entier. Les vainqueurs trouveront alors peut-être opportun d'étendre encore la gamme de leurs services par l'ouverture de points de vente (ou d'« agence ») dans le monde physique...

Le monde du commerce n'a donc pas fini d'évoluer et la « crise » de la grande distribution semble destinée à durer. Ce secteur continuera sans doute encore longtemps de nous étonner par sa capacité d'innovation, ses facultés d'adaptation par le renouvellement régulier de ses modes de fonctionnement et de ses structures. Gageons que dans trente ans, nous porterons un sourire nostalgique à l'évocation de la manière dont nous faisions nos courses au début du XXIe siècle.

Bibliographie

ABRAMOVICI G. [1996], *La Consommation des ménages en 1995*, INSEE-Résultats, coll. « Consommation-Modes de vie », n° 86-87.

AGLIETTA M. [1976], *Régulation et crises du capitalisme*, Calmann-Lévy, Paris.

ALONZO Ph. [1998], « Les rapports au travail et à l'emploi des caissières de la grande distribution. Des petites stratégies pour une grande vertu », *Travail et Emploi*, ministère de l'Emploi et de la Solidarité, DARES, n° 76, mars.

ASHER F. [1998], *La République contre la ville. Essai sur l'avenir de la France urbaine*, Éditions de l'Aube, La Tour-d'Aigues.

AVRIL P. [1964], *Théorie sommaire de la distribution des biens de consommation*, Gauthier-Villards, Paris.

AXELROD R. [1992], *Donnant donnant. La théorie du comportement coopératif*, Odile Jacob, Paris.

BABAYOU P., VOLATIER J.-L. [1998], *Prospective de la mobilité locale des personnes âgées*, Collection des Rapports, CRÉDOC, n° 186, février.

BAUDELOT C., ESTABLET R. [1989], *Le Niveau monte*, Seuil, Paris.

BENOUN M., HÉLIÈS-HASSID M.-L. [1993], *Distribution. Acteurs et Stratégies*, Economica, Paris.

BOBRIE F. [1998], « L'information des marchés par les acteurs de l'offre : logiques de marques, logiques d'enseignes, logiques de marques-enseignes », *Actes du 1er Colloque Étienne Thil*, La Rochelle, avril, Université de La Rochelle, IUP Commerce & Distribution, p. 131-138.

BOUVERET-GAUER M. [1997], « De la boutique au grand magasin. Cinquante ans de nouveauté à Paris 1820-1870 », in Jacques Marseille (éd.), *La révolution commerciale en France. Du « Bon marché » à l'hypermarché*, Le Monde Éditions, coll. « Mémoire d'entreprises », Paris, p. 19-40.

BOY D. [1995], « Les Français, la science et la technologie », in C. Freeman et H. Mendras (éd.), *Le paradigme informatique. Technologie et évolutions sociales*, Descartes et Cie, Paris, p. 123-145.

BOYER R. [1986], *La Théorie de la régulation : une analyse critique*, La Découverte, coll. « Agalma », Paris.

BOYER R. [1998], « Heurs et malheurs de l'industrie française : 1945-1995. essor et crise d'une variante étatique du modèle fordiste », *Documents de travail du CEPREMAP*, n° 9805, janvier.

CAMBORDE P. [1997], « L'installation de Félix Potin à Paris. Le choix d'un métier », in Jacques Marseille (éd.), *La révolution commerciale en France. Du « Bon marché » à l'hypermarché*, Le Monde Éditions, coll. « Mémoire d'entreprises », Paris, p. 71-90.

CALVI R. [1998], « Pilotage du changement, pratiques d'achat et "juste-à-temps" », *Revue française de gestion*, mars-avril-mai, p. 46-58.

CHAIN Ch. [1993], *Distribution : la révolution marketing, ou l'Odyssée de l'enseigne*, Éditions Liaisons, Paris.

CHAIN Ch., GIAN N.S. [1998], *Commerce : une dynamique pour demain*, Éditions Liaisons, Paris.

CHANDLER A. [1977], *The Visible Hand. The Managerial Revolution in American Business*, The Belknap Press of Harvard University Press, Cambridge, Mass. Traduction française, *La main visible des managers. Une analyse historique*, Economica, Paris, 1988.

CHARDON O., DUMARTIN S. [1998], « Fidélité aux enseignes, fidélité aux marques : le choix des consommateurs », *INSEE Première*, n° 609, septembre.

CHATELIER P. [1973], « Les grandes surfaces », in Armand Dayan (sous la direction de), *La Distribution*, Paris, Hachette Littérature, coll. « Les sciences de l'action », p. 257-290.

CHAUVEL L. [1995], « La peur des technologies », in C. Freeman et H. Mendras (éd.), *Le paradigme informatique. Technologie et évolutions sociales*, Descartes et Cie, Paris, p. 147-162.

CHAUVEL L. [1998a], « Consommation », in Louis Dirn, *La Société française en tendances. 1975-1995*, Presses Universitaires de France, coll. « Sociologie d'aujourd'hui », Paris, p. 111-124.

CHAUVEL L., MUCCHIELLI L. [1998], « Développement de l'emploi féminin », in Louis Dirn, *La Société française en tendances. 1975-1995*, Presses Universitaires de France, coll. « Sociologie d'aujourd'hui », Paris, p. 51-57.

CHINARDET C. [1998], « Le trade marketing en cinq question à claude Chinardet », *Revue française de marketing*, n°167/2, p. 77-90.

COLLA E., DUPUIS M. [1997], *Le défi mondial du bas prix. Stratégies pour les producteurs, les distributeurs, les pouvoirs publics*, Publi-Union, Paris.

CRÉDOC, COLLÈGE COOPÉRATIF [1999], *Contrat d'étude prospective Commerce de détail non alimentaire*, rapport réalisé pour la DARÈS et les organisations représentatives du commerce non alimentaire. Ouvrage à paraître à La Documentation française.

DELISLE J.-P., LAINÉ F. [1998], « Les transferts d'établissements contribuent au desserrement urbain », *Économie et Statistique*, n° 311, p. 91-106.

DELOYE C. [1998], « Merchandising du producteur/merchandising du distributeur : étude de l'influence du degré de centralisation de l'enseigne », *Actes du 1er Colloque Étienne Thil*, La Rochelle, avril, Université de La Rochelle, IUP Commerce & Distribution, p. 44-59.

DERHY A. [1995], « Les fusions et acquisitions en France de 1959 à 1962 : évolution et caractéristiques », *Revue d'économie industrielle*, n° 73, 3e trimestre, p. 19-43.

EHRENBERG A. [1995], *L'Individu incertain*, Hachette Littérature, coll. « Pluriel », Paris.

FALQUE E., PICARD S. [1998], « Le "B to B", ou la revanche du client sur le produit », *Les Échos*, supplément « L'art de l'entreprise globale », 30 et 31 octobre, p. IX-X.

FAVRE Fl., FRANÇOIS J.-P., GREENAN N. [1998], « Les changements organisationnels dans les entreprises industrielles. 1995-1997 : la montée des procédures », *Le 4 Pages*, SESSI, ministère de l'Économie, des Finances et de l'Industrie, n° 93, août.

FILSER M. [1998], « Taille critique et stratégie du distributeur. Analyse théorique et implications managériales », *actes du 1er Colloque Étienne Thil*, La Rochelle, avril, Université de La Rochelle, IUP Commerce & Distribution, p. 193-205.

FORAY D., LUNDVALL B.A. [1997], « The learning economy. Implications on innovation, growth and employment », in Guilhon B., Huard B., Orillard M., Zimmermann J.-B. (éd.), *Économie de la connaissance et organisations. Entreprises, territoires, réseaux*, L'Harmattan, Paris.

FORSÉ M. [1998], « Diminution de la conscience de classe », in Louis Dirn, *La Société française en tendances. 1975-1995*, Presses Universitaires de France, coll. « Sociologie d'aujourd'hui », Paris, p. 87-93.

FORSÉ M., MUCCHIELLI L. [1998], « Diffusion d'une vision économique de la société », in Louis Dirn, *La Société française en tendances. 1975-1995*, Presses Universitaires de France, *coll.* « Sociologie d'aujourd'hui », Paris, p. 437-442.

FOURASTIER J. [1977], *Les Trente Glorieuses ou la révolution invisible de 1946 à 1975*, Hachette Littérature, coll. « Pluriel », Paris, nouvelle édition, 1998.

GADREY J., JANY-CATRICE F. [1998a], « Du bon usage des comparaisons internationales », *La Revue de la CFDT*, n° 10, mai, p. 4-14.

GADREY J., JANY-CATRICE F. [1998b], « Emplois de services américains et français. Une comparaison erronée », *Le Monde*, mardi 3 mars, supplément « Le Monde Économie », p. 5.

GADREY J., JANY-CATRICE F., GADREY J., JANY-CATRICE F. T. [1999], *France, Japon, États-Unis : l'emploi en détail. Essai de socio-économie comparative*, Presses Universitaires de France, coll. « Économie en liberté », Paris.

GAFFARD J.-L. [1990], *Économie industrielle et de l'innovation*, Dalloz, coll. « Précis », Paris.

GEORGET P. [2000], « Émergence du Web-EDI, Infogistique. La logistique, nouvelle frontière du commerce sur Internet », *Médiation*, n° 23, IREPP-ACSEL, p. 123-130.

GORT M., KLEPPER S. [1982], « Time paths in the diffusion of product innovations », *Economic Journal*, vol. 92, septembre, p. 630-653.

GRANOU A., BARON Y., BILLEAUDOT B. [1979], *Croissance et crise*, François Maspero, coll. « PCM », Paris.

GUIBERT B. (sous la direction de) [1975], *La Mutation industrielle en France*, Collections de l'INSEE, E31-32.

GUILLEMET M. [1980], *Le Commerce de détail de 1962 à 1979*, Archives et Documents, n° 9, INSEE, novembre.

HAGEL J., SINGER M., *Valeur sur le Net. Infomédiaires : les nouveaux champions du Web*, Éditions d'Organisation, Paris.

HARDOUIN P., DUCROCQ C. [1993], *Le Commerce indépendant organisé*, Éditions Liaisons, ICC, Paris.

HATCHUEL G., LOISEL J.-P. [1998], « Les Français et l'innovation technologique. Près de quatre Français sur dix séduits », *Le 4 Pages*, SESSI, ministère de l'Industrie, n° 91, mai.

HAVAS CONSEIL [1965], *La distribution de l'alimentation générale. Situation et perspectives*, Paris.

HEILBRUNN B. [1998], « Des "produits libres" à la consommation comme art de vie : l'évolution du discours institutionnel de Carrefour (1976-1997) », *Actes du 1er Colloque Étienne Thil*, La Rochelle, avril, Université de La Rochelle, IUP Commerce & Distribution, p. 338-348.

INRA, INSEE [1998], *Les Campagnes et leurs villes, contours et caractère*, INSEE, Paris.

JEFFERYS J.-B., KNEE D. [1963], *Le Commerce de détail en Europe*, Presses Universitaires de France, Paris.

JENNY F., WEBER A.P., [1974], « L'évolution de la concentration industrielle en France de 1961 à 1969 », *Économie et Statistique*, n° 60.

JOSEPH W. J. C. [1964], « L'évolution de l'équipement des ménages depuis 1959 », *Consommation*, CRÉDOC, n° 4, p. 74-87.

KAPFERER J.-N. [1999], « La marque-enseigne et son avenir : une évaluation », *Revue française de gestion*, juin-juillet-août, p. 123-127.

LAPRÊTRE C. [1976], *La Concentration des établissements industriels français de 1962 à 1972*, Collections de l'INSEE, série E, n° 43, novembre.

LASSUDRIE-DUCHÊNE B., MUCCHIELLI J.-L. [1979], « Les échanges intra-branche et la hiérarchisation des avantages comparés dans le commerce international », *Revue économique*, mars.

LE BOT T., PHILIPPE J. [1997], *Les Réseaux de commercialisation de l'habillement. Relations producteurs-distributeurs*, INSEE Résultats, Système productif, n° 131, août.

LEPAGE H. [1982], *Vive le commerce ! Services, distribution, croissance*, Dunod, Paris.

LEPAGE H. [1985], *La Nouvelle Économie industrielle*, Le Livre de Poche, Paris.

LORENZ F. (sous la direction de) [1999], *La nouvelle donne du commerce électronique. Réalisations 1998 et perspectives*, Les Éditions de Bercy, ministère de l'Économie, des Finances et de l'Industrie, Paris.

LORENZI J.-H., PASTRÉ O., TOLÉDANO J. [1980], *La Crise du XXe siècle*, Economica, Paris.

MADDISON A. [1991], *Dynamic Forces in Capitalist Development : A Long-Run Comparative View*, Oxford University Press, Oxford.

MAÎTRE B., ALADJIDI G. [1999], *Les Business Models de la nouvelle économie*, Dunod, Paris.

MANZANO M. [1997], « Les relations coopératives entre les producteurs et les distibuteurs de produits alimentaires et non alimentaires. Une étude exploratoire », Gregor, *Cahier de recherche* 1997-08, IAE de Paris.

MARCH J.G. [1991], « Exploration and exploitation in organizational learning », *Organization Science*, vol. 2, n°1, février.

MARCON Ch. [1998], *Intelligence économique : l'environnement pertinent comme variable stratégique. Justification théorique et approche instrumentale*, Thèse pour le doctorat de sciences économiques, université de Poitiers.

MARTIN M. [1992], *Trois Siècles de publicité en France*, Odile Jacob, Paris.

MARZLOFF B., LE CARPENTIER T. [1999], « Parcours et escales : une approche cinétique du consommateur et des lieux », *Communication au 2e colloque Étienne Thil*, La Rochelle, 23 et 24 septembre.

MASLOW A.H. [1943], « A Theory of Human Motivation », *Psychological Review*, vol. 50, p. 370-396.

MERMET G. [1998], *Francoscopie*, Larousse, Paris.

MOATI P. [1992], « L'internationalisation de la grande distribution alimentaire française », *Humanisme & Entreprise*, n°38, p. 49-63.

MOATI P. [1998], *Méthode d'étude sectorielle*, Cahier de recherche CRÉDOC, vol. 4, n°118, septembre.

MOATI P. [1998b], « Grande distribution française : coût du travail et emploi », *La Revue de la CFDT*, n° 10, mai, p. 15-25.

MOATI P., LOIRE S., MAINCENT E., POUQUET L. [2000], *Vision prospective de l'évolution de l'entrepreunariat sur le territoire français dans les 10 ou 20 ans*, étude CRÉDOC pour la DATAR

MOATI P., LOIRE S., MEDAN P. [1997], *Démographie des entreprises : une revue de la littérature*, Cahier de recherche, n° 108, CRÉDOC, octobre.

MOATI P., MOUHOUD E.M. [1994], « Information et organisation de la production. Vers une division cognitive du travail », *Économie appliquée*, tome XLVI, n°1, p.47-73.

MOATI P., MOUHOUD E.M. [1997], « Compétences, localisation et spécialisations internationales », in B. Guilhon, P. Huard, M. Orillard, J.-B. Zimmermann (éd.), *Économie de la connaissance et organisations. Entreprises, territoires, réseaux*, L'Harmattan, Paris, p. 262-285.

MOATI P., MOUHOUD E.M. [2000], « Connaissances et principes de division du travail : incidences sur la coordination et la localisation mondiale des activités », in M. Delappierre, P. Moati, E.M. Mouhoud, *Mondialisation et connaissances*, Economica, Paris.

MOATI P., POUQUET L. [1998], *Stratégies de localisation de la grande distribution et impact sur la mobilité des consommateurs*, Rapport CRÉDOC pour le Prédit, juin.

MUCCHIELLI L. [1998], « Croissance de l'institution scolaire et universitaire », in Louis Dirn, *La Société française en tendances. 1975-1995*, Presses Universitaires de France, coll. « Sociologie d'aujourd'hui », Paris, p. 187-192.

MUCCHIELLI L. [1998b], « Élévation du niveau scolaire », in Louis Dirn, *La Société française en tendances, 1975-1995*, Presses Universitaires de France, coll. « Sociologie d'aujourd'hui », Paris, p. 303-308.

MUCCHIELLI L. [1998c], « Monétarisation de l'économie domestique et réduction de l'autoproduction », in Louis Dirn, *La Société française en tendances, 1975-1995*, Presses Universitaires de France, coll. « Sociologie d'aujourd'hui », Paris, 1998, p. 333-338.
NELSON P. [1974], « Advertising as information », *Journal of Political Economy*, vol. 82, p. 729-754.
NELSON R.R., WINTER S.G. [1982], *An Evolutionary Theory of Economic Change*, The Belknap Press of Harvard University Press, Cambridge, Mass.
NYSTROM P.C., STARBUCK W.H. [1984], « To avoid organizational crises, unlearn », *Organizational Dynamics*, Spring, p.53-65.
ORFEUIL J.-P., [1999], « Les évolutions majeures de la mobilité », *Urbanisme*, hors-série n°12, avril, p. 10-11.
PARIENTÉ S., « Performances et stratégies des grands distribiteurs français à prédominance alimentaire (1979-1994) », in Jacques Marseille (éd.), *La révolution commerciale en France. Du « Bon marché » à l'hypermarché*, Le Monde Éditions, coll. « Mémoire d'entreprises », Paris, 1997, p. 13-206.
PETIT P. [1999], « Les aléas de la croissance dans une économie fondée sur le savoir », *Documents de travail du CEPREMAP*, n° 9909, avril.
PHILIPPE J., [1999], « La puissance d'achat », *Revue de la concurrence et de la consommation*, DGCCRF, n° 109, mai-juin, p. 12-15.
PIKETTY T., « Les créations d'emplois en France et aux États-Unis : "services de proximité" contre "petits boulots" ? », *Revue de la CFDT*, n° 4, novembre, p. 3-38.
PIORE M.J., SABEL C. [1989], *Les chemins de la prospérité. De la production de masse à la spécialisation souple*, Hachette, Paris.
POLÈSE M [1994], *Économie urbaine et régionale. Logique spatiale des mutations économiques*, Economica, Paris.
PORTER M.E. [1982], *Choix stratégiques et concurrence*, Economica, Paris.
PORTER M.E. [1997], « Plaidoyer pour un retour de la stratégie », *L'Expansion Management Review*, n° 84, mars, p. 6-18.
PRAHALAD C.K., BETTIS R.P. [1986], « The dominant logic : A new linkage between diversity and performance », *Strategic Management Journal*, vol. 7, p. 485-501.
QUAINON E. [1999], « Internet : quelle stratégie pour les principaux acteurs », *Conjoncture*, Paribas, septembre, p. 21-31.
QUIN C. [1962], « L'appareil commercial français en 1960 », *Consommation*, Annales du CRÉDOC, n°2, avril-juin.
ROCHE D. [1991], *La Culture des apparences*, Seuil, coll. « Point-Histoire », Paris.
ROCHEFORT R. [1995], *La Société des consommateurs*, Odile Jacob, Paris.
ROCHEFORT R. [1997], *Le Consommateur entrepreneur*, Odile Jacob, Paris.
ROY M. [1971], *Les Commerçants. Entre la révolte et la modernisation*, Seuil, Paris.
SANTI M. [1997], « Marques de distributeurs : six idées fausses », *L'Expansion Management Review*, mars, p. 64-85.
SHAPIRO K. VARIAN H. [1999], Économie de l'information. Guide stratégique de l'économie des réseaux, De Bœck Université, Bruxelles.
SMITH A., [1776], *Recherches sur la nature et les causes de la richesse des nations*, Gallimard, coll. « Idées », 1976, Paris.
STOLÉRU L. [1969], *L'Impératif industriel*, Seuil, Paris.
SUAREZ F.F., UTTERBACK J.M. [1993], « Innovation, competition, and industry structure », *Research Policy*, vol. 22, n°1, février., p. 1-21.
THIL E. [1964], *Combat pour la distribution. D'Édouard Leclerc aux supermarchés*, Arthaud, coll. « Notre temps », Paris.
THIL E. [1966], *Les inventeurs du commerce moderne. Des grands magasins aux bébés-requins*, Arthaud, coll. « Notre temps », Paris.
THIL E. [1997], in *Les Grandes Voix du commerce. 40 grands patrons racontent...*, Entretiens avec Claude Sordet, Éditions Liaisons, Coll. « Points de vente », Paris, p. 497-518.
THOMAS L., SHANE S., WEIGELT K. [1998], « An empirical examination of advertising as a signal of product quality », *Journal of Economic Behavior and Organization*, vol. 37, p. 415-430.

TORDJMAN A. [1995], « ECR : Aujourd'hui quelles réalités ? et demain quelles perspectives ? », Journée du 22 novembre 1995 de l'Académie des sciences commerciales, HEC, p. 1-4.
TRUJILLO B. [1966], « Postface », in Thil E., *Les inventeurs du commerce moderne. Des grands magasins aux bébés-requins*, Arthaud, Paris, p. 285-311.
VERGER D. [1985], « Avoir des biens durables : une affaire de goûts ou de coûts ? », *Consommation*, CRÉDOC, n°1, p. 43-60.
VELLAS F. [1981], *Échange international et qualification du travail*, Economica, Paris.
VOLLE P. [1998], « Proposition d'une typologie de clientèle à partir du comportement de fréquentation des points de vente : visites légères versus visites de routine », *Actes du 1er Colloque Étienne Thil*, La Rochelle, avril, Université de La Rochelle, IUP Commerce & Distribution, p. 108-120.
WOLTON D. [1999], *Internet et après ? Une théorie critique des nouveaux médias*, Flammarion, Paris.
WORONOFF D. [1994], *Histoire de l'industrie en France du XVIe siècle à nos jours*, Seuil, Paris.

Lexique

Allegro : Service de messagerie électronique (EDI) mis en œuvre par Gencod principalement utilisé dans le secteur du commerce.

CDEC : Commissions départementales d'équipement commercial. Elles délivrent les autorisations d'ouvertures (ou d'agrandissement) des points de vente dépassant la surface de vente définie par la loi. Leur décision repose sur la prise en compte de plusieurs critères tels que l'offre et la demande pour chaque secteur d'activité de la zone de chalandise concernée, la densité d'équipements en grandes et moyennes surfaces, l'effet potentiel du projet sur l'appareil commercial de cette zone. En dernière instance, le projet peut faire l'objet d'une procédure d'appel devant la Commission nationale d'équipement commercial (CNEC).

CDUC : Commissions départementales d'urbanisme commercial. Instituées par la loi Royer de 1973 afin de statuer sur les demandes d'autorisation d'ouverture, elles ont été remplacées par les CDEC en 1993.

Chaîne volontaire : Réseau de commerçants indépendants constitué à l'initiative d'un grossiste.

Chat : Discussion écrite ou vocale en temps réel entre internautes, souvent à partir d'un site Web et autour d'une thématique définie.

EDI (Échange de données informatisé) : Échange de données structurées d'ordinateur à ordinateur selon des messages préétablis et normalisés.

Forum : Groupes de discussion sur Internet en différé regroupant des utilisateurs ayant un centre d'intérêt commun.

Grand commerce : Le « grand commerce » rassemble les hypers, les supers, les magasins populaires, les grands magasins, les entreprises de vente par correspondance employant au moins 100 salariés, ainsi que les entreprises du commerce non alimentaire respectant au moins l'une des conditions suivantes : exploiter au moins un magasin de 2 500 m² ou plus ; exploiter 10 magasins ou plus ; employer 100 salariés. Ce « grand commerce » n'intègre donc pas les réseaux de petits détaillants du non-alimentaire (groupements, franchise).

Grands magasins : Magasins de plus de 2 500 m² réalisant moins d'un tiers de leur chiffre d'affaires dans l'alimentaire.

Hypermarché : Magasins de plus de 2 500 m² réalisant plus du tiers de leur chiffre d'affaires dans l'alimentaire.

Loi Galland : Loi du 1er juillet 1996 portant sur la loyauté et l'équilibre des relations commerciales. « Cette loi fourre-tout modifie notamment l'ordonnance de 1986 : le refus de vente n'est plus un délit civil, la prohibition de la revente à perte est étendue aux publicités l'annonçant, la pratique de prix abusivement bas réprimée. Elle précise en outre les délais de paiement, encadre les déréférencements... » (*LSA*, n° 1609, 3 décembre 1998, p. 70).

Loi Raffarin : Loi du 5 juillet 1996 relative au développement et à la promotion du commerce et de l'artisanat. Cette loi modifie la loi Royer de 1973. Désormais toute création de magasins de plus de 300 m² et toute extension de surface de magasins existants est soumise à autorisation. Les changements de secteur d'activité des magasins de plus de 2000 m² sont également soumis à autorisation. Ce seuil est ramené à 300 m² lorsque la nouvelle activité est à prédominance alimentaire.

Marchandisage (« merchandising ») : Ensemble de techniques visant à favoriser la rencontre du produit et du consommateur par une composition adaptée de l'assortiment et la présentation des produits dans les rayons.

Magasins populaires : Magasins d'une surface comprise entre 400 et 2 500 m², qui réalisent entre un tiers et deux tiers de leur chiffre d'affaires dans l'alimentaire.

Marge brute : C'est la différence entre le chiffre d'affaires et le coût des marchandises, entre le prix de vente et le prix d'achat. Elle est aussi appelée « marge commerciale ».

Marge nette : C'est la différence entre le chiffre d'affaires et l'ensemble des coûts de l'entreprise, entre le prix de vente et le prix de revient.

Maxidiscompte (« hard-discount ») : Forme particulière de commerce discompte fondé sur la limitation du nombre des références vendues et la minimisation de tous les frais de distribution afin de parvenir aux prix de vente les plus bas possibles. Aldi, Lidl, Leader Price et Ed sont les principales enseignes de maxidiscompte alimentaire. Il n'existe pas de définition officielle du maxidiscompte. Dans l'alimentaire, ils sont comptabilisés comme supérettes ou supermarchés selon leur surface de vente.

MDD (marque de distributeur) : Au sens strict, ce terme désigne les produits portant la marque de l'enseigne (produits à marque éponyme). Par extension, peut désigner l'ensemble des produits portant une marque vendue exclusivement dans le réseau d'une enseigne. Les MDD sont fabriquées sur la base d'un cahier des charges défini par le distributeur qui assure la responsabilité commerciale.

Succursalisme : Forme d'organisation commerciale dans laquelle les entreprises de commerce sont propriétaires de plusieurs points de vente, généralement à la même enseigne. Ces points de vente sont des établissements secondaires de l'entreprise et n'ont pas de personnalité juridique propre.

Supermarchés : Magasins dont la surface de vente est comprise entre 400 et 2 500 m^2 et qui réalisent plus des deux tiers de leur chiffre d'affaires dans l'alimentaire.

Superettes : Magasins alimentaires dont la surface de vente est comprise entre 120 et 400 m^2.

Taux de marque : (Produit des ventes de marchandises - coût des marchandises)/ Produit des ventes de marchandises. Il est aussi appelé « taux de marge commerciale ».

Index

J

K

L

M

N

O

P

R

S

Table

Ouvrage publié sous la responsabilité éditoriale de Gérard Jorland

CET OUVRAGE
A ÉTÉ ACHEVÉ D'IMPRIMER
SUR ROTO-PAGE
PAR L'IMPRIMERIE FLOCH À MAYENNE
EN JANVIER 2003

N° d'impression : 56316.
N° d'édition : 7381-0959-2.
Dépôt légal : mars 2001.

Imprimé en France